Oswald von Wolkenstei
Das poetische Werk

Oswald von Wolkenstein
Das poetische Werk

Gesamtübersetzung in neuhochdeutsche Prosa
mit Übersetzungskommentaren und Textbibliographien

von

Wernfried Hofmeister

De Gruyter

ISBN 978-3-11-022423-8
e-ISBN 978-3-11-022424-5

Bibliografische Information der Deutschen Nationalbibliothek

Die Deutsche Nationalbibliothek verzeichnet diese Publikation in der Deutschen Nationalbibliografie; detaillierte bibliografische Daten sind im Internet über http://dnb.d-nb.de abrufbar.

Umschlagabbildung: © Universitäts- und Landesbibliothek für Tirol in Innsbruck
Druck: Hubert & Co. GmbH und Co. KG, Göttingen
∞ Gedruckt auf säurefreiem Papier

Printed in Germany

www.degruyter.com

Inhaltsverzeichnis

Einleitende Vorbemerkungen

Mit der Neuauflage seiner 1989 erschienenen und seit vielen Jahren vergriffenen neuhochdeutschen Übertragung aller poetischen Texte Oswalds von Wolkenstein[1] möchte der Verfasser einem mehrfach an ihn herangetragenen Wunsch entsprechen: nämlich zum einen die Dichtung und zum andern die Literaturliste samt Textbibliographien zu dieser immer noch einzigen philologisch-wissenschaftlichen Gesamtübersetzung wieder verfügbar zu machen. Da aber die mittlerweile vergangenen über 20 Jahre weder an der Oswaldforschung noch am Übersetzer spurlos vorübergegangen sind, galt es, mit Hilfe der seither hier wie dort gewachsenen ‚Textkompetenz' alles zu überprüfen, zu verbessern und zu aktualisieren. Dabei blieb zwar keine der über 130 Liedübersetzungen und kaum einer der Übersetzungskommentare völlig unverändert, doch konnten sich viele Eingriffe auf stilistische Reformulierungen beschränken, zumal die Übersetzung weiterhin auf der 1987 erschienenen und wohl noch für mehrere Jahre gültigen **‚Referenz-Edition'** aus der ATB-Reihe basiert, die im Hauptteil der Leithandschrift B folgt;[2] ihrem Wortlaut versucht die Übersetzung so weit wie irgend möglich treu zu bleiben, jedoch nicht unkritisch: Solange der durch sie aufbereiteten Überlieferung übersetzerischer ‚Sinn' abgewonnen werden kann, wird – auch an schwierigen Stellen – möglichst auf Spekulationen über Textverderbnisse verzichtet, und es wird zudem ggf. auf jene Konjekturen der Edition aufmerksam gemacht, welche nicht unbedingt notwendig scheinen. Dass diese Textvorlage (wie schon 1989) auch diesmal nicht mit abgedruckt werden kann, hängt weniger mit Rechts- als mit Kostenfragen zusammen: Die Übersetzung hätte sich dann – weil schon zweibändig – preislich nicht mehr auf jenem Niveau ansiedeln lassen, das für den (philologischen) Lehrbetrieb als zumutbar gilt. – Inwiefern die vorgelegte Neuauflage dennoch stärker als die Ausgabe von 1989 kleine Fenster in die Edition öffnet und zudem einen

1 Oswald von Wolkenstein: Sämtliche Lieder und Gedichte. Ins Neuhochdeutsche übersetzt von Wernfried HOFMEISTER. Göppingen 1989. (= Göppinger Arbeiten zur Germanistik. 511.)

2 Die Lieder Oswalds von Wolkenstein. Unter Mitwirkung von Walter WEISS und Notburga WOLF hrsg. v. Karl Kurt KLEIN. Musikanhang von Walter SALMEN. 3. (neubearbeitete u. erweiterte) Aufl. von Hans MOSER, Norbert Richard WOLF und Notburga WOLF. Tübingen 1987. (= Altdeutsche Textbibliothek. 55.)

Textzuwachs erzielt, sei im Rahmen des folgenden Überblicks zu ihrer Anlage und Zielsetzung erläutert.[3]

Um als eine Art von **wissenschaftlich ‚belastbarer' Brücke** zwischen der Überlieferung resp. der kritischen Edition der Texte Oswalds und dem Sinnpotenzial seiner Dichtung dienen zu können, hat sich die strikte Beachtung der **Worttreue** empfohlen: Unter Verzicht auf eine metrische resp. reimtechnische Nachbildung, wie sie nur im Rahmen des Versuchs einer künstlerisch äquivalenten Textwiedergabe ihren Platz hätte, soll gemäß dem Grundsatz der semantischen Adäquatheit möglichst jedes Wort bzw. jede Phrase des Ausgangstexts seine/ihre Entsprechung finden; das gilt bis ‚hinab' zu den Konjunktionen, Adverbien und abtönenden Partikeln, wo kein *und*, *zwar*, *gar* oder *ser* verloren gehen, sondern sich eben jedes noch so unscheinbare Wort in der Übersetzung direkt oder in einem semantisch dieses Wort mit einschließenden Lexem widerspiegeln soll. Als kleine – von strenger Wissenschaftlichkeit manchmal abweichende – Konzession mag man das Streben nach flüssiger, ‚einladender' **Lesbarkeit** der Übersetzung sehen: Sperrig klingende Formulierungen werden so weit wie möglich vermieden zugunsten einer leicht rhythmisierten Prosa, welche ihre geniale Textquelle keinesfalls ersetzen, aber deren Sprachwitz doch nicht ganz vergessen machen will. Damit möge es noch besser gelingen, diese Übersetzung weiterhin sowohl für diverse Lehrbücher als auch für CD-Produktionen attraktiv zu halten.[4]

Im weiteren Sinn zum Prinzip der Worttreue zählt es auch, **mehrdeutige Wörter** in Oswalds Dichtung insbesondere dort gleichermaßen offen zu halten, wo diese semantisch ‚schwebenden' Begriffe sowohl auf ihrer wörtlichen (vordergründigen) als auch auf der symbolisch-metaphorischen (hintergründigen) Ebene schlüssige Verstehensangebote zu machen scheinen – und genau darin war Oswald ein absoluter Meister. Somit galt es, nie dem Versuch zu erliegen, vorschnell zum Wohle einer schmissigeren Ausdrucksweise z. B. etwas sexuell Konnotiertes effektvoll zu vereindeutigen, sondern – wenn dies geboten schien – nach jenem sprachlichen ‚Äquivalent' zu suchen, das im jeweiligen Kontext auch im

3 Anlage und Zielsetzung stimmen in den Grundzügen mit dem überein, was schon 1989 (wie Anm. 1) in der Einleitung gesagt worden war, sei hier aber etwas näher ausgeführt.

4 So hat es erfreulich viele Anfragen für Textabdrucke in bundesdeutschen Schullehrbüchern gegeben, aber auch für diverse CD-Booklets, darunter zuletzt für Andreas SCHOLLs Einspielung „Songs of myself" (online als pdf-Link abrufbar unter http://www.harmoniamundi.com).

heutigen Deutsch simultan mehrere Bedeutungs-Ebenen auszudrücken vermag; wo ev. die Gefahr besteht, dass der vom Übersetzer solcherart latent gehaltene Mehrfachsinn ev. überlesen wird, versuchen entweder einfache Anführungsstriche auf eine uneigentliche Wortverwendung hinzuweisen oder es bietet ein kurzer Kommentar eine Art von Verstehens-Schlüssel an.

Dass damit auch in einer wissenschaftlichen Übersetzung weder alles erfasst noch hinreichend angezeigt werden kann, was sich interpretativ aus dem sprachmächtigen Werk Oswalds erschließen lässt, sei unbestritten. Dies trifft ganz besonders auf die **emotionalen Nuancen** von Oswalds meist hoch emphatischen Texten zu, deren breites Spektrum zwischen Lebensfreude und Todesfurcht hier über die diversen ‚Wortgleichungen' zwischen dem (tirolisch geprägten) Frühneuhochdeutschen Oswalds und unserem gegenwärtigen Deutsch gewiss nur rudimentär eingefangen werden kann. Als komplementäres Mittel bietet sich da die Einbeziehung der **musikalischen** Seite aller sangbaren Texte an: Wer einen Gesamteindruck von der affektiven Fülle in Oswalds Kunst gewinnen will, stelle den Übersetzungen (möglichst authentische) Einspielungen zur Seite![5]

Zum philologischen Anspruch der Übersetzung gehört des Weiteren das Streben nach **Zeilentreue**: Sie dient einer raschen Orientierung im Textfluss, indem der Text der in der Edition vorgegebenen Abfolge aller Zeilen so exakt wie möglich folgt. Nur dort, wo sich einige von Oswalds komplexer verschachtelten, weil dem Metrum und Reim unterworfenen Verszeilen nicht durch kleinräumige Wortumstellungen oder das Vorziehen bzw. Nachreichen einzelner Passagen in eine auch heute noch verständliche Reihenfolge bringen ließen, mussten unsere heutigen syntagmatischen Regeln ein wenig (in Richtung ‚patinierter' Prosa) gelockert werden. Schon wegen solcher Nachjustierungen konnte daher nicht immer auf die **Interpunktion der Edition** Rücksicht genommen werden, aber auch deshalb nicht, weil deren Zeichensetzung mitunter plausible(re)

---

5 Durch eine Kooperation mit Eberhard KUMMER, der gemeinsam mit dem Ensemble Unicorn (geleitet von Michael POSCH) für den ORF eine erste Gesamteinspielung aller Lieder Oswalds in Angriff genommen hat, konnte sich der Übersetzer schon vorab für mehr Texte denn je von der Wirkmächtigkeit dieses spannungsreichen Zusammenspiels aus Wort und Melodie überzeugen. – Über das auf dem Markt vorhandene Angebot an Tonträgern, aber auch über andere Hilfsmittel zur Arbeit mit Oswalds Texten informiert die Homepage der Oswald von Wolkenstein-Gesellschaft: http://www.wolkenstein-gesellschaft.com.

Sinnbögen verstellt – vielleicht kann unsere Übersetzung hier an der einen oder anderen Stelle einer künftigen Optimierung des Editionstexts dienen.

Unmittelbare Auswirkungen auf die Interpunktion resp. auf die Satzzeichen hat ein philologisches ‚Spezialangebot'[6] des Übersetzers, nämlich die Auszeichnung von Sätzen, die als **Kollektivzitate** auftreten: Aufbauend auf seiner Studie zu Oswalds sprichwortartig verwendeten Sätzen,[7] sind insgesamt 111 Belege durch Spitzklammern hervorgehoben und auch möglichst sprichwortähnlich formuliert worden und damit weitgehend in ihrer parömischen Textsortentypik erhalten geblieben. So möge man stärker denn je auf die Zitathaftigkeit diverser Lebenserfahrungen und Wissensinhalte aufmerksam werden, ihren dabei hervortretenden, mit dem Anspruch auf verbreitete Allgemeingültigkeit spielenden Charakter erkennen – ungeachtet der nie auszuschließenden Möglichkeit, dass es Oswald selbst war, der mit seinem genialen Gespür für solche Weisheiten bei Bedarf einzelne Sprüche erfand und durch seine Dichtung propagierte.

Unscheinbarer als diese sog. Mikrotexte treten in Oswalds Werk viele **weitere Phraseologismen** auf: In die Sätze eingefügte sprichwörtliche Redensarten, Routineformeln etc. zeichnen sich dadurch aus, dass sie eine Art von phraseologischer Sammelbedeutung zum Ausdruck bringen, also nicht wörtlich verstanden sein wollen. Solche Wendungen wurden daher sinngemäß übersetzt und finden sich ggf. durch Kommentare erläutert, um das ev. ansonsten ‚dunkel' bleibende wörtliche Bedeuten zu erhellen. – Auch wenn ein solcher übersetzungstechnischer Umgang mit historischer Idiomatizität nicht völlig neu ist, so wird er hier gestützt auf neueste Forschungen vielleicht doch noch etwas bewusster und umfangreicher in die Tat umgesetzt als bislang üblich.[8]

---

6 Dem Thema des Interpungierens und des Umgangs mit Sprichworthaftem galten zuletzt folgende zwei Studien zu Oswalds etwas älterem Dichterkollegen Hugo von Montfort:

Die Praxis des Interpungierens in Editionen mittelalterlicher deutschsprachiger Texte. Veranschaulicht an Werkausgaben zu Hugo von Montfort. In: Historische Textgrammatik und Historische Syntax des Deutschen. Hrsg. v. Arne Ziegler u. Christian Braun. Berlin u. New York 2010, S. 589–604.

Der Sprichwortgebrauch bei Hugo von Montfort: Eine Spurensuche zwischen editorischer Herausforderung und literaturwissenschaftlichem Gewinn. In: *Aller weishait anevang Ist ze brúfen an dem aussgang.* Akten des Symposiums zum 650. Geburtstag Hugos von Montfort. Hrsg. v. Klaus Amann u. Elisabeth De Felip-Jaud. Innsbruck 2010. (= Innsbrucker Beiträge zur Kulturwissenschaft: Germanistische Reihe. 76.) S.155–166.

7 HOFMEISTER, Mikrotexte 1990.

8 W. H.: *Mich nimt des michel wunder.* Neue Technik(en) zur textfunktionalen und übersetzungspraktischen Erschließung historischer Phraseologismen, veranschaulicht am ‚Nibelungenlied' und Neidharts Sommerlied 21. [Im Druck für die Festschrift Kurt Gärtner zum 70. Geburtstag.]

Am wohl sichtbarsten kommt der wissenschaftliche Charakter der Übersetzung – außer durch die beigelegten Literaturlisten (dazu unten mehr) – durch ihre **Übersetzungskommentare** zum Ausdruck, rund 550 an der Zahl und damit einerseits recht viele, aber andererseits doch so wenige wie möglich, um sie nicht den ‚Haupttext' überwuchern zu lassen. Daher findet in diesem Fußnotenapparat (gemeinsam mit den schon erwähnten selektiven Hinweisen auf wörtliches Bedeuten von Phraseologischem, auf interpunktionstechnisch Unsicheres sowie bildhaft Verschlüsseltes) nur philologisch-übersetzungstechnisch Elementares Platz: Dazu zählen (noch expliziter als 1989) an problematischen Stellen **Textzitate aus der Überlieferung**, die eine rasche kritische Beurteilung der Übersetzung auch dann möglich machen sollen, wenn die Ausgabe oder eines der Faksimiles nicht zur Hand sind; Kursivdruck hebt diese Primärtextzitate signalhaft hervor. Mit solchem Streben nach Überlieferungsnähe hängt auch die neu hinzutretende Übersetzung aller (in ihrer Herkunft allerdings mitunter unsicheren, also keineswegs immer von Oswald selbst stammenden!) **Zusatzstrophen** sowie **Strophenvarianten** zusammen, wobei letztere Strophen aber nur dann mit erfasst werden, wenn sie so weit voneinander abweichen, dass die Übersetzung eines einzigen, zentralen Textzeugen allein nicht zur Vermittlung auch der Parallelfassung(en) ausreichen würde. In diesem Sinn also gibt es auf Basis der ATB-Ausgabe, wo solche Ergänzungen und Varianten im Kleindruck des textkritischen Apparats diplomatisch (d.h. ohne graphetische Textnormalisierung und moderne Interpunktion) wiedergegeben sind, unter den jeweiligen Fußnotenhinweisen tatsächlich den eingangs verheißenen ‚Textzuwachs', und zwar bei den Liedern Kl. 21, Kl. 26, Kl. 50, Kl. 76, Kl. 85, Kl. 101 und Kl. 109b.

Schließlich seien für unseren Fußnotenbereich noch die gelegentliche Kommentierung unklarer bzw. kontroversieller **Übersetzungsvorschläge** erwähnt: Soweit zweckmäßig, werden dabei namentlich vorrangig die richtungsweisenden ‚Urquellen' in Gestalt von Werner Marolds epochalem Oswald-Kommentar[9] und Josef Schatz' kaum minder hilfreichem

9 MAROLD, Kommentar 1926: Dem Übersetzer stand (wie schon für seine Erstauflage) ein kompletter Mikrofilmausdruck dieser über 600 Seiten starken Dissertation zur Verfügung (in der sich noch mehr an Detailinformationen findet als in Alan Robertshaws zwar verdienstvoller, jedoch notgedrungen kompakterer Neuauflage von 1995). Als Leiter des Oswald von Wolkenstein-Archivs hofft der Verfasser, dass es ihm (in Kooperation mit der Universitätsbibliothek Graz) noch im Laufe des Jahres 2011 gelingt, den in Graz bereits digitalisierten und teilweise OCR-gelesenen Text dieser zentralen Arbeit der Fachwelt per freiem online-Zugang präsentieren zu können, und zwar sowohl über die Archiv-Homepage (http://www-classic.uni-graz.at/ubwww/sosa/nachlass/sammlungen/ wolkenstein-

Wörterbuch[10] mit eingebunden, gelegentlich für schwierige Textstellen auch Alternativvorschläge aus einzelnen Forschungsbeiträgen, jedoch prinzipiell keine Varianten aus anderen Übertragungen von Oswalds Werk.[11] – An interpretatorisch heiklen Textstellen weist das kombinierte Satzzeichen „**?!**" auf plausible Übersetzungs-/Verstehensoptionen hin, „**?**" auf minder Wahrscheinliches, aber Vorstellbares, und „**??**" signalisiert das eher Unwahrscheinliche, jedoch zumindest Phantasievolle.

Einen wichtigen Aspekt der wissenschaftlichen Facette dieser Übersetzung stellt die Beigabe der bewährten **Literaturliste** und **Textbibliographien** dar: Dafür musste die 1989 abgeschlossene Erfassung aller greifbaren Oswald-Fachliteratur (wie sie von Anton Schwob und seinem Grazer Team – unter ihnen auch schon der Übersetzer – bis dahin in Zettelkästen zusammengetragen worden war) in die ‚neue Zeit' migriert und die Sammlung von übersetzungsrelevanten Hinweisen in der Fachliteratur so weit wie möglich auf den aktuellen Stand (vom Oktober 2010) gebracht werden. Das Ziel konnte dabei zwar nicht ein Anspruch auf Vollständigkeit sein, aber doch der auf eine **auswahlhafte Repräsentativität**. Bei seiner Literaturrecherche kam dem Verfasser zum einen zustatten, dass er 2008 eingeladen wurde, für das (2011 im Verlag de Gruyter erscheinende) „Handbuch zur Oswald von Wolkenstein-Forschung" den Forschungsüberblick[12] zu schreiben, denn dafür wurde ihm seitens des Herausgeberteams die topaktuelle Forschungsbibliographie dieses Sammelbandes zur Verfügung gestellt.[13] Indirekt profitierte davon zum andern eine vom Übersetzer vergebene und betreute Diplomarbeit zur ‚Übersetzungsgeschichte' in der Oswald-Forschung,[14] die dann ihrerseits zwar nicht die erhoffte direkte Unterstützung bei der Ergänzung unserer Text-

archiv) als auch über die Homepage der Oswald von Wolkenstein-Gesellschaft (http://www.wolkenstein-gesellschaft.com).

10 SCHATZ, Sprache.

11 Eine ‚Ausnahme' bilden hier gelegentliche Bezugnahmen auf den profunden Übersetzungskommentar von WACHINGER, Lieder (2007).

12 W. H.: Die Forschung zu Oswald von Wolkenstein – ein Überblick.

13 Diese Liste, welche die alte Bibliographie von HOFMEISTER, Lieder (1989) inkorporiert hat, wird dem Sammelband beigelegt sein. Der Dank für die Nutzung der erweiterten Literaturliste auch für diese Neuübersetzung gilt den Herausgeber/innen dieses Sammelbandes, namentlich Margarethe SPRINGETH und Ulrich MÜLLER.

14 Karin RUCKER: Datenbankbasierte Analyse der Übersetzungen und Interpretationen aller Werke Oswalds von Wolkenstein: Ein statistisch-rezeptiver Beitrag zur Forschungsgeschichte. Graz, Phil. Dipl. 2010.

bibliographien für die Jahre nach der Erstauflage (also 1989ff.) leisten konnte, aber doch bei der Materialbeschaffung hilfreich war.

Was vom Übersetzer an Literatur trotz dieser in Summe recht günstigen Voraussetzungen außer Acht gelassen wurde, fällt allein auf ihn zurück und möge ihm entweder nachgesehen oder gerne mitgeteilt werden.[15]

Wernfried Hofmeister

(Graz, im Oktober 2010)

15 Materialien/Sonderdrucke/Belegexemplare bitte an: Prof. Dr. Wernfried Hofmeister, Karl-Franzens-Universität Graz, Institut für Germanistik, Mozartgasse 8/I, A-8010 Graz. Elektronisches an: wernfried.hofmeister@uni-graz.at.

Kl. 1

I

Nach einem Beginn
ohne dauerhafte Gottesfurcht, moralisch kraftlos
und voll von Sünden,
könnten selbst die bemühtesten Meister
ganz ohne Gott – also bloß durch hohe Gelehrsamkeit –
das Ende nicht mehr zum Guten wenden.[1]
Deshalb siecht
meine Seele dahin; ich jammere über das Sterben
und bitte dich, Heilige Jungfrau Katharina,
für mich
dort beim Kindlein Marias Gnade zu erwirken,
damit es mich in seine Obhut nehmen wolle!
Ich danke dem preisenswerten Herrn,
dass er mir seine Gunst erweist,
indem mich sie selbst, durch die ich sündig geworden bin,
Buße üben lässt.
Daran möge jeder erkennen,
dass >Liebe auf Dauer nicht ohne Leid bleiben kann<.

II

Was für eine Schöne,
mit der ich meine Zeit so lange zugebracht habe,
sicher dreizehn Jahre oder noch länger
ergeben in unverbrüchlicher Treue,
ihr so zu Diensten nach Belieben,
dass mir auf der ganzen Erde nie ein Mensch teurer war!
Gebirge, Wald und Feld
habe ich in manchem Land vielfach durchritten
und dabei nie die Teure vergessen.
Viel habe ich ihretwegen durchgemacht
mit sehnsuchtsvollem Groll;
ihr roter Mund verwundete mir mein Herz.

---

1 Von Oswalds „einleitender Sentenz“ spricht ROBERTSHAW, Herausgeber, S. 344 und macht damit auf den Allgemeingültigkeitsanspruch dieses Satzes aufmerksam (der allerdings nicht im engeren Sinn wie ein sprichwortartiges Zitat auftritt und daher hier auch nicht durch Spitzklammern hervorgehoben ist).

An ihr konnte ich oft
die liebsten, anmutigen Händchen betrachten –
voll Freude streckte sie mir in mancher Nacht
ihre nackten Ärmchen entgegen.
Voll Traurigkeit muss ich über dies alles hinwegkommen,
weil ich an Beinen und Armen gefesselt bin.

III

Nur aus Liebe
haben wir einander wahrlich oft mit tiefem Leid nicht verschont,
doch wurde die Liebe niemals wirklich zerstört.
Jetzt aber, wo ich ungebührlich
fest in ihrer Schlinge gefangen daliege,
steht es auf der Waage um mein Leben schlecht.
Mit Haut und Haar
hat mich Gott durch sie bitter zu Fall gebracht:
Angesichts meiner schweren Sünden
werde ich emporgerissen.[2]
Sie verhilft mir zu Buße und so argen Qualen,
dass ich mein Elend nicht einmal zur Hälfte in Dichtung kleiden kann.
Fest umschlossen
durch Eisen und Seil liege ich vor ihr.
Mit vielen allzu argen Beschwernissen
hält sie die Freude von mir fern.
O Herr, du kannst mitunter zögernd richten:
Die Zeit ist gekommen, mich durch Buße zu reinigen!

IV

Kein kluger Mann –
außer er ist nicht bei Verstand – kann sagen,
er wolle nicht den Weg beschreiten,
der ihm vorherbestimmt ist,
denn >Die Zeit bringt Glück und Verderben<
und >Erschaffenes hat sich wahrlich nie rückgängig machen lassen<.
Der Weg des Sünders
ist auf ganz unvorhersehbare Weise
mit vielen netten, raffinierten Schlingen versehen.

---

2 Weil beim Jüngsten Gericht auf der Seelen-Waage für zu ‚leicht' befunden; vgl. MAROLD, Kommentar, S. 381.

Das vermag selbst ein Meister nicht gänzlich in Worte zu kleiden,[3]
einzig Gott, der jedem seinen Teil
mit heiliger Hand abwägend zuerkennt.
Er wacht unablässig über Männer und junge Damen
sowie über jedes Lebewesen:
In seiner höchsten Achtung
möchte er als der Liebenswerteste gelten.
Wer das übersieht, dessen Sünde wächst,
und Gott stellt ihm nach, bis ihn eine Schlinge fasst.

V

Das Wort ‚Liebe' bedeutet
für den, der Liebe gedeihlich wirken lässt, mehr als alle Schätze.
>Liebe überwindet alles.<
Liebe zwingt Gott,
dass er vom Sünder Leiden
fernhält und ihm alle Freuden in Aussicht stellt.
Liebe, du erquicklicher Schatz,
wie lieblos hast du mich verblendet,
dass ich mich niemals dem durch Liebe dankbar zeigte, der seinen Tod
für mich und manch anderen kaltherzigen Sünder erlitt!
Deshalb geriet ich hier in die Glut wilder Ängste.
Hätte ich – wie es sich gehört – meine Liebe auch nur zur Hälfte
Gott so angedeihen lassen,
wie ich sie jener Dame zartfühlend entgegenbrachte,
die zu mir so grob ist,
ich zöge sündenfrei dahin.
O weltliche Liebe, wie beschwerlich sind deine Fesseln!

VI

Jetzt erst bereue ich tief,
dass ich den so hochmütig erzürnte,
der so lange auf mich gewartet hat,
und dass ich nie die Hörner
meiner schlimmen Verfehlungen abwarf.
Dafür wurden mir fünf eiserne Schlingen bereitgelegt.
Seinem Wunsch gemäß

3 *voltihtet* scheint zwischen einem ‚Dichten' und ‚Deuten' zu schweben und misst dabei Gott (gemäß gängiger Exordialtopik) wohl mehr zweitere Rolle zu.

geriet ich in zwei mit beiden Beinen,
in eine mit dem linken Arm,
meine Daumen hatten zu büßen,
ein Stahlring umfasste den Hals;
derart wurden es fünf, wie ich vorhin sagte.[4]
So ‚umarmte' mich meine Herrin innig
mit manchem harten Druck.
Ach brrr, diese kalten weißen Ärmchen –
lieblos war ihr Schmiegen!
Wie sehr ich ihr auch meinen Herzenskummer klagte,
erbarmungslos ließ sie sich zu keinem Trost herab.

VII

Mir vergeht das Herz
in meinem Leib und bricht aus schwerem Bangen,
denke ich an den bitteren Tod,
den Tag, die Nacht, den Morgen –
ach, welch angstvolle Pein! –
und ich weiß nicht, wohin meine arme Seele zieht.
O Kind Marias,
steh mir, Wolkenstein, in der Not bei,
damit ich in deiner Gnade hinübergehe!
Hilf all jenen, die mir den Tod bringen,
dass sie noch hier ihre Schuld büßen,
die sie an mir auf sich genommen haben!
Bei meinem bitteren Tod beteure ich
(und schwöre damit wohl überzeugend),
dass ich dieser Frau
aus tiefstem Herzen nie feindselig begegnete!
Wenn ich also das Irdische verlasse,
werde ich Gott bitten, sie nicht wegen mir zu bestrafen.

---

4 Vgl. Kl. 2/67f.

Kl. 2

I

Wach auf, du menschliches Tier,
gebrauch deinen Verstand – das gilt für Frauen und auch Männer!
Bist du denn so tief
in deinen Sündentrog gesackt,
dass du dich nicht vor der Drohung des Herrn fürchtest,
der dir Leib und Seele gegeben hat?
Lauf doch, such ihn rasch,
solange du noch etwas sehen kannst – es wird bald finster! –,
denn wenn es dich loszusprechen gilt,
so kann das nur durch ihn geschehen:
Er riss die Hölle auf, die niemals zufror;
seine Gewalt durchdringt wahrlich alles nur Erdenkliche.
Ob Sonne, Mond oder Sternenreigen,
den Blümchen auf der Heide,
allen verleiht er Farbe und hellen Schein.
An so mancher Pracht
erkennt ein jeder seine starken Wunderkräfte,
auch der, der sonst nicht glauben wollte, dass es Gott gibt.

II

Wer hält den Himmel,
die Erde, die Gewässer und die mächtigen Felsen zusammen?
Was bringt den Donner, den Schnee und den Wind?
Das Himmelsgewölbe
könnte uns einzig Gottes Sohn entschlüsseln,
der für seine Mutter Vater und Gatte ist.
In trüber Finsternis
rettet er Fische, damit sie nicht ertrinken;
er hält die Vögel in der Höhe,
damit sie nicht herabfallen;
er schmückt Berg, Tal und Wälder
mit verschiedenen Gewändern, die niemand sonst zu ersinnen vermag.
Wer schützt das Würmchen in der Erde,
das Räbelein, so jung und zart,
wenn sich Vater und Mutter von ihm abwenden,
vor seiner weißen Färbung fliehen?

Das bewirkt die starke, weitreichende Allmacht Gottes,
und für seine Kraft gab es weder je ein Ende noch einen Anfang.

III

Er, der die gesamte Schöpfung,
Mensch, Wild und Vieh so unterschiedlich zu gestalten weiß,
dass nichts dem andern gleicht,
der sei mir in meinem Leben gnädig
und halte jene Frau zu versöhnlicher Beichte an,
in deren Auftrag man mir die Schienbeine bricht.
Bar weiblicher Sittsamkeit,
liegt sie mir ständig in den Ohren,
um mich irgendwie von meinem Geld zu trennen;
damit macht sie mich ganz verrückt,
selbst wenn sie singen könnte wie ein Zeisig.
Meinen Schatz,[5] den hat sie gewiss bald an sich gebracht.
Wie eindringlich ich sie auch an die liebevollen Unterredungen,
die sie einst mit mir führte, zu erinnern versuche
sowie daran, mir ein schweres Eisenstück
von meinen Beinen zu nehmen –
alles Übrige[6] könnte sie ja ruhig belassen –,
ich treibe sie damit bloß weit von mir weg.

IV

Erkenne daran:
>Irdische Liebe, wie schnell ist die verblasst<!
Wäre ich einst hundert Meilen weit weg gewesen,
sie wäre mir nahe geblieben,
damit ich mich an ihr aufrichte;
jetzt aber fügt sie mir schwerstes Leid zu.
Meine kräftigen Beine
umspannt sie mir strenger als einem Pferd,
so dass ich auf ihnen nicht stehen kann.
Durch eine gemeine Hinterlist
machte sie mich zu ihrem Gefangenen;

5 *schatz* ist einerseits unmittelbar auf die irdische *barschafft* (V. 45) zu beziehen, mag aber andererseits (mit SCHNYDER, Liedeinheit, S. 241) auch einen überirdischen „Schatz" mitmeinen.

6 Gemeint sind wohl die ‚Fesseln' der Liebe.

meine Vertrauensseligkeit missdeutete ihre ‚Wallfahrt'.
Sie hat mir Daumen, Arm und Hals
umschmiedet.
Ach Frau, wie bitter ist deine Brühe;
sie schwächt mir die Glieder!
Zuerst fand ich, was ich suchte,
doch jetzt stehe mir Gott bei, der für meinen Rock den Webstoff gab!

Kl. 3

I

Wenn ich so grüble
und tagsüber mit klarem Verstand
über den Unterschied zwischen den Geschöpfen nachdenke,
über das Böse und Gute an ihnen,
dann stoße ich auf eines, das so beschaffen ist,
dass niemand an ihm das Böse oder Gute zum Besseren oder Schlechteren wenden kann.
Ich hatte gemeint,
das Schlangenhaupt, von dem Johannes schreibt,
sei die schlimmste Ausgeburt der Welt,
die sich auf der Erde regt:
Viel abscheulicher ist unweibliches Benehmen,
die Qual durch eine schöne, üble Frau!
Man zähmt wilde Leoparden und Löwen,
den Büffel, damit er schleppt;
wer einer Frau die Haut abzöge,
weil sie Tugendhaftigkeit meidet,
könnte sie damit nicht fügsam machen.
Ihr schlimmes Gift erzürnt die ganze Welt.

II

Genießt sie Ansehen,
so kann sie niemand an eitlem Hochmut übertrumpfen;
wird sie missachtet, so toben ihre Sinne
wie die Meeresfluten;
selbst wenn sie an Würde oder Besitz verarmt,
zeigt sie sich doch stets reich an Bosheit.
Eine Frau schändete
das Paradies, wofür Adam geächtet wurde;
Methusalem und der starke Samson:
von Frauen entmachtet und geblendet;
David und Salomon
wurden von Frauen dreist betrogen.
Aristoteles, der großartige Lehrer:
Eine Frau bestieg ihn,
so dass ihm in der Tat seine Weisheit überhaupt nichts half –
sie ritt auf ihm in höfischer Manier!

König Alexander, mächtig und hochfahrend,
kam durch Frauen zu Fall, ebenso Absalom, der Schöne.

III

Eine schöne, üble Frau
ist ein verzierter Strick, ein Speer durchs Herz,
ein falscher Freund, der seinen Blick abgewendet hat,[7]
sowie Lust voll trügerisch verborgener Schmerzen.
Darum wurde Elias weit weg verbannt
und Joseph tief unten im Kerker angeschmiedet.
Ein Heiliger,
er hieß Johannes der Täufer, wurde
aus Rache von einer Frau enthauptet – möge uns Christus davor bewahren! Außerdem wurde
der von Wolkenstein durch die Tücke einer Frau betört
und gefangen gesetzt; deshalb hinkte er schon viele Schritte.
Ich rate daher Jung und Alt:
Flieht vor dem Flitterkram übler Frauen!
Denkt daran, wie sie innen aussehen,
wie zerstörerisch ihr Gepränge ist,
und dient den makellos rechtschaffenen Fräulein,
die ich mehr als alle Karfunkelsteine preise!

7 Oder für *der ougen want* (ohne die hypotaktische Unterbrechung der Reihung): „eine Wand vor den Augen“?

Kl. 4

I

Hör, Christenheit![8]
In brüderlicher Treue rate ich dir dies:
Liebe Gott mehr als alles andere,
das wirst du nicht bereuen;
und wünschst du, dass es dir gut ergehe,
so wende dein Streben von irdischen Vergnügungen ab.
Dem, der Gott Liebe entgegenbringt –
von dem sie ja herrührt und mit dem sie verbunden ist –,
wird rasch die Entschlossenheit zuteil,
täglich zu versuchen,
die Liebe wieder dort festzumachen,[9]
damit sie der Brust Gottes nicht fernbleibe.
Der Glanz von Schönem, die befristete Dauer von Verlockendem,
die Unzuverlässigkeit dieser Welt
sowie Lüge, Hoffärtigkeit, Verspottung, Hass, Zorn und Feindseligkeit
zeugen nicht von Gottesliebe.
Diese verlangt nicht nach einem Schatz und der Freude des
 Augenblicks,
sondern nur nach Gott im Himmelreich!

II

Von Unreinheit, Schandhaftigkeit
der Welt ist die göttliche Liebe abgehoben;
zwischen ihr und Gott
kommt es durch beides zu keiner Trennung.
Über Hoffärtigkeit, Unsittlichkeit und den Spott der Habgierigen
ist sie himmelhoch erhaben.
Voll Abscheu
will sie Wollüstigkeit fleischlicher Natur
weder sehen, hören, berühren oder riechen
noch als ‚Liebe' tarnen.
Den Leib, die Welt und des Teufels Künste
schleudert sie stets barsch zurück.

---

8 Wohl in zitathafter Anlehnung an das biblische *Audi, Israel* („Hör, Israel!").

9 Wörtlich (für *darzu fickt* aus lat. *figere*): „dazuzuheften".

Großmütigste Barmherzigkeit
kann sie dem Thron entwinden;
niemals reichte eine Tat an ihre Leistungen heran.
Ihr Tagelohn ist reichlich:
Dort, wo sich der Minne-Docht geistlich entzündet,
vergehen Schmerz und Leid.

III

Wer geistliche Inbrunst
unter Mühen liebevoll in sein Herz senken möchte,
der soll wach bleiben, wenn er am liebsten schliefe,
barhäuptig beten, fasten,
sich an die Brust schlagen und auf bloßen Knien der schweren Leiden Gottes gedenken –
dies aber nicht, ohne maßvoll zu sein.
Fleisch und den Duft des Weines
meide er jeden Tag, nehme Speise nur in bescheidenem Maß zu sich,
damit er den Hunger gebührlich stille;
auf solche Weise kann die Liebe ihr Wesen
in ihm geistlich süß entfalten.
Er verberge seine Augen und lasse sein Gesicht blass werden,
seinen Leib bette er in Armut – bei Frost und Hitze –
nur kärglich auf Stroh.
>Das Leiden entspringt Gottes Plan<, also
freue er sich darüber geduldig,
denn >Leiden tilgt die bitteren Sündenfolgen<.
Und so sitze ich, Wolkenstein, in der Falle![10]

10 *Fall* vermutlich mit doppelsinniger Anspielung auf Oswalds Gefangenschaftsort Fellenberg.

Kl. 5

I

Ich sehe und höre,
wie manch einer über das Schwinden seines Besitzes jammert;
ich aber jammere einzig über meine Jugendzeit,
das Schwinden der Unbeschwertheit
und über das, was ich einst so trieb,
ohne mir darüber bewusst gewesen zu sein, weil mir ja die Erde Halt gab.
Beeinträchtigt durch Gebrechen,
verkünden mir Kopf, Rücken, Beine, Hände und Füße mein Alter.
Was ich unnötig gesündigt habe,
diese Willkür zahlt ihr mir, Herr Leib, heim
mit Blässe, roten Augen,
Runzeln, ganz grau: Eure Sprünge sind bescheiden geworden!
Es bereiten mir das Herz, der Verstand, die Zunge und die Schritte Beschwerden,
mein Gang ist gebeugt,
das Zittern macht mir alle Glieder matt.
„O weh" geht mein ‚Gesang'!
Den stimme ich Tag und Nacht an;
mein Tenor ist reichlich rau[11] geworden.

II

Gewelltes, helles Haar,
das voll mit Locken einst mein Haupt bedeckte,
das zeigt sich ‚schmuck' in Schwarz und Grau,
durchbrochen von kahlen Stellen.
Mein roter Mund beginnt blau zu werden,
was auf die Liebste schon abstoßend wirkte.
Wackelig und hässlich
sind meine Zähne und taugen nicht zum Kauen;
und wären alle Besitztümer dieser Welt mein,
dafür könnte ich weder sie erneuern lassen
noch mir Unbeschwertheit erkaufen –
höchstens im Traum wäre mir das möglich.

---

11 Wörtlich (für *mit rümpfen*): „runzlig".

Mein Kämpfen, Springen und schnelles Laufen
sind holprig;
anstatt zu singen, huste ich durch die Kehle.
Mein Atem, der ist kurz.
Die kühle Erde wäre für mich das Beste,
weil ich schwächlich und nutzlos geworden bin.

III

Ach, Jüngling,
erkenn daran: Setz weder auf deine Schönheit,
geraden Wuchs noch Kraft! Richt dich
mit geistlichem Gesang nach oben!
Wie du jetzt bist, war ich vordem;
wirst du mir einst ähnlich, so reut dich rechtes Handeln nicht.
Mehr als alles andere
steht es mir nun wohl an, nach Gottes Wunsch zu leben
mit Fasten, Beten, zur Kirche Gehen,
flehend auf die Knie Niedersinken.
Doch nichts davon vermag ich durchzuhalten,
weil mein Körper aus Altersgründen nichts mehr taugt.
Ich sehe ständig vier statt einen
und höre wie durch einen dicken Stein;
bald spotten mir jetzt die Kinder nach
und auch die edlen Fräulein.
Das hat mir meine Unvernunft eingebracht.
Junge Männer und Frauen, vergesst nicht Gottes Gnade!

Kl. 6

I

Ich gewahre ein Tier
mit breiten Füßen, ganz spitz sind seine Hörner;
es will mich in die Erde stampfen
und mit einem Stoß durchbohren.
Seinen Rachen hält es mir zugewandt,
als sollte ich seinem Hunger zum Opfer fallen.
Schon nähert es sich rasch
fühlbar todbringend meinem Herzen –
diesem Tier entkomme ich nicht.
Ach, welch große Not,
dass für mich alle Jahre,
die ich aufgebraucht habe, bis auf einen Tag zuhauf liegen!
Ich bin zu jenem Tanz geladen,
wo mir für all meine Sünden
ein großer Kranz überreicht wird;
diese Abrechnung erfolgt zurecht.
Will es aber Gott, der Eine,
so wird schon bald ein Schlussstrich gezogen.

II

Jetzt erst erschiene es mir heilsam,
dürfte ich wenigstens noch ein Jahr lang
auf dieser Welt vernünftig leben,
denn dann würde ich
meine Schulden, die ich leider sogleich im Ganzen zu entrichten habe,
durch kleine Rückzahlungen abtragen.
Deshalb ist
mein Herz voll banger Sorge,
und der Tod selbst zählt dabei am wenigsten.
Ach Seele, wo bist du morgen?
Wer gewährt dir aufmunternde Zuflucht,
wenn du dich mit innig-heißer Buße auf den Weg machen musst?
Ach ihr Kinder, Freunde, ihr edlen Gefährten,
wo bleiben eure Hilfe und euer Rat?
Ihr nehmt euch den Besitz und lasst mich allein

zu jenem ‚Bad'[12] ziehen,
wo jegliche Münze nur wenig gilt
im Gegensatz zu guten Taten – falls ich die vermehrt hätte.

III

Allmächtiger
ohne Anfang und Ende, sei
um all deiner reichen göttlichen Barmherzigkeit willen mein Beschützer,
damit mich
Luzifer und seine Helfer nicht überlisten,
sondern ich dem Höllenschlund entrissen werde!
Jungfrau Maria,
gib, dass dein geliebter Sohn an seine schweren Leiden denkt!
Weil er ja alle Christen erlöst hat,
so übergehe er auch mich nicht;
durch seine Qualen möge ich Trost empfangen,
wenn meine Seele den Leibesfesseln entflieht.
O Welt, übergib mir jetzt deinen Lohn,
trag mich fort und vergiss mich rasch!
Hätte ich statt dir dem Herrn
im dichten Wald angemessen gedient,[13]
so könnte ich gewiss den richtigen Weg beschreiten:
Gott, Schöpfer, leucht mir, Wolkenstein, hell voraus!

12 Ergänze.: „Buß-".

13 Als Einsiedler?!

Kl. 7

I

Preisenswerter Gott,
mächtiger Beherrscher der Himmelsthrone,
so gut ich nur kann, flehe ich zu dir:
Vernimm meinen jammervollen Gesang,
handle an mir nach deinem Willen,
damit ich mir nicht dein ewiges Reich verwirke!
Deinem Wunsch gemäß
werde ich ergeben
zu Ehren der bitteren Pein leiden, die du
so bereitwillig mit Geduld erlitten hast
um unserer Freude und Seligkeit willen,
welche einst auf ewig verloren waren.
Es umhüllt mich jene Kleidung,
in der ich zu büßen habe.
Das, Herr, geschieht gemäß deinem Ratschlag,
wie ich unzweifelhaft merke.
Sei dafür gelobt, du hell Durchstrahlter,
ganz nach deinem Belieben stehe ich zu Diensten!

II

Holde, glückselige Frau,
keusche Jungfrau, Herrin und Mutter des Gottessohnes,
der uns alle dank dir
vom höllischen Gefolge befreit hat;
ihn bitte um Beistand, und spende du mir Trost,
damit ich in meinem Elend nicht verzage!
O gebrechlicher Leib,
sündhafter Sack, der Hausherr wartet schon auf dich.
Ich fürchte, er will für das bezahlt werden,
was du je in deiner tiefen Sündhaftigkeit
begangen hast.
Er ruft nach dir, gib mir[14] das Botenbrot.
Ach Herz, hast du vormals das Süße erfahren,
so tausch es für das Bittere ein!

---

14 *mir* meint wohl die Seele des lyrischen Ichs.

Hast du dich früher Freudvollem hingegeben,
so empfind stattdessen Traurigkeit;
entschlag dich auf diese Weise des einen zugunsten des anderen!
Würdevoller Gott, wie herrlich sind deine Gaben!

III

Eine Klammer aus Angst
hält meinen Leib eng umschlossen,
schwerer Kummer zerdehnt mir das Herz;
Furcht und Angst sind bei mir eingekehrt:
Mein ganzer Kopf hallt vor Angst wider,
grauenvolle Ängste rauben mir jeglichen Schlaf.
Ringsum
halten vier dicke Mauern meinen Jammer gefangen.
O lange Nacht, erbärmlicher Tag,
euer Andauern ist bloß zermürbend!
Ich klage über häufiges Aufschrecken,
gegen das ich mir nicht zu helfen weiß.
Diese Bangigkeit
rührt sicher aus keinem schuldhaften Verhalten gegenüber dieser Welt her,
sondern allein gegenüber Gott, der mich,
Wolkenstein, vor langer Zeit erschuf.
Er sei meine Ermutigung und Zuflucht:
O Vellenberg, wie kalt ist deine ‚Wonne'!

Kl. 8

I

Du bedauerlicher Mensch, bereue hier deine Sünden zutiefst!
O Heiliger Geist, sende uns die Lehre deines geheiligten Vaters,
damit ich zumindest ein wenig die Macht und Würde
in meinem Gesang über Gott, dem nichts gleicht, zum Ausdruck bringen kann!
Neun Engels-Chöre preisen Gott unentwegt,
die Sonne preist ihn, der Mond und das gesamte Sternengefunkel,
es preist ihn der Himmel, der alles Sein umfängt;
alles, was es darin gibt, verherrlicht seinen Namen:
Berg und Tal, das Singen des Vögleins, der Fisch in der Flut,
die kleinen und großen Tiere – glaubt mir nur, was ich euch sage –,
Laub, Gras, Felder, die unbändigen Gewässer, die Nacht und der Tag
huldigen und preisen Gott, vor dem der Teufel flieht.

II

Weil wir ja den klugen Erkenntnissen sämtlicher Gelehrter entnehmen können,
dass alles Erschaffene in seinem Innersten Gott wahrnimmt,
so hat sich manch harter Stein gespaltet,
als er die Pein und den Tod seines Schöpfers spürte.
Viele irdische Gewächse, auch wenn sie gefühllos sind,
ehren Gott doch durch schöne Blüten,
und jegliche Pflanze huldigt zu ihrer Zeit Christus, und zwar zu dem ihr
von Gott gesetzten Zeitpunkt für das Wachsen der Frucht.
Vereinte ein Mensch dank vielfältiger Begabungen in sich alles Wissen
und wäre sein Ruhm auch noch so glorreich, selbst der unscheinbarsten Blume
könnte er kein ebenso schimmerndes Naturkleid in aller Vollkommenheit
lieblich nachformen – aller Selbstaufopferung zum Trotz.

III

Wenn sich nun alle Lebewesen, die Gott erschaffen hat –
befinden sie sich im Wasser, in der Luft oder auf dem Erdboden –,
dem Herrn in seiner Herrlichkeit stets

allein für die Gnade, dass er sie gestaltet hat, dankbar zeigen,
warum ist dann, o törichter Mensch, dein Herz so blindwütig,
obwohl du genau weißt, dass dich Gott sich selbst nachgebildet
und dir seine reiche Gnade so großmütig
und vielfältigst gestaltet geschenkt hat?
Er hat dir Leib und Leben, Seele und Verstand gegeben;
dir dienen die Erde, Feuer, Wasser, die herrliche Luft;
alle wilden und gezähmten Tiere, der Dunst der Früchte aus tiefem Grund
werden dir untertänig prachtvoll dargeboten.

IV

Die Gewalt der Wolken, das hell leuchtende Himmelsgewölbe
sowie all die anderen Freuden, die es im Himmel noch gibt,
diese göttliche Beglückung, Mensch, stehen dir ganz zu Diensten,
und trotzdem wollen wir ihn nicht dankbar verehren.
Unter Hingabe seines Lebens hat er uns von der Hölle erlöst
(was Luzifer wenig erbaut),
dennoch wird sein heiliger Name
von vielen, die ich euch zahlreich nennen könnte, durch Beleidigungen angeschwärzt![15]
O Adams Kind, wie blind muss deine schnöde Gesinnung sein,
dass du deinen gütigen Herrn nicht ehrst, sondern mit Übernamen[16] belegst,
obwohl er dich doch hinwegraffen, der heißen Höllenglut übergeben kann;
jegliche Freude kann er dir im Nu entziehen!

V

O heiliger Christus, da deine Macht doch unbegrenzt ist,
wundert es mich mehr als alles andere Wunderbare,
dass uns vor deiner zornigen Erscheinung
und den schweren Plagen, mit denen du uns heimsuchen kannst, nicht bange ist.
Darüber freuen sich so manche Wesen, die dort

15 Vgl. RÖLL, Kommentar (II), S. 76: „berußt". Oder „geröstet"??

16 „Übername" (für das Verb *übernenst*) im Sinn von „unpassender Namen".

wegen ihres Hochmutes aus Himmelshöhe ins Tal herunter verbannt worden sind
und die uns täglich in den Sündengarten locken;
über ihre Einflüsterungen weiß ich nichts Gutes zu berichten.
Ihr Frauen und Männer, macht euch eure Verfehlungen bewusst,
büßt rasch für eure Sünden, und lasst euch von den Eingebungen
eines bösen Geistes nicht entflammen! Kämpf wacker! Früh und spät
nimm Gott statt Stahl und Eisen zu Hilfe!

Kl. 9

I

Welt, o Welt, du Wonne gleich einer brüchigen Mauer,
wie beschwerlich bist du doch! Dein ‚Lohn' bekommt mir schlecht,
seit du auf mich gestürzt bist
und mich auf die Erde niederdrückst.
Irdische Wonne, du Tuchballen mit einem schweren Mangel,[17]
wer dich durchschaut hat, der kauft dich nicht so rasch,
will er nicht
bei so mancher vornehmen Dame zu einem ungebetenen Gast werden.
Was nützt es mir, dass ich viele Nächte
voll der schönsten Wonnen
zwölfeinhalb Jahre lang wach geblieben bin?
Jetzt muss ich seufzen und erbärmlich zitternd wachliegen.
Alle wohltätigen Heiligen und die Engel im Himmelreich
flehe ich an, dass sie mich entschlossen dabei unterstützen,
aus meinem Leiden etwas Gutes erwachsen zu lassen!

II

Was nützen mir nun meine Reisen in ferne Länder,
in so manches Königreich, das ich kennenlernte;
was nützen mir mein Dichten und Singen
über manche schöne Königin?
Was nützt mir die vielfältige Weisheit fremdländischer Denkarten,
wo ich doch ganz zu einem Kind geworden bin
und schwermütige Gedanken aus mir
ganz tränenerfüllte Klänge hervorbringen?
Was nützt mir Silber oder Gold,
wo ich kaum jemals mit mir selbst
aus ganzem Herzen zufrieden sein kann?
Dass mich der Glanz der Welt so arg betrogen hat!
Ach mächtiger Gott, durch die Kraft der heiligen Trinität
schick mir doch deinen helfenden Beistand
gegen diesen zehrenden Schmerz!

---

17 Wegen eines schadhaften Stoffteils, der im Ballen bzw. erst am Ballen-Ende (*tuch von bitterm ende*) verborgenen ist?

III

Niemand sollte sich
nach riesigen Freuden sehnen, um sich ganz von ihnen umgeben zu lassen.
Fürwahr, ich kann ihm dafür bürgen,
dass das Ende für ihn sehr schmerzhaft sein wird.
>Besitzt einer etwas, so muss er gewiss Vorsicht walten lassen.<
>Je ansehnlicher die Herrschaft, desto mehr Aufruhr und Rebellion.<
Dank der Neidgenossenschaft[18] bliebe einem nicht einmal die Spreu,
sobald ein einziges Unwetter[19] aufzöge.
Dies kann ich wirklich beeiden:
>Je mehr Freude, desto mehr Leid
bewirken die schönen Frauen.<
Denn >Freudvolles durchmischt sich mit Leid, Frohsinn mit Traurigkeit<,
und >Über Jahr und Tag ist uns ein wehmütiger Abschied bestimmt< –
wie kann derlei ein gutes Ende nehmen?
Das müsste jeder einsehen.

IV

Ist der eine auch jung, attraktiv, mutig und voll Fröhlichkeit,
der andere kräftig und von makellosem Wuchs,
der dritte klug: Sie werden zu Kindern,
wenn sie sich den späteren Tagen nähern.
Mir würde darüber hinaus viel Hübsches und Lustvolles einfallen,
an dem sich der Mensch erfreut, das ihm aber trotzdem schadet.
Erst wenn er die Dauer der Jahre spürt,
vermag er das zu beurteilen.
Weil es in dieser schlechten Zeit so ist,
dass >Jede irdische Wonne bloß mit Leiden endet<,
>Süßes am Ende bitter wird<,
und >Jegliche Lust auf Erden letztlich doch nur Kummer bringt<,
erstaunt es mich, dass der Mensch Freuden nachjagt.

---

18 *Neithart* (mit diabolischem Anklang?!) kollektiv gerichtet.

19 *ungewitter* auch metaphorisch (als „Unheil“) zu verstehen..

Wie blind zeigst du dich oft, weiser Mann,
trotz all deiner schlauen Kunst!

V

Ach lieber Freund, ich würde uns ernsthaft raten,
dieses nutzlose Treiben,
zu dem es uns hier von Natur aus drängt, doch lieber hinter uns zu lassen
und Gott, den Mächtigen, darum zu bitten,
dass er uns die Sünden vergeben
und unser Herz durch seine Liebe entflammen möge.
Dann könnten wir uns an vortrefflicher Ehrsamkeit
mit einem jeden Fürsten messen.
Da aber nun unser Leib vergänglich ist
und wir weder Zeit noch Frist haben,
so dass wir uns
von allen Vergnügungen, Freuden, Besitz und stattlichem Ansehen trennen müssen,
wobei uns nichts außer unseren edlen Taten allein begleitet,
mögest du, Heiliger Geist, uns verwandeln
und von allen Sünden zurückschrecken lassen!

Kl. 10

I

Wenn ich mit meinem schwachen Verstand alles von oben betrachte
und über die Herrlichkeiten dieser törichten Welt,
von der ich einen Teil erkundet,
gesehen und gehört habe, genau nachdenke,
so wundert mich nichts anderes so sehr,
wie dass ich meine Zeit nur in Besitz und Ansehen investiere,
obwohl ich dabei bislang nicht zur Ruhe kam;
verblendet sind meine Sinne.
Ich weiß sehr wohl, dass die Stunde[20] naht;
besäße ich alles auf Erden,
ich gäbe dies gerne dafür hin,
dass ich auf Gott gefällige Weise noch ein Jahr leben könnte,
weil ich mich im Laufe vieler Jahre ganz überheblich
dem Sündhaften nie hatte widersetzen wollen;
jetzt muss ich darauf[21] verzichten.

II

Ich höre, dass man so manchen als einen Weisen bezeichnet,
weil er den Gang der Welt ein wenig durchschaut hat
und täglich danach trachtet,
damit sein Glück zu machen.
Es glaubt dann nämlich dieser liebe Geselle,
er vermöchte, ohne dass ihn ein Unglück treffen oder erschüttern
könne,
aus Schwarz Weiß zu machen:
Nur ein Esel mag darauf etwas geben!
Er weiß sich leidgeprüft zu gebärden
und meint, dass ihm niemand gleiche.
Könnte er davon etwas verkaufen,
er gäbe es erst ab einem Schilling,[22] gewiss nicht billiger, her.
„Seinen Irrglauben steigert er zur Torheit“, wie Petrarca sagt.

---

20 Ergänze: „Todes-“.

21 D. h. auf das eine Jahr.

22 Alter, höherer Münzwert!

>Auf der ganzen Welt gibt es prahlerische Narren
in unzählbarer Menge.<

III

Über die frühen Jahre liest man uns häufig vor, berichtet uns,
welche Wunder in ihnen erlebt worden sind,
seit die Welt
von Gott, dem Allmächtigen, erschaffen worden war.
Auf ähnliche Wunder[23] stößt man noch heute,
welche Gott den Armen wie den Reichen zuteilt,
dem Papst, den Fürsten und Herren, deren Klugheit sie
nicht vor Unheil bewahren kann.
Wer ohne Rückhalt hoch hinaufklettert,
es nicht schafft und herabfällt,
würde sich mit einer mittleren Höhe zufriedengeben
und die ihm von Gott zugedachte Zeit nicht ungenutzt verstreichen lassen.[24]
>Was taugt jemand, der vieles plant, doch maßlos ist?<
>Wie sollte das, dem Gott nicht Zeit gibt,
bloß gelingen?<

IV

Mit Hoffnung und Kummer, Bangigkeit und Freude
vertun wir die Zeit, was ich nicht rühmen kann,
denn >Keine Sache auf dieser Welt
bleibt lange unverändert<,
und >Das Gute verkehrt sich rasch ins Böse<,
doch >Böses wandelt sich kaum zum Guten<;
und >Am Ende haben wir immer einen schmerzlich hohen Preis
zu bezahlen<:
>Es war einmal, es ist nichts mehr<!
Falschheit, Treulosigkeit, schwaches Vertrauen
bringen wir einander entgegen,
Kind, Vater, Mutter, Schwester, Bruder – alle gleichermaßen.
>Könnten wir durch Lügen und Betrügen ins Himmelreich gelangen,

---

23 (Zum Teil) ironisch gemeint?

24 Anklang an sentenziöses Gedankengut, aber hier von Oswald nicht sprichwortartig ‚durchformuliert'.

so wäre dies für uns ein Leichtes.[25]<
Diese Misere muss ich beklagen.

V

Manch einer verlangt nach vielfältiger Unterhaltung.
Er wäre emsig, könnte er sie durch raschen Kauf gewinnen,
und immer wieder würde er dafür
sein ganzes Vermögen hergeben.
Die Welt ist darauf aus, Besitz und Ansehen zusammenzuraffen,
und verschenkt dafür unverdrossen einen herrlichen Schatz,[26]
weil sie ihre Zeit ungehindert
in einem nutzlosen Leben verbraucht.
Der Mensch denke eindringlich
an die Geburt und an das Ende sowie daran, welch hinfällige Macht
wir haben und ausüben,
wenn wir dort liegen, gleich Affen die Zähne fletschen:
König, Kaiser, Herzog, Graf – alle sind mir gleich!
Hat dann jemand gute Werke rasch vorausgesandt,
so zeigt sich das ohne Zweifel.

VI

Ich behaupte, dass weder im Wasser noch zu Lande
eine Wildtierart lebt, die das nicht durchschaut hätte,
außer dem tagaus, tagein uneinsichtigen Menschen,
der all seine Handlungen gutheißt.
Ein Tier verlangt nicht nach mehr, als es braucht
und seiner naturgegebenen Art gemäß verschlingt.
Wir aber machen es der Wettergans nach,
die täglich klappernd Wasser trinkt.
Kein Tier trachtet seinem Artgenossen nach dem Leben,
in der Not hilft eines dem anderen.
Bevor aber so ein grobschlächtiger Tölpel
Not und Armut erduldete, wie das manch einsichtiger Mensch tut,
ließe er eher alle seine Freunde um des Besitzes willen sterben,
falls er dadurch zu seinem Spektakel kommt,
mit dem er in Saus und Braus lebt.

25 Für phras. *ain eben veld* („ein ebenes Feld“).

26 Ergänze: „im Himmel“.

VII

Willst du, Freund, dass man an dir Tugendhaftigkeit rühme,
so lass dich durch Not und Armut belehren!
Dein Ungestüm wird sicher sanft werden,
bist du aus gutem Holz.[27]
Demut und Aufrichtigkeit umgehe nie,
lass ab von Hoffart, sei geduldig, leb ohne Feindseligkeit,
dann bleiben alle deine Feinde[28]
dort in den Höllenflammen machtlos.
Wahre den Frieden im Grunde deines Herzens,
damit du von der Rache nicht entflammt werdest!
>Sparsames Reden, vorteilhaftes Schweigen<:
Hör zu, frag nach, wo du von den rechten Dingen irrig abzuweichen drohst!
Trau der Welt nicht, ihr Treiben ist nur ein Hauch;
schäm dich nicht deines Gottvertrauens:
Dann kann Freude bei dir einkehren!

27 Oder spezifischer „von adeliger Abstammung" (für *von gütem stamme*)?

28 D. s. der Teufel und seine Gehilfen.

Kl. 11

I

O blenderische Welt,
solange ich in dir Leben und Besitz vergeude,
zeigst du dich mir nur hohl und brüchig
in Worten, Taten und Verhalten;
du bist so voll Unzuverlässigkeit,
dass ich weder den Anfang noch das Ende durchschauen kann.
Tückischen, schlimmen Lohn
zahlst du unablässig durch Lug und Trug.
Voll Mühe und Not, mit Rastlosigkeit
und gemeiner Hinterlist,
so strebst du dem Höllenloch zu.
Beklagt das, ihr törichten Frauen und Männer!
Täglich, bei Tag und Nacht, klammern wir uns
an Besitz und irdisches Ansehen,
und selbst, wenn dabei alles wunschgemäß läuft,
bleibt uns doch nicht mehr erhalten
als eine bescheidene Zehrung, ein kümmerliches Gewand
und das, was wir so an Gutem vorausgeschickt haben.[29]

II

Manch einer sagt,
ich werde ihn jederzeit
mit Leben und Besitz treu ergeben zu meiner Verfügung finden,
ewig und ganz zuverlässig.
Käme ich aber verarmt zu seinem Haus,
so wünschte er mich als Fuchs in den Wald.
Wenig Vertrauen
sollten wir den Kindern Adams entgegenbringen
und nur einem dienen, nämlich Gott.
>Die Welt ist ein Pfuhl<:
Verabscheue sie daher,
und vertraue auf den, der dir helfen kann!
Ach, wie leid mir mancher rechtschaffene Mann tut
(dies gilt auch für mich),

---

29 Ergänze: „in den Himmel“.

der nicht richtig zu durchschauen vermag,
wie sich
der so zermürbende Dienst an der Welt bloß in Rauch auflöst.
Welchen Lohn erhält man denn, wenn es heißt: „Er ist tot.“?

III

Keine bedauerlichere Kreatur
konnte ich unter all den Tieren jemals finden
als jene, die ‚Hofdiener‘ heißt:
Dieser macht sich
für kleinen Lohn zum Eigentum seines Herren –
selbst ein Esel, wäre er frei, täte das nicht.
Reite, schlag und stich zu,
entreiße, raube, brandschatze und schone den Menschen dabei nicht;
nimm dir Ross und Wagen, Henne und Hahn,
zeig dich niemandem gewogen!
Denk daran, dein Herr wird dich schätzen,
wenn er solche ‚Vergnügungen‘ von dir sieht.
Stell dich vor ihm auf, lauf hinterher
und lass ihn den ganzen Tag über –
er ist ja der Fürst! – dein eifriges Umhergaffen sehen,
damit du ihm auffällst![30]
Macht er zu dir eine freundliche Bemerkung,
dann ist dir das lieber als der Schatz des Himmelsfürsten.

IV

Ihr Vöglein
und anderen Tiere, wilde und zahme,
ihr zeigt wirklich wahre Liebe:
>Gleich erwählt sich seinesgleichen<,[31]
der Bräutigam sein Bräutchen;
in Notlagen halten sie zusammen.
Dagegen meine ‚Freunde‘:
Würde ich vor ihnen krumm und lahm –
ehe mir einer Hilfe angedeihen ließe

30 Var. für V. 51f. (nach *fürst*): „Eile zu ihm hin, / damit er dich sieht!“. Dabei bliebe jedoch hier das ausdrucksstarke *kapf* (V. 50) ohne adäquaten Sinnbezug.

31 Oder unter freierer Einbindung einer ‚modernen‘ Sprichwortfügung: „>Gleich und gleich gesellt sich gern<, der Bräutigam zu seinem Bräutchen;“

und dadurch
zu meiner Erholung beitrüge, ohne selbst zu leiden,
müsste ich eher vor ihm wie Schnee zergehen.
Die Menschenliebe,
die einer dem andern entgegenbringt, wäre so gut wie nicht vorhanden,
erwarteten wir nicht Geschenke
und hofften auf Besitz.
Mein eigenes Kind begänne Widerwillen zu zeigen,
wäre ihm durch mich kein weiterer Nutzen mehr sicher.

V

Dürfte ich mir
ganz nach Herzenslust
ein Leben erträumen, wie ich es möchte –
selbst gestützt auf den Verstand sämtlicher Gelehrter
vermöchte ich es nicht perfekt auszurichten
und[32] würde mit der Zeit unzufrieden werden.
Wozu taugt meine Gier
nach viel Besitz und Ehrenprunk,
was nützen mir Silber oder Gold,
was nützt die Verehrung von Frauen,
wo doch die irdischen Freuden schnell nichtig werden,
und ich sehr wohl weiß, dass ich schon bald fort muss?
Turniere und stich zu, lauf, tanz und hüpf
auf einem weiten Platz;
sorg für viel Zeitvertreib, mach höfische Dinge,
krümm dich wie eine Katze –
doch, ist der Spaß vorbei,
so geh nochmals hin, und du wirst eine leere Stätte vorfinden!

VI

Ach Freund, Gefährte,
zweifle nicht an dem, was ich dir da sagen möchte!
Diene Gott mit deinem ganzen Herzen,

32 „und“ für *oder*, da die in diesem Vers ausgedrückte negative Empfindung aus dem Vorangegangenen Vers kausal abgeleitet scheint. Eine Übersetzung mit „oder“ würde dagegen das eine (die ‚technische Seite‘ des Lebens) unverbunden neben das andere (die emotionale Seite) stellen.

find an der Welt keinen Gefallen,
sondern spotte ihrer Lust!
Dann erwirbst du dir hier wie dort reichlich Freude.
Nimm dir kein Unglück so zu Herzen,
dass es dich verzagen lassen könnte;
lass dir aus keiner Betrübnis Schmerzen erwachsen!
Wirst du durch Leiden[33] wachgerüttelt,
so bedeutet dies eine besondere Gottesgnade,
denn diese Gnade entreißt dich dem Höllenloch.[34]
Wer sich vom Zorn fesseln lässt,
der gleicht einem Stück Vieh,
denn Gott hat uns
fünf vernunftbegabte Sinne gegeben.
>Wahre Größe zeigt,
wer in Bedrängnis klug zu kämpfen weiß.<

VII

Mich wundert es sehr,
dass wir so fest auf diese Welt bauen
obwohl wir genau sehen, wohin das führt:
Wo sind denn meine Freunde und Gefährten?
Wohin gingen meine Eltern und Vorfahren?
Wo werden wir alle in kaum einmal hundert Jahren sein?
Mehr noch wundert es mich,
warum ich mich niemals von meiner Herrin losmachen konnte,
die mich so lange
auf Unglück bringende Weise hintergangen hat.
Mein einfältiger Verstand hat mich verblendet
und nie durchschaut, dass sie mir tückisch nachstellte.
Wir lassen einen Tand
aus Häusern, mit Stuck verziert, emporwachsen,

---

33 Offenbar positiv zu verstehende Art von Schmerzen, die damit in ihrer Besonderheit nicht in Widerspruch stehen zur Aussage in den vorangegangenen V. 97–99!

34 LUTZ, Wahrnehmen, S. 60 (Anm. 73) bringt *lüg* (in *der helle lüg*) abstrakter mit „Lug, Betrug“ in Zusammenhang und schlägt für diesen Vers als Übersetzung vor: „um den Genuß dieser Gnade bringen dich die Vorspiegelungen/Trugbilder der Hölle/des Teufels“. Problematisch bleibt dann allerdings die nicht ausreichende Einbettung des Intensivums *zuckt* („entreißt“), da diesem Ausdruck doch eine eher auf Konkretes bezogene ‚Dramatik‘ innewohnt.

obwohl es auch eine schlichte Mauer[35] täte,
zumal auch die uns überlebt.[36]
Mach es so, Bruder, Schwester, arm oder reich:
Errichte dort ein Schloss, welches dich auf ewig schützt![37]

35 Opposition zwischen *zier* (=„schmuck“, V. 122) und *sleht* (=„einfach“, V. 123) m. E. treffender als die Konnotation mit einer „Grabplatte“ (vgl. MAROLD, Kommentar, S. 410) für die *wand* (V. 123), zumal zu Oswalds Zeit flach liegende Grabplatten üblich sind.

36 Vgl. die nächste Anm.

37 Zur Unterscheidung zwischen den homonymen Verben *weren* = „dauern“ (s. *werdt* in V. 124) u. (auch transitivem) *weren* = „schützen“ (s. trans. *werdt* hier in V. 126) vgl. SCHATZ, Sprache, S. 108.

Kl. 12

I

Frankreich,
Léon-Gallizien, Aragon, Kastilien, England,
Dänemark, Schweden, Böhmen, Ungarn,
Apulien und Navarra,
Zypern und Sizilien,
Portugal, Granada und Ägypten:
Diese sechzehn Königreiche
habe ich durchstreift und erkundet und dabei letztlich
nur einen einzigen beständigen Schatz[38] gefunden;
der wird mir
für meinen Dienst die Treue halten – ohne schmerzliches Misstrauen –,
sofern ich für sie gebührlich treu ergeben lebe.
Auch bin ich zuversichtlich, dass, falls ich mich um ihre Gnade
oder Gewogenheit bringen sollte,
sie dies nicht meiner Schuld entsprechend rächen würde,
wie das andere Frauen tun,
sondern mir noch so lange gnädig bliebe,
bis ich für diese Freundschaft ganz unerträglich geworden wäre.[39]

II

Keine schönere Frau
hat in der Tat je ein Mensch mit seinen Augen erblickt, und wer sie kennt,
der muss mir einfach recht geben,
dass nichts an ihr missraten ist.
Ihr Antlitz strahlt wie die Sonne –
so hell die Äuglein und rot der Mund!
Wie könnte ich
traurig sein, wenn ich mir lebhaft vorstelle, überall
die Reine
herrlich bekrönt vor mir zu erblicken.
Ihre Zartheit schenkt Freude und Beglückung;

---

38 Erste hintergründige Anspielung auf die Gottesmutter Maria (vgl. V. 70).

39 Vgl. den ähnlichen Gedanken in V. 82! (Daher eher nicht so zu verstehen: „bis ich mich überhaupt gegen ihre Freundschaft sträubte".)

wäre ich krank, so machte sie mich gleich gesund.
Ich wäre alles andere als ungehalten,
könnte ich sie zärtlich dazu überreden,
mich in ihren Garten vorzulassen,
wo sie zwischen Rosen wandelt.
Und erhielte ich dann von ihr aus Zuneigung ein grünes Kränzchen,
so empfände ich helle Freude.

III

Vier gekrönte Königinnen,
durch die mir reiche Ehrungen zuteil wurden
(derer ich mich sicher nie würdig erwiesen habe),
sowie manche schöne Fürstin,
die mich ersuchte, mit ihr zu singen,
nachdem ich auf einem Knie meine Ehrerbietung bekundet hatte:
Aber bei genauerer Überlegung
steht weit über ihnen allen meine Herrin mit ihrer feinsinnigen Kunst,
ausgestaltet nach adeliger Manier,
denn kein Mensch hat je berückendere Klänge
von irgendeiner Zunge vernommen,
als wenn sie ihre Stimme lieblich hören ließ.
Die gesamte *musica* beherrscht sie
mit reicher *Resonanz*.
Die passende *mensur apposita*,[40]
alle langen und kurzen Noten[41]
bringt sie in ihrer Kehle zum Schwingen,
dass es im Innersten meines Herzens widerhallt.

IV

Selbst wenn Paris,
Venedig, Brügge, Damaskus und Tripolis im Berberland
mit Perlen und Gold völlig übersät wären,
Genua ganz mit Karfunkelsteinen,
Barcelona mit Diamanten
und Montpellier beladen mit sämtlichen Meisterwerken,
dennoch wäre sie diejenige,

40 D. i. das richtige Zeitmaß der Noten

41 Wörtlich: „hohle“ u. „volle“.

die diesen Schatz durch grenzenlose Ehrsamkeit,
welche mich zu so mancher Stunde froh stimmt, bei weitem überträfe.
Und bin ich in den Schlingen trüber Traurigkeit
tausendfach verstrickt,
dann befreit sie mich aus jedem tiefen Rinnsal.
Untadelig, keusch, demütig,
reich an allen Tugenden,
gesittet bei jedem Tun:
So thront die schöne Jungfrau.
Die Traurigkeit bekümmert mich kein bisschen,
denn solange sie mir wohlgesinnt ist, schrecken mich niemandes Drohungen!

V

Ach, all ihr Frauen,
es wäre wohl an der Zeit, dass ich mich von euch hinwegbegebe.
Ihr verblendet mich heftig,
und darum, mich zu trösten, kümmert ihr euch nicht.
Mein Dienst, der fruchtet nichts mehr,[42]
seit sich unter meinen braunen Bart Weißes mengt.
Ich hoffe, dass die Helle,
Zarte, Reine, lieblich Wohlgeformte
weiterhin an mir ihre weibliche Ehrsamkeit beweisen wird
(solange ich sie nicht kränke)
und Liebeskummer von mir fernhält;
zurecht bestimmt stets diese Liebste über mich.
Das, ihr Kaiser, Könige, Herzöge, Edelfreien,
Gefolgsmänner oder wer immer,
möchte ich jubelnd hinausrufen
über[43] meine Herrin,
die mir nicht die Treue bricht,
solange ich ihr pflichtergeben diene.

---

42 *mein dienst, der loufft neur hinden nach* phraseologisch aufgefasst; wörtlich: „Mein Dienst eilt bloß immer hinterdrein".

43 *mit der frauwen mein*: wörtlich „mit meiner Herrin", also gemeinsam mit ihr jubelnd??

Kl. 13

I

Wer ist sie, die
mehr als aller Sonnenglanz
für uns den dürren Kranz erstrahlen lässt
und erfrischend befeuchtet?
Wer ist sie, die an der Spitze des Reigens den Tanz anführt
und dem milden Mai sein Sprießen[44] schenkt?
Eine edle, reine Jungfrau,
die uns wirklich einen Sohn gebar,
der auf keusche Weise zugleich ihr Vater war.
Jungfräulich-rein wurde sie von ihm entbunden,
der selbst die dreifache freie *Unitas* bedeutet,
durch deren Hilfe wir Zuversicht gewinnen
und der brutalen Höllengier entkommen.

II

Wer vermag schon die Jungfrau
gemäß ihrem adeligen Wesen hinreichend auszuschmücken!
Auf der ganzen Welt
wurde wahrlich nie ein lieblicheres Mädchen geboren.
Ach, du liebevoll holdes, keusches Geschöpf:
Ganz ohne Trug überstrahlt deine Lauterkeit deine gesamte Erscheinung,
genau wie der helle Rubin,
der mühelos seinen zart durchscheinenden Glanz
über seine Diener im gewundenen Gold hervorbringt.
Hingebungsvoll möchte ich das Ehrenbanner
ohne Prahlerei in Triolen laut besingen
und mir von der Lieblichen
schon bald Gnade erhoffen.

---

44 Dieses Substantiv (für *phlanz*) trägt dem Einleitungsbild mit seiner bildhaften ‚Vorgangsschilderung' Rechnung; demgegenüber weniger kohärent wäre die resultative Variante „Pflanzenschmuck" (o. ä.).

III

Wer ist diese Rose ohne Dornen,
über die man liest[45] und spricht,
und die den mächtigen Zorn[46]
ganz auf ihre Schultern lädt,
wenn sie uns am Jüngsten Tag
aus dem vielgesichtigen, tiefsten Jammer erlöst?
Wer dann eines Stücks des makellosen Schoß-Seiles
zu seiner Rettung glücklich habhaft wird,
der hat sich dir, Herrin, zugewandt;[47]
ihm bleibt der Höllenpfad erspart.
Ach Reine, Aufrichtige, du Schild:
Zerbrich den Speer des Teufels, seinen Spieß
lenk ab, herrliche Jungfrau! Amen.

---

45 ‚Ähnlich wie in Kl. 10/31 im Sinn von „vorliest", „erzählt"?!

46 Ergänze: „Gottes".

47 Ergänze: „rechtzeitig".

Kl. 14

Gesegnet sei die Frucht,
Trank, Speise, Brot und Wein
von Gott: Er wurde wahrhaftig durch jungfräuliche Keuschheit
geboren
und erlitt für uns als dreifaltig Einer den Tod!
Er, der immer und ohne Ende lebt,
seit jeher ohne Anfang war,
möge uns hier alsbald seinen Leib als Speise senden,
wenn wir in diesem Leben hinfällig werden!
Hilf uns dabei, Himmelskönigin!
Kyrie Eleison,
Vater, Heiliger Geist:
Durch deinen Sohn
vollende an uns die Gnade
und ermögliche es den Feinden nicht,
uns ins Unglück zu stürzen!
Amen. *Benedicite!*

Kl. 15

I

Auf denn, ihr alle im Himmel,
die ihr anmutig beim
Alpha und Omega, dem Inbegriff[48] der Ehre, wohnt!
Helft uns, ihm
mit süßem Engelsgesang Dank zu sagen
für reichlich Speise und Trank,
durch die er
die Menschen in ihrer Hinfälligkeit ernährt! Amen.

II

Herrin, dafür seiest du frei von allen Anfeindungen
mit deinem größten Schatz,[49]
der in dir einen Ort der Freiheit schuf, gepriesen:
Vor ihm bezichtige ich Sünder mich,
dass ich mit erbärmlichem Treiben
viele sinnlose Tage
während einer selbstgefälligen Zeit,
die mir dein Sohn eingeräumt hatte, weithin vergeudet habe.

III

Nun ist es leider viel zu spät!
Im angstvollem Gewand rufe ich aus:
Hilf, Jungfrau, mit der gesamten Trinität,
und übergib uns nicht dem Höllenschlund;
dann bist du, Gebieterin, diejenige, durch die ich errettet wurde!
Dafür lasst uns *deo gratias* singen!
Mit Frieden und Ruhe, Herr, bekleide alle jene Seelen,
in denen man den Glauben antrifft! Amen.

---

48 Oder *krei* weniger frei übersetzt: „Losungswort“. Vgl. auch Kl. 91/11.

49 D. i. Jesus

Kl. 16

I

„Ich spüre einen Wind mit kühlem Hauch,
der, wie ich recht gut weiß,
der Nordost genannt wird.
Als Wächter sage ich: Glaubt mir,[50]
dass sich uns der Tag aus dem finsteren Wald nähert;
ich sehe und melde das Herüberglühen der Morgenröte.
Überall ertönen die Vöglein,
Hauben- und Feldlerche, Zeisig, Drossel, Nachtigall:
Vom Berg und aus dem Tal hallt ihr Gesang wider.
Sollte hier jemand arglos[51] ruhen,
der voll Freude die lange Nacht ausgekostet hat,
so sehe er zu, nicht mehr beisammen zu bleiben."
Das Mädchen hatte verschlafen,
der Jüngling war auch nicht früher erwacht,
und beide wehklagten
über die Feindseligkeit des Tages.
Den tadelte die junge Frau heftig:
„Herr Tag, Ihr wisst das Ansehen nicht
so zu wahren, wie es sich ziemt!"

II

Eilfertig reichte sie dem Jüngling
etwas kleines Weißes[52] mit ihren hellen Händchen hin:
„Steh auf und eile, halt nach dem grauen Morgen Ausschau!"
Er schob einen Fensterbalken zurück
und sagte zu ihr:
„Bei Gott, er nähert sich tatsächlich kummerschwer.
Er durchdringt das Firmament;
der Morgenstern hat seinen Glanz verloren,
die Nacht sich zum herangrauenden Tag hin abgeschlossen."
Er küsste ihren roten Mund:

---

50 Wörtlich (für *mich prüfft*): „prüft mich". Oder „Ich merke"?

51 Oder *in güter acht* „wohlbehütet"?

52 Das Idiom *schlicklin weis* („ein Schlückchen Weiß") meint wohl ein weißes, bloß das ‚Wichtigste' neckisch verhüllendes Textilstück.

„Ach, Herzliebste, noch keine halbe Stunde ist es her,
seit wir uns in Wonne eng umfasst hielten.“
Sie seufzten und klagten –
ihre Mündlein zart verschlossen –,
weil sie jetzt
das helle Tageslicht forttreiben wollte.
Sie sagte: „Mein Geliebter,
komme, was wolle,
du gehörst gewiss nur mir allein!“

III

Der Wächter setzte an, ließ einen Ton vernehmen,
schmetterte in sein Horn, dass man ihn hörte:
Er kündigte den Morgenwind und das Erglänzen des Ostens an.
Voll Liebe dachte die junge Frau:
„Ach, Sonne, wer hat dich hervorgeholt?
Ich wünschte ganz ehrlich, dass du im Westen wärst;
auf deinen Schein könnte ich wahrlich verzichten!
Es wäre mir der, der uns den Abendstern ankündigt, besonders lieb;
ihn sähe ich gern, würde mir dieser Wunsch erfüllt.“
Da lachte der hübsche Jüngling laut auf:
„Mein liebster Schatz, das kann leider nicht sein.
Von dir fort muss ich den Liebesschmerzen entgegengehen!
Meine Freudenbringerin,
Zuckerspeise meines Herzens,
du hast mir Herz und Verstand
ganz und gar genommen.“
Sie drückten sich aneinander,
umschlossen mit nackten Armen.
„Meine Liebste, ich gehe fort!“

Kl. 17

I

„Zieh los, gib freien Lauf und warte besonnen ab,
bis du den richtigen Seeweg gefunden hast!
Beherrschst du das, Seemann, so erweist du dich als geschickt.
Sag mir,[53] wohin zieht es dich?
Falls ich dir mit Ratschlägen beistehen kann,
verzichte nicht darauf, sonst bekommst du graue Haare."
Der Jüngling sagte: „Für diese Reise
kannst du mir sicher behilflich sein, liebstes Herzensmädchen.
Wonach mein Herz strebt, liegt vor dir völlig offen:
Meine Gedanken sind gemäß deinem Rat ganz fest nach Syrien
zum Heiligen Grab gerichtet;
täglich werde ich um deine Gunst werben."
Sie umfingen einander
oftmals eng und voll Leidenschaft mit ihren zarten Armen
und küssten einander,
was beide mit Freude erfüllte.
Sie sprach: „Brich gehorsam auf,
und nimm dich vor den *Kalamiten* in Acht,
wenn ich dir raten darf!

II

Wende den Bug sogleich nach Osten
und lass dir, ohne leichtsinnig zu werden,
durch den Wind *Ponant*[54] genau vom Heck her helfen!
Hieve das gesamte Segel am Mast
bis zur Spitze hoch und fang den Westwind ein!
Halt das Steuerruder fest, lass das Schiff nicht schlingern!
Maestro Provenz[55] bringt dich voran,
ebenso die Gewogenheit des gewaltigen Elements *Tramontana*;[56]
beim *Greco*,[57] Steuermann, musst du zum Wind drehen!
Die Brassen lösen, schnell, das Tau!

53 Das weibliche Ich scheint sich auch einer hintergründig mariologischen Lesart zu öffnen.

54 W-Wind

55 NW-Wind?!

56 N-Wind

57 NO-Wind

Richte mit Hilfe des Maßbandes und der Himmelsrichtungen auf der Seekarte
die Magnetnadel aus. Lass dich vom *Levant*[58] nicht abdrängen!
Ganz auf die andere Seite hinüber! Rennt,
springt in den Kielraum hinunter!
Vom Seesturm lass dich nicht bezwingen,
lauf rechtzeitig im Hafen ein!
Wenn du dessen Einfahrt erreicht hast,
so acht auf die Untiefen;
wirf dann den Anker aus!

III

Oft schlägt dir
Schirocco[59] voll Feindseligkeit mächtig entgegen.
Durch ihn wirst du beim heftigen Schaukeln arg in Mitleidenschaft gezogen –
dieser Kerl bringt gerne Sturm.
Unterteile mit dem Zirkel ein Winkelviertel;
falls du seekrank wirst, verzweifle nur nicht!
Streich das Segel, vorwärts, spute dich!
Ermahn die Seeleute geschickt! Lass dich von der Strömung nicht erfassen!
Sie wird abgewehrt, wenn der Südwind gewaltig daherkommt:
Er ist für dich
bei halbem Wind günstig, wie ich früher einmal hörte:
Hiss das Segel vorteilhaft, indem du es ihm über das Seil zuwendest!
Richt nach ihm das Steuerruder umsichtig
und mit Überlegung aus!
Kommt dann *Gorwin*[60] gehörig auf,
so jagt er dich schnell
mit Kurs auf den Orient dahin.
Gott lasse dich wieder zurückkehren,
mein Geliebter!“

---

58 O-Wind

59 SO-Wind

60 SW-Wind

Kl. 18

I

Als ich zehn Jahre alt war, passte es,
dass ich sehen wollte, wie die Welt beschaffen sei.
Voll Jammer und Armut habe ich in so manchem heißen und kalten Winkel
bei Christen, Orthodoxen, Heiden gehaust.
Im Beutel drei Pfennige und ein Stückchen Brot
waren meine Wegzehrung von daheim, als ich ins Elend rannte.
Durch merkwürdige ‚Freunde' habe ich seither so manchen roten Tropfen[61]
vergossen, dass ich zu sterben meinte.
Schwer büßend lief ich zu Fuß, bis
mein Vater starb – schon vierzehn Jahre, aber tatsächlich noch zu keinem Pferd gekommen,
bloß eines geraubt; noch dazu hatte ich ein ‚halbes'[62] gestohlen, einen Falben,
und wurde bedauerlicherweise auf die gleiche Art wieder davon getrennt.
Ja, ich war Laufbursch, Koch und Pferdeknecht;
auch am Ruder zerrte ich – das war mühsam –
bei Kreta und anderswo, hernach wieder zurück.
Viele Kittel waren mein schönstes Gewand.

II

Nach Preußen, Litauen, Tartarenland, Türkei, übers Meer,[63]
nach Frankreich, Italien, Léon-Gallizien
trieb mich die Minne, auf eigene Kosten, mit den Heeren zweier Könige:
Ruprecht und Sigmund, beide mit dem Adlerzeichen.
Französisch, arabisch, katalanisch, kastilisch,
deutsch, lateinisch, slowenisch, italienisch, russisch und griechisch:[64]
Diese zehn Sprachen verwendete ich, wenn es nötig war.[65]

---

61 Ergänze: „Blut".

62 D. h. halb Maultier oder Esel (?), halb Pferd.

63 Ins Hl. Land?!

64 *roman* „ladinisch"? (Vgl. Kuen 1979.)

65 ...speziell bei Geldmangel?!

Außerdem verstand ich zu fiedeln, trompeten, trommeln und flöten.
Ich habe Inseln und Halbinseln, so manches Land
auf großen Schiffen umfahren, die mich vor den Schlingen des Sturmes retteten;
bin die oberen[66] und unteren[67] Teile des Meeres eifrig abgeeilt.
Das Schwarze Meer brachte mich dazu, ein Fass zu umarmen,
als zu meinem Unglück meine Brigantine zerschellte
(ein Kaufmann war ich), doch blieb ich heil und kam davon,
ich und ein Russe. In dem Toben sanken Kapital samt Gewinn
auf den Grund; ich aber schwamm ans Ufer.

III

Die Königin von Aragonien, hübsch und anmutig;
vor ihr kniete ich nieder, hielt ihr bereitwillig meinen Bart hin,
und mit weißen Händchen band sie ein feines Ringlein hinein,
so liebenswürdig, und sagte: „Bind es nicht mehr los!“[68]
Von ihrer Hand wurden mir meine Ohren
mit einem Messing-Nädlein durchstochen,
und gemäß ihrem Brauch zog sie mir dort zwei Ringe ein,
die ich lange trug; man nennt sie *raicades*.[69]
Sogleich trat ich dort, wo ich ihn antraf, vor König Sigmund.
Der riss den Mund auf und bekreuzigte sich, als er mich erkannte,
und rief sogleich: „Solchen Tand führst du mir hier vor!“
Dann fragte er mich freundlich: „Tun dir die Ringe nicht weh?“
Frauen wie Männer schauten mich da lachend an,
unter ihnen neun Personen von königlichem Adel, die sich dort
in Perpignan befanden, darunter ihr Papst von Luna, genannt Petrus,
sowie als zehnter der Römische König und die Frau von Prades.

IV

Ich wollte mein törichtes Leben ändern, das stimmt wirklich,
und wurde für gut zwei ganze Jahre halb zu einem Wandermönch.
Der Anfang war ganz sicher voller Andacht,
hätte mir bloß die Minne das Ende nicht verdorben.
Solange ich umherritt, nach ritterlichem Spiel Ausschau hielt

---

66 „nördlichen“

67 „südlichen“

68 Aus dem Spanischen.

69 Spanisch für „Ohrringe“.

und ergeben einer Dame diente (worüber ich schweige),
wollte sich mir diese nicht im Geringsten[70] gnädig zeigen,
ehe eine Kutte mich zu einem Narren machte.
Vieles gelang mir dann ganz leicht,
als mich der Umhang mit der Kapuze umhüllte.
Wirklich, nie zeigte sich mir vorher oder nachher ein Mädchen,
das meine Worte an es huldvoll vernommen hatte, so bereitwillig.
Schnurstracks fuhr die Andacht beim Dach[71] hinaus,
als sich die Kutte bei mir in Nebel auflöste.[72]
Seither habe ich für Liebessachen so manchen Kampf
ausgestanden, was meine Freude ziemlich einfrieren ließ.

V

Es würde zu lange dauern, erzählte ich mein ganzes Leid,
doch macht mir besonders ein wunderschönes rotes Mündlein[73] zu
 schaffen,
von dem mein Herz wund ist bis an den bitteren Tod.
Vor ihr brach ich oft in Schweiß aus;
zwischen rot und bleich wechselte meine Gesichtsfarbe häufig,
wenn ich der holden Maid gegenüberstand.
Vor lauter Zittern und Seufzen spürte ich oft
meinen Körper nicht mehr, als ob ich verbrannt worden sei.
Entsetzlich aufgeschreckt werde ich gut zweihundert Meilen
von ihr entfernt ‚geröstet'[74] und niemals begütigt.
Kälte, Regen und Schnee könnten mich samt dem bedrängenden
 Frost nie so sehr schmerzen,
dass ich nicht gebrannt hätte, wenn mich die liebe Sonne erhitzte.
Bin ich ihr nahe, so stehen ihr Mittelpunkt und Fülle meines Lebens[75]
 zu Gebote.
Einer Frau wegen muss ich mich auf fremde, schlechte Straßen

70 Wörtlich: „nicht einmal nussgroß"

71 *gibel* („Giebel") bildlich für das, „(Schädel-)Dach".

72 Versuch einer phraseologisch (annähernd) äquivalenten Wiedergabe von Oswalds offensichtlich ebenfalls phraseologischem Vers.

73 Darf hier einmal mehr (auch) an die Jungfrau Maria gedacht werden?!

74 *gerösst*: st. (durch Liebeswallungen) „geröstet" auch (weit fort) „gereist" bzw. „gerast" denkbar??

75 Nach DELBONO, Werbelied, S. 107 (Anm. 22), schwingt hier der im Italienischen gegebene Doppelsinn von *vita*, d. i. „Taille" und „Leben", entscheidend mit.

ins Ungewisse begeben, bis ihr Widerstreben in einem Gnadenakt vergeht,
denn nur dank ihrer Gewogenheit könnte meine Trübsal zu Seligkeit werden!

VI

Vierhundert Frauen oder mehr, doch ohne einen einzigen Mann,
habe ich auf Ios vorgefunden; sie wohnten auf dieser kleinen Insel.
Noch niemand hat bisher in einem Saal einen hübscheren Anblick genossen,
und trotzdem konnte keine von ihnen jene Frau ausstechen,
für die ich eine schwere Last auf meinem Rücken trage.
Ach Gott, wäre ihr meine Schmerzensbürde auch nur halb bewusst,
so wäre für mich alles gleich viel leichter (was immer mir an Leid geschieht),
und ich hätte die Hoffnung, dass sie sich noch barmherzig zeigt.
Wenn ich oft in der Fremde meine Hände ringen muss,
dann fehlt mir ihr Gruß am allerschmerzlichsten,
und ich schlafe weder spät noch früh in süßer Ruhe:
Ich weine ob ihrer zarten, weißen Arme.
Ihr Burschen und Mädchen, die ihr verliebt seid, denkt an ein solches Leid!
Wie wohl fühlte ich mich, als mir die Liebste ihre Segenswünsche mitgab.
Fürwahr bei meiner Ehre, wüsste ich, dass ich sie nicht mehr sehe,
so müssten das meine Augen mit Tränen heftig beklagen.

VII

Ganze vierzig Jahre weniger ungefähr zwei habe ich bisher
mit mancherlei Ausgelassenheit, Wildheit, Dichten und Singen zugebracht.
Es wäre nun an der Zeit, dass ich als Ehemann das Schreien meines eigenen Kindes
aus der Wiege schallen hörte.
Ich kann aber auf ewig sie nicht mehr vergessen,
die mir auf diesem Erdenrund Frohmut verliehen hat;
auf der ganzen Welt vermöchte ich nicht ihresgleichen zu finden.
Außerdem fürchte[76] ich sehr das Gekeife der Ehefrauen.

---

76 *fürcht* (Hs. A: *furcht*) = Prät. „fürchtete" (st. dafür üblicherem *forcht*)??

Urteil und Rat von mir hat mancher Weise schon geschätzt,
dem auch meine flotten Lieder gefielen.[77]
Ich, Wolkenstein, lebe sicher unbedacht,
indem ich so lange schon mit der Welt übereinstimme.
Auch gestehe ich ein, nicht zu wissen, wann ich sterben werde,
worauf mir nichts Greifbareres zur Seite stehen wird als die Frucht meiner Taten.
Hätte ich dann Gott seinem Wunsch gemäß rechtschaffen gedient,
so würde ich mich dort vor dem Lodern der heißen Flammen nicht fürchten.

77 Für die V. 105f. wird trotz einsichtiger Gründe für das Vorliegen einer Textverderbnis (vgl. DELBONO, Werbelied, S. 109f.) dem in dieser Gestalt überlieferten und doch auch sinnhaften Wortlaut der Ausgabe gefolgt.

Kl. 19

I

Es gibt da eine alte Weisheit,
die man seit über hundert Jahren kennt,
nämlich: >Wie sollte jemand, der nie Leid verspürte,
Freude empfinden.<
In diesem Sinn habe ich dafür, dass es mir einst gut ging,
auch schon vollständig bezahlt
in Katalonien und Léon-Gallizien,
wo man so gern Kastanien isst.

II

Was meinem Bart[78] durch ‚Edelfräulein'
in Konstanz zustieß
und wie mir der Siegelstein[79] aus meiner Tasche
meisterhaft entfernt wurde –
das ist ganz verschieden davon
(das eine gleicht dem andern überhaupt nicht),[80]
wie es mir in Aragon
in einer Stadt namens Perpignan[81] erging.

III

>Wer einen Vogel so fangen will,
dass er ihm nicht entkommt,
der umgarne und locke ihn ganz lieblich,
um ihn zu übertölpeln.<
>Mit Netzen, Schlingen, auf dem Fangholz
wird manch edler Vogel übertölpelt,
weil ihn solch eine List umgarnt,
und er verwirkt dabei sein Leben.<

---

78 Vgl. u. a. den *part* in Kl. 122/3 u. 123/6.

79 Oder meint *sigelstein* einen „Siegelring"? Oder einen „Zauberstein"??

80 Wörtlich: „so, als zerren diese zwei auseinander"?

81 Diese Stadt gehört zu Aragon (wie Oswald sicher wusste), was gegen eine wörtliche Übertragung des *und* am Beginn des Verses spricht.

IV

Flöten, Trompeten, Saitenspiel,
und die Mohren schlugen die Trommeln;
weiters zahlreiche Leute, exakt aufgereiht,
die Türme und Burgen trugen
mit Engeln, prächtig geschmückt.
Sie sangen und spielten viele Melodien,
jeder für sich allein,
insgesamt in vielen eigenen Stimmen.

V

Arm und reich strömten uns entgegen,
der Staub machte mich ganz heiser.
Würdevoll wurde
Sigmund, der spätere Kaiser,
in der Stadt Perpignan empfangen.
Darauf heizte man ihm ein Bad ein,
und hätte man auch noch einen ‚Dampfguss' gemacht,
so wäre das uns allen schlecht bekommen.

VI

Von Königen sowie von einer jungen und einer alten Königin
wurde er mit Küssen willkommen geheißen,
und nur nach den jungen Damen wischte er sich,
wie ich beobachten konnte, nicht ab.
Hätte die Entzweiung die Damen betroffen,
so wären wir sicher früher übereingekommen
als mit dem ‚Schräubchen'-Peter[82]
und seinem Diener, dem Teufel.

VII

Weder bei Löwen noch bei Pfauen
sah ich in der Tat je so lange ‚Schwänze',
wie sie in diesem Land die Frauen
hinten an ihren Röcken tragen!
Dazu Ohrringe, rote Nägel;

---

82 Oder stellt sich *Schreufel* nicht zu mhd. *schrove/schrowel* („Schraube"), sondern zu mhd. *schroffe* („Fels")?

und eher, als einem ein Händchen zu reichen,
wagten sie es,
mit anmutigem Überschwang einen Kuss zu geben.

VIII

Täglich plagte sich König Sigmund,
achtzehn Wochen lang,
mit Päpsten, Bischöfen, Kardinälen.
Wären jene erstochen worden,
die sich dabei als scheinheilig erwiesen
und das Schisma begünstigten,
ich hätte um sie alle
mit Flötenspiel auf einem Karren ‚getrauert'.

IX

Von ihnen wurden viele geheime Listen ausgeheckt –
obwohl sie freundlich grüßten, sich verneigten.
So musste ich oft die lange Nacht über
eine Matratze an mich pressen;
ich kam auf ihren Haaren nicht zur Ruhe,
sie stammten nämlich von einer alten Kuh,
die ‚Mumme' genannt wurde,
wie mir letztes Jahr eine Stumme sagte.

X

Der Öttinger läutete mir
den Tagesanbruch an meinem Kopf ein,
als ob ein Rabe einem toten Stier
auf den Schädel pickte.
Dafür versetzte ich ihm
mit einem Schuh, der nicht sehr weich war, so manchen Hieb
auf seine Haut,
dass man bei ihm die Schrammen sah.

XI

Der Herzog von Brieg war kein Dummer,
er lag häufig sorgenvoll da.
Ich richtete mich viele Male hinten früher auf als vorne
und entbot ihm so einen angenehmen Morgen,

wofür mir oft ein harter Schuh
mit Fluchworten entgegengeschleudert wurde,
vor dem ich mich in Sicherheit bringen,
die Decke über mich ziehen musste.

XII

Ja, solche Geschichten, die ließen sich lange fortsetzen,
dächte ich genau nach.
Der Baumgartner verabreichte dem Herrn Fritz
eines Morgens ‚Weihwasser'
aus einem stinkenden Kübel;
das Gesicht, die Jacke und das Betttuch
versah er ihm mit gelben Streifen:
Das musste Herr Fritz ‚bereinigen'.

XIII

Wenn ich den Klang der großen Glocke
Gefahr verkünden hörte,
wurde mir selbst eine kurze Zeitspanne zu lang,
und ich verspürte keine Lust zu singen.
„Du elendes Glöckchen", dachte ich mir,
„befände ich mich
mit Edelmännern und Gefährten auf Wolkenstein,
so wäre mir bei deinem Läuten wahrlich nicht bange!"

XIV

Das Lärmen dieser Sturmglocke
jagte mich durch ihr Dröhnen so,
dass ich über eine Stiege
‚graziös' hinunterstürzte.
Dort fand ich meinen Herrn,
männlich in seiner Rüstung,
mit einem Schwert umgürtet.
Ein heftiger Tumult brach los!

XV

Mein guter Geldbeutel[83] bekümmerte mich nicht,
er hieß ‚von Gulden',
seit die Christenheit
in Narbonne geeint worden war.
Herzog von Brieg, Bischof von Riga,
Großgraf: Um König Sigmunds Sieg
machtet ihr euch gleichermaßen verdient;
den Lohn werdet ihr erhalten

XVI

und auch alle diejenigen, welche Rüstung und Pferd
dort ‚zum Pfand' ließen,
so dass manch einer
durch den Straßenkot waten musste:
Ihnen allen wird das hoch angerechnet werden,
wenn sie ergeben den Bittgang tun.
So brachte ich von all meinen Pferden
immerhin zweieinhalb zurück.

XVII

Nun denn, Peterle, du böse Katze,
lunatisch tückisches Kind,
dein alter Kahlkopf nützte dir nichts!
In Avignon hörte ich
von einer Urkunde der Könige, Herren und Länder,
die dir zuvor gefolgt waren:
Die spielen dir grell schallend
auf einem Bretterboden zum Tanz auf.

XVIII

So strömten wir
scharenweise eng gedrängt auf die Prozession
mit Flöten, Trompeten, Glockenklang
und feierlichem Singen.
Am Abend ging es zum Tanz:

---

83 *strich* genauer der „(Riemen des) Geldbeutel(s)".

Seht, da wurde ‚Glatzen-Pedro'
dank manchem hübschen Mädchen
beim Hüpfen und bei höfischer Tändelei bald vergessen.

XIX

In der Tat: >Rasch kehrt sich alles um< –
ich denke dabei an den Geldbeutel:
Jemand entnahm mir zwei,
doch behielt ich einen zurück,
der an meinem Leibesrund festgebunden war.
So mancher, der sich eine vornehme Frau erwählt,
empfände es als ganz toll,
wenn er zu so viel Mitgift käme.

XX

Aber all das ist nicht so schlimm,
da mir die schöne Margarethe
die Ohren mit einer Nadel
nach Landessitte durchstach.
Diese edle Königin
zog mir zwei Goldringe ein,
und einer wurde in den Bart geflochten:
So geschmückt sollte ich mich zeigen!

XXI

Ein hoher Rang wurde mir verliehen:
„Vicomte von der Türkei".
Viele glaubten, ich sei
ein heidnischer Adeliger.
Ein Maurengewand – kostbar, mit rotem Gold –
gab mir König Sigmund.
Ich verstand es gut, mich darin prunkvoll zu bewegen,
heidnisch zu singen und zu tanzen.

XXII

In Paris standen Tausende Menschen
vor den Häusern in den Gassen und auf den Straßen –
ein dichtes Gewühl von Kindern, Frauen und Männern –
gut zwei Meilen lang.

Alle blickten auf Sigmund, den Römischen König,
und nannten mich
in meinem Narrengewand
einen törichten Gecken.

XXIII

Die Delegationen aller Fakultäten
mit ihren ‚Goldknütteln'
ehrten ihn auf seinem Thron
mehr als einen Engel.
Jede einzelne Fakultät
rühmte ihn wirklich eindrucksvoll
in einem weiten Saal –
eine Unzahl von Studenten und Lehrern!

XXIV

Auf meine alten Tage lernte ich noch
das Gehen auf beiden Knien;
ich wagte es nicht, auf meinen Beinen zu stehen,
als ich ihr meine Aufwartung machen wollte.
Ich meine Frau Else von Frankreich,
eine hoch verehrte Königin,
die mir meinen Bart eigenhändig
mit einem Diamanten verzierte.

XXV

>In großen Gewässern
fängt man viele Fische durch das Auswerfen von Netzen<:
ebenso legte man mir
gut viereinhalb große Geldsäcke auf einen Tisch,
und König Sigmund füllte mir
den Geldbeutel mit so manch hübschem ‚Blanken',
dass ich das alles trotz redlichen Bemühens
nur zu dritt wegschleppen konnte.

XXVI

Eine äußerst dringende Angelegenheit verlangte von mir,
dass ich fortritt.
König Sigmund, dieser edle Spross,

drängte mich, ich solle nicht zuwarten.
In Paris reichte er mir die Hand
und segelte dann nach England hinüber,
um die Könige auszusöhnen –
das sei nur so am Rande vermerkt.

XXVII

Mehr als alle anderen Franzosen rühme ich einen
Treuen, bei meiner Ehre,
dessen Ergebenheit mir makellos scheint:
den edlen Savoyer.
So wurde ihm vom Kaiser
die Herzogswürde verliehen;
mancher fiel dabei
samt der Tribüne auf den Rücken.

XXVIII

Was ich auch höre, singe oder sage
und über den Weltenlauf nachgrüble:
>Am Jüngsten Tag
ist ein Kleidersack auch nur so viel wert wie ein Riemen
und ein Glockenturm so viel wie ein Essigkrug<.
Wollten wir uns auf rechte Weise um unsere Seele kümmern,
damit sie nicht zugrunde geht,
so hätte ich für einen guten Zweck gesungen.

Kl. 20

I

Vom Orient braust ein Wind daher,
er heißt *Levant*;[84]
seinen Weg durch Indien kennt er gut,
rasch erreicht er Syrien,
bei Griechenland lässt er sich nicht ablenken,
über das nordafrikanische Gebiet hinweg
ist er schnell in Granada
und lodert in Portugal und Spanien auf.
Die ganze Welt, von einem Ende bis zum andern,
beherrscht dieses edle Element.
Als Boten hat ihn der Tag,
der ihm am Firmament folgt, vorausgesandt;
wacker stemmt sich *Ponent*[85] entgegen.
Darüber sind dort[86] im Okzident
die Leute von Narbonne froh.
Ein liebliches Mädchen hörte den Sturm,
als es in fester Armumschlingung
angenehm lustvoll umfangen war.
Es sprach: „Ich spüre die Gegnerschaft:
Der Tag wandelt die Nacht durch seinen Glanz um.
Wach auf, mein Schatz!
Das Sternengefunkel hat sich aus dem Himmelsgarten zurückgezogen.
Wächter, da wird eine treulose Obhut erkennbar,
du stürzt mich ins Elend!
Ach, Halunke, wer hat dich dazu angehalten,
mich in Liebesängste zu verstricken,
worauf mein Herz vor Leid erstarrt?
Es würde mich immerfort betrüben,
sollte sein Aufbruch vereitelt werden –
dazu führt deine klägliche Niedertracht!"
Ja, nun drückte sie ihn innig,
rüttelte ihn aus dem Schlaf,

84 O-Wind

85 W-Wind

86 Nach FELDGES (Spanien, S. 395) müsste an dieser Stelle sinngemäß ursprünglich „hier" gestanden haben.

schmiegte sich liebevoll an ihn,
schüttelte ihn neckisch,
dass es bei ihm knackste,
er aufwachte und sie – ohne zu erschlaffen –
hingebungsvoll verwöhnte.

II

Der Jüngling schreckte aus Furcht vor einer Täuschung[87] hoch:
„Sag mir Liebste, wie soll ich es deuten,
dass mir dein zärtliches Umschlingen
jetzt durch wilde Rachlust
voll Ungestümheit Angst eingejagt hat?
Habe ich dir etwas Unangenehmes zugefügt?"
„Aber nein, du allerbester Mann,
dein schmerzhaftes Weggehen von mir bedrückt mich.
Deshalb habe ich die Beherrschung verloren.
Vernimm doch die wonniglichen Vöglein!
Sie lassen nicht davon ab, den Tag zu verkünden;
ein jedes hält an seiner Tonreihe fest,
mit lauter Stimme vom Baum herab.
Das möge, mein Herzliebster, der bedauern,
der uns getäuscht hat!"
„Liebste Frau, dein Herzenskummer
raubt mir wahrlich jegliche Freude.
Fürwahr, es hat mich dein Ruf der Ehrenhaftigkeit
bar böser Verfehlungen schon oft gefreut,
doch gibt es so viel Gerede bei den Aufpassern,
die uns überall
mit ihrem verwerflichen Argwohn ins Schandental wünschen,
dass ich am liebsten ein Getier wäre,
eine Nachtigall zum Beispiel,
damit du, anmutiges Wesen,
nicht schuldlos des Ehrengrals verlustig gehst.
Ich hoffe freilich, dass sich kein böses Schwatzen
mit missgünstigem Gekläff an dir ergötzt.

87 Oder (für *aus lawres wän*): „aus der scheinbaren Geborgenheit"?

O Wächter, dein unterbliebenes Hornsignal
bedeutet einen Treuebruch!“
Sie spitzte die Zunge,
stieß sie ihm flink in seinen Mund –
>Blinde Liebe macht unvernünftig< –,
heiße Tränen
vergoss sie aus den Äuglein,
genoss alles unbekümmert,
umschlang ihn wonnevoll.

III

„O, diese Trennung! Ich gehöre dir!“
sagte das liebliche Mädchen,
„Meine riesige Freude ist geschwunden,
weil ich mich von dir, mein ein und alles,
wegen der Tageshelle trennen muss.
Ach, *Tramontana*,[88] warum lässt du mich
hier in dieser Not im Stich,
indem du so ungemein nachlässig
den Süd- und Ostwind hast eindringen lassen?
Ponent,[89] dein kräftiges Entgegenheulen
hat der klare Tag zurückgedrängt.
Und du Morgenstern, Feind der Helligkeit,
lässt deinen grauen Schimmer überwältigen.
Deshalb muss ich mich, ärmstes Mädchen,
aus der angenehmen Umklammerung loswinden.“
„Herrin, lass deine hellen Äuglein nicht trüb werden!
Dein hübsch geformtes Mündlein
hat mich ganz und gar zu echter Liebe entflammt,
so dass kein Leid es wagt, mir Schaden zuzufügen:
Die Traurigkeit möchte ich kein bisschen fürchten.
Mein Herz, achte auf dein Wohlergehen,
das mich stets von Tadelnswertem abhielt!
Sankt Balthasar bewahre dein Ansehen,
welches durch mich
hier ganz ohne Zweifel unangetastet blieb;
ich bezeuge das im Namen aller Engel!

88 N-Wind

89 W-Wind

Öffne deine zarten, weißen Ärmchen:
Ich wage nicht, länger zu bleiben!“
„Gefährte, verabsäume es nicht, wieder zurückzukommen!
Sankt Peter möge dich beschützen!“
Das Mädchen ließ ihn geschickt
in den Mund einfließen –
vorbei an den blanken Zähnchenzinnen –
zur Erinnerung an Sankt Johannes.[90]
Zwei Liebesumarmungen
wurden da innig getauscht
in eilig drängendem Wiegen.

90 Name steht für einen rituellen ‚Erinnerungstrunk‘.

Kl. 21

I

Ihr alten Frauen, freut euch jetzt gemeinsam mit den jungen!
Das, was uns der kalte Winter zugrunde gerichtet hat,
wird der Mai mit Nachdruck[91] erfrischen,
den Würzlein mit milder Kraft Saft spenden.
Er kann den kalten Schnee nicht länger ertragen;
was sich zu gekrümmtem Ausharren dicht zurückgezogen hat,
wird er aufwecken und bald aus der Beklommenheit emporziehen:
Blätter, Blümchen, Blüten, Gras, Würmlein und matte Tierchen.
Ihr Vöglein, ölt eure rauen Kehlen,
steigt hoch auf und singt laut!
Erneuert euren Pelz, ihr wilden Tiere,
wälzt euch fest in den gelben Blümchen!
Ihr Mädchen, seid unbeschwert fröhlich!
Bauer, bestell[92] den Boden für das nächste Mehl,
mit dem du im Herbst backen möchtest!
Berg, Au, Tal, Wald und Feld
zeigen sich prächtig dank der Wohltätigkeit der Erde.
Alle Lebewesen, zahme und wilde,
streben sehnsüchtig nach neuem Nachwuchs,
jeder gemäß seinem Vorbild geformt.
Mein Pferd wiehert über des Maien Fülle,[93]
darüber lacht der Esel.
Tanzen, hüpfen,
laufen, ringen,
geigen, singen –
herbei damit!
Klimpern, tönen,
Mündlein bedrängen,
fröhlich
die lieblichen Mädchen bestürmen!
Ohne Kummer
wollen wir uns

91 Vgl. Kl. 81/5. (Oder ist *mit geschraie* hier nicht phraseologisch, sondern meint z. B. wörtlich „durch Jubelrufe"?) Vgl. auch 104/19.

92 *reut ain ander mel* phras.? Dazu SCHATZ, Sprache, S. 92: „baue die neue Kornsaat an".

93 Für metaphor. *maien schilt.*

mit Blumensträußen schmücken,
die Wangen
von Blättern bedeckt,
mit zarten Armen umschlingen,
die Zünglein schnappen:
Das freut meinen Bart![94]

II

Trällert der Kuckuck so frei heraus nicht wirklich schön –
anders, als wenn jemand auf französisch im höfischen Diskant singt –,
so klingt für mich „Kuckuck, rück näher, Liebstes!“ willkommener
und ergötzt mich weit mehr als Jöstleins[95] Saitenklang.
Hetzjagd, Beizen, Pirschen, Tauben schießen,
vor dem grünen Wald nach Pfifferlingen suchen
mit einem Mädchen, verdeckt durch einen Busch:
Dieses Vergnügen lobe ich mir mehr als all das höfische Gebaren.
Mai, dein Gezelt,
in dem die Gräslein gebadet werden, gefällt mir gut.
Ein jedes Tier sucht seine Höhle auf,
wo es die Jungen vor Üblem bewahrt.
„Trink den Trank, Katalone, Spanier!“,
dieses Lied sowie „Zahl die Gebühr!“
gleicht nicht dem Gesang der Drossel.

---

94 Bzw. per Synekdoche „mich“, also bezogen auf den Erzähler. Oder meint *mein bart* „meine Partnerin“? Vgl. dazu den Schlussvers der (weiter unten übersetzten, hier allerdings nicht bestimmenden) Plusstrophe: „das beglückt sogleich uns beide“.

Text für die V. 23–38 in der Hs. F:

Lasst uns reiten, springen, / fiedeln, singen, Posaunenklang verbreiten, Mündchen erobern, / in Umarmung bedrängen. / Ich darf mir einiges von einem hübschen Mädchen erwarten: Ganz züchtig wollen wir dem Gesang frönen, / unbeschwert [*vnbefangen* = *vm-*: in der Umarmung?] nach einem Kuss auf die Wange die Zünglein schnappen! Mich zieht es ständig nur zu ihr.

Strophenerweiterung nach V. 38 in der Hs. F:

Mein artiges Mädchen, mein Meiselein, Krählein, mein Finkchen, Blaumeislein [*fincklin plelin*: oder als eine Vogelart verstanden: „Blaufinkchen“?], mein Nachtigällchen, reiß auf das Schnällchen [Dem. von „(Gürtel-)Schnalle“], komm ins Ställchen, ich schiebe dir ein Bällchen [*pellin* Dem. von *bal*?] unter dein Gewand. / Mein liebstes Entlein, ich bin dein Männchen. Küss mir die Zähnchen, greif mir unters Gewändchen, schnür das Bändchen auf, nimm's ins Händchen, mach ein Schändchen [*schenlin* = *schendlin*?] – das beglückt sogleich uns beide!

95 MAROLD, Kommentar, S. 108: Wortspiel mit dem Namen des ital. Künstlers Leonardo Giustiniani? Vgl. Kl. 70/27.

In jenem Land erlebte ich so etwas,
und falls ihr an mir etwa graue Haare entdecken könnt,
so bekam ich die sicher dank diesen jungen Damen
mit ihren wohlgeformten weißen Beinchen –
ganz umhüllt von roten Hosen –
sowie ihren strahlend hellen Augen,
welche sie mit schwarzer Farbe umranden.
Eine von ihnen,
an die ich denke,
freut mich allein;
Leib und Beine
wären nicht lahm
und meine Traurigkeit gering!
Ach, die Holde,
wollte sie doch auf den Hosenstoff verzichten!
Bei herabgelassenen
Schnüren[96]
wäre meine Wunde
völlig verschwunden,
und erfüllt
hätte sich all mein Streben;
in Paris und London
würde ich ihr zwei Paar Schuhe kaufen.[97]

---

96 Ergänze: „ihrer Hose"?!

97 Text für die V. 63–76 in der Hs. F:

erfreue mich allein. Leib [*lieb*], Hände, Beine bewegt sie flink [oder *statt ir schryne*: „stehen ihr schön?]. / Die Liebste, Reine vertreibt die Traurigkeit. Ihre Kleidung und das Untergewand sind mit Schnüren ganz zierlich zusammengebunden. All meine Wunden heilten völlig, nachdem ich einem so reizenden Mädchen begegnet war. In Paris ließ ich für sie ein Paar Schuhe anfertigen [*frimen* = *phriemen*?].

Strophenerweiterung nach V. 76 in der Hs. F:

Mein liebstes Kätzchen [*ketterlin*; oder zu mhd. *ketenlîn* zu stellen: „Kettlein"?], mein Morgensternchen, ich bin dein Närrchen. So lass doch mein Ferkelchen [*ferlin* = mhd. *verhelîn*?] in dein Bärchen [*perlin* in diesem erot. animal. Kontext wohl kaum „Perlchen"?]. Dann erfährst du gewiss ein Driehchen, Drehchen [lautmal. erot. *gwirlin gwerlin* zu mhd. *twern* „drehen" gestellt], ein ganz neues Geschichtchen [*merlin*]. / Mein liebstes Gretelein [s.u.], mein hübsches Mädchen, mach mir doch ein Freudchen, komm in das Stadelchen: Ich verdrehe dir das Köpfchen [= *schedli*? Wörtlich: „schlüpfe in dein K."]. Hernach nimm ein Bädchen [oder *pedli* für „Bettchen": „geh ins B."?]. Back für uns Flädchen: Ich werde dir alles bezahlen!

„Gretelein" (*gredlin*) laut U. MÜLLER, Neithart, „[m]it größter Wahrscheinlichkeit ein Hinweis auf [...] Margareta von Schwangau" (S. 107, Anm. S. 38 zu S. 102).

III

Ganz köstlich bewegt sie sich beim Reigen,
beim Tanzen wirken ihre hohen Sprünge unweiblich;
auch ist es ihre Art, das Gesicht glänzend zu machen,
und die Ringe trägt dieses Mädchen an den Ohren.
Mein langer Bart hat mich oft
um viele Küsse durch die lieblich roten Mündlein jener gebracht,
die statt der Händchen lieber ihre hübschen Wänglein darboten,
wenn sie die Leute herzlich empfingen.
Ihre roten Fingernäglein machen mich ganz irre –
sie sind zu lang und stark gebogen.
Sie huscht nieder auf den Boden
und beliebt dort regungslos zu sitzen.
überhaupt gefällt mir der Vorhang
vor den Betten
einfach[98] besser als der Klang der Glocke.[99]
Ob Spanien, Preußen, Ägypten,
Dänemark, Russland, Estland,
Navarra, Frankreich, England,
Flandern, Picardie, Brabant,
Zypern, Neapel, Byzanz, die Toskana
oder das Rheinland – wer dich kennengelernt hat,
sieht in dir d a s Freudenpüppchen![100]

---

98 *ainlitz* m. E. am ehesten wie oben als Adverb deutbar; als Adjektiv gelesen, könnte man von „einzelnen Glocken(schlägen)“ sprechen (vgl. die Übers. von HEIMRATH/ KORTH).

99 Wohl eine Sturm-Glocke gemeint?!

100 Text für die V. 99–114 in der Hs. F:

„Ja, Zieslein, Mäuslein, Heinerl, Kläuschen, rein ins Häuschen, / Däuschen werfen [s. die Anm. zu V. 103], sausend, säuselnd, flugsig, fleißig! Ich kau dir das Speischen in deinen Mund hinein.“ „O Klärchen, Elli, Kätzchen [*klerlin elly keczlin*], mach ein Sprünglein, richt dein Schnürchen [s. die Anm. zu V. 110], fang mein Rätzlein [s. die Anm. zu V. 111]! Trotzig, tratzig, ungestüm [*tullin*: s. die Anm. zu V. 112], hetzerisch hieß es, ich möge mein Geplapper bleiben lassen.“

Strophenerweiterung nach V. 98 in der Hs. F:

„Mein liebes Fränzchen, mein hübsches Glänzchen, schau doch unter mein Kittelchen [*schenczli* als Dem. von mhd. *schanz* = „Kittel“], dort findest du ein Kränzlein. Führ das an dein Säckchen [*renczlin*?]!“ „Mein liebstes Fännchen [*fenczlin* als weibl. Kosename, abzuleiten v. „Stephanie“ = „Fanni“?], pack dir mein Schwänzchen und beglück uns beide!“ / „Mein liebes Fritzchen, / mein gutes Schützchen, / triff mein Kitzlein! / Mit deinem gespitzten Zünglein gib mir ein Küsschen in mein Ritzchen!“ „Ich schlüpf dir ins Schlitzchen – wer kann das besser als wir [wörtlich: „Wo findet man dann unseresgleichen“]!“

Ja, Zieslein, Mäuslein,
Schwänzchen, Schwinzchen,
Heinerl, Kläuschen,
rein ins Häuschen,
Däuschen[101] werfen,
sausend, säuselnd,
haben sicher
gar kein Zänkchen.
Klärchen, Mätzlein,
Elli, Kätzchen,
springt umher,
richtet euch die Schnürchen![102]
Fangt das Rätzlein![103]
Tula! Hetzchen,[104]
Spottchen, Spöttchen dem,
der uns diese Lust missgönnt!

101 Kann sich auf die zwei Würfelaugen und/oder auf die amouröse Zweisamkeit der ‚Spielpartner' beziehen.

102 Zu ergänzen: „der Röcke"?

103 In Oswalds Sprach-Usus als „kleine Ratte" auch der Penis.

104 D. h. „(kleine) Hatz, Jagd".

Kl. 22

I

Die Wunder des mächtigen Herrn
vermag niemand vollkommen zu besingen;
aber eines von ihnen möchte ich
genauer enthüllen,
und zwar wie sich der Mensch
als Kind des Planeten ausprägt,
wie er durch ihn veredelt
oder böse gemacht, also geformt wird.
Zwölf Zeichen, sorgsam gesondert,
spielen dabei eine Rolle,
angeordnet nach den sieben Planeten;
jeden Tag, ob spät oder früh,
dringen sie bestimmend
tief in das Innerste des Menschen ein,
welches dementsprechend
den Körper, Verstand und Charakter ausrichtet.
Ich zähle euch einen Planeten nach dem andern auf:
zuerst die Schmelze der Sonne,
dann den Lauf des Mondes;
Mars, Merkur,
Jupiter und Venus, zwei weise,
die zurecht niemand außer Acht lässt;
ordentlich, wie es sich gehört,
gesellt sich Saturn zu ihnen.
Der Löwe in seinem Zeichen
sei als erster von zwölf genannt;
der umherkriechende Krebs
gleicht dem Skorpion;
Stier, Widder, Jungfrau,
Zwilling, Fisch, den[105] Schützen
leg auf die Waage und gib acht;
bespritz den Steinbock, Wassermann!

---

105 *ain Schütz* als Akkusativ gedeutet.

II

Dem, der im Zeichen der aufgehenden Sonne
geboren wurde,
schenkt der Löwe Freude:
Er ist stets kräftig, leichtfüßig,
gescheit, einfallsreich, heißblütig, verwegen,
anständig und kerngesund,
schlafbedürftig, kaum mürrisch
und immer unterwegs.
Kleine Füße und um die Mitte schmal,[106]
ein breites Gesicht, eine große Brust,
ein kleiner Kopf, helle, klare Äuglein
und eine wohlgeformte Nase zeigen seine Artgenossen.
Sie ahnen oft Unglück voraus,
freuen sich über viele Neuigkeiten,
sind nicht unterwürfig, gerne bei Hof gesehen[107]
und geben wenig auf Drohungen.
Der Mond ist kalt und feucht,
genau wie der Krebs,
mit Menschen von dickleibiger Fülle –
der Schlaf überwältigt sie;
großer Kopf, kleine Augen,
die Nasenspitze rund;
aufs Lügen verstehen sie sich wahrlich gut.
Ihr Geist ist träge, unbeständig,
in Liebesdingen zeigen sie sich keusch;
große Freude ist ihnen fremd,
auch sind sie gern allein,
hart fühlt sich ihre Haut an.
Sie haben dünne Lippen, kleine Zähne,
ein länglich geformtes Gesicht,
dazu schmale Schultern, breite Hände;
es schützt sie hohe Tugendhaftigkeit.

106 *und mitten klaine* noch auf die Füße oder doch eher auf die Leibesmitte/Hüfte bezogen?

107 Recht frei erschlossen aus *hubsch geladen*.

III

Ein Führer der bösartigen Menschensorte
ist Mars, so dürr und zum Fürchten hitzig.
Skorpion und Widder
befinden sich im selben Kreis.
Viel Rühmliches habe ich an ihnen
als menschlichen Charakteren nicht zu preisen:
Sie statten ihre Leute
leiblich, geistig und in der äußeren Erscheinung sehr übel aus.
Ihr Volk ist durch und durch verlogen,
führt Krieg, stiehlt und raubt,
ist grenzenlos betrügerisch,
schändet Frauen und rechtschaffene Priester.
Sie sind bekannt für ihre dünnen Wangen und Falten,
tief unter den Brauen liegende Augen
sowie für breite Schultern, großmäulige Trägheit
und eine nach allen Seiten hin verlogene, hinterlistige Zunge.
An Merkur
kann ich etwas von einem Adler entdecken,
weiters ein schmuckes Gefolge,
bestehend aus der Jungfrau und dem Zwilling:
Sie bringen gottbefohlene Christen,
wohlhabend, freigebig, aufrichtig und treu hervor,
scharfsinnige Poeten, gescheite Juristen,
Steinmetze und Goldschmiede – immer wieder.
Eine Rede widerlegen sie durch Gegenrede;
sie haben schöne Brauen, sind mittelgroß,
ehrfurchtsvoll und hören gerne etwas
über ungewöhnliche Dinge. Schmal ist ihr Gesicht,
lang die Nase und hoch die Stirn.
Die Augen sind hübsch, die Haare dicht,
sie sind verschwiegen, klug im Kopf,
dauerhaft makellos und gesittet.

IV

Jupiter, der Gipfel der Tugendhaftigkeit,
zeigt sich rundum tugendfroh,
wobei ihm der Schütze wacker zur Seite steht
genauso wie der edle Fisch.
Sie erringen friedlich, feucht und heißblütig,

indem sie schlechtes Benehmen verabscheuen
und sich – frei von lahmem Zaudern – als höfisch erweisen,
bei der Jagd den Sieg.[108]
Der Kopf ist klein, das Haar gefällig, die Nase dünn
und die Brust breit; ein gewandter Mensch,
mit eng liegenden Brauen, dünnen unbehaarten Lippen,
langen Zähnen und kräftigen, strammen Waden.
Er gibt sich misstrauisch, in der Stimmung wechselhaft,
zeigt sich begierig auf das Reisen von Ort zu Ort
sowie als der Minne zugetan
und tatenfroh.
Die Menschen der Venus, der heilsam Schönen,
sind erquickend:
Sie lässt die Waage und die Lust des Stieres
ausgelassen sein:
Beim Saitenspiel und Singen –
was jene von Natur aus freut –,
beim Werben, Tanzen, Hüpfen
übertrumpft sie niemand!
Der Hals ist stark, der Kopf klein, viele Locken haben sie,
schwarze Augen, eine breite Stirn;
lang und stark gekrümmt der Nasenbogen,
große Zähne, schöne, wohlgefällige Hände –
kurz sind die Arme, recht klein und kräftig die Beine
für einen so großen Menschen.[109]
Die Unkeuschheit schmeckt ihnen süß:
an diese denken sie weitaus am liebsten.

V

Die im Zeichen Saturns geborenen
hinterlistigen Menschenkinder sind kalt und dürr.
Der gehörnte Steinbock
gehört zu diesem Schlag,
und zwar mit Morden, Stehlen, Rauben –
auch von Frauenschändern weiß man;

---

108 „Jagd" allegorisch verstanden als ein Wetteifern um (adelig-)geziemendes Benehmen. Direkter übersetzt MAROLD, Komm., S. 351 „feucht, heiss [sind sie]; sie schiessen friedlich — böser Art schämen sie sich — und jagen höfisch mit Lust den Preis".

109 *nach der person wol lanck*: „aber angemessen lang für ihre Gestalt" ?

dem Spielen, Fluchen, Trinken und Stehlen
zeigen sie sich treulos zugetan.
Sie sind schlaff vor lauter Geschwüren und Wurmbrand;
sie haben trübe Augen, eine schwarze, platte Nase,
dichtes Haar, sind breit, voll Hass im Herzen,
mit wulstigen Lippen. In Ihren Anliegen erweisen sie sich als einfältig,
jäh in Zornesglut,
doch von aufgeblasener Unbeständigkeit.
Aus diesem Stamm entspringt auch
die Quelle des Wassermanns,
weshalb sich der Schmelzguss[110] dieser Leute
mit dem Zeichen des Wassermanns vermischt,
ihn teilweise durchsetzt,
wie ich euch zu sagen weiß;
sie schämen sich über diesen Umstand,
sind blass, weiß ist ihr Gesicht.
Was einem[111] zugedacht ist, kann
naturgemäß niemand unterbinden.
Der Mensch verfügt jedoch über
einen von Gott in seiner Natur angelegten Vorzug,
durch den er sich dem, was ihm an tadelnswert Bösem
zusetzt (wie ich eben schilderte),
zu widersetzen vermag
unterstützt von Tugendhaftigkeit
und durch sein Bemühen um eine lautere Gesinnung
mit Hilfe des heiligen Kreuzes.

---

110 Wörtlich: „Fluss“ (*fluss*).

111 Die folgenden Verse sind als eine Art Summe aller Auswirkungen der Tierkreiszeichen auf die Menschen aufgefasst, und daher ist das Pronomen *ir* (V. 151) als eine *constructio ad sensum* auf *niemt* (V. 153) und *der mensch* bezogen (und nicht auf die bis V. 150 geschilderten ‚Wassermann-Menschen‘).

Kl. 23

I

Wie viel ich auch über
den jammervollen Ablauf der Welt singe und dichte,
all das wird bedeutungslos,
wenn ich an den Tod denke,
der von mir einfach nicht ablässt
(egal, wie weit ich mich auch von ihm abwende)
und mir nach dem Leben trachtet;
er kam mir schon sehr nahe.
Ohne ordnungsgemäße Fehdeerklärung
zerrt er uns alle fort;
grausame, feinsinnige Schlingen
weiß er für jeden auszulegen.[112]
Für den Betroffenen endet dann jegliche Beschaulichkeit,
denn seine Reise geht ganz rasch dahin;[113]
wäre ich ihm nicht entkommen,
so hätte er mich schon längst hinweggerafft.
Unterwegs zu Wasser oder Land,
auf dem Pferd oder zu Fuß
hatte er mich oft gefesselt,
mit seinem behänden Seil umschlungen.
Hätte ich alle Schätze besessen,
die je ein Sultan sammelte,
er hätte sie verschlingen dürfen,
wäre ich dafür frei gewesen.
Auf Stürze, ‚Wasserbäder'
sowie schwere, tiefe Wunden
blicke ich siebenfach zurück
und es wurde mir noch immer nicht verbrieft,
dass er mir Aufschluss geben wollte

---

112 Varianten: „kann er jedem geben, was ihm gebührt" oder „kann er über jeden den Richtspruch fällen" (wobei zu der in letzterer Variante anklingenden richterlichen Kompetenz in der Hand des Todes V. 141ff. zu vgl. wären), doch diese wie auch die erste Var. fügt sich nicht so schlüssig in jene Vorstellungen von den Fallstricken des Todes, die hier dominieren und die berichteten Geschehnisse motivieren (vgl. z. B. V. 19f.).

113 In Anlehnung an die V. 31 wäre *sein gevert* auch so deutbar: „denn sein Weggefährte reist sehr eilig".

über Zeit, Dauer, Minute oder Viertelstunde.[114]
Er ist mein Weggenosse;
Gott weiß, wie er mich aufspürt.

II

Ich möchte wahrheitsgetreu etwas erzählen
und vom ersten Unheil berichten:
Einmal war ich gerade beim Lanzenstechen
mit stattlichen Pferden und zielte daneben,
worauf ich durch eine klafterhohe
und drei Fuß breite Tür
wie wild raste
(meine Zeit[115] war aber noch nicht gekommen):
gut vierundzwanzig Stufen fiel ich
auf den tiefen Kellerboden
mit Gepolter hinab –
mein Pferd brach sich den Hals!
Mir schien, ich tauchte
in einem Weinfass unter,
aber trotzdem lud
ich meine teuren Freunde zum Mittrinken ein.
Einige Wochen später
gewährte mir Gott seinen Schutz:
Es zerbrach mir
in den tosenden Meereswogen das Schiff,
so dass ich genötigt war, ein Fass zu umfangen
voll mit köstlichem Malvasier;
dieses schleppte mich mit ans Ufer –
beinahe hätte ich aufgegeben!
Und nach jener Reise
war mein erstes ‚Geschenk',
dass ich gefangen gesetzt und
all meines Besitzes entledigt wurde.
Es erklang mir mein Kopf,
von den Schlägen wurde er ganz taub.
Außerdem bohrte man in mich
ein Schwert fast bis zur halben Länge!

114 Also allg. über den Zeitpunkt des Todes.

115 Ergänze: „zu sterben".

III

Ich wollte auch
in einem tiefen See ,schwimmen lernen',
doch da sank ich blitzschnell auf den Grund,
worauf mich für weit länger als eine Stunde
niemand mehr sah;
dabei verging mir meine Hitze:
Ich suchte auf dem Boden
mit meiner Nasenspitze nach Fischen.
Einmal wurde ich gefangengenommen und abgeführt,
wie ein Dieb
mit Stricken gefesselt!
Das erwirkte meine ,Herzliebste',
durch die ich mir
mein schlimmes Leid einhandelte;
wäre sie schon einst tot gewesen!
Immer noch ist sie mir gefährlich.[116]
Das wurde mir klar,
als ich nach Ungarn ritt[117]
und abermals durch diese Liebschaft
in arge Nöte kam:
Wasser, Gewitter und Pfade
brachten mir ,Magyarisch' bei, brrr,
und beinahe wäre ich auf der Strecke geblieben.
Mit einer Stauwehr bekam ich es zu tun
(dabei geht es um tosendes Wasser
von hohen Felsen herab!) –
klatschend stürzte ich hinein;
solcher ,Spaß' gefiel mir nicht.
Ich wette um all jene Steine,
die durch den Schliff Edelheit erhalten haben,
dass von hundert nur einer
durchkäme, ,scherzte' er wie ich.

116 Durch ihren ,Nachlass'? Vgl. V. 121ff.

117 Vgl. allg. Kl. 102!

IV

Etwa zweieinhalb Jahre später
erfuhr ich, was Niedergeschlagenheit ist.
Ich wollte von zu Hause fort
in ferne Länder reisen,
nach Portugal, Granada,
Léon-Gallizien und ins Berberland;
dabei bot sich mir die Gelegenheit
zu leichtsinnigem Zeitvertreib.
Ein freigeborener Herzog
namens Friedrich
zeigte mir seinen Zorn,
was mich nicht eben reich werden ließ.
Ich wurde durch ihn gefangen gesetzt,
ohne Schuld auf mich geladen zu haben.
Ich dachte schon, mit meinem
irdischen Dasein sei es vorbei.
>Gott lässt nichts ungestraft
von seinem obersten Richtstuhl herab<:
deshalb ist es mir so schlimm ergangen.
Bedankt sei meine einstige Geliebte,
die mir meine Drangsale
zahlreich zugeschanzt hat,
obwohl sie ja
bereits vor langer Zeit der schmerzliche Tod hinwegnahm.
Ihren Nachlass möge der Hagelschlag vernichten
und der wilde Bär wegkratzen!
Ich habe ihn satt,
will ihn gar nicht mehr!
Hätte ich die Liebe
über einer heißen Glut verkochen lassen,
so wäre es mir
an Leib, Seele, Ansehen und Besitz gedeihlicher ergangen.

V

Es gäbe noch viel zu berichten
(ich will das aber nicht tun),
was ich in jungen Jahren
alles so trieb
bei Christen, Russen, Heiden

und in Griechenland über einige Zeit hin;
solcher Zeitvertreib behagt mir einfach nicht mehr,
seit mich das Alter gepackt hat.
Wer weiß, ob ich dann, wenn er,
von dem ich sprach, an mir zerrt
und mich stumpfhoch niederkrümmt,
gut gerüstet bin!
Gälte es für den Richter, mich
mit seinem harten Strick zu schlagen –
ach, welch schlimmes Grauen! –,
wem würde ich dann übergeben?
Deshalb, ihr Fürsten und Herren,
macht euch selbst einen Reim darauf;
ich brauche euch nicht zu belehren –
ihr seht ja, wie es sich zuträgt!
Ihr alle, arm und reich,
enthaltet euch der Sünde,
damit euch nicht der Tod
brausend überrumpelt!
Welt, ich frage mich immer wieder,
wer dich so verblendet hat,
dich, die du Tag für Tag sehr wohl siehst,
wie uns der Tod hinwegrafft:
>Heute rüstig und stark, morgen gebrechlich
und übermorgen tot<.
Dein Ruhm ist wertlos,
solange du nicht an dieses Elend denkst.

Kl. 24

I

Nie barg ich reinen Herzens Freude
auch nur einen Tag lang,
ohne dass mich Hoffen, Furcht und Qualen
wirklich verschont hätten.
Ich nehme täglich mancherlei Elend wahr
auf dieser Welt,
und das auch dank dem zahlreichen ‚Gefolge',
welches mein Alter mir vermehrt.
Meine Freude wurde nie gar groß:
weitaus stärker wirkt die Erwartung,
dass die Todessichel
meine befristete Freude umschlagen lässt.
Festes Hoffen verleitet mich dazu,
auf sie[118] zu bauen;
ich befürchte jedoch, dass sie mich betrügen wird,
gerade, wenn ich mich auf sie verlasse.
Erfasst mich die Qual
und streckt mich dem Tod entgegen,
so entgleiten mir Freude und Hoffnung
und überlassen mich dem Elend.
Es wächst die Furcht, wie ich wohl sterben werde.
Noch brutaler ist es, mir auszumalen,
wie ich es schaffen könnte, dort
in der beklemmenden Feuersbrunst nicht zugrunde zu gehen.

II

Alle Gelehrten legen[119] uns
die Hl. Schrift dahingehend aus,
dass niemand gerettet werden kann,
der beim Tod voll Sündengift
angetroffen wird
ohne Beichte, Buße und aufrichtige Reue;
seine Seele werde dort

---

118 D. h. „die Freude".

119 Mit *lesen* ist wohl ein (exegetisches) ‚Vorlesen' gemeint.

durch verschiedene Gebräue[120] gequält.
Da jede einzelne Sünde
schwer gebüßt werden muss,
verstehe ich überhaupt nicht
(was ich mir selbst zum Vorwurf mache),
dass ich mein todgeweihtes Dasein
hier nicht büßenderweise zubringe,
sondern
meinen schwachen, verächtlichen Leib untergehen lasse
in den Sünden – groß, mittelschwer und gering –
sowie in niederen Begierden;
der Verstand setzt schändlich bei mir aus
und all meine Vernunft ist betäubt,
weil ich jenen Giftdrachen
nicht in die Schranken weise,
der mir die Seele mit schneidender Gewalt
in einem mächtigen Sturmangriff zugrunde richten will.

III

Ich habe einen herrlichen Schatz[121] verloren,
was ich beklage,
und immerfort bin ich
über meine verflossenen Tage erbost,
die ich flugs
in gut sechsundvierzig Jahren vertan,
sündhaft zugebracht habe;
das bereue ich gewiss aufrichtig.
>Die Zeit versetzt auf dieser Erde
der Seele herbe Schläge.<
>Die Zeit zwingt auf diese Erde herab
die große Gnade Gottes.<
>Die Zeit verschafft uns Freud und Leid
hier auf dem Weg zum Tod.<
Du, Mensch, aber hast die Möglichkeit
auszusuchen, was du willst.
O, einzigartige Beschirmerin,
keusch jungfräuliche Mächtige,

120 *mit mangerlai gepreu* wohl metaphor. für „auf viele Arten“.

121 Ergänze: „im Himmel“.

in meiner Lobpreisung will ich dir stets Dank sagen,
weil du ein Kindlein geboren hast,
das uns dank seiner Qualen
am Kreuzesstamm erlösen wird,
sofern wir bloß das unterlassen,
was ihm missfällt!

Kl. 25

I

Ein Bürger und ein Höfling
begannen eine Debatte.
Sie nahmen sich einen Schiedsrichter,
und zwar eine gealterte Dirne.
Wer die jungen Damen
besser erfreuen könne,
darum ging es ihnen.
Also sagte der edle Höfling:
„Ich bin ein wagemutiger Jüngling,
mein Haar ist gelockt und blond;
ein grünes Kränzchen
trage ich das ganze Jahr über.
Ich kann gut singen, musizieren
und munter ‚Juchei' rufen;
sollte also nicht ich
den jungen Damen besser gefallen als du?"
„Ich dagegen bin ein kluger Bürger,
mein Lebenswandel ist ganz ruhig;
durch leise, süße Worte
gewinne ich ganz innige Zuwendung.
Zudem trage ich eine schwere Tasche,
die mit Pfennigen gefüllt ist.
Davon lasse ich naschen:
Das mögen die jungen Damen!
Erkundige dich nur bei der alten Kuppeldirne
in bündigen Worten geradeheraus."
„Ich sage es ganz ehrlich,
der Bürger, der hat sicher recht.
Lange Zeit habe ich
in der Gegend von Brixen verkuppelt
und viele Fässchen ausgeschlürft,
so dass ich genau weiß, wie es sich abspielt."

II

„Ich bin nicht überaus gescheit,
Bargeld habe ich nur wenig.
Dafür bin ich – Ihr alte Zitzenmutter! –

höfisch und edel.
Werde[122] ich da nicht mehr Erfolg haben?
Ich schone mich nicht
beim Reiten, Tanzen und Springen
auf der grünen Wiese.“
„Ich werbe mit feinem Anstand,
daran lasse ich es nicht mangeln;
geritten bin ich nicht viel,
doch erreiche ich
dank dem Besitz und meiner Erscheinung weit mehr
als Ihr, gar munterer Jüngling,
und vielen Frauen weiß ich es
mit wertvollen Geschenken recht zu machen.“
„Eine edle, hochgeborene Dame
beachtet deine Geschenke nicht;
ihr Herz besteht darauf,
mich frohgemut
und draufgängerisch
über einen tiefen Graben springen zu sehen.
Ich erwarte, dass sie sich nachgiebig zeigt,
wenn ich ihr meinen Brief sende.“
„Da kann ich ja nur lachen!“
erwiderte darauf die Grießwärterin.[123]
„Was kann man denn damit schon anfangen?
Diese Liebschaft bringt nichts ein!
Einst ging es für mich
mit einem jungen Burschen daneben –
das verschaffte mir nicht mehr
als einen miesen Schluck!“[124]

III

„Junger Mann, es könnte Euch ‚kalt‘ werden:
Ihr habt zweimal danebengehauen.

---

122 „müsste“ oder „sollte“ (für *solt*) wären in diesem Wettstreit missverständlich.

123 *Grieswärtlin* (‚Zweikampfrichterin auf dem Sand [z. B. einer Arena]‘, klein geschrieben in der Oswald-Überlieferung) hier sprechender Übername?! Vgl. auch *diemüt* in V. 107.

124 MAROLD (Kommentar, S. 466) ab V. 61 unter Ersetzung der (m. E. allerdings wahrscheinlicheren) Kupplerinnenrolle durch die Rolle einer ehemals Verliebten: „Ich hatte einmal fehlgeschossen auf ein junges Bürschlein [...] mit dem hätte ich nie der Minne pflegen können, wenn nicht mit Hilfe eines Zaubertrankes“?

Verliert Ihr zum dritten Mal,
so verdankt Ihr das nur ihr allein.
Ich kann mir gewiss ein Mädchen ‚erschleichen',
das Ihr fürwahr nicht ‚erlaufen' könnt.
Ihr reicht an mich nicht heran,
seid ja nicht richtig ‚getauft'."[125]
„Das müsste aber mit dem Teufel zugehen,
wenn ich nicht durch und durch christlich bin –
das kann der Pfarrer bestätigen,
der mich durch die Taufe schützte!
Auch werde ich
bei den jungen Damen gegenüber dir weit im Vorteil sein,
wenn ich meinen Speer geschmeidig
beim ritterlichen Stoß bewege."
„Turnieren und Stechen,
das wurde mir nie vertraut.
Ich besitze einen kecken Beutel,
in den ich meine Hand ‚stoße':
Gold, Silber und Edelsteine
entnehme ich daraus in Fülle
und gebe davon den Edelfräulein.
Das behagt ihnen weit mehr!"
„Ganz richtig!" sagte die Alte,
„Ihr da gefallt mir niemals!
Es gibt keine bessere Liebe
als die zu Silber oder Gold.
Lieber würde ich mich dafür
bis hin zum starren Tod einsetzen,
als mich mit der Armut eines Höflings
herumzuplagen!"[126]

IV

„Dass ich nun verloren habe,
du alter, gemeiner Sack,[127]
macht mich auf ewig wütend.
Ich haue dir auf den Schädel,

---

125 Im pekuniären Sinn gemeint, vom Höfling aber (in V. 73ff.) wörtlich aufgefasst.

126 Wörtlich (für *bekützen*): „bedecken zu lassen".

127 Die Kupplerin.

dass dir an die elf Zähne
ganz unmanierlich herausfallen –
der Teufel soll dich vertilgen –
dies kriegst du von mir als ‚Lohn'!"[128]
„Ich Bürger zieh einen festen Riemen
bei meinem großen Beutel auf;
schau her, meine liebe Diemut,[129]
fünf Pfund für diesen Schlag!
Kauf dir Hühner, Eier, Würste
und edlen Wein dazu,
und wenn du wieder Durst hast,
dann komm nur abermals her."
„Dieser Lohn missfällt mir,
da ich jetzt keine Zähne mehr habe.
Der Hagel soll den Höfling heimsuchen,
der sie mir ausgeschlagen hat!
Ich muss fortan dahindarben,
wenn Ihr mir nicht eine Kuh kauft,
damit ich
in der Morgenfrühe für das Mus melken kann."
„Ich kaufe dir Kühe und Kälber,
überhaupt alles, was du brauchst,
weil ich den blonden Höfling
klar ausgestochen habe.
Übrigens habe ich von dem hübschen Mädel
dort oben an der Ecke gehört.
Das sollst du für mich weichreden,
dafür bekommst du Würste und Brotwecken."

Der Streit hat sich verflüchtigt,
sagt dazu frei heraus, was euch einfällt!
>Wer alte Frauen bei sich aufnimmt,
der hat gerne Gäste<,

---

128 Meint den Faustschlag, s. V. 108.

129 (Z. B. bei Neidhart geläufiger, hier ev. mit der ‚Demut' spielender) Vorname der *Grieswärtlin* (vgl. V. 58)!?

denn: >Alte Frauen und Enten
gehören in einen See<.
Warum sollte man das verhehlen?
Kein Tier schnattert heftiger.

Kl. 26

I

Damit ich etwas erlebe und mich nicht ‚verliege',
wollte ich über Berg und Tal ziehen,
hin zum Rhein nach Heidelberg,
auch England reizte mich nicht wenig,
dann weiter nach Schottland und Irland,
um hernach auf schweren Lastschiffen nach Portugal übers Meer zu segeln.
Ich hatte Sehnsucht nach einem ‚Blümchen',[130]
wollte mir diesen Dekor[131]
von einer edlen Königin ‚erklimmen'
und ihn ganz fest in Besitz nehmen.

II

Weiter von Lissabon ins Berberland,
nach Ceuta, das ich einst erobern half
und wo viele edelfreie Mauren
von ihren Besitztümern hinten hinaus entfliehen mussten.
Ich hätte danach auch Granada auf die Probe gestellt –
wie mir da der ‚rote' König noch Audienz gewährt hatte![132]
Ich hatte mich in ritterlichem Schmuck befunden,
vor meinen Pagen wäre ich einmarschiert;
stattdessen durfte ich bei Tisch
neben einem Stubenheizer ‚glänzen'.

III

Zwar hatte ich schon viele beschwerliche Streifzüge
mitgemacht, doch half mir das kein bisschen,
als man mich rings um den Steigbügel
an beiden Sporen straff niederband.
Eine solche Gepflogenheit hatte ich nie zuvor gesehen,
und ich erlernte sie auch nicht, ohne Schaden zu nehmen;

---

130 Anspielung auf einen ‚dekorativen Orden'?! Vgl. den nächsten Vers.

131 *liberei* bildhaft für eine (geistliche?) Auszeichnung?!

132 Die Ü. von V. 15f. folgt wortgleich dem ansprechenden Vorschlag von KOLLER, Ritter, S. 256.

ich klagte da Gott mein Unglück,
dass ich mich von Hauenstein fortbegeben hatte,
und fürchtete mich vor dem Weg nach Wasserburg
bei sternbedeckter Nacht.

IV

In einem Winkel machte ich dort
auf Vellenberg mit zwei engen, schweren Fußfesseln Bekanntschaft.
Ich war ruhig, redete nicht viel,
doch erinnerte ich mich an schlimme Berichte.
Hätte ich ritterlich auftreten dürfen,
mit solchen ‚Sporen' wäre ich eindrucksvoll zur Wirkung gekommen.
All meine ausgelassene Fröhlichkeit
sackte ganz jämmerlich zu einem Ächzen ab;
was ich mir dafür als gerechte Wiedergutmachung[133] vorstellte,
behielt ich für mich.

V

So lag ich viele Tage;
selbst der König könnte mir diese Bangigkeit nicht entgelten,
denn ich wusste nicht, wann mir das Genick
gebrochen werden sollte, obwohl ich unschuldig war.
In der Tat, oben, unten, hinten und vorne
waren Leute für meine Bewachung gut postiert.
„Aufgepasst, Peter Merkel, hin zum Tor,
damit er uns nicht entwischt – er ist nämlich gerissen!"
Von meiner Schlauheit hatte ihm der Fürst
die Ohren vollgesungen.

VI

Hernach wurde ich –
wie bei dem Preußenzug – pompös nach Innsbruck zum Hof geleitet,
auf den Rücken meines Pferdes straff,
unauffällig nach unten hin festgebunden.
Jämmerlich ritt ich hintendrein,
obwohl ich keineswegs den Schatz des Kaisers gestohlen hatte.
Man verbarg mich vor dem Sonnenlicht:

133 Wörtlich: „Ablass" (*antlas*).

Zwanzig Tage lag ich versteckt, anstatt zu tanzen.
Was ich auf den Knien zerschliss,
das sparte ich an den Sohlen ein.

VII

Ein alter Schwabe, Blank hieß er,
wurde dicht an meine Seite gesetzt.
O Gott, wie entsetzlich der stank!
Er trug nicht zu meinem Wohlbefinden bei:
An einem Bein war er offen,
ein grässlicher Atem entwich seinem Mund,
und noch dazu verdarb er die Luft
von unten herauf höchst unmanierlich.
‚Verschmutzte' er auch noch den Rhein,
das würde ich ihm gerne wünschen!

VIII

Peter Heizer und seine Frau, der Blank und ein Schreiber, der täglich betrunken war:
Vor denen ekelte mich,
wenn wir das Brot gemeinsam tunkten.
Denn der eine spie, und der andere
‚böllerte' unten tief und lang,
als würde ein überladener Mörser
durch die Wucht des Pulvers auseinanderfliegen.
Solch vielfältige ‚Schicklichkeiten' zeigten
sie in reicher Fülle.[134]

IX

Meine ‚Heiterkeit' verfinsterte sich,
als ich ins Schwitzen kam bei der Erinnerung daran,
dass ich vom Rheinischen Pfalzgrafen
erst unlängst aufgefordert worden war, bei ihm an der Tafel zu sitzen.
Wie ähnlich waren da einander der Falke und die Kälber!
Ganz vergessen hatte mich der Römische König,
neben dem ich einst auch gesessen war
und mit ihm das Kraut aus einer Schüssel genommen hatte.

---

134 *durch volle sträss* (wörtlich: „auf voller Straße") als Pharaseologismus aufgefasst.

Nun aber war ich vom Dachfirst
maßlos tief herabgestürzt.

X

Noch einen kenne ich dort aus dem ‚Loch',[135]
namens Korp; den konnte ich nie stumm kriegen.
Er schnarchte wie ein Kesselflicker,
den der starke Traminer hatte niedersinken lassen.
Einen solchen Schlaf hatte ich wahrlich noch nie vernommen –
ich musste mir deswegen beide Ohren fest zustopfen.
Er betäubte mir derart meinen Kopf,
dass mir dieser zerspringen wollte.
Wäre ich eine Frau,
der würde mir – und besäße er noch so viel – nicht behagen.

XI

Die von Kreyg und von Greisenegg
sowie der Truchsess Molle legten für mich ein gutes Wort ein;
der Salzmeier und der von Neidegg,
Freigeborene, Grafen, der Seldenhorner, Verwandte und Bekannte,[136]
sie alle bedrängten inständig
den mächtigen, erlauchten, hochwohlgeborenen Fürsten,
dass er sich mir gnädig zeige
und in seinem allerersten Zorn nicht voreilig handle.
Der sprach: „Nun, solche Leute
wachsen nicht auf Bäumen."[137]

XII

Diese Worte waren für mich vorteilhaft.
Ich hatte mich mit dem Gefährten meiner Geliebten auszusöhnen,
die mich vor Jahren sogar
mit schweren Eisenstücken unten an den Beinen beschlagen hatte.
Was mir durch diese Liebe zuteil wurde,
können meine Kinderlein noch gut spüren;
selbst wenn ich schon in meinem Grab liege,

135 Wörtlich (für *inn der leuss*): „in dem Versteck"

136 *freunt und geste*: Ev. „Verwandte und entfernt Bekannte".

137 *werden [...] von boumen nicht geboren* phraseologisch für „sind äußerst selten"?!

werden sie darüber ihre Händchen winden,
dass mir je der Name[138]
dieser Hausmannin unterkam.

XIII

Es sagte der Fürst – die zornigen Gedanken besänftigt – ganz frisch heraus zu seinen Räten:
„Wie lange soll ich ihn denn noch liegen lassen?
Könnt ihr diese Rechtssache nicht endlich abschließen?
Was nützt mir seine Betrübnis hier?
Ich glaube, dass ich mir mit ihm gut meine Zeit verkürzen kann;
wir werden ‚fa, sol, la‘ singen
und höfisch über die schönen Frauen dichten.
Ist die Urfehde nicht bald[139] fertig,
so lasst sie schleunigst schreiben!“

XIV

Dem Kanzler wurde das in der Tat sogleich aufgetragen,
und er befreite mich rasch aus meiner Gefangenschaft –
mit Brief und Siegel.
Dafür bin ich Herzog Friedrich dankbar bis zu meinem Tod.
Der Marschall sprach: „Folg mir nach,
mein Herr wünscht, dich singen[140] zu hören!“
Als ich vor ihn trat, lachte er sogleich;
seht, da wurde hemmungslos drauflosgejohlt.
So mancher sagte: „Vor deiner Strafe[141]
hättest du nicht davonlaufen sollen!“[142]

---

138 Oder direkter den *namen* (V. 119) mit der Person gleichsetzend: „dass mir diese Hausmannin jemals unterkam/begegnete“?

139 Oder: „Rasch, ist die Urfehde nicht fertig,“

140 (Auch) ironisch für „Urfehde schwören“?

141 *ungevelk*: (auch) hier „Unglück“??

142 Eingeschobene Strophe in Hs. A nach V. 140:

Da legte ich bei ihm ganz höflich / ein Wort für meinen Freund ein – / gemeint ist ein namhafter Freiherr –, / welcher bereits achteinhalb Jahre im Kerker des edlen Fürsten gelegen hatte. / Der sagte: „So nimm ihn mit dir nach Hause / und unterstütz ihn dabei, durch seine Freunde um Begnadigung anzusuchen!“ / So kehrte ich nach Hauenstein zurück. / Diesen Fürsten werde ich gewiss nie wieder verfluchen, / wo er mir doch so sehr vertraut – / möge Gott mir dabei helfen! [Bzw. *des helf mir got geruchen* als Beteuerungsformel verstanden: „so wahr mir Gott helfe!“.]

XV

Der würdevolle, unsichtbare Gott,
so wunderbar durch seinen hoch Auserkorenen,[143]
ließ mir auf Dauer nie meinen freien Willen,
weshalb ich oft das Spiel verloren habe.
Meine Geziertheit und mein eitles Ehrempfinden
sind von ihm häufig ohne Wasser ‚gelöscht' worden,
denn ziehe ich dorthin, so will er hierher;
in diesem Kampf werde ich einfach übertölpelt.
Die gerechte Strafe für meine Liebschaft
kostet mich viele Groschen.

---

143 Meint „Jesus", doch erwägenswert schiene als Var. noch (mit bei Oswald nicht unüblicher Ellipse): „so wundersam in seinen genau gefällten Entscheidungen".

Kl. 27

I

Ich hörte, wie aus manch einem Schnabel
ein Narr durch ein Sprichwort arg zum besten gehalten wurde:
Ja, >Lippel[144] wäre eine schöne Gans,
hätt' er bloß Federn, die zum Fliegen taugen<.[145]
Daran möge jedermann erkennen,
dass sich auf manchem Weg[146] Entwicklungen umkehren können.
Man kann das an den Gänsen[147] gut beobachten:
Umsichtig vergrößern sie ihre Dummheit
in Böhmen und auch andernorts,
wo sie ihre Federn fallen lassen.

II

Das Federvieh ist ganz verzagt –
Adler, Falken, Habichte, Sperber und Zwergfalken;
die Beize mit ihnen gefällt mir nicht,
weil ich ihre Schellen so laut klingen höre.
Deshalb werden viele edle Tiere
von einer derben Gans totgeschlagen,
arg gebissen und ganz niedergedrückt.
Wie das geschehen kann, das braucht ihr nicht zu fragen,
denn: >Alte Sünde bringt neue Schande<,
höre ich die Klugen sagen.

III

Ihr edlen Falken, Wanderfalken,
euer Rang zeigt sich auf geistliche Art verherrlicht:
Durch euren Flug, der höher geht
als der anderer Falken, seid ihr zur Führung auserwählt.
Der mächtige Herrscher im ‚oberen' Reich
hat eure Schnäbel und Füße furchterregend mit Horn versehen.
Seht jetzt reumütig ein,

144 Abwertend, aus „Philipp"

145 Vgl. V. 61f. u. Kl. 39/57–60.

146 *löff* [...] *weg* als Chiffre für (John) Wyclif?! (Vgl. V. 49.)

147 Mit den *gensen* Anspielung auf die Hussiten („Hus" = tschech. „Gans").

wo ihr diesen Herrscher erzürnt habt,
und werft die alten Federn in der Mauser ab –
dann wird die Gans eher mit Dornen umschlossen!

IV

Ihr Sackerfalken, Blaufüße,
all ihr edlen Tiere der Christenheit, gebt Acht!
Dass euch nun eine Gänseschar
von einem Land heraus entgegentritt, solltet ihr aufmerksam beobachten![148]
Man hört da schon des Öfteren ein Gänschen
aus feistem Hals spöttisch lachen.
Auf denn, all ihr kühnen, makellosen Vögel!
Hilf mit, mächtiger Adler, beginne emporzuschweben!
Fliegt verwegen herab und stoßt auf die Gänse ein,
dass ihnen die Rücken erdröhnen!

V

Ja, Hus, alles Leid möge dich gehässig verfolgen,
und es beiße dich Luzifer, der Gebieter des Pilatus!
Seine Behausung steht dir offen,
wenn du von weit her aus fremden Ländern kommst;
ist dir kalt, so ‚wärmt' er dich –
um ein Bett musst du dir keine Sorgen machen.[149]
Vielen lieben Kameraden, reich oder arm,
wirst du auf diesem Pfad begegnen.
Fällst du nicht von Wyclif ab,
so wird seine Lehre in Hass gegen dich umschlagen.

VI

Jeder Vogel auf dieser Welt
bleibt auf seinem Platz, wohin er geboren wurde,
und verrät seinen Glauben nicht;
einzig die Gans möchte ‚gekrümmte Hörner' tragen,[150]

---

148 *la eu wesen wunder* phraseologisch für eine ‚Aufmerksamkeitsheische'.

149 Variante: „so ‚wärmt' er dich in einem ‚Bett', und du entkommst nicht mehr"

150 *tragen krumpe horen* scheint zusätzlich eine phraseologische, diabolisch gerichtete Sinnebene zu haben (vgl. z. B. Jans Enikels „Weltchronik, V. 307) und könnte daher hier auch meinen: „Krummes/Teuflisches [nicht Artgemäßes] tun, durch das [...]".

mit denen sie andere, edle Vögel
verjagen will, um dann selbst
im Sturzflug aus der Gemeinschaft ganz abzutauchen:
Richtung ‚Glutstrom'[151] legt sie die Flügel an
und verfälscht dabei die Hl. Schrift mehr, als all
ihre Ahnen das je für möglich gehalten hätten.

VII

„Der beste Vogel, den ich kenne,
ist[152] die Gans", wurde einst gesungen.
Das hat sich im böhmischen Gebiet
umgekehrt, denn es unterlief ihnen dort
bei einem Wort ein Fehler: Wo früher „beste"
in diesem Liedlein eindeutig stand,
da schreiben die Meister und Laien stattdessen
„böseste", wie man es in allen Ländern hört.
So also hat sich die Gans
auf schändliche Weise verwandelt.

VIII

Ihre Breitbeinigkeit würde schmal werden,
wollte das nur jener Mann, der uns alle erschuf;
dies geschähe, wenn er von seinem vernichtenden Zorn abließe
und wieder seine feindliche Waffe zurückzöge,
die er über uns ausgestreckt hält –
scharf schneidend, mit gräulicher Spitze –
ob unserer argen Verfehlungen,
die wir täglich wegen des Glanzes der Sünde begehen,
und von denen keine
in schmerzhafter Hitze ungestraft bleibt.

IX

Ich ermahne euch, ihr braven Christen,
fleht mit uns andächtig zum Himmelsfürsten,
damit sein Zorn abgewendet werde,
welchen wir an schwer wiegenden Ereignissen als Rache erkennen –

151 „Hölle"

152 Wörtlich (aber kaum sinnvoll für *was*): „war eine/die Gans".

in Frankreich, England, Katalonien,
in der Lombardei und mitten drin in Böhmen –
als Ursache für Mord, Dahinsterben
und ketzerische Glaubensansichten!
Steh uns bei, Maria, stimm deinen Sohn um!
Das erbitte ich, Wolkenstein. Amen.

Kl. 28[153]

I

Menschlicher Gott, richtig beschnitten,
drei Könige haben[154] für Erhart reiche Belohnung
im Himmel, ebenso für Marcellus und Antonius.
Prisca, Octava, Fabian;
Agnes will[155] dem Vincenz entgegentreten,
Paul dem Polycarpus, Hanns[156] macht Konstantin bleich.[157]
Brigida und Maria blasen[158] her,
Agatha, Dorothea, Helena, Apollonia und Scholastika
preisen anmutig die Oktav.[159]
Valentin und Juliana
fragen freundlich Simeon nach Peter,
Johannes, Matthias, Walburga drängt.[160]

II

Roman, Donatus, Simplicius, Kunigunde und Adrianus
richten am Donnerstag im Märzenglanz
Gregor ein Bädchen her.
Hilf, Matrona, dass uns Gertrudis
eine Herberge gibt! Entweich nicht, Benedict!
Rupert möge uns zu unserer gewaltigen Herrin führen.
April, voll unbeständiger Gesinnung.
Ambrosius und Coelestinus
übergaben äußerst weise Papst Leo dem Tiburtius.
Zieh uns rasch aus der Not, Valerianus!
Schenkt uns hier ein angenehmes Ende, Gregorius und Markus!
Vitalis lässt die Kräuter austreiben.

---

153 Vgl. Kl. 67.

154 *han* (V. 3) meint Johannes?

155 „*wil*"= Ildefons?

156 = Johannes Chrysostomus

157 *val* = Valerius

158 = Blasius

159 = Oktava-Fest?

160 *zoben* = Sophanus?

III

Philippus, Sigismund, Kreuz,[161] Florianus.
Godehard und Johannes, zwei Heilige.
Corbianus brannte.[162] Pankratius ‚schmückt' sich mit Sophia.
Peregrinus brachte Pudentia und Basilla;
die Maienblüte – von Urban gewollt.
Vergebt, Johannes und Cyrillus, der Petronilla ganz!
Schütz, treuer Erasmus,
Bonifacius und Senat![163] Bei Primus
warte also ab; lass die Pflanzen nicht verfaulen, Vitus!
Gepriesen sei ein heiliger schmucker Ritter,
nämlich Achatius; Johannes tauft sodann Hänselein.
Leo, Peter, ‚beißt' Paulus!

IV

Die Königin[164] reitet Ulrich voran,
Kilian begehrt das auch.
Margarita, Heinrich sagt, ihr mögt Alexius die Teilung[165] gewähren.
Arnolf lud Praxedis ein,
Magdalena die Jungfrau Christina,
Jakobus, Anna flocht[166] Felix einen Tragkorb.
Petrus, Stephan, der ehrenwerte Stephanus,
Oswald, Sixtus. Afra lobt[167] Laurentius,
Hippolytus und Eusebius ernten Nüsse.
„Trink, Frau, einen ‚Bernhard'!", sagte Agapitus;
fragt Timotheus und Bartholomäus geradeheraus,
ob Rufus, Johannes, Augustinus noch leben.

V

Ägidius schenkte guten Most[168] Sankt Magnus,
Regina, Maria, Corbinian und Jacinthus[169] ein.

161 *kreuz* für die Auffindung des Hl. Kreuzes am 3. Mai?

162 *bran* = Brandianus?

163 = ungeklärt

164 = Maria

165 = Zwölf-Botenteilung

166 *band* = Pantaleon

167 *romt* = Romanus

168 = Moses

169 = ungeklärt

Protus sang: „Hochgepriesene Kreuzesherrschaft!“[170]
Euphemia, Lambertus, hört mich bitte an,
ebenso Matthäus, Mauritius, Rupert,
Vigilius, Kosmas, Wenzeslaus, Michael und Hieronymus!
Remigius, kennst du Franziskus
mit dem verdorbenen Käse? Dionysius mit der Kapuze.
Maximilian lehrte Coloman das Hängen.
Gallus, husch! Lukas schrieb gottergeben,
Ursula suchte Köln.[171] Crispinianus und Kolumban bleiben daheim;
Simon, Narcissus künden Wolfgang an.

VI

Allerheiligen. Eustachius fing sich Wild.
Leonhard beschenkt die vier Brüder.[172]
Martin, der freigebige Martinus; Britius briet Gänse für Otmar.
Iss fröhlich, frohgemut mit, Elisabeth!
Cäcilia, Clemens, Chrysogonus,
Katharina, Konrad, Vigilius – holt schnell Andreas!
Sing fröhlich *so, la*,[173] Barbara!
Nicetus, Nicolaus, Maria von Montserrat,
Damasus und Lucia,
sie alle mögen hilfreich sein!
Thomas verkündet uns von Indien her das Jesulein.
Stephan, Johannes, Kinder:[174] Hier[175] kommt Silvester ...

---

170 = Kreuzerhöhung

171 Severinus v. Köln

172 = vier gekrönte Märtyrer

173 = Sola

174 unschuldige Kinder

175 *Tho* = Thomas (Beckett)

Kl. 29

I

Es beschütze uns heute der Himmelsfürst,
Gott und seine holde, reine Mutter,
die Engelsschar und alle ehrwürdigen Heiligen Gottes!
Der Beherrscher aller Mächte,
der jedes Geschöpf ersonnen,
es kunstvoll geformt hat für Luft und Erde,
er sei uns ein Schild gegen jegliches Elend
und beschirme uns dank seiner Qualen und dem schmerzhaften Tod;
das heilige rote Blut möge die Vergebung unserer Sünden erwirken!
Herr, schick uns nicht deinen Zorn
gemäß unserer Schuldhaftigkeit, auch wenn wir oftmals
durch sündhaften Übermut in unserem Tun und Lassen deine Gnade verwirkt haben!

II

Es segne uns heute der Allerhöchste
sowie jener liebevolle Strom,
den Longinus mit seiner Lanze zutage brachte!
Diese Lanze, die Krone und drei Nägel
mögen Schaden und Schande von uns abhalten,
der Friede und die fünf heiligen Wunden seien mit uns!
Herr, reich uns nicht deinen bitteren Gallentrank,
obschon wir vor Sünden siech geworden sind!
Kreuzerhöhung,[176] erlös uns auf ewig!
Ich vertraue uns heute dem heiligen Grab an
und dem, der sich – unschuldig gestorben – in dieses legen ließ.
Maria, gewähr uns beim letzten Röcheln deine Hilfe!

III

Dreifaltigkeit – Sohn, Heiliger Geist,
eingeschlossen in der Gestalt des einen Vaters –,
da du die Macht innehast als Krone über allen Fürsten,
so lass von deiner herrlichen weiten Barmherzigkeit
unserer Seele etwas zukommen, wenn sie völlig nackt

176 Bzw. „Gekreuzigter"?

sehnsüchtig nach Abrahams Schoß schmachtet!
Übertrag nicht dem Teufel die Macht,
uns in seiner schrecklichen Gestalt zu überlisten und irrezuleiten,
wenn er sich klaffend[177] unserem hinfälligen Leib nähert!
Sobald wir dieses Jammertal verlassen
und ohne Freunde und mühselig[178] mit dem Arm des Todes ringen,
dann, o Gott, gewähr uns ein gnädiges Ende!

177 Mit seinem geöffneten Rachen.

178 *stimmlich* führt MAROLD, Kommentar, S. 439 auf das Etymon *stim/steim* für das hier sinngemäß passende „Kampfgewühl" zurück; die Hs. A hat *stumlich*.

Kl. 30

I

Nie waren für mich die leidigen Umstände
wegen Rechtsquerelen in einem fremden Land allzu unerträglich,
außer wenn ich die Unterkunft voll mit Kindern vorfand:
Ihr Geschrei betäubte mich derart,
dass ich oft selbst
mein eigenes Wort nicht hörte; und erst recht im Winter,
wenn ich den ganzen Tag über gefroren hatte,
erschöpft dahingeritten war – dann bereitete mir so etwas am Abend wenig Freude,
und eine große Stube wurde mir oft zu eng.
Aus vielen Wiegen erschallte das laute Geschrei
eines kleinen Kindes, dass es mir in den Ohren dröhnte.
Auf die Dauer behagt mir eher die Nachtigall.

II

An Stelle ihres lauten Getöses
rühme ich den grünen Mai,
besonders, wenn sich da zwei liebevoll vereinen.
Es gibt noch einiges, das mir
an einem Kindlein missfällt, wenn es plärrt
und meinen Gesang stört, indem es
in manch falscher Dissonanz schreit
mit lautem Falsettieren ohne ein liebliches Zusammenklingen;
solcher Schall hat meine Stimmung arg getrübt.
Oft ist eines nur mühsam zum Schweigen zu bringen –
widerborstig wie eine böse Katze.
Meine Pratze hat sie dafür nicht belohnt.[179]

III

Bei Pressburg dort in Ungarn
verhalf mir ein Kind von zweieinhalb Jahren wahrlich zu vielen grauen Haaren;
es ließ mich kaum

179 Also ‚geschlagen' (wie in HOFMEISTER, Lieder 1989 angedeutet)?? Oder bloß (euphemistisch) ‚nicht gestreichelt', also allenfalls ‚gezwickt' (vgl. V. 35f.)?

die lange Nacht bis Tagesanbruch schlafen
gleich wie anderes Tierzeug, das ich da um mich hatte.
Ständig war ich auf der Jagd, und mehrfach übte ich an ihnen Rache.
Das Kind rief oft: „Ich bin ganz durstig!“
Man schaffte ihm Met und Wein herbei, als wäre es ein Fürst,
auch Fische, Hühner, Würste – was immer sein Herz begehrte.
Trotzdem war es selten ruhig.
Ich kniff ihm mehrmals in seine Haut
(heimlich, aber fest), worauf sich seine Stimme wandelte.

IV

Es erstaunt mich sehr bei einem Mann,
dass er sein Kind nicht zu erziehen versteht
und bei ihm ganz ohne Rute auskommen will.
So jemand ist für meine Begriffe gewiss nicht klug
und könnte leicht auf dem Eis ausgleiten,
und zwar mit wenig Ruhm für seinen eigenen Nachwuchs.
Liebe Mütter, habt ihr denn wirklich nicht
vor langem schon gehört:[180] >Je lieber das Kind, desto größer die Rute<?
Den ewigen Schöpfergeist verhöhnt ihr durch solche Kinder,
wenn ihr euch deren Willen beugt,
woraus etlichen von ihnen schließlich viel Unglück erwächst.
Euch sucht dafür bittere, übel vergeltende Rache heim.

---

180 *gelesen* (im ‚Reimzwang‘ auf *besen,* V. 44?) dürfte für das hier zitierte, primär mündlich vermittelte Sprichwort kaum wörtliches „Lesen“ meinen.

Kl. 31

I

Der oben schwebt und unten hält,
der vorne, hinten, dicht daneben wirkt,
der ewig lebt, seit jeher ohne Anfang war,
der – alt und jung – von Anbeginn
in ein einziges Wort dreifach gehüllt gewesen ist,
ohne Misston in unfassbarer Verschränkung;
der qualvoll starb, aber nicht tot war,
der von einer schönen Jungfrau keusch empfangen und ohne Schmerzen
(so weiß und rot) geboren wurde;
der viele Wunder vollbrachte,
die Hölle aufriss und den Teufel arg heimsuchte;
der über den Stammsaft aus allen Wurzeln Dolden und Stängel hervorbringt;

II

er,[181] für den alle Herzensschreine offen stehen –
grobschlächtig, voller Mängel, armselig, edel oder schön –,
so dass er in ihnen vielerlei Gedanken erblickt;
er, von dem Tun und Lassen abhängen,
die himmlischen Gestirne, die Sonne, der Mond,
der Erdkreis, Menschen, Tiere und alle Wasserläufe;
er, aus dem das gesamte Wissen entströmt ist,
aus ihm, der allen Geschöpfen mit weiser Einsicht
allzeit Anmut verleiht, sie vorteilhaft zur Geltung bringt;
er, dem sämtliche Tiere – gezähmte und auch wilde –
hier dankbar sind, dass er den Samen
für die reiche Nahrung geschaffen, ihn so üppig ausgestreut hat;

181 Diese Einfügung einer (bei Oswald nur impliziten) nominativischen Pronominalform soll – im Zusammenwirken mit den hier stringent gesetzten Semikolons – die ab V. 1 einsetzende appellative Anredestruktur verdeutlichen (dasselbe gilt für den Anfang der V. 16, 19 u. 22); diese Appositionsreihe endet erst mit V. 33.

III

der Himmel und Erde ganz makellos
ohne Grundfeste abgestützt hat,
das Wasser darin durch seltsame Rinnsale führt
(solche Wunderdinge gälte es tausendfach
mehr noch überall
mit lautem Klang zu besingen, doch reicht dazu meine Kunst nicht aus);
der mir eine reine Seele gegeben hat,
Leib, Ehre, Besitz, Verstand und eine christliche Gesinnung:[182]
Der steh mir bei, damit ich ihm das angemessen vergelte,
und alle meine Feinde
hier wie dort abwehre, so dass mich keiner von ihnen verletze!
O, du keusche Frau, lass mir dazu deine Hilfe angedeihen![183]

182 Wörtlich: „christliches Kleid“.

183 *schranke* wörtlich: „flechte (dazu)“.

Kl. 32

I

Auf törichte Art werde ich grau
und kann nur wenig[184] Ruhm
auf diesem ‚Eis'[185] erwerben, außer es kommt zu einer Wende,
indem ich mir rasch überlege, wie ich
dort der Verfolgung durch den Drachen entfliehen könnte,
der mich erfasst, falls ich mich ihm nicht entziehe.
Gemeint ist die Hölle mit ihrem Schlund,
in der genau sieben Kammern schrecklich lodern.
Sollte ich nicht einen Ausweg finden,[186] dann würde meine Not anwachsen;
dazu hat schon Salomon verkündigt:
„So wie du sündigst, Mensch, widerfährt dir angemessene Vergeltung."
>Viel Freude zum Preis von Unrat: Solchen Handel gibt es nicht<.[187]

II

„Vergeltung wider Vergeltung", verkündigt Gott selbst.
Im üblen Bereich der ersten Kammer
dort in der Hölle peinigt Gischt, heiß wie ein Siegel
und durch die Wildheit des Feuers derart unerträglich,
dass alle Flüsse, der Dunst des Meeres
nicht einmal die Schärfe der kleinsten Flamme zu dämpfen vermöchten.
Diese Kammer fügt dem Schmerzen zu,
der außerhalb der Ehe bei Unkeuschheit ertappt wurde;
ein lautes Wehklagen in heißen Säcken[188] erwartet ihn:
Damit wird derartiges bezahlt;

---

184 Bzw. *klainen breis* als Litotes aufgefasst: „keinen Ruhm".

185 Metaphor. für das ‚gefährlich glatte' Welttreiben?!

186 Etwas freiere, aber ohne Negationsergänzung auskommende Übersetzungsvariante: für *fund ich den fund*: „Machte [Konj. II] ich damit Bekanntschaft".

187 *leren* „lehren" oder „lernen"? – Der parömische Charakter dieser Maxime, welcher durch die freiere Ü. zum Ausdruck kommen soll – wird vor allem durch die umgebenden biblischen Zitate (mit ihrem ebenfalls parömischen Grundcharakter) gestützt.

188 Damit können – trotz der Präp. *in* (st. *auss*) – direkt die Menschenkörper gemeint sein.

ein jeder hat seinen Mahllohn gemäß seinem Anteil zu entrichten.[189]
Es helfe uns Maria, die richtige Straße zu beschreiten.

III

Die zweite Kammer ist kläglich
kalt – ein heftiges Erzittern;
dieses Geklirre kann kein Feuer erhitzen.
Wer zeitlebens Hass und Neid zänkisch
hervorgekehrt hat,
der leidet dort im Glitzern des Frostes.
Dunkel ist die dritte Kammer,
dass man in der Finsternis nicht einmal herumtasten kann;[190]
hier darf niemand hellen Glanz mit sich führen.
Die, die Ungläubigkeit zeigten,
alle Juden, Heiden und Ketzer sind hier gefesselt.
Blitzendes Licht berührt deren Mund und Nase.

IV

Das vierte Gefängnis ist von übler Art
durch grässlichen, ekelig eingeschlossenen Gestank,
den weder die Alraune noch sonst ein Kraut vertreiben kann.
Behaftet mit vielen Schanden trifft man
dort drinnen die kecken Räuber und Brandstifter an
sowie jene, die den Armen zu deren Nachteil das Recht verweigern.
Der fünfte Kerker ist grässlich,
voll Abscheulichem, Schrecklichem und gräulichen Bränden in großer Zahl;
die Qual darin ist vielgestaltig.
Wegen Hoffärtigkeit, starker Eitelkeit,
also gemäß dem, wie sich eine Person in Auftreten und Gewand herausgeputzt hat,
muss sie dort für eine entsprechend schlimme Herzensbitternis ‚Maß nehmen‘.

189 Ein bildhaft gebrauchtes Rechtssprichwort?

190 *bei ainem hār* (V. 32) phraseologisch für „auch nur im geringsten“, hier etwas freier übersetzt.

V

Der sechste Kerker ist massenhaft voll
von Würmern, Nattern, Schlangen, Blindschleichen:
Dieser grausige Pfuhl ist für den Wucherer bestimmt.
Jeder, der seine Schlingen durch Spekulationen und Pfandnahmen
oder durch hohe Zölle und Abgaben hier auslegt,
wird dort drinnen wegen solch sündhafter Gemeinheit um Hilfe rufen.
Der siebte Raum ist beklemmend
wegen schwerer, dort ewig herrschender Niedergeschlagenheit.
Hier sind verruchte[191] miserable Nonnen, Mönche, Pfarrer
sowie all jene, die sich wegen ihrer Sünden hoffnungslos zeigen
und das sogar gegenüber dem Allerhöchsten.
Dafür straft sie dort der Höllenbann.

---

191 *vermärt* = „zugewiesen" (SCHATZ, Sprache, S. 64) oder – mit Geltung für die gesamte Personenreihe in V. 57 – eher „bekannt gewordene", also „verruchte" (im tieferen etym. Sinn von ‚verrufene', ‚in schlechten Ruf geratene')? An mhd. *merren* denkt WACHINGER, Lieder 2007, S. 384 und erschließt daraus die Bedeutung „verurteilt".

Kl. 33

I

Die dunkle Färbung im Okzident
lässt mich sehnsüchtig erschauern,
weil ich sie vermisse und nächtens ganz verlassen
schutzlos[192] daliege.
Sie, die mich so innig mit weißen Ärmchen und hellen Händchen
liebevoll an sich schmiegen kann,
ist so lange schon fort,[193] dass ich aus Beklommenheit in meinem Gesang
meine Klage nicht zu unterdrücken vermag.
Vor lauter Dehnen ächzen bei mir alle Glieder,
wenn ich um meine Liebste seufze,
die einzig und allein mein Begehren weckt –
dazu kommt mein urwüchsiges[194] Verlangen.

II

Hin und her wälze ich mich
in der Nacht, ohne zu schlafen;
aus der Ferne nähern sich mir
mit unwiderstehlichen Waffen begehrliche Gedanken.
Finde ich meinen Schatz nicht an seinem Platz vor,
sooft ich nach ihm taste,
so herrscht gleich, ach, zu meiner Not Feuer auf dem Dach,[195]
als würde mich der Morgenreif verbrennen.
Ohne Strick dreht und fesselt
sie mich dann bei Tagesanbruch.
Unablässig erweckt ihr Mund in mir die Lust
voll sehnsüchtiger Klage.

---

192 *ungedecket* wörtlich „unbedeckt“ (durch die Ersehnte). Die metaphorische Auslegung „schutzlos“ lässt hier auch (noch) eine doppelte Lesart in Richtung eines geistlichen Tageliedes zu, welches sich erst ab Str. III in Richtung eines ‚klassischen‘ Tageliedes zu disambiguieren scheint. Ist somit in Kl. 33 ein ‚endzeitlich überhöhtes Erwachen‘ mitzudenken, das mit Konnotationen spielt, bis hin zur mehrdeutigen (spirituell und irdisch-erotischen) ‚Erlösung‘ im Schlussvers? – Vgl. dazu auch V. 12, 29 u. 33 sowie ganz allg. Kl. 37.

193 *ist so lang*: im Sinn von „ist so weit weg“?

194 *meins vatters teuchte*: mit biblischer Anspielung auf den ‚Urvater‘ Abraham?

195 *in dem tach* metaph. für den „brennenden Kopf“? Oder doch eher – wie auch übersetzt – phraseologisch ein allg. Ausdruck der Notlage?!

III

So also verbringe ich, liebe Grete,
die Nacht bis zum Morgen.
Dein holder Leib durchstößt mein Herz,
darüber singe ich ganz offen.
Komm, du höchster Hort! Eine[196] ‚Ratte‘[197] schreckt mich so hartnäckig auf,
dass ich oft erwache.
Liebste, die du mir weder früh noch spät Ruhe gönnst, hilf mir doch,
dass das Bettchen kracht!
Auf höchstem Thron[198] möchte ich über meine Freude jubeln,
wenn ich mir im Herzen ausmale,
wie graziös mich meine hübsche Geliebte
bei Tagesanbruch zärtlich umschlingt.

---

196 Ev. könnte man auch hier (wie dies bei vielen derartigen mal. Indefinitformen angebracht scheint) die entsprechenden Definitpronomina einsetzen, wobei sich dann der symbolische (Hinter-)Sinn dieser Stelle unverhüllter zum Erotischen hin verschieben würde: also „Die Ratte“? (Vgl. dazu die folgende Anm.)

197 Bei Oswald auch als Chiffre für das männl. Glied; hier jedoch wohl zugleich Teil einer eschatologisch-urtümlichen Bedrohung?!

198 *auf hohem stül* also mit der Vorstellung einer (im engeren Wortsinn!) himmlischen Freude?! Oder ‚nur‘ phraseologisch als allg. Ausdruck einer starken Empfindung, wofür dann z. B. „in höchsten Tönen“ eingesetzt werden könnte? Ev. trifft beides zu!

Kl. 34

I

Der zarte Schmelz strahlt durch das Grau,
durchschimmernd vermengt.
Blick durch die Wimpern, reines Wesen,
verquickt aus jeglicher Zierde,
du preisenswertes Garbenfeld, dem nach meiner Überzeugung niemand
auch nur ein Füßchen zu verschönern vermöchte!
Dermaßen über jeden Tadel erhaben, ist sie so unbeschwert, dass mir, gewänne
ich von ihr auch nur ein liebes Grüßlein,
mein Leid dadurch ganz federleicht
vollkommen entschwinden würde,
durch sie, deren Ehre und Lob man
vor allen schönen Jungfrauen besingen soll.

II

Der Tag strahlt fröhlich und hell,
darum ertönen alle Auen,
in denen etliche Vögel ihren Gesang vielgestaltig
der reinen Frau zuliebe
genau zergliedern, anmutig komponieren, tröstlich
aus Bändern klarer Stimmen flechten.
Die gesamte Blumenpracht, der Maienkranz, das Strahlen der Sonne,
des Himmels aufragende Höhe
dienen aufs Schönste der Krone, die uns
zur Freude keusch einen Sohn gebar.
Wo wäre je eine so lichte, holde Jungfrau
zurecht noch mehr zu bejubeln gewesen?

III

Wasser, Feuer, Luft, Erde, Wind,
die Kostbarkeit und Macht der Edelsteine,
alles Wundersame, das man vorfindet,
vermitteln keinen Eindruck von jener reinen Jungfrau,
die mich erlöst und mir täglich Zuversicht gibt; sie ist die Allerhöchste
in meinem Herzenskloster.

Ihr so holder Leib ist unbefleckt. Ach, reiner Garten,
verstell als Wurzel des fröhlichen Osterfestes
der schrecklichen Not die Tür!
Wenn sich mein Haupt
zu deinem zarten, roten Mündlein hinneigt,
dann, Liebste, sei meiner eingedenk!

Kl. 35

I

Man hört in Syrien weithin den Lärm
von einem großen Trubel:
Es freuen sich da all die Rechtschaffenen
auf der Erde und in der Hölle
über die neue Kunde, dass ganz ohne Schmerzen
von einer keuschen Jungfrau ein Sohn geboren wurde.
Einzig den Teufel ärgerte dieses Wunder offenbar so sehr,
dass er in erbittertem Zorn
eine tiefe Kluft in eine Mauer riss
(wie die Vorfahren berichten)
bei der Grabkammer in Bethlehem:
Diesen Spalt habe ich[199] gesehen.

II

O mächtiger Gott, König über alle Reiche,
Gebieter, Beherrscher aller Herren,
der lebenden Scharen auf dem Erdenrund,
der vergangenen und zukünftigen:
Wie schön wurde doch die Nacht mit dürftigem Prunk
durch dein göttliches Wunder so reich beschenkt,[200]
als dich unbefleckt, preisenswert frohgemut und in reicher Gnade
vollkommen keusch
die schönste, herrliche Jungfrau gebar,
die je erwählt wurde;
eine jämmerliche Herberge war ihr gegeben,
als sie mit dir niederkam.

III

Ein Ochse und ein Esel – tierische Gemeinschaft –
begegneten einander freundschaftlich:
Vor ihnen stand eine Krippe mit Spreufutter.
In diese musste sie dich legen,

199 Ergänze sinngemäß: „selbst“.

200 *bedacht* damit als Prät. von *bedenken* gedeutet; möglich wäre auch eine Ableitung von *bedecken*, also „bedeckt“.

die dich gebar, vor der du saßest, deren Gebieter du warst,
Gott, Vater, und sie deine Mutter;
du hattest sie – sorgsam auserwählt – erschaffen. Man sagt von ihr,
du seiest ihr als Kind, braver Sohn,
so liebevoll verbunden gewesen, dass ich, Wolkenstein,
diese Liebe nicht auszudrücken vermag.
Göttlich Geborener durch das keusche Wesen der Jungfrau:
Steh beim letzten Abschied bei!

Kl. 36

I

Führwahr: >Alte Sünde bringt neues Leid<.
Das bemerke ich tagtäglich,
und schlimme Mühsal widerfährt mir dadurch –
für mich gibt es kein Entkommen.
Obwohl der Körper einer Frau vom Tod gezeichnet
in der Erde versunken ist,
hat ihr Nachlass mit scharfer Schneide in rascher Verfolgung
mein irdisches Heil eingeholt.
Ich kann weder schreiten noch schwimmen,
und mein Pflug zieht holprig dahin.[201]
Was sie mich an Angenehmem und Leidvollem hat verspüren lassen,
das möge Gott ihr vergeben.

II

Der Schöpfer aller Lebewesen,
Herr, Gebieter über alle Fürsten,
der nach der menschlichen Natur
so sehnsuchtsvoll verlangte,
um Adams schmerzlichen Sündenfall mit seinem Kelch
preisenswert wiedergutzumachen,
nahm in langer Marter bittere Leiden
durch die Juden auf sich.
Mit seinem Tod gewann er einen Schatz,
der tief unten verloren gegangen war.
Dafür sei dem edlen, heilig roten Blut gedankt,
in die Welt gebracht von der keuschen Jungfrau!

III

O Gefäß der übervollen Barmherzigkeit,
das niemand leerschöpfen kann!
So manchen Schwall daraus habe ich
durch sündhaftes Verschütten

201 *get mein pflüg uneben*: Als historisch nachweisbare Redensart (vgl. z. B. in Wolframs „Parzival" V. 544,15) bildhaft zu verstehen und daher auch freier – etwa mit „mein Leben ist aus der Bahn gelaufen" – übersetzbar.

von Kindesbeinen bis an die Schwelle
von fast fünfzig Jahren vergeudet.
Dass ich dir deine Gnade nie vergolten habe, meine Sündhaftigkeit, meine Schuld
rechne mir nicht bis zum Grab hin an;
ich bereue aufrichtig,
jemals so gehandelt zu haben!
Hilf mir, Gott, du, den ich unwürdig
auf Gnade hin empfing!

Kl. 37

I

Der Himmelsthron
erbleicht
vom Ansturm des Tages,
die Vöglein
wecken mich sanft
mit anmutigem Schall auf.
Der Schnee ist verschwunden;
Laub, Gras und Klee
sprießen herrlich.
Deshalb möchte ich von Herzen,
frei von Leid
für meine Herrin[202] singen,
die mir
all meine Sehnsucht stillen,
die Traurigkeit auslöschen kann
mit den
zarten Händen;
freudvoll
lässt mich die Edle werden,
gering
ist mein Kummer.
Denke ich
an ihr Drehen,
ihr unentwegtes
liebevolles Umfangen,
auf das sie sich versteht –
untergeben
bin ich dann
der zärtlichen Frau,
wohin ich auch eile.

II

Spiel auf zum Reigen!
Die Linde grünt,

202 = (auch) die Gottesmutter Maria?! (Vgl. dazu die spirituelle Mai-Thematik in Kl. 40.)

der Wald schlägt aus.
In diesem Mai
sei munter, Herzliebste,
und unbeschwert!
Betrachte die glänzenden Blümchen,
schön gefärbt,
zierlich im Wuchs!
Mit ihnen wollen wir uns herausputzen!
Entzündet
wurde der helle Glanz
in vielen Farben:
junge und zarte
fertige Gräslein,
herbe Kräutlein
vieler Art.
Neue wie alte
sind süß geworden,
begrüßt
seien ihr Sprossen und Sprießen!
Zu zweit, zu viert,
in Scharen von Tieren[203]
begehrt schreiend,
eilt emsig
die ganze Lebensfülle.
Du Abbild weiblichen Anstands,
beachte mich,
wenn ich
dir beim Tanz begegne!

III

Flieht, ihr herben Stürme,
bedrängt uns nicht mehr;
ihr seid besiegt,
die ihr meinem Mädchen
das rote Mündlein
rissig gemacht hattet!
Ihre Erscheinung mit den weißen Händchen

---

203 MAROLD (Komm., S. 105) denkt an das Verb *dieren* („sich gebärden“) und hält damit bereits hier (V. 55) eine imperativische Struktur für möglich.

möge sorgsam
vor euch bewahrt sein,
wenn sie, die Au durchstreifend,
mit Tau
ihre kleinen Schühlein benetzt.
Na los, ihr Trägen,
auf die Gasse!
Die ihr zuvor
wie die Durchnässten
auf der Bank saßet,
gleichgültig und lahm,
erfreut euch an der Sonne!
Der kühle Brunnen,
glitzernd hell!
Mai, du vermagst
allen Dingen
einen Neubeginn zu schenken,
was uns lachen macht.
Ihr fragt, worüber?
Einfach darüber,
dass uns einzig und allein Gott
wahrhaft
eine solche Gnade angedeihen lässt.

Kl. 38

I

Keusch geboren
wurde ein ganz unverzagtes Kind
von einer reinen Jungfrau,
das um der ewigen Vergebung willen
heftigen Zorn
beigelegt[204] hat.
Alle unsere unzähligen Feinde
sind gänzlich
fürchterlich zugrunde gerichtet worden
von dem kleinen Kindlein,
ganz gründlich
sauber ausgedroschen.
An diesen Halunken
sollt ihr euch weiden, Brüder,
denn eine Mutter
hat den ‚Köder'
ausgelegt
und uns süß
zum ‚Tanz' gelockt!
Die Maienpracht
geht von seiner Macht aus,
doch alle Freude,
Überschwänglichkeit,
die Würzlein, Kräutchen,
Blätter, Stauden,
das Blumengeflimmer
lassen sich mit diesem ‚Tanz'
nicht vergleichen,
sie weichen
vor seines ‚Reigens' Schwung zurück.

II

Eine Frau, ein Mädchen,
eine Jungfrau und Dame

---

204 *erlait* (mit WACHINGER, Lieder 2007, S. 388) auf *erlegen* bezogen und nicht mit SCHATZ, Sprache, S. 60, auf *erlaiden*.

gebar dieses Kind.
Wer vermag
denn erschöpfend
jene ‚Herberge' des Recken zu rühmen,
die er selbst für sich bestimmte?
Heldenhaft
entstieg er ihr munter,
ohne Plage, Schmerz oder Makel –
ganz und gar frohgemut.
Ewig sei er dafür gepriesen!
Über diese großartigen Wunder
sollt ihr euch lebhaft freuen,
weil uns ein Zunder
einen besonderen
Feuerstein[205] bescherte,
ohne selbst entzündet worden zu sein.
Wer hat diese Wirkung
ersonnen?
Er, der über alles Macht hat!
Sei deshalb immerfort
über jenes ‚Gemach'[206] froh,
in dem es niemals Dunkelheit,
Trauer oder Jammern
gab!
Schäm dich nicht,
keusches Wesen,
über die Erwählung
durch den, der in dir lag!

III

Wer kann
die Begebenheiten
rund um dieses Kind,
das aus der
durch das Feuer des Geistes Erleuchteten hervorging, begreifen?
Niemals drang

---

205 *feures flünt* etymologisch unsicher, aber (mit WACHINGER, Lieder 2007, S. 389) *flünt* (= „Feuerstein"?!) wohl als Teil eines ‚mirakulösen Paradoxons' zu verstehen.

206 Siehe V. 60.

eine Ahnung seiner Taten
durch eine Tür,
so vollkommen sind diese Gaben –
eine unzählbare Menge!
Sein Tun und Lassen
sind vorbehaltlos gerecht.
Gepriesen seien der Stern,[207]
deine Geburt
und das Wachsen!
Ein freiwilliger Tod
hat zu unserer Ermutigung
jene erlöst
dank deiner Frucht
des Triumpfrufs
von jenem höchsten Baum,
welche[208] durch den Zorn
verloren war,
weil ein Dorn
in das Korn
aus deiner Saat gestochen hatte,
die du
in deinem Garten zogst.
Lasst uns
frohgemut die Gnade erwarten!

---

207 Maria oder der Bethlehemitische Stern?!

208 *Die* scheint auf den alttestamentarischen Sündenfall, also Eva bezogen. (Vgl. WACHINGER, Lieder 2007, S. 390.)

Kl. 39

I

Meine Sünden und Schuld klage ich Euch, Priester,
als Stellvertreter für den, der über alles Macht hat;
ich bekenne sie schonungslos, aufrichtig, rot vor Scham, beklommen,
mit vor Andacht nassen Augen
und nehme mir ganz fest vor, nie wieder
mutwillig zu sündigen, wo immer ich auch wandle.
Aus eigenem Entschluss, Herr,
bekenne ich mich heimlich voll Demut schuldig:
Ich zweifle am Glauben,
fluche oft beim Namen Gottes
und habe meine ehrsamen Eltern
maßlos gekränkt.

II

Vorschnell vergreife ich mich durch Rauben, Stehlen und Töten
an Leib, Ehre und Besitz von Menschen.
handle ungehemmt wider die gebotenen Feiertage.[209]
Falsche Zeugenaussage fällt mir nicht schwer.
Von Spiel und fremdartigem Kram[210] bekomme ich nicht genug,
Zauberei, Lüge und Treulosigkeit behagen mir.
Ich bin beteiligt an Verrat und Brandstiftung.
Hoffärtig ist mein Leben.
Von Habgier lasse ich niemals ab.
Spott, Zorn und Unzucht sind mir nicht fremd,
auch nicht Völlerei und Trinken früh und spät,
bin faul, störrisch wie Esel und Hund.

III

Zur Sünde stifte ich an, rate ich,
Sünde begehe ich, bereite ihr den Boden
und ermögliche hilfsbereit diese Tat,
wirke mit, ohne etwas preiszugeben.
Den Nackten habe ich stets ignoriert,

---

209 *ban veirr* zu mhd. *banvîre* und *banvieretac* gestellt.

210 Vgl. SCHATZ, Sprache, S. 68. Oder es ist „fremdes Eigentum“ gemeint.

dem Armen niemals Hunger und Durst gestillt.
Siechen, toten, gefangenen und verlassenen Händen
gebe ich durch Barmherzigkeit keinen Grund zum Falten.[211]
Ich habe unschuldiges Blut vergossen,
den armen Leuten bereite ich schweren Kummer.
Die Sünde der Sodomiten ist mir nicht fremd,
und verdienten Lohn zahle ich nicht einmal zur Hälfte.

IV

Gottes Weisheit, Einsicht und Tiefgründigkeit,
göttlicher Rat, Gottes Kraft und Seelenstärke,
Gottesfurcht, göttliches Wissen,
göttliche Liebe und Güte waren mir nie bewusst.
Ich verhöhne den Priester, breche meine Ehe,
missachte Taufe und Firmung,
empfange den Leib Gottes unwürdig,
Ölung, Beichte und Buße sind mir zuwider.
Armut verabscheue ich, mit Schlechtigkeit
bringe ich die Zeit nutzlos zu;
die Ansprüche Gottes verdamme ich ohne Barmherzigkeit[212]
mit willkürlichem Zorn.

V

Von meinem Sehen, Hören mache ich sündhaft Gebrauch,
mein Kosten, Riechen sauge ich gierig ein,
ich hemme mein Fühlen, Gehen und Denken
auf für den Herrn nutzlose Weise.
Er, der Himmel und Erde erschaffen hat
und alles, was darin eine Heimat findet,
der riet mir, Wolkenstein,
ich solle durch das Beichten
in meinem Gesang viele Hofleute belehren
und manche unschlüssigen Menschen,

---

211 Wenn man *velden* (V. 33) nicht mit „Falten“ in Zusammenhang bringt (vgl. MAROLD, Kommentar, S. 441), sondern mit dem Verbum *velden* („Feld/Platz geben“), würde sich noch folgende Übersetzungsvariante ergeben: „Für Sieche, Tote, Gefangene und Fremde vermag kein Erbarmen Platz zu greifen.“

212 *das gots recht an barmherzigkait* (V. 47): *an* (mit kurzem *a*?) als „auf“ verstanden, ergäbe: „Gottes Ansprüche auf Barmherzigkeit“.

die in sich selbst umherirren
genau wie die ‚Gänse'[213] in Böhmen.

VI

Deshalb habe ich die zehn Gebote
und die sieben Todsünden – eine lange Reihe –,
dann die ungewöhnlicheren Sünden aufrichtig
aus reumütigem Schuldgefühl genannt,
hernach die Werke der heiligen, lauteren Barmherzigkeit,
die Gaben durch den Stein des Heiligen Geistes,
auch vier himmelschreiende Sünden und – damit verbunden – die fünf Sinne.
O Priester, seid mir gnädig!
Gewährt mir im Namen der Heiligkeit der sieben Gaben
Nachlass von meinen Sünden;
bei den acht Seligkeiten sprecht mich los,
damit ich in Frommheit entflamme!

---

213 Chiffre für die Hussiten (vgl. Kl. 27).

Kl. 40

I

Wach auf ohne hochzuschrecken, du schönste Frau,[214]
der niemals ein irdisches Wesen –
welchen Aussehens auch immer – gleicht;
freu dich darüber so richtig unbeschwert![215]
Blick durch das Blätterdach des Maibaums[216]
und hilf mir über den Kummer hinweg, Liebste!
Sobald man den strahlenden Tag wahrnimmt,
steh mir, Herrin, zur Seite,
damit ich durch den Wächter nicht zu Schaden komme,
sondern still verborgen bleibe,
falls ich zu lange im Dunkeln
in schlaftrunkener Obhut[217] gelegen habe
bei einer,[218] der ich mich Tag und Nacht
hingebungsvoll in bester Absicht widmete
und die mich behänd zu sich lockt
zu waghalsigem Abenteuer.
Auf, jung und alt! Rüstet euch
und seid über das Grünen des Mai froh,
der in wonnevollem Blühen erstrahlt,
ausgestattet mit allen Farben!
Putzt euch fein heraus, Frauen und Männer,
damit wir nicht den Mai vertrödeln,
an dem wir uns hoch aufrichten sollen,
ganz glückselig ohne Bitterkeit!

II

Ich höre, wie der reizende Gesang der Vöglein
in meinem Kopf bezaubernd tönt,
von oben ganz herunter bis ins Tal,

---

214 = Gottesmutter; vgl. dazu allg. SCHIENDORFER, Heilsgeschichte, insbesondere S. 192.

215 *heuer* mit *geheuer* gleichgesetzt; oder doch (temp.) als „heuer" zu deuten??

216 *maien obedach* in Anschluss an SCHIENDORFER, Heilsgeschichte, S. 182f. als (rituell gesetzten und hier spirituell deutbaren) Maibaum gesehen.

217 Wörtlich „Scheune" für *scheuer*, aber wohl abstrakt gemeint.

218 Laut SCHIENDORFER, Heilsgeschichte, S. 181 ist hier an einen Wechsel der weiblichen Bezugsperson zu denken.

was mein Herz sich nach dir sehnen lässt,
du einzig Auserwählte.
Ich hoffe, du lässt mich nicht im Stich,
denn du bist mein höchster Gral,
der jedes Leid verdrängt.
Dein beständiger Diener
will ich für immer sein, du Liebliche,
vor allen anderen Frauen Auserkorene,
behaftet mit vielerlei Schätzen.
Dir steht dies[219] auch wahrlich zu
von mir, alles ganz rein überstrahlendes Mädchen,
mit deiner zierlichen Leibeshülle,
ganz und gar erfüllt von Ehrbarkeit.
[Rep.]

III

Es naht des Tages Helle.
Herrin, ich sollte vorsichtshalber Ausschau halten,
damit ich mich gegenüber dem Bewacher nicht verspäte,
der uns stets treu ergeben war
und dem wir so sicher anvertraut sind
in tiefer Zuneigung, ganz wie ein Kind,
das sich seiner Mutter zuwendet;
darüber dürfen wir uns wahrlich freuen.
Es drängt die Zeit mit kühlem Hauch,
das merke ich genau an manchem Luftstrom,
der mich über einem schmerzlichen Traum berührt;
mir ist vor dem Auseinandergehen bang.
Ermögliche, Liebste, dass ich deine herrliche Erscheinung
schon bald im Maienwald
freudvoll beim höchsten Baum[220] erblicke,
der sich grün erneuert hat!
[Rep.]

---

219 D. h. „das Dienen“

220 Laut SCHIENDORFER, Heilsgeschichte, S. 192, liegt in *hochstem pawm* eine Wiederaufnahme des in V. 5 chiffrierten „Maibaums“ vor.

Kl. 41

I

Von Wolkenstein war ich gut gelaunt nach Köln unterwegs
und gelangte bei Salzburg zu einem Gastwirt namens Braun;
der hatte eine überaus tugendsame, hübsche Frau,
ehrsam fröhlich, von höfischer Gesinnung.
In fürsorglicher Zuwendung wurde mir fürwahr viel Schickliches
durch sie ganz unverfänglich zuteil – dafür sei diese strahlend Hübsche bedankt,
ganz aufrichtig wünsche ich ihr viele angenehme Jahre;
möge Gott mit all seiner Güte ihr Wohlergehen fördern!
Von meiner Ankunft hörte – bestens unterrichtet –
ein Mächtiger aus dem Kreis der Erzbischöfe, Herr Eberhart,
der nach mir sandte; sofort begab ich mich zu ihm.
An seiner Tafel machte mich das reichliche Essen ganz müde.
Wohin ich auch kam, erlebte ich viel Erfreuliches, jede Menge anmutige Vergnügungen
auf Schritt und Tritt; das habe ich wie ein aufrechter Ritter[221] kennengelernt,
der sich ausgiebig das Blühen der Erde in seiner ganzen Frische ansah.

II

Unter freiem Geleit machte ich mich bald wieder auf den Weg
nach München. Ich sage der vornehmen Ritterschaft Dank,
die mich hier zu edlen, hübschen Damen einlud.
Wir sangen und frohlockten, wie es uns gefiel.
Eine Menge Wein von erlesenen Sorten wurde mir
in Augsburg und Ulm kredenzt, wofür ich heute noch zu Dank verpflichtet bin.
In Ulm wohnte ich einem Tanz bei, herrlich in die Mitte genommen

221 Nicht notwendig, aber motivgeschichtlich wohl unbenommen ist es, beim *reutter* (die Hs. A hat *Rewter*) nicht allein an Oswald selbst zu denken, sondern an einen ‚vorbildhaften' Ritter wie Parzival: Die Übersetzung mit „ein [...] Ritter" (st. etwa „jener [...] Ritter") bleibt für beides offen. Auch MAROLD, Komm., S. 427, erwägt diese hintergründige Deutung, favorisiert jedoch letztlich (in Anlehnung an Beda Weber) „Ritterschwur", ein Wort, das jedoch nicht nur lexikalisch weit weniger plausibel scheint (u. a. wegen der Wortgroßschreibung in der Hs. A, welche – im spezifischen Kontext des Liedes Kl. 41 – eher zu einem Personennamen passt), sondern auch syntagmatisch in Hinblick auf einen dann kaum mehr plausiblen Satzbau in V. 16.

von kultivierten Mädchen, die auf höfische Weise zu singen verstanden.
Ein edler Herr rief seine Gemahlin herbei,
damit sie vor mich hintrete: „Nun begrüß ihn herzlich!“
Sie sagte zu ihm: „Ich höre da gar Merkwürdiges von dir:
Wie sollte ich denn an diesem Pilger Gefallen finden?“
Übel kam es mir da zustatten, dass ich nur ein Auge habe.[222]
>Wer jemanden nur nach Augenschein beurteilt, der ist nicht gut beraten<:
Mir hat die schlichte Bekleidung Schande eingebracht, wie das oft geschieht.
Es sagte mein Mantel: „Hättest du dein Umherziehen doch besser bleiben lassen!“

III

Ich ritt nach Heidelberg zu meinem mächtigen Herrn.
Dort traf ich fünf würdevolle Kurfürsten an:
die drei hochrangigen Bischöfe von Köln, Mainz und Trier,
den Pfalzgrafen bei Rhein und den neu ernannten Markgrafen von Brandenburg.
Hoch oben auf dem Hügel drang ich ganz vor bis zur Tür[223]
von Herzog Ludwig, den ich für den besten Fürsten halte,
was Aufrichtigkeit und christliche Freigebigkeit betrifft; dort wurde ich vorgelassen,
und er unterhielt sich mit mir in nobler Höflichkeit.
Gleich darauf musste ich vorsingen, viele Lieder erschallen lassen.
Frohgemut betrat ich sein Gemach,
um mich darin – unverwehrt – niederzulegen. Solcher Lohn
und solche Ehre stellten sich bei meinen Freunden nie ein:
Mantel und Rock wurden mir wie einer Puppe angezogen,
mein Pilgerkittel wich Fuchs- und Marderfellen,
ein gefütterter Hut flog durch die Luft auf meinen Scheitel!
Geloben musste ich, seinen Ratschlag[224] stets nur für mich zu behalten.

---

222 *mein gestalt fürt halbs gesicht* wörtlich „meine Person nur zur Hälfte (etwas) sieht“.

223 „Burgtor“ für *tür* („Dienstzimmertür“, die noch nicht die private *kamer* führt, s. V. 42) wäre ‚raumlogisch‘ wohl eher unpassend und würde zudem in Verbindung mit Oswalds verstärkendem Adverb *gar* („ganz bis“) allzu absurd wirken.

224 SCHATZ, Glossar, hat für *rat* „Hausrat“, wozu aber die von Oswald erwähnten kostbaren Felle nicht unbedingt zu zählen sind. Auch MAROLD, Komm., S. 428, überzeugt hier

IV

Zu Pferd und mit dem Schiff reiste ich nach Köln;
von dort nach Aachen mietete ich mir einen furchtbar holprigen Karren,
der in einem ständigen Holterdiepolter schwankend dahinrollte,
was ich durch schmerzliche Stöße zu spüren bekam.
Mein Herr in Köln und jener von Berg, zwei feine Fürsten,
bewiesen mir huldvoll ihre Gunst:
Was immer ich erbat, wurde mir
in gewogener Redlichkeit mit größtem Wohlwollen zugestanden –
mehr dazu, was ich noch alles in Erfahrung brachte, sage ich nicht.
Am Rhein habe ich mich an den guten Wein gehalten, dann die Rückfahrt
von Fürstenberg[225] nach Heidelberg zu meinem ‚Bärtigen',
einem Herzog, Pfalzgraf im Kreis der Kurfürsten,
der mir Essen und Verpflegung bereitwillig bezahlte.
Wohin ich mich auch begab, wurde mir für Knecht und Pferd nichts verrechnet.
Jetzt bin ich hier[226] und weiß[227] schon, wie sich alles einrichten lässt,
bevor ich dann wieder in den Schoß meiner Gattin heimkehre.

---

nicht: „ich musste stets zu ihm halten [...] im Innersten meines Herzens". Die Deutung „Ratschlag", wie sie bereits in HOFMEISTER, Lieder 1989 angeboten worden war, findet sich hingegen jüngst auch bei U. SCHWOB, Femgerichtsbarkeit, S. 21, schlüssig eingefügt in den zeithistorischen Hintergrund.

225 U. SCHWOB, Feme, S. 25 denkt an „Fürstenberg" südlich von Korbach.

226 „in Heidelberg"

227 1. Person naheliegend für (verschriebenes?) *waist* („du weißt"??); *wais* überliefert u.a. die Hs. A.

Kl. 42

I

Viele innige Grüße
verbreiten sich anmutig, eilen
frohgemut dahin,
halten ihren Einzug.
Rege, früh und spät,
hört man herausdringen,
singen und tönen
die Vöglein in den Auen
mit klaren, schönen Klängen,
wie sie in den beblätterten, belaubten,
glänzenden Ästen fliegen,
miteinander wetteifern.
Die weite Wiesenfläche
wird man bald grün,
saftig und friedlich
erblicken.
Kalter,
gebeugter Winter,
deine Herrschaft
wurde gebrochen
durch die lauen Winde.
Den strahlenden Sommer
möchte ich sorglos,
übermütig,
wie es sich geziemt,
bejubeln und bejauchzen.
Der grüne Klee
treibt den Schnee
von nun an für dieses Jahr
zum See[228] hin
und zu den wilden Meereswogen.
Der Nachtigall
und der Drossel Gesang,
das Tönen der Lerche

---

228 Denkt man bei *see* bereits an das „Meer", so kann die Stelle (ohne das eingefügte „und" in V. 31) lauten: „zum Meer hin / mit seinen wilden Meereswogen".

sollten uns besser gefallen
als die Behaglichkeit des Ofens.

II

Es gibt gelbe Blumen, leuchtende,
prachtvoll färbig eingekleidet:
braune, gelbliche, blaue
und graue, verschiedenste Arten.
Mai, deine Jubel-Pracht
erblüht,
schmückt sich, strebt nach
wunderbaren Genüssen.
Hübsche Grasbüschelchen, Gräslein
kommen hervor, gedeihen
frohgemut, trefflich: Blütenpracht,
Veilchenschimmer,
Glanz, Reigen,
für alle Bäume
geziemender, erquickender
Schmuck nach kalten Frösten.
Die Staudenstöcke
treiben aus,
bekommen ein Blätterkleid,
struppig wie ein Bock;
herrlich wuchert
Schwarzdorn
in weißer Blüte.[229]
Gänzlich verflogen
ist der Hass,
den der Winter hervorruft.
Ein kühler Brunnen,
die warme Sonne
beglücken uns.
Hüpf fröhlich, Nonne,
hinten beim Kloster hinaus,
um dich am Rhein
im hellen Schimmer

229 Die Hss. A, B u. c überliefern in V. 59 jedoch übereinstimmend – und lexikalisch anders segmentierend – *weisser koren*: „(voll) weißer (Blüten-)Körner“, also „weiß gesprenkelt“?! Oder gehören die V. 59–62 zusammen, indem sie an das (überwundene) Winterleid erinnern, darunter seine weißen (Schnee-/Eis-)‚Körner‘?

als feine
Laienschwester
dem Ostertanz anzuschließen!

III

Die Pilze zwängen und erheben
sich aus dem Erdreich.
Die Schlängelchen winden sich munter,
bekommen eine neue Haut.
Kuckuck, lock auch uns
in die Heide!
Rasch, ihr Mädchen,
sucht in den Büschen ein Versteck!
Dort wollen wir liebkosen, scherzen
mit aneinandergedrückten Mäulchen,
mit warmen Armen innig,
verstohlen im Gebüsch.
Ruhig, Mündlein, schweig!
Wollte die keusche
Kleine für mich ganz langsam
ein Bein
bis zum Knie entblößen,
da wäre ich zur Stelle,
unterließe nichts,
sondern würde, so gut
ich das könnte,
an sie heranrücken,
mich zärtlich anschmiegen,
sie herzlich drücken,
biegen, niederbeugen,
falls sie mir das gestattete;
dann wäre beglichen,
was ich erlitten habe.
Ließe sie sich darauf ein,
so würde ich in diesem ‚Kampf'
bestehen
ohne zu zögern,
anfassen, zugreifen,
vielerlei schöne
Lust erleben,
verweilen bei dem Mädchen.

Kl. 43

I

Ein vornehmer Adeliger
warb um ein hübsches Fräulein,
er redete es sittsam höflich an:
„Seid so gut, Ihr holdes Fräulein,
könntet Ihr kurz anhören,
worum ich Euch ergebenst bitten möchte?
Ich fühle mich ganz vereinsamt,
zunehmend aller Freuden beraubt
und weiß nicht, wohin ich mich wenden soll;
erbarmt Euch dessen, Herrin!"

II

„Lasst lieber ab von Eurem Spott über mich,
wenn Ihr aber erkrankt seid, dann stehe Euch Gott bei,
der kann Euch sicher von aller Traurigkeit befreien!
Bei mir findet man nur wenig Trost,
sodass Ihr dadurch schwerlich erlöst werdet.
Sucht woanders, wo Ihr Freude erlangen könnt!
Ich vermag nämlich niemandem beizustehen,
wie jeder sehen kann.
Ich bin bloß ein unscheinbares Fräulein,
was könntet Ihr da von mir erwarten?"[230]

III

„Ach Herrin, wozu diese Schmähung?
Das alles ist für mich leider gar kein Spiel mehr;
ich musste schon bisher viele Jahre
in Eurem Dienst Kümmernisse heimlich erdulden,
und Gott im Himmel weiß genau,
dass meine Liebesklagen nie bei Euch gefruchtet haben.
Weil mir bislang kein weibliches Geschöpf
in meinem Innersten besser gefallen hat,
muss ich in körperlich schlechter Verfassung
schwere Qualen ertragen."

---

230 *auff mich pauen* phraseologisch

IV

„Da könnt Ihr reden, was Ihr wollt:
Die, die Euch gefällt, ist nicht hier,
das weiß ich ganz sicher, es sei denn, mich täuschen meine Sinne,
denn ich sehe abstoßend aus,
bin vierundzwanzig Jahre alt;
weshalb solltet Ihr da bei mir nach feiner Minne verlangen?
Auch beherrsche ich weder Gesang[231] noch Beredsamkeit,[232]
könnte niemanden damit erfreuen,
und wäre ich für jetzt Euer verborgener Schatz,
es würde Euch morgen grausen."

V

„Wozu braucht Ihr denn feine Ausdrucksweisen?
Es ist Eure Schönheit, die mir Leid zufügt,
Euer vornehmes Auftreten, das hat mein Herz erobert.
Erhör mich doch, liebstes stolzes Fräulein!
Mir tat es fürwahr stets weh,
wenn dich jemand mit seiner falschen Zunge beleidigte.
Und was dich, glückliche Frau, dazu bringt,
nass glänzende Äuglein zu bekommen,
das betrübt mich
und macht mir die Haare grau."

VI

„Dafür danke ich Euch wirklich aufrichtig:
Es gereicht Euch zu Lob und Ehre,
wenn Euch die Beleidigung von jungen Damen missfällt.
Mir macht derlei aber keine Sorgen:
Ganz fest darf ich darauf vertrauen,
dass mir böses Geschwätz nichts anhaben kann.
Wer junge Damen ungerechtfertigt verleumdet
oder mit ihnen grundlos herumprahlt,

231 *weis* hier wohl nicht im engeren Sinn „Melodie(n)"; vgl. die nächste Anm.!

232 Gegen die Auslegung von *wort* als „Texte" (bzw. *weis* als „Melodien") spricht die zur Klärung geeignete Replik des Werbers in V. 41, die eindeutig auf die Redegabe zielt.

der handelt sich Unannehmlichkeiten ein,
sein Ansehen wird geschändet.“[233]

VII

„Belohnt mich dafür, edles Wesen,
um all Eurer Ehrbarkeit und Eures weiblichen Anstands willen,
dass ich niemals begehrt habe, was Euch hätte schaden können!
Was nützt Euch denn mein täglicher Schmerz?
Ich möchte Euer ergebener Diener sein
und wäre unglücklich über einen Misserfolg bei Euch.“
„Solche ‚Diener‘ brauche ich wirklich nicht,
mir ist Euer Dienst zu abgehoben.“
„Redet nicht so böse, Herrin, besinnt Euch eines Besseren:
Das würde ich so gern erleben!“

233 Siehe SCHATZ, Sprache, S. 69: *enthümet* (in Hs. B hier ev. unverstanden überliefert, doch ‚korrekt‘ in Kl. 115,58) auf mhd. *tüemen* = „rühmen“ zu beziehen; dem folgt die Übersetzung sinngemäß, aber frei.

Kl. 44

I

Durch das Berberland, Arabien,
durch Armenien nach Persien,
durch das Tartarenland nach Syrien,
über Byzanz ins Türkenland,
dann Georgien:
diese ‚Sprünge' habe ich verlernt.
Durch Russland, Preußen, Estland
nach Litauen, Livland über die Nehrung
Richtung Dänemark, Schweden nach Brabant,
durch Flandern, Frankreich, England
und Schottland
bin ich lange nicht mehr gezogen;
durch Aragonien, Kastilien,
Granada und Navarra,
von Portugal, Léon-Gallizien
bis zum Kap Finisterre,[234]
von der Provence nach Marseille.
In Ratzes am Schlern,
hier hält es mich im Ehestand,
was meinen Jammer
sehr unwillkommen
auf einem runden, schmalen Kofel anwachsen lässt,
umschlossen von dichtem Wald.
Tagtäglich sehe ich unzählig viele
hohe Berge und tiefe Täler,
Steine, Stauden, Baumstümpfe und Schneestangen.
Noch etwas bedrückt mich,
nämlich dass der Lärm der kleinen Kinder
heftig an meine Ohren brandet,
sie durchbohrt.

II

Was mir auch immer an Ehrungen
durch Fürsten – oftmals durch eine Königin! – zuteil wurde,
und was immer ich an Freudvollem erblickte,
das büße ich jetzt alles unter einem einzigen Dach.

---

234 Wörtlich: „Finsterer Stern"

Meine verdrießliche Lage,
die findet noch lange kein Ende.
Möglichst viel Geschick würde ich dringend brauchen,
da ich für den Broterwerb zu sorgen habe.
Außerdem wird mir oft gedroht,
und kein rotes Mündchen tröstet mich.
Sie, denen ich mich einst zuneigte,[235]
lassen mich jämmerlich im Stich.
Wohin ich auch schaue, verstellt mir
die ‚Schlacke' kostbaren Zierrats die Sicht.
Statt ihrer, mit denen ich einst Umgang pflegte, sehe ich
nur Kälber, Geißen, Böcke, Rinder
und klobige Leute, schwarz und hässlich,
im Winter ganz bedeckt mit Ruß.
Die stimmen genauso froh wie schlechter Wein das Rind.[236]
Vor lauter Beklemmung verabreiche ich meinen Kindern
oft einen Schlag nach hinten hin.
Dann stürmt ihre Mutter herbei
und ereifert sich.
Ließe sie mich ihre Faust spüren,
so würde dies eine schwere Buße bedeuten![237]
Sie schreit: „Jetzt hast du
die Kinder ruppig flachgeschlagen!"[238]
Da graut es mir vor ihrem Zorn,
doch werde ich von dem –
splittrig-scharf – nur selten verschont!

III

Als Zeitvertreib bietet sich mir Verschiedenes:
immer wieder Eselsgesang und Pfauengeschrei –
danach sehne ich mich am allerwenigsten.

---

235 Allg. als ‚Dienstbarkeit-Motiv' zu verstehen oder konkreter als ein kussbereites „Darbieten" (vgl. Kl. 19/54 u. 21/83). Damit dürfte „gebot" für *bott* eher nicht das Richtige treffen.

236 Vgl. WACHINGER, Lieder 2007, S. 368. Oder meint *vich* gemäß bisheriger Vermutung doch eine Bezugnahme auf „Ungeziefer"?

237 Mit *engelten* kann hier eine „Buße" gemeint sein, die Oswald seiner Frau androht (vgl. SCHWOB, Heirat, S. 117: „müßte ich das teuer heimzahlen"), oder von der er sich durch seine Frau selbst bedroht sieht („hätte ich dafür teuer zu zahlen"). Ev. hat er mit beiden Möglichkeiten ‚gespielt'?!

238 Wörtlich: „zerrupft zu einem Fladenbrot"

Der Bach rauscht gewaltig mit ständigem „Hurlahai“
meinen Kopf auseinander,
dass er schon siech wird.
So schleppe ich also an meiner Bürde.
Von täglicher Sorge, ganz unerfreulichen Nachrichten
wird Hauenstein überhaupt nicht frei.
Könnte das von mir gütlich geändert werden
oder von sonst jemandem,
ich würde ihm das ewig danken!
Mein Landesfürst, der ist böse auf mich
dank der Gehässigkeit boshafter Leute.
Meine Dienste sind ihm nicht willkommen
(das verursacht mir Kummer und Sorgen),[239]
obwohl mir doch sonst kein Fürstenspross –
auf mein Ehrenwort! –
je Schaden an Leib, Ehre, Besitz und gutem Ruf zugefügt hat
in seinen fürstlichen,
üppig schönen Gefilden.[240]
Alle meine Vertrauten sind mir
ganz grundlos gram; das muss mich ergrauen lassen.
Der ganzen Welt klage ich dies,
den Rechtschaffenen und Weisen
und auch den vielen hohen, ehrbaren Fürsten,
die gerne ihren Ruhm verkünden lassen,
sie mögen mich, armen Wolkenstein,
nicht von den Wölfen zerrupfen,
gänzlich zum Waisen[241] werden lassen!

239 Eine Zwillingsformel (*schad und laide*) durch eine heute annähernd äquivalente ersetzt.

240 Für *fürsten waide* (V. 80) MAROLD, Komm., S. 448 „Fürstenwürde“, doch ohne überzeugende Belege.

241 Oder ist mit WACHINGER, Lieder 2007, S. 370 bei *verwaisen* an das Verb *verweisen* (und damit an die Bedeutung „abweisen“) zu denken?

Kl. 45

I

>Wer seinen Beutel will erleichtern,
und das mit sicherem Erfolg,
der frag', wo es nach Überlingen geht<:[242]
Dort kosten vierzehn Pfifferlinge
fünfzehn Schilling
nach Konstanzer Prägung
und ein Ei sechzehn Heller
(zwei Eier kosten zweiunddreißig).
Wenig Fleisch, jede Menge Kraut;
aus einer kleinen Schüssel
bedienen sich in der Runde viele Leute,
deren Mägen hungrig sind.
Wassermus aus der Pfanne,
der Braten klein bemessen.
„Wildbret und Fisch sind untersagt,
das dürft ihr nicht essen!
Also, hopp auf, bewegt euch fort –
ihr seid schon zu lange dagesessen!
Jeder gibt zwei Groschen,
vergesst das nicht!
Na, so sputet euch doch![243]
Ich kann nicht mehr länger warten,
knüpft schon die Schnüre[244] auf, Leute!
Etwas anderes gibt's hier nicht zu fragen:
Für euresgleichen gilt kurzes Maß
und hinterher dann das lange![245]
Lasst also das Geld von euch springen.
‚Zahl, begleiche, auf jeden Fall!' – so heißt das bei mir.

---

242 Wohl kein ‚echter', einst auch auf den Straßen gehörter Spottspruch, doch einem solchen in sprichwörtlichem Gewand wirkungsvoll nachgebaut. (Siehe HOFMEISTER., Mikrotexte, S. 159f.)

243 Oder (für *wol anhin hessen*): „Weg, ihr Hessen!"?

244 Nämlich die des Geldbeutels.

245 *nach dem tag* phraseologisch „hinterher"; dies hier freier übersetzt eingebunden gemäß der nahe liegenden Bedeutung, dass es für die geneppten Gäste zuerst wenig gibt, sie dafür hernach auch noch viel bezahlen müssen.

Ich hoffe, es braucht hier kein Rollen[246]
mit Hilfe einer Kelle!“

II

Ganz süßer Wein – wie Schlehensaft –
scheuert mir so sehr die Kehle wund,
dass sich der Gesang in meinem Hals verfängt.
(Meine Gedanken hängen wehmütig dem Traminer nach.)
Sein heftiges Würgen
führt zu argem Missbehagen,
denn er bringt genau so viel Freude und frohe Stimmung
wie der Sack dem Esel.
Seine Schärfe lässt mir das Blut stocken,
macht mich ganz matt und missmutig.
Sein wildes Strömen
bewirkt, dass sich mein Mund[247] zusammenzieht.
Wirklich viel recht Unterhaltsames gibt es da
mitten auf dem Platz zu sehen,
z. B. Tanzen, Springen, Saitenspiel –
dargeboten von einer zottigen Katze![248]
Mich zieht es nicht nach Überlingen,
um dort noch einmal nach den ‚Kostbarkeiten‘[249] zu fragen,
sondern höchstens, um einen Hammerstiel
dort für den Gegenwert einer Ratte[250] zu erwerben,
damit man sich ärgert.
Mein Wirt, der kannte sich aus,
löste das Gold aus dem Leder.

---

246 Drohgestus und ev. zugleich Anspielung auf das ‚Heranrollen‘ (*wellen*) des Geldes (vgl. WACHINGER, Lieder 2007, S. 377).

247 Für *triel* st. „Mund“ auch noch „(Unter-)Lippe“ denkbar, aber eher nicht „Maul“?

248 Hinter der *rauhen katze* darf wohl ‚mehr‘ vermutet werden, etwa das geringe Niveau der zuvor aufgezählten Vergnügungen, wobei diesem Felltier – nicht nur bei Oswald – auch eine erotische Konnotation anzuhaften scheint (vgl. die dazu passende „Ratte“ in V. 50).

249 *schatze* (ironisch) nicht nur im Sinn von „Liebchen“ aufzufassen (wie das für *klainat* = „Juwel“ in V. 67 zutrifft), sondern allg. als „Sehenswürdig-/Kostbarkeiten“; das legt vor allem der zweite Beleg *schatz* (V. 61) nahe, der sich (in V. 61–63) auf vielerlei negative Eindrücke bezieht. – Daher scheint hier bei den *schatz* -Belegen nicht nur an jenes vom lyrischen Ich eingebüßte Geld zu denken zu sein, dessen Verlust in V. 52–80 thematisiert wird.

250 *ain ratze* (wie schon „Hammerstiel“ = *slegel still*, V. 49) in dieser eigenwilligen ‚Spott-Allegorie‘ auf der zweiten Sinnebene als männliches Geschlechtssymbol zu verstehen?!

Das merkte ich am Bettenpreis:
Eine Feder kostete zwölf Pfennige!
Und wäre ein alter Karren dahergerollt,
er hätte dem nicht einmal die Räder gelassen.
Ich verzichte darauf, ihn so hoch zu preisen
wie einen Zedernbaum
mit seiner Maserung![251]

III

Die schönsten ‚Kostbarkeiten' habe ich dort als ‚Pfand' hinterlassen,
und zwar Mist, alte Weiber
und fette, mit Kleie gemästete Schweine.
In meiner Langeweile verjagte ich viele Flöhe;
die Bauern
konnte ich nicht mehr riechen.
Vor allem vermisse ich immer noch ein lockiges ‚Juwel',
nämlich die Magd des Hauses:
Zwei fledermausförmige Brüstlein
trug sie vorne an ihrer Herzenswölbung.
Ihr Kratzen und Zerzausen
schreckten viele ab.
Zwei schmale Füßchen, geformt wie Schilde,
steckten in breiten Schuhen,
darüber zwei Beinchen, kurz gezimmert
gleich dicken Buchenpflöcken,
pelzig ihre Ärmchen und Händchen,
weiß wie bei einer schwarzen Krähe.
Viele schwere Hiebe teilte sie bereitwillig aus,
wusste diese in Schimpfworte und Flüche
einzukleiden.
Unsichtbar blieb der helle Schimmer

---

251 *fleder* gemäß dem Großen Wörterbuch von Lexer, wo unsere Stelle vermerkt ist, zu mhd. *vlader* gestellt. In Grimms Deutschem Wörterbuch ist dazu das Lemma „Fladern" zu vergleichen, unter dem folgender, semantisch sehr erhellender Quellenhinweis (auf Mathesius, 16. Jh.) geboten wird: „es ist auch nicht alles fladern, cedern und palmbeumen, was die farb und ansehen hat." Nicht so sehr die quantitative Relation (in Form der Höhe des Zedernbaumes) scheint somit in Oswalds ‚schrägem' Vergleich bedeutsam, sondern die Qualität (des Holzes), mit der sich der Wirt nicht messen könne. – Oder meint *fleder* (= „Fladerer" im heutigen Sinn von „Dieb"??) eine Art „Betrüger" bzw. „Halsabschneider" und stellt eine Schelte dar, wie bei HOFMEISTER, Lieder 1989 angenommen („dieser Halsabschneider!")?

von Perlen und Spangen
beim Tanz in Überlingen,
wo man hätte strahlend auftreten sollen.
Es gab keinen Maienkranz zu preisen
mit rosigen Wangen;
Heil versprach mir da nur ein Ofen,
umgeben vom Geschrei der Kinder.
Mit wurde angst und bange.

Kl. 46

Du mein auserkorenes schönes Herz,
dein entzückendes Spiel
hat den Schmerz von mir hinweggenommen;
ach liebliche Falkendame,
wie reizend steht dir dein hübsches Schnäbelchen!
Nie sah jemand ein lieblicheres Mädchen –
ich vermag das gar nicht so schön zu schildern:
weiße Brüstlein birnengleich gerundet,
mit denen sie prachtvoll einherstolziert;
ihre herrliche Erscheinung vertreibt mir gänzlich meine Traurigkeit.

Und sollte ich die Bezaubernde nie mehr erblicken können,
so müsste ich an ihre Zucht, Anständigkeit und ihr damenhaftes Ehrgefühl denken,
wohin ich in der Welt auch gelange –
>Liebestrennung schmeckt wie saurer Zucker<.

Trostreiche Zuversicht hege ich gegenüber der Teuren,
dass sie mich nicht verschmähen werde.
Unentwegt zeige ich mich ihr ergeben
und warte zu in fester Hoffnung.

Kl. 47

I

Frohgemut wollen wir
schon bald singen, hoch hüpfen,
uns vereinen, anmutig
gemeinsam im Maienwald tanzen,
dabei voll Übermut
die Pfifferlings-Türme pflücken,
ohne Zaudern uns in Erinnerung rufen,
wo[252] mir die Liebliche enteilte.
Komm zurück,
Herzliebste, das wünsche ich mir!
Du weißt gewiss, wie es geschah,
dass du von mir abgelassen hast und ich von dir,
mein teuerster Schatz.
Ich halte ganz sicher Wort,
fällt mir der Kranz aus dem Rosental zu.

II

Dein weibliches Auftreten[253]
bestraft und züchtigt mich arg
durch das Zurückweisen meines Begehrens;
dass sich dies häuft, verstört mich.
Lass sie schweifen, hemm nicht
mir gegenüber deine freundlichen Blicke.
Meine Qualen, deine Zurückhaltung
heb auf durch rasche Tröstung!
Ach liebste Gefährtin,
ich tue, was du in deiner Gnade wünschst.
Dein befremdliches Verhalten
bringt mich ganz um den Verstand.
Gib dich im Verborgenen zutraulich,
begehrlich ganz ohne Scham,
lab frohgemut meine Herzensqualen!

---

252 „wohin“ (für *wo*)? In Kl. 91/70, auf das schon MAROLD (Kommentar, S. 47) verwiesen hat, heißt es ähnlich: *lieb du weisst wol, wo.*

253 Im Schlagreim *güt – tüt* kann man – von *tüt* = *tuot* ausgehend – auf *güt* = *guot* schließen: Also ist nicht vom Wort „Güte“ auszugehen, sondern von „Gut“, allg. der „Art“.

III

Liebesverlangen trägt mir
viel Seufzen und Wachliegen ein.
Dieses Leiden und Verzichten
hört niemals auf.
Ich Kraftloser kann durch Klagen
nicht ans Ziel gelangen;
die Raffinierte
hält mich geschickt fest, ganz wie sie will.
So mag der bittere Tod
das Leid beenden,
falls nicht sie in ihrer Gnade
das bedrückende Verderben[254] abwendet.
Liebste zarte Frau,
verjag hier diese Qualen,
lass den Mann[255] in erlösende Jubelrufe ausbrechen!

254 „Liebesleid“ (o. Ä.) für *engstlichen schad* wäre angesichts der Aussagen in V. 39f. wohl zu schwach.

255 *den man* = einfach „mich“?!

Kl. 48

I

„Steh auf, Margaretchen! Die Rüben[256] gehören rausgezogen, liebe Gretel!
Mach Feuer! Setze Fleisch und Kraut zu! Beeil dich, sei umsichtig!
So geht, Ihr faules Ding, wascht die Schüsseln ab!
Wer, Knecht Künzel, bat darum, mit der Magd anzubändeln?
Aus dem Haus, Ihr verdammter[257] Dieb!“

II

„Frau, ich will einfach nicht, denn der Tagesanbruch ist noch fern.
Seht doch, wie soll ich mich denn da
ordentlich ausruhen?
Kommt, drängt doch nicht so!
Auch unsereiner weiß die Hacke gut genug zu gebrauchen![258]
Bleib doch hier, haste nicht davon!
Mein teurer Künzel-Schatz
ist mir über alles lieb!“

---

256 *rüben* ist grammatikalisch als Plural, aber auch als Singular deutbar: Der Plural bezieht sich auf die landwirtschaftliche Bedeutungsebene, der Singular lässt an eine zusätzliche erotische Bedeutung denken („Rübe“ = „Penis“). Meine dafür neu angebotene Übersetzung versucht diese Ambiguität mittels einer allgemeinen, für beides zutreffenden Kollektivanweisung ‚nachzubauen‘.

257 SCHATZ, Sprache, S. 65 stellt *verleuchter* zu *„verluechter“* und sieht darin „wohl ein verhaltenes *verfluechter*“. Oder ist hier – an das mhd. *liecht* bzw. *liuhten* denkend – die Bedeutung „ans Licht getreten“ (= „ertappt“) zu erschließen?

258 *peil* als „Spundloch“ (mit erot. Konnotation) zu verstehen? Vgl. MÜCK, Liedpropaganda, S. 12. Stimmiger scheint es, bei diesem Wort mit SCHATZ (Sprache, S. 50) an das Wort „Beil“ zu denken und es als Teil einer ‚rustikalen Drohgeste‘ der Magd aufzufassen. Unsere Übersetzung bleibt jedoch wörtlicher als jene von SCHATZ („wir können uns auch wehren“), um die sexuelle Konnotation dieses Gegenstandes als eines Symbols für das männliche Glied (hier konkret jenes von Künzel) nicht zu verlieren. Sollte jedoch ab hier (bis V. 13) die – mit der Magd um den Künzel kämpfende – Hausherrin am Wort sein, wäre bei *peil* das Konnotat ‚Waffe‘ (angesichts der ohnedies untergebenen Magd) wohl schwächer ausgeprägt.

III

„Grete, lauf hin zum Heustadel: Such die Nadel,[259] nimm den Rechen mit!
Gabel, Dreschflegel, Sieb und Sichel findest du dort.
Hans und Kathrin nimm mit, der Kunz bleibt bei mir!
Sei still, du liederliches Geschöpf, schrei nicht so laut,
sonst wird[260] deine Schande bekannt und dein Ansehen sicher geringer!“

IV

„Wer immer dann kommt, um mir meinen Kummer zu nehmen –
ich allein stehe dann als treulos da.[261]
>Arbeit bringt den Tod!<[262]
[...] Kathrein ist unbrauchbar;
vom Hänsel habe ich genug.
Mit einem herzhaften Busserl
schenke ich mich ganz und gar dem Künzel
aus dem schönen Zillertal.“

V

„Schäm dich, Gretel!
Spinn, putze, sorg für dich,
zerreiß[263] dir nicht das Kleid!
Wenn du dich verführerisch gibst, wirst du zu einer Schlampe.

---

259 Ist *süch die nadel* schon phraseologisiert: „sieh dich (gründlich) um“? Oder meint *nadel* eine Art Setzholz, also einen handlichen Holzstab zum Bohren von Erdlöchern für darin einzusetzende Pflanzen? (Die noch denkbare Bedeutung „Deichsel“ würde hingegen weniger gut zum übrigen hier aufgezählten, durchwegs leicht tragbaren Geräte-Inventar passen.)

260 *werd* mit „werde“ optativisch (anstatt indikativisch-warnend) zu übersetzen, wäre nicht zuletzt in Hinblick auf die Verheiratungsabsicht der Bäuerin (vgl. V. 31f.) sinnwidrig, denn es würde dieses Vorhaben dann doch schwieriger machen (und womöglich teurer als die in Aussicht gestellten *vir schock*). Vgl. auch den ebenso warnenden V. 30.

261 Problematische Stelle, die – ohne allzu ‚ungewöhnliche‘ sprachliche Deutungen bzw. Ergänzungen – am ehesten in dieser (ähnlich schon von MAROLD, Kommentar, S. 152 vorgeschlagenen) Deutung verstanden werden kann. – Bei der Auslegung von *schain* als „schön“ ergäbe sich: „Wer leistet dann mir Gesellschaft, um meiner Not als einziger auf so angenehme, verbotene/unkeusche Weise abzuhelfen?“.

262 Oder doch schon – ebenfalls als ‚Sinnspruch‘ aufgefasst – >Arbeit ist Mord<?

263 Für *verzer* mag man (mit WACHINGER, Lieder 2007, S. 333f.) auch an „verzehren“ = „aufbrauchen“ bzw. „einbüßen“ denken.

Püppchen, vier Schock Groschen
gebe ich dir sofort, wenn du dir einen Ehemann findest!“

VI

„Frau, Euer Schelten nützt nichts.
Ich will nicht spinnen und kehren.
Mich zieht es zum Künzelchen,
denn der gehört nur mir.
Er beschert mir viele Freuden, nach denen ich sehnsüchtig verlange.“

Kl. 49

I

„Sag, Herzliebster, was bedeutet denn für uns dieses so furchtbar klingende Getöse?“
„Ahü, ahü, auf jetzt, Decken weg!“[264]
„Einziger Mann, darf uns der Fremdling[265] hier so betrüblich stören?
Wem lieferst du mich aus?“
„Ahü, ahü, es rückt des Tages Glanz heran!
Eilig machen jene sich auf den Weg, die gerne liegen geblieben wären!
Hör, hör, hör, mein Freund, verabschiede dich lieber!
Steh auf, hurtig auf, rasch auf!
Die Vöglein zwitschern im Wald,
Amsel, Drossel, der Fink
und ein kleiner ‚Zeisig‘, der Kuckuck[266] heißt.“

II

„Horch, Frau, und vernimm den Klang des Hornes
überall in Berg und Tal ohne zu verzagen;[267]
auch die Nachtigall höre ich!
Schau, es bricht das leuchtende Morgenrot
vor der Bläue durch! Blas ordentlich,
Wächter! Ich spüre deinen tiefen Unmut.
Vom Orient her berührt mich ein Wind,
der auch das Himmelsgewölbe teilt und erstrahlen lässt
und uns hier die Freude nimmt.
Zärtliches, liebreizendes Mädchen,
grimmig dröhnt das Horn.

---

264 Schon MAROLD (Kommentar, S. 35) erwägt für *die nacken bloss* eine imperativische Verbalkonstruktion („die Hälse hervorgestreckt!“). Die nicht explizite Befehlsform mögen wir – da kaum von einem ‚defekten‘ *bloss* (für *blosst[t]* = „entblößt“) auszugehen ist – in einem elliptisch mitgemeinten „macht“ sehen, also „macht bloß“. Damit lässt sich diese Wendung als eine bereits verschleifte ‚Routineformel‘ des Wächters verstehen und phraseologisch entsprechend freier übersetzen. Demgegenüber grammatikalisch wohl zu problematisch wäre es, hier an die Anrede „die/ihr ganz Nackten“ zu denken, denn dafür müsste man *nacken* als (substantiviertes) Adjektiv deuten, bei dem jedoch – höchst ungewöhnlich – das Dentalsuffix entfallen wäre.

265 *gast* meint den Wächter (vgl. V. 1) oder den Morgenwind (vgl. V. 19–21)?

266 Und in einem Zeisignest sitzt?!

267 *ane qual* (V. 14) Adjektiv (also z. B.: „den unbekümmerten/sorglosen Klang“)?

Ich höre dich gut; du betrübst meine Geliebte."
„Hör, hör, hör, hör
die sehnsüchtige Klage! Unseliger Tag,
wie lange wird unser Schmerz durch dich dauern?
Nimm Abschied, teuerster Schatz, doch kehr recht bald wieder hierher zurück!"

Kl. 50

In anmutiges Geplauder[268] hüllt der Mai
das ganze Land:
Hügel, Ebene, Berg und Tal.
Im Konzert lieblicher Vögel
jubilieren und singen mit lautem Schallen
Haubenlerche, Feldlerche, Drossel und Nachtigall.
Der Kuckuck fliegt ihnen hinterdrein –
eine schlimme Plage
für diese kleinen, munteren Vöglein.
Hört, was er sagte:
„Ku ku, ku ku, ku ku,
gib mir den Zins,
den will ich von dir haben;
der Hunger macht mir
im Nu meinen Magen gierig!"
„O große Not! Wohin soll ich nun?",
sprach das kleine Geschöpf.
„Zaunkönig, Zeisig, Meise, Lerche, kommt jetzt, lasst uns singen:
Ozi und tu ich, tu ich, tu ich, tu ich,
ozi, ozi, ozi, ozi, ozi, ozi,
fi fideli, fideli, fideli fi,
zi, zieriri, zi zi, zieriri,
zi ri, ziwick, zidiwick, fizi, fizi!"
Der Kuckuck aber sang bloß:[269] „Kawa wa, ku ku!"
„Rako", sagte der Rabe,
„fürwahr, auch ich singe gut,
doch satt muss ich sein.
Mein Gesang geht so:
Schieb ein! Herein! Voll sein!"
„Liri liri, liri liri, liri liri, lon!",
so sang die Lerche, so sang die Lerche, so sang die Lerche.
Das Drosselein: „Ich singe laut!", das Drosselein: „Ich singe laut!", das Drosselein: „Ich singe laut,
dass es im Wald erschallt!"
Ihr tiriliert, jubiliert,

268 Oder *zal* doch ‚nur' „Anzahl", also „mancherlei"? Das würde – grammatikalisch etwas freier – ergeben: „In viele Lieblichkeiten [...]".

269 *neur* = „neuerlich", „abermals"?

krächzt und kräht,
hier und dort –
genau wie unser Pfarrer.
„Zidiwick, zidiwick, zidiwick,
zifizigo, zifizigo, zifizigo!“ kam es von der Nachtigall,
die mit ihrem Gesang den Gral errang.[270]

---

270 *behüb den gral* bildhaft phraseologisch zu verstehen (also etwas freier z. B. „die Krone errang“).

In der Hs. A folgt dann noch eine Strophe:

„Upschahi,“ sagte da das Fohlen, / „lasst uns[ereinen] auch mitmachen!“ / „Früh geht die Kuh. / Der Esel schreie [= *lue* zu mhd. *lüejen*]: / ‚Auf meinen Nacken, Herr Sack!‘ [45]/ „Rigo, rigo, rigo, rigo, rigo, rigo komm!“, / so ruft die Mühle, so ruft die Mühle, so ruft die Mühle. / „Bleib fort!“, sagte die Müllerin. / „Hoch damit,“, rief die Bäuerin, / „trag's hinweg, mein Eselein! [50]/ Da, da [an „Hiebe“ denken OKKEN/MÜCK, Bauern, S.194] – pruste leiernd ‚IA‘! / Raste nicht, auf dass dir nicht die Geier / beim Feuer [der Hölle?!] die Haut abziehen! / Auf geht's, auf geht's, auf geht's, auf geht's! / Mach [den Esel] fest, lös die Seile [seiner Last], [55] / schon dich nicht, Walpurga!“ / Beweg du dich hurtig in den Wald hinein, wackerer Jäger, / beim Jagen, Beizen, Netzestellen! [WACHINGER, Oswald, Sp. 158: *rogken* „Netzestellen“ zu ital. *roccolo*. – Ob die letzten beiden Verse dem Erzähler oder doch noch der Bäuerin gehören, scheint fraglich.]

Kl. 51

I

Ach, Liebesschmerzen,
Meiden, Zanken, Auseinandergehen – das tut weh;
besser wäre es, im Meer zu versinken!
Anmutig liebreizende Frau,
du verbannst und treibst mich nach Josaphat.[271]
Herz, Gemüt, Geist und Verstand sind kraftlos geworden.
Der Tod wird dies beenden,
wenn mir deine Gnade nicht
aus schwerer Not hilft;
meine Beklommenheit verberge ich vor dir.
Dein rotes Mündlein
hat in mir im Nu ein so heftiges Verlangen geweckt,
dass ich ausharre, um am Ende erhört zu werden.

II

Mein Herz müht sich im Elend ab
und zerbricht. So mäßige und besänftige doch den Kummer!
Ich warte, Frau, auf eine warmherzige Aussöhnung,
so wie der Delphin,
der, wenn ihn bei Sturm sein Verstand zum Meeresgrund leitet,
jedoch hernach
im Glanz der Sonne erstrahlt,
die ihm sein ganzes Herz erfrischt.
Herzliebste, halt an mir fest
im Namen all deiner weiblichen Güte!
Lass deinen ‚Fremdling'
nicht sterben, darben, sich in Verzweiflung winden!
Ich rase und tobe vor Trennungsschmerz.

III

Mein Kopf ist eingehüllt
in Wehklagen, Dösen, Hader mit mir selbst:
Eine Stunde beklemmt mich daher mehr als tausend sonst.
Wenn ich nachts über meinen Kummer nachsinne,

---

271 D. i. das Tal des Endgerichts, Todes.

liege ich ganz entkräftet wach[272]
und zerstöre mir gänzlich alle Freuden.
Niemand tröstet mich,
so dass mein Leid wahrlich bitter ist.
Mein Herz wird
bei so manchem Stoßseufzer geröstet.
Ach, wann weicht
diese Traurigkeit von mir? Warten und Harren, das quält und bohrt,[273]
dass ich noch ganz den Verstand verliere.

272 Oder spielt *macht* auf *gemacht/gemächte* an und meint daher hier die „Lendenkraft"? (Vgl. WACHINGER, Lieder 2007, S. 344.)

273 *negt und pösst* (Zwillingsformel?) wörtlich: „plagt und stößt".

Kl. 52

a

Waidmannsheil! Wer jagen will,
ohne dass ihm ein Missgeschick passiert,
der sei unentwegt achtsam;
auf diese Weise erlegst du eine Menge Wild.
Los,[274] Freud,[275]
mit deinem Gebell trumpfe ich auf!
Ich vernehme Lieb und auch Trost,
der mich oft
aus den mir aufgebürdeten Qualen vollkommen befreit hat.
Hetz nach, noch ist es[276] frisch!
[...]
Setzt nach, ihr brave Hundemeute!
Hopp auf, Schenk!
Auf die Fährte, Stet und Wenk,
hinzu, wie Will und Harr!
Du bist auf der falschen Spur;
schlag einen Bogen, such von dort aus weiter!
Hinterher, Trüb! Das Wild ist müde!

b

Waidmannsheil! Wer jagen will,
wisse, wie er sein Netz richtig aufstellt,
Besetz die oberen Hundeposten!
Los,[277] auf geht's mit Lärm und Klang,
auf dass sich die Jäger erfreuen
an Berg und Tal!
Lass es jetzt erschallen! Blas den Talboden entlang,
damit wir erfolgreich sind.
Da läuft die stolze Hindin!

---

274 *los* (mit Bezug auf „losen/hören") ev. auch mit „Achtung" übersetzbar? Gleiches gilt für den Beleg in V. 22.

275 „Freud" ist – wie „Lieb", „Trost" u. a. m. – allegorischer Hundename.

276 Gemeint ist die Fährte.

277 Siehe die Anm. zu V. 5 oben.

a/b

Wart ab,
lass Wunn und Heil nicht von der Leine,
dann können wir das Wild erwischen!
Kümmere dich nicht um die alte Fährte;
lass nicht
Send und Meld unbedacht los!
Vorwärts, Lapp!
Macht euch auf, Rück und Trapp!
Lauft doch her, Geil und Gesund!
Ruhig, ihr treuen Hunde –
ja, ihr wart wirklich brav!
Hinterdrein, auf die Spur, Glück –
heuch, heuch, heuch, heuch, hoch, hauch! –
und hopp auf, Schenk! Auf die Fährte, Stet und Wenk,
hinzu wie Will und Harr!
Du bist auf der falschen Spur;
schlag einen Bogen, such von dort aus weiter!
Hinterher, Trüb! Das Wild ist müde!
Jagt ihm nach, ihr brave Hundemeute! Hopp auf, Schenk!

Kl. 53

I

Erwach fröhlich, sanft, anmutig, strahlend, wonnig, sacht und ruhig,
auf angenehme, süße, reine, bedächtige Weise,
du reizende, schöne Frau;
reck, streck dich, zeig stolz deinen anmutigen, edlen Leib;
öffne deine so hellen, klaren Äuglein!
Sieh im Verborgenen zu,
wie sich der Sternenchor
im Strahlen der schönen, hellen, gleißenden Sonne verliert!
Nun auf, zum Tanz,
einen schönen Kranz gemacht
aus gelber, brauner, blauer, grauer,
gelb-rot-weißer,
violetter Blütenpracht!

II

Spältlich, mäulig, klüftlich, auch hauchend, flüsternd, reizend plaudern
über ergötzliche, hübsche, reine Dinge
soll dein voller roter Mund,
der mein Herz liebevoll entfacht
und mich fürwahr tausendfach erweckt hat
und zärtlich
aufschrecken lässt aus des Schlafes Traum, wenn ich
einen so zierlichen, roten, engen Spalt gewahre,
zu einem Lächeln geformt,
mit weißen, darin aufgereihten Zähnchen;
mündisch, schmunzelnd, rundlich weich und rosenfarben,
so richtig hell,
wie prächtig gemalt.

III

Wollte sie, sollte sie, würde sie und käme sie, nähme sie von meinem Herzen
dieses schmachtende, schwere, bittere Leid –
dann ein weißes Brüstlein darauf geschmiegt:
Seht, meine Traurigkeit wäre wie hinweggefegt!
Wie könnte ein anmutiges, reizendes Mädchen

lustvoller mein Herz erheben –
ohne herbes Leid –
in solch wonniger, lieblicher, reiner Lust?
Mund, Mündlein – geküsst!
Zunge an Zünglein, Brüstlein an Brust,
Bauch an Bäuchlein, Haar an Härchen,
so richtig flink,
immerfort fest gedrückt!

Kl. 54

„Ein ausgelassenes Treiben wollen wir jetzt veranstalten, dabei lachen
und über den, der uns nicht behagt, ordentlich herziehen!
Fräulein, sind noch alle Eier vollzählig?“
„So lauft doch, ihr großartigen Helden,
und esst sie ungeschält!“
„Frau Gelt,[278] bring her den kalten Wein!“
„Nur sacht!“ rief die Magd des Pächters, ganz unten auf der Bank.
„Mach lange weiter, mein Liebster, bin dir ewig dankbar;
dein Singen
und dein Drängen
und dein herrliches Hin und Her
bereiten mir viel Spaß!“
„Kuss!“[279] sagte meine Herrin: „Wer fiedelt jetzt auf meiner Geige?“
„Das mach ich“, kam's von Heinzel und Jäckel,[280]
worauf die Schäkerei begann.
Dann sagte sie: „Oje, Heinz, Schätzelchen,
kannst du nicht mehr?
So komm, Jäckelinus,
liebster Kavalier,
lehre du mich das ABC,
doch tu mir nicht weh dabei!
Hinweg und herbei!“

---

278 *Gelt* kann außer Eigenname auch Imperativ von *gelten* („bezahlen“) oder ein „(Trink-)Gefäß“ sein.

279 Oder *smutz* (= ‚Lockruf‘, wörtl. „Schmatz“) umschreibend: „So komm!“?

280 Da Jäckel erst später (vgl. V. 18) wirklich in Aktion treten darf, scheint diese Redezuweisung stimmiger. (Gemäß der Rolleneinteilungen in der Oswald-Ausgabe hätte man hingegen zu übersetzen: „Das mach ich, Heinzel und/mit Jäckel.“)

Kl. 55

I

Womit mein Liebchen mich je beglückt hat,
daran hatte ich hernach ordentlich zu kauen[281]
dank so manchem schmutzigen Rost,
den sie mich auf ihr Geheiß ‚probieren' ließ;
da reichen Worte leider nicht mehr aus.
Glück habe ich keines,
denn auf schmerzhafteste Weise
knüpfte sie mich mit den Füßen ‚liebevoll' an eine Stange,
ganz abgesehen von anderen schweren Peinigungen,
die mir ihre ‚Liebe' eingebracht hat.
Sollte ich ihr dafür auch noch besonders dankbar sein,
so hätte sie bei mir sicher lange zu warten!
Durch sie leide ich
in Ungarn,
ganz übersät mit ‚Kindern',
die Siebenfüßler genannt werden:
Die treten mich
und quälen mich
und kneten mich
und plagen mich,
als dürfte ich für meine Sünden büßen.

II

Zu Pressburg vor dem Ofenloch[282]
hielten ich und der Ebser Rat.
Ich vermochte wahrlich so zu schüren und einzuheizen,
dass ich den König hervortrieb:
Ich gab mich ihm zu erkennen;
er sagte zu mir: „Deinen Kummer
erleidest du wohl ihretwegen, die mit dir gebrochen hat,
weil deine ‚Saiten'[283] nicht mehr klangen."
Darauf antwortete ich ihm frisch heraus:
„Hätte ich einen so schweren Beutel besessen

281 Wörtlich (für *verdeut*): „verdauen".

282 *ofenloch* mit Anspielung auf die ungarische Stadt Ofen (vormals „Buda")?!

283 Hinter dem Musikalischen wohl auch eine erotische und/oder pekuniäre Konnotation.

wie Euer Gnaden, dann – hört die Kunde –
wäre es mir bei meiner Dame besser ergangen.“

III

Ich hoffe, der Prozess nimmt noch einen gütlichen Verlauf,
falls Herzog Friedrich von seinen Angriffen ablässt.
Tut er das nicht,
so hat das Scherzen ein Ende.
Sechstausend Gulden will er haben:
Da würde mir meine Liebschaft sauer schmecken!
Hätte ich es dabei bewenden lassen, als sie diese verweigerte,
dann müsste mein Rücken jetzt nicht auf einer Bank
die lange Nacht über ächzen hier in Ungarn,
wo man Sättel als Kissen verwendet.
Deshalb strebe jeder Liebhaber danach,
in Liebessachen so zu handeln, dass ihm das Lachen nicht vergeht![284]

284 Wörtlich für (bereits phraseologisches?) *das er des schimpfs müg glachen*: „dass er über Vergnügliches lachen kann“.

Kl. 56

a

„Trostreicher Schatz, wer tröstet mich?
Herzliebste, wie lange muss ich ohne dich auskommen?
Dein Fernsein schmerzt
und betrübt mich sehr; ich bitte
um gnädige Hilfe und Ratschlag
so rasch wie möglich.
Gefährtin, Glück, Freude, Wonne, Segen, sehnsuchtsvoll vergeht mir die Zeit bei Tag und Nacht.
Viele schwere Stoßseufzer
verletzen mein Herz sehr schlimm, das aber
ganz gewiss nicht wankt,
sondern in seinem Vertrauen beständig bleibt.

Dein schwellendes Mündchen schenkt mir Freude,
deine Zähnchen bedrängen mich; wer da Erfolg hat,
der hat wahrlich leicht singen.
Mein Herz will und kann
ohne dich nicht gesund werden, will dir gefallen.
Deshalb habe ich mir dich erkoren,
liebliche Frau, für ehrerbietige Huldigung.

Mein Herz nimmt häufig und genau wahr,
wie da ein besonderer Blick ein wohliges Erschrecken
in der Schlinge der Liebsten bewirkt.
Herrin, deine Fesseln und Netze
haben mich völlig umschlossen und umgarnt.
Niemand vermag mich zu erlösen
außer deiner herrlichen, makellosen Erscheinung."

b

„Gern bewirke ich derlei,
mein Auserwählter –
sei du ganz und gar mein,
ich bin immer inniger
dein, früh und spät,
denn es gibt wahrlich nur dich!

Liebevoll, ohne Makel,
komme ich deinem Wunsch entgegen.
Es büße der Freuden ein,
der Schlechtes von uns denkt;
das möge sich erfüllen!
Vor Bösem seiest du beschützt!

Bin ausschließlich dein,
das heißt du mein Einziger;
angesichts der größeren wie kleinen Liebesbezeugungen[285]
ist es recht, dass ich dir das sogleich mit vollkommener Treue vergelte,
mich glücklich preise.
Täglich zeige ich dafür einen treuen Liebesstrom.
Durch wahre Lust
fühle ich mich wie du
im Glanz mächtiger Freude.
Du mögest in Treue auf eine gute Gelegenheit warten;
herrlich
bewahre mich und dich der Ruf[286] der Ehrsamkeit!“

285 Oder (für *all freuntschafft gross und klain*): „auch gegenüber allen engeren und ferneren Beziehungen“??

286 Oder *der eren krei* „Motto der Ehrsamkeit“, „Ehren-Parole“?

Kl. 57

I

Ein geistvolles Mädchen von achtzehn Jahren
hat all meine Freude verstummen lassen;
von dem konnte ich nie genug bekommen,[287]
seit mir ein Auge ihr Gebaren zeigte.
Unentwegt bin ich ruhelos,
früh und spät setzt mir ihr Mündchen zu,
das sich so anmutig
mit jedem Wort öffnet und schließt.

II

Wie fern ich auch sein mag, sogleich ist mir
in allen Ländern ihr klares Antlitz nahe,
ihre sanften Blicke umfassen
vertraut mein Herz in wahrer Liebe.
Mein Gott, wüsste sie bloß um meine Gedanken,
wenn ich vor ihr liebeskrank,
beklommen stehe und ihnen[288] durch keine Bewegung
Ausdruck zu geben wage.

III

Nie hat jemand eine weiblichere Frau erblickt,
so zierlich ohne jeden Makel.
Ihre feine Art setzt mir zu
vom Scheitel bis hinab zur Sohle.
Und wenn ich mir so recht diese Ausgewogenheit vorstelle,
kurz, lang, eng, breit – nichts zuviel, nichts zuwenig –
wer könnte der Schönen böse sein?
Ach, dächte sie doch an mich!

---

287 *entwinnen* = „entwinden" (?); dann könnte man auch lesen: „ich konnte mich von ihr nie mehr richtig losreißen".

288 D. h. den Gedanken.

Kl. 58

I

Mein Liebchen tritt mir genau so zur Seite
wie die Monate dem Jahr:
Da lasse ich als ersten den Jänner nicht aus,
der mich vor Kälte zittern und frieren lässt.
Mit jedem Monat verbindet sie etwas
in Gesinnung und Erscheinung.
Der Februar straft mich dabei nicht Lügen,
seine Annehmlichkeiten hat der Winter vernichtet.
Häufig lässt sie mich krank oder gesund werden,
durch Liebe und Leid, immer wieder,
was der März bewirkt, der ihr das eingibt,
wie ich die Ärzte sagen hörte:
>Glück hilft gegen Unglück<.
Auch wenn ich meine, ein verlässlicher Gefährte zu sein,
benimmt sie sich wie der April,
spielt mal da, mal dort verrückt.

II

Sie ist in der Tat hübsch und stattlich,
das hat sie mit dem Mai gemeinsam;
dieses Glück gönne ich ihr in dieser Zeit
gerade so, wie sie mich erfreut.
Ihre Haare, ihr Mund, ihre zarten Wänglein,
ihre Äuglein, klar wie der Rubin[289] –
dem schenkt der Juni hellen Glanz
durch seine mächtig schöne Blüte.
Der Juli hat sein Können
ihren weißen Brüstlein zustatten kommen lassen,
ihren lichten Ärmchen, hell schimmernden Händchen,
vergleichbar dem Silber in der Glut.
Sie ist ein wunderschönes Mädchen,
rund gedrechselt wie eine Birne,
die für uns der August prächtig hervorbringt,
voll Vergnügen und froh gelaunt.

---

289 *klar als der rubein* wohl weniger auf die (rubinrote??) Farbe, sondern nur auf die Klarheit der Augen beziehbar.

III

Sie gibt sich wie der September,
der teilweise auch böse gesonnen ist,
da er die Menschen matt und träge
macht in ihrer Gesinnung und Kraft.
Das habe ich bei ihr festgestellt,
denn sie lässt mich aus ihren Gedanken entschwinden.
Der Oktober, hoffe ich, bringt mir
Glück, so wie er das schon oft zuvor –
genau wie du mir – ins Haus brachte,
um mein Herz zu füllen: So werde meine Sehnsucht
durch ihren Liebreiz gestillt!
Der November ist gut ausgestattet
mit vielem, das einen ernährt;
da sie aber ständig weiterzieht,[290]
fällt mir von ihr nur wenig zu.
Der Dezember ist kalt bei Tag und Nacht.

290 „weiterzieht" im Monatskreislauf?! Oder meint *sit si hat jeder zeit ain geferrt* „da sie ständig einen (anderen ‚Monats-')Gefährten hat" bzw. – etwas freier – „da sie sich jeder Jahreszeit anpasst"?

Kl. 59

I

Sollte ich vor Kummer grau werden
und aus Schaden klug und weise,
so verdanke ich dies jener ‚Belohnung' durch mein Liebchen,
welche sie mir angedeihen ließ,
sie, der zuliebe ich einst
ein zartes goldenes Kettchen getragen hatte –
sorgsam verborgen am Arm festgemacht;
das hat sie völlig vergessen.
Als mir von ihr in heftigem Kontrast dazu
ein Eisenstück – drei Finger breit und
ganz ordentlich eng angepasst –
an eben diese Stelle gelegt wurde
und ich ferner den Hohn mit ansehen musste,
wie sie einen anderen zu umgarnen verstand,
der mir übel mitgespielt hatte –
da verging mir der Appetit.

II

Voll blindem Vertrauen war ich
zu ihr in aufrichtiger großer Liebe entbrannt.
Dafür habe ich so manchen derben Schlag
auf einer Reise einstecken müssen,
weil ich diese als ‚Wallfahrt' missverstand,
auf welche sie sich – wie sie behauptete – begeben wollte.
Kein Heiliger hätte es ihr angekreidet,
wenn sie diesen Gang unterlassen hätte.
Ich aber neigte dazu, es so zu sehen,
dass diese Reise für mein Heil bestimmt war,
denn hätte sie mich himmelwärts geführt,
so wäre mir zugefallen, dort für sie ein Wort einzulegen,
und zwar deshalb, weil sie es so arglos verstand, dafür zu sorgen,
dass mittels einer überaus schweren Kette
meine Schienbeine in einem ‚liebevollen' Hin und Her
ganz ungezügelt aufgerieben wurden.

III

Was soll's, eine Frohnatur steckt so etwas weg!
>Es schadet nicht, was die Liebe zufügt.<
>Je lieber das Kind, desto größer die Rute.<
Einzig mich hatte sie heftig lieb.
Das erkannte ich deutlich, zumal sie beharrlich ist:
>Umsichtige Liebe braucht ihre Mittel.<
Also wurde ich ganz sauber
mit den Füßen an der Stange hochgezogen.
Ihr Herz begehrte viertausend Mark
und Hauenstein – was sie froh stimmte,
wie ich deutlich erkannte, als mich der Schmerz
am Seil aufschreien ließ.
Während sie mir den ‚Katzenlohn'[291] vorpfiff,
sang ich ihr das Lied von der Maus.
Fünf Eisen umhalsten[292] mich ganz innig
und lange, so wie sie es wünschte.

---

291 Dazu stellt sich wohl (sinngemäß für ‚Verlust') die alte Redensart „es ist alles für die Katze".

292 Der Begriff *hielsen* scheint durch die halsartige, diverse Körperstellen umschließende Ringform der *fünf eisen* motiviert. Bezöge man *hielsen* dagegen auf den Ort ihrer Anbringung, wäre – hier aber wenig plausibel – nur der Hals des Delinquenten betroffen.

Kl. 60

I

Die Fastnacht rückt näher,
da sollten wir ausgelassen fröhlich sein!
Zu zweien gesellt euch zusammen
gleich den zärtlichen Täubchen!
Ich aber habe mich ganz nett
mit meiner Krücke vereint,
die mir mein Liebchen zugedacht hat
für[293] kosendes Drängen.
So presse ich die Krücke heftig an mich,
schmiege sie mir innig unter die Achsel.
Oft drücke ich sie so heftig,
dass sie knarrt.
Was könnte mir die Fastnachtszeit
noch gründlicher verleiden?
Pah! Jetzt hört doch auf zu jammern!

II

Warum sollten jetzt, wo die wilden Vöglein
anmutig einträchtige Pärchen bilden,
die gesitteten[294] jungen Leute[295]
zur Maienzeit hin zögern,
ein schönes Mädchen zu umarmen und zu küssen:
Kuss, lass dich kosten!
Bring deinen jugendlichen Körper im Verborgenen
ganz genüsslich ins Spiel!
[Rep.]

---

293 Ergänze davor sinngemäß „als Ersatz“.

294 *zamen* (wörtlich „zahmen“; nur in Hs. A, *lieben* in B u. c!) im Kontrast zu *wilden* (V. 16: „in freier Natur“?!).

295 Bei *kint* wird hier nur an männliche Personen zu denken sein (s. V. 20).

III

>Die Fastnacht und die Maienzeit,
die pfeifen laut aus einem Sack<:[296]
Alles, was das Jahr über verborgen geblieben war,
zeigt sich jetzt bei Tageslicht.
Bloß meine Dame hat mit ihrer Hinterlist
voll trügerischer Andeutungen
bis in den Herbst hinein gewartet: Über ihre ‚Pfade'[297] habe ich zu jammern,
seit ich hinken muss!
[Rep.]

296 Mit Sinnakzent auf „einem".

297 *schraw ir vart* ev. (als Angst vor „dunklen Abwegen") phraseologisch aufzufassen und damit ‚offen' für diverse Formen der „Hinterlist" (*tück* in V. 28), darunter wohl auch die *kirchvart*-Episode (Kl. 102/47); dazu kritisch WACHINGER, Lieder 2007, S. 360.

Kl. 61

I

Glück und Segen in reichem Maße
wünsche ich dir, Frau, zu Neujahr!
An standhaft aufrichtiger Treue
werde ich es in deinem Dienst wirklich niemals fehlen lassen,
wie du erkennen sollst!
Dafür sorgen ein hübsches Mündlein
und die roten Wänglein (ein anmutiges Paar),
umstrahlt von den leuchtend blanken Äuglein;
klein die Öhrchen, das Haar darüber
lockig, gekräuselt, gewunden, gewellt,
geringelt, goldfarben gelb durchflossen.

II

Nase, Zähnchen, Kinn und Kehle, der Hals
führen gleichmäßig hinab
auf die Wölbung der weißen Brüstlein.
Die feste Einbuchtung dazwischen löst lauten Jubel aus.
Jedes Glied ist ausgewogen.
Arme und Finger lang, schmal die beiden Händchen,
das Bäuchlein licht und ganz flach,
die auch Behaarung ist wahrlich makellos;
hinten fest abgestützt durch runde Fülle,
maßvoll straff im Gesäß,
die Füßchen niedlich gedrungen.

III

Ihr holder Leib lud niemals Makelhaftes
auf sich; Anstand, ganz lautere Tugendhaftigkeit,
jugendliches, vornehmes, adeliges Gehaben
offenbaren sich hier abwechselnd
in vollendetem Benehmen.
Vornehm ist sie, frei von Tadelnswertem.
Liebe, teure Gefährtin, vergiss mich nicht!
Da ich ja nur dir gehöre,
lass dir, Herzliebste, das entlocken,
worum ich so lange geworben habe
und das mich verführerisch anzieht!

Kl. 62

Ia

„Durch die Kraft wahrer Liebe
schlagen mich die Gedanken in ihren Bann.
Eine Frau
hat mich erobert.
Lass, Herrin, mir Gnade
widerfahren!
Versichere mich dessen,
dass ich dein Herzallerliebster bin!
Über diesen höchsten Schatz soll niemand irgendetwas[298]
durch uns erfahren!“

Ib

‚Sprich aus, Geliebter,
was dein Herz empfindet:
Bereitwillig
höre und sehe[299] ich das!
Dein Ansehen nimmt keinen Schaden –
das verspreche ich.[300]
Mein liebster Schatz, ganz ohne Trübsal
möge ich die Deine sein!
Sei ganz verschwiegen:
So handelst du richtig!‘

IIa

‚Mein Freudenspender,
meines Herzens Zuckerspeise,
nur deine Frau allein
will ich somit sein.
Ach liebster Gefährte,
es gebe nur Freude, nie mehr Leid!

---

298 *pärlich* (Hs. A *parleich*, vgl. mhd. *bärlîche*) wörtlich „offen(kundig)“.

299 *hör und sich* ev. schon phraseologisiert (in der gemeinsamen Bedeutung „erfahre ich“), doch scheint hier auch eine gesonderte Bedeutung von *sich* („sehe“) vorstellbar, etwa durch das Betrachten des (Minenspiels des) Gegenübers.

300 Oder V. 15f. als Wunsch verstanden: „Schadlos bleibe dein Ansehen, / das sage ich dir!“ (i. S. von „das wünsche ich mir“).

Sei immerzu beständig,
zweifle nicht an mir,
und bleib ganz verborgen
vor dem Gerede hinterhältiger Aufpasser!‘

IIIa[301]

„In unruhigem Schlaf, Herrin,
bringe ich lange Zeit zu.
So geht das wahrlich nicht,
auserwählter Schatz!
Daran ist einzig
das Ränkespiel der Aufpasser schuld.
Deren böswillig falsches Argwöhnen
fügt mir Schmerzen zu.
Lass mein Herz Abschied nehmen,
denn es ist schon an der Zeit!“

IIb

„Meinen ganzen Kummer hast du
restlos hinweggenommen,
Deine[302] herrliche Erscheinung
bedeutet für mich Freude und Leid.
Was du in deiner Gnade wünschst,
bin ich willens zu tun.
Liebend gern vollbrächte ich es
aus aufrichtigem Verlangen.
Ehrlich, meine Herzensliebste,
Tag und Nacht bin ich dazu bereit!“

IIIb[303]

‚Bist du auch nicht misstrauisch?
Sag mir das ohne Groll!
Weshalb
lässt du mich so ganz allein?

---

301 Die Übersetzung bleibt auch hier bezüglich der denkbaren Sprecherzuordnungen nahe an der Edition, aber es könnte in IIIa und IIIb nach jeweils 2 Versen ein Wechsel vorliegen, beginnend mit dem Mann in IIIa und der Frau in IIIb.

302 *euer* wohl in formelhafter Anrede „Dein“?!

303 Siehe die Anm. zur Str. IIIa.

>Um etwas zu erleben,
muss man viel aufs Spiel setzen.<[304]
Das Gerede aus ihrem Hals
möge bald vorbei sein!
Ich wünsche dir Glück ohne Qualen.
Liebes, kehr rasch zurück!‘

304 Heute geläufig in der phraseologischen Minimalform „>Wer wagt, gewinnt<“.

Kl. 63

I

Welch erfreulicher, ungetrübt süßer Augenblick für mich,
als mir ein voller Mund
mit ergötzlichem Lächeln zulachte,
und sich ein rosenfarbenes Mäulchen
teilte, oben und unten
voll weißer Zähnchen, eng nebeneinander;[305]
darüber tanzen zwei helle braune Äuglein
verschmitzt hin und her,
bei jedem Blick machtvoll durchdringend,
schräg über einem wohlgeformten Näslein.
Ich Grauhaariger habe den Widerstand schon fast überwunden,[306]
und wollte sie mir mit einem Kuss ‚drohen',
so würde ich es gewiss darauf ankommen lassen,
ohne zu verzagen, das still für mich behalten,
niemandem etwas erzählen oder klagen,
ganz heimlich im Herzen drinnen bewahren.

II

Mein Blick von links[307] zeigt mir
(da ich mit rechts nie etwas anfangen konnte),
was für zwei runde Kegelchen sie vorne trägt,
genau wie Kreisel spitz zusammenlaufend,
auf die Herzenswölbung gedrechselt.
Ach, was für eine zierlich liebliche Schwellung!
Berührte diese nackt meine Brust,
so wäre meine Grauheit vergessen,
der Bart müsste von der Haut,
selbst[308] wenn Messer und Bedienung fehlen sollten!
Gewänne ich hernach eine Umarmung

---

305 Oder: (für V. 5f.) „zwischen oben und unten / schmal getrennt von weißen Zähnchen".

306 Zu *brach nach disem trutz*: vgl. Kl. 79/20. Die Hs. c überliefert *noch*, was in Verbindung mit *disen* (in A u. c) einen anderen Sinn ergibt: „Ich Grauhaariger breche noch diesen Widerstand".

307 „aus dem linken Auge"

308 Eine Nebensatzkonstruktion mit der Konjunktion „außer" wäre zwar grammatikalisch ebenfalls plausibel, hier aber eher sinnwidrig.

durch nackte Ärmchen, dann würde ich so richtig schwach;
so in der Umschlingung durch die Liebste
könnte ich den Quell meiner Freude finden.
Wollte sie mich derart fesseln,
so spräche ich sie von allen Sünden frei!

III

Vom Gürtelband
bis zu den Füßen[309] hinab schweift meine Vorstellung,
wie schön ausgewogen ihre Formen sind.
Vermöchte ich es aber darüber hinaus zu schaffen,
ihre Gliedmaßen zu betasten und zu betrachten,
wobei sie mir dann so nahe wäre,
dass es für mich gälte, die Männerehre hochzuhalten,
dann nähme ich vor ihr nicht Reißaus, auf gar keinen Fall!
Auch wenn mich dieser Kampf niederstrecken sollte,
könnte für mich vielleicht doch der Tag kommen,
an dem in wieder ihr Haus gelange:[310]
Das würde mich keineswegs abschrecken
sondern ich würde mich mit der Keuschen
rasch ohne Hintergedanken vereinigen,
um mit meinem Körper ein Zaungeflecht[311]
aus Händen, Füßen und Gliedmaßen an sie zu drücken.

---

309 Bei Oswald Singular; „Beine" st. „Füße" würde die bei Oswald erkennbaren Differenzierungsabsichten (vgl. z. B. V. 48 u. Kl. 5/8) verdunkeln.

310 *ze laisten wider in ir haus* ev. phraseologisch und bildhaft, z. B. im (auch) erotischen Sinn von „bei ihr Erfolg haben"?!

311 *umb die zainen zu ir lainen* etwas freier in das Körperbild eingefügt; wörtlich: „(Zaun-)Pfähle/Stöcke an sie zu lehnen".

Kl. 64

I

Ganz berauschend hat sie sich meines Herzens bemächtigt,
durch meine Liebe bin ich ihr in Treue anheimgefallen,
fest eingeschlossen in die so zärtliche Umschlingung ihrer Arme.
Dir allein gehöre ich, mein höchstes Glück,
das kann ich dir fürwahr verbriefen!

II

„In welcher Absicht rechnest du dir bei mir Freude aus?
Zu einer Erfüllung bin ich nicht bereit.
Herzliebster, gib Acht, dass uns nicht die Fallstricke der Verräter fassen!
Alles Unheil nehme sich dieser Bösen an,
ja, es widerfahre ihnen nichts Angenehmes mehr!"

III

Ganz treu – das solltest du, Frau, nie vergessen –
stehe ich dir sehnsuchtsvoll Tag für Tag zu Diensten bereit.
Ich erhoffe mir aus dem Blick[312] heller Äuglein eine Menge Freuden;
dein rotes Mündlein befreit mich mit einem reizenden Zunicken
anmutig von tiefem Kummer.

---

312 *blick* könnte auch „Anblick", „Betrachten" meinen.

Kl. 65

I

Mein Herz ist verletzt
und mit Gift verwundet worden
durch ein scharfes Schwert,
quer bis auf den Grund hinab.
Und es gibt auf dieser Welt keinen Arzt, der mich heilen könnte,
außer jenem Mädchen, das mir das Leid zugefügt hat.

II

Herrin, sei eine Krone der Vornehmheit!
Behüt deinen kostbarsten Schatz,
damit dein Wild keinen Schaden nimmt
durch die Schlingen der Schande,
und sich keine Zunge an dir weiden kann;
dann wird mein Herz vollkommen gesund und erfrischt!

III

Ich ersuche dich, Liebste, um Worte
voll aufrichtigen Trostes:
Mach dir diese jämmerliche Tötung bewusst,
auf dass ich doch erlöst werde!
>Es ist wahrlich weit besser, frühzeitig in Ehren zu sterben,
als hier zweihundert Jahre in Schande zu leben.<

Kl. 66

I

Weiß, rot, durchglänzt mit braun
auf einem runden Feld,
das verursachte mir oft schmerzliches Begehren,
über das ich nicht spreche:
Ganz klein erschien mir die gesamte Welt,
als sich mein Auge wie von selbst
davon sehnsüchtig angezogen fühlte.
Dieses Siechtum machte mich benommen,
die Zeit kümmerte mich nicht mehr.
Ich fühlte mich völlig machtlos.

II

Nur grün Gefärbtes[313]
verdeckte den edlen Leib,
der gewiss bei jedem Fürsten
die Männlichkeit erwachen ließe,
wenn er[314] sich bei ihm rekelte.
Jetzt, da ich ihn erblickt habe,
so herrlich drall,
möge er den Kummer von mir nehmen!
Hätte ich dazu den Auftrag,
ich wollte mich ganz dicht an ihn drängen.

III

Eine wonnigliche Gabelung,
darüber ein fester Stamm,
der zwei volle Birnen trägt:
Überaus lieblich sind sie beschaffen,
weiß und frisch, wo immer man sie anfasst.
Wäre ich ein kleines Kindlein
(bin aber verständig, alt und erfahren)
und könnte an einer der Birnen

313 „Blätter" etc.?!

314 = „der Leib" (V. 12)

als meiner Nahrung saugen –
ich würde niemals greise![315]

315 Hier wurde nicht wie sonst „grau" für *greiss* geschrieben, da *alt* (V .27) bereits an Ergrautheit denken lässt, was hier somit nicht mehr zur bloß hypothetischen Vorstellung, niemals *greiss* zu werden, passen würde.

Kl. 67[316]

Jänner beschneidet Christus würdig.
Drei Könige, rühmlich für Erhard,
eilten rasch dem Stern hinterher.
Marcellus und Antonius sahen Prisca.
Fabian, Agnes, Vincenz sind sehr[317] bekannt,
Paul, Polycarpus, Johannes'[318] goldener Mund.
Zünd an[319] den Februar, Brigida! Maria, blas,[320]
schreib, Agatha! Dorothea las.
Helena, Apollonia, Scholastica spann,
Valentin und Juliana webten fertig.
Simeon trug schwer.
Paul, Peter, Matthias, die gelehrte Walpurga.
Empfangt Herrn März, Frau Kunigunde!
Adrianus wurde am Donnerstag
in einem Märzenbad gesund.
Gregor, unterweise die Schüler geschwind;
Gertrudis, bereite uns deine Herberge schön;
schür weiter, Maria, schau auf Rupert!
Dass uns der April arg begießt,
macht Ambrosius nichts aus.
Schütz uns, edler Löwe,
und Tiburtius vor Hinterlist!
Valerianus, banne schlimme Not!
Sankt Gregorius, Markus bewahrt vor Jähheit
huldvoll beständig!
Philippus, – Mai kreuzt[321] Florianus.
Godehard, Johannes weilen bei uns,
Corbianus, Pankratius und Sophia.
Peregrinus brachte Pudentia und Basilla,
ein grünes Kränzchen, von Urban gewollt.
Johannes und Cyrillus, gehen nach Petronell.[322]

---

316 Vgl. allg. Kl. 28.

317 *vil* = Ildefons

318 J. Chrysostomus?

319 = Maria Lichtmeß

320 = Blasius

321 *creuzt* („bekreuzigt"?) für die Auffindung des Hl. Kreuzes am 3. Mai?

322 = (Ortsname mit indir. Verweis auf) Petronilla

Juni – schnell kauft da Erasmus.
Senat und Primus, setzt die Pflanzen richtig,
das macht Vitus fröhlich!
Gelobt seien die drei Heiligen ohne Pein,
Achatius, großer Johannes, kleines Hänselein![323]
Helft, Leo, Peter, behänd dem Paulus!
Maria schenkte Ulrich und Julius Fische,
Kilian pflückte sechs Kirschen,
Margarita und Heinrich teilten mit Alexius.
Arnulf lud Praxedis ein,
Magdalena die Jungfrau Christina.
Jakobus, Anna kündigen Pantaleon an.
Entflieht dem heißen August, Petrus und Stephan!
Stephanus, König Oswald, Sixtus und Afra
beizten mit Laurentius.
Hippolytus, Eusebius und die zierliche Maria
tranken einen ‚Bernhard'.
Es sagte Timotheus zu Bartholomäus:
„Wie ein Mönch predigt Augustinus!"
Im September schenkt Ägidius guten Most.
Gib der Maria zu kosten, Magnus!
Der liebevolle Kreuzesdienst.
Euphemia, Lambertus, beschützt uns sorgsam!
Matthäus, Mauritius, geleitet meine Seele!
Vigilius, Kosmas, Wenzeslaus, Michael,
Hieronymus – Oktober. Spring doch, Franziskus,
beim Tanz mit deiner Kutte!
Da hing Coloman in Österreich.
Gallus sagte, Lukas schreibe trefflich.
Ursula fand in Köln Crispinianus,
Simon hat Toulouse gut gekannt.
November verkündet Allerheiligen.
Befreie alle Gefesselten aus der Gefangenschaft, Leonhard!
Trink Wein, Martinus, und iss Gänse, Otmar!
Elisabeth kommt erleichtert[324] herbei.
Cäcilia, Clemens brach das Kettchen.[325]
Konrad sprach: „Was fischt Andreas?"

---

323 = Johannes

324 *leicht* ev. „beraubt" oder „vielleicht"?

325 = Katharina

Dezember. Helft uns, Barbara,
Sankt Nicolaus, Maria
und auch hübsche Lucia,
damit wir von den Sünden erlöst werden!
Herr Thomas und der Heilige Christus,
Stephan, Johannes – Kinder. Thomas isst
zu[326] Silvester.

326 Oder (mit ,kannibalischer' Bedeutung) wie bei Oswald ohne „zu"?

Kl. 68

I

Mein Herz verjüngt sich in lautem Jubel,
ist getröstet und befreit durch eine zarte Hand,
die sich mir hingebungsvoll, frei von jedem Makel
sanft zuwandte, alle meine Fesseln
ganz ohne schändlichen Fehltritt aufknüpfte.
Ich preise den Tag, die Stunde, die Dauer und Zeit, Minute und Viertelstunde,
als ich es vernahm und mir bewusst wurde,
wie wahrhaft schnell ich meiner Wehklage
enthoben worden war; da barsten
meine Herzensqualen.

II

Voll Ehre, o[327] einzigartiges G,
stimmst du mich bis auf den Grund[328] der Seele froh;
hernach spenden mir angenehmen Trost ein edles R und ein E
mit einem roten[329] Mund,
allzeit heiter.
Am Ende der Wörter[330] haben zwei T die Treue[331]
zwischen uns beiden für immer besiegelt.
Ruf dir das, teuerster Schatz, jeden Tag frisch in Erinnerung,
wozu auch ich bereit bin
in vollkommener Treue!

III

Vergiss dank deinem damenhaften Anstand,
womit ich dich, Geschöpf, in deiner Sittsamkeit jemals erbost habe!
Mehr als alles auf der Welt liegt mir deine Ehre am Herzen,

---

327 *o* für „Oswald"?! Siehe (zu) V. 16.

328 „Grund" (*grund*) zu beziehen auf das *G* in V. 11?

329 „roten" (*rotten*) zu beziehen auf das *R* (inkl. *E*?) in V. 13?

330 *der wort* Plural, also wohl 2 Namen gemeint, die hier akronymisch miteinander verwoben sind, nämlich außer „GRETT" (=Margarethe, Oswalds von Wolkenstein Frau) wohl auch das lyrische Ich selbst. (Auf diese ‚Doppelung' machen auch BERGER/TOMASEK, Margarethe-Lieder, S. 164 aufmerksam.)

331 „Treue" (*treu*) zu beziehen auf das *T* in V. 16?

und ihr will ich in meinem Dienst den Vorrang geben,
lobenswert ohne Unterlass,
unlösbar bis zum Tod hier auf Erden
und noch hunderttausend Jahre länger.
Durch uns möge sich keine hinterhältige Zunge über Botenlohn
auch nur haaresbreit freuen können;
das lasse, Herzliebste, Gott in Erfüllung gehen!

Kl. 69[332]

I

Ach meine aufrichtige Geliebte,
steh mir bei!
Mein Pferd, mein Ross
und auch mein Herz
streben,
Herrin, nur zu dir.
Wenn ich eile, schlafe,
egal, wo ich bin –
es hält mich fürwahr mein Anker
nicht fest.
Gefangen, doch einst frei
flehe ich dich an.
        Mach's Deutsch, Italienisch,
        französisch erweck es,
        lach auf Ungarisch,
        back Brot auf slowenisch,
        lass es dann flämisch ertösen!
        Die siebte Sprache ist Latein.

II

Holde, schönste Frau,
sieh her, mein Herz,
überall
sei mir nahe!
Ernsthaft
und mit Anstand
bin ich dir ganz zu Diensten,
was immer du wünschst.
Ich begebe mich wirklich nie
auf krumme Pfade.

---

332 Um hier ein verwirrendes ‚Übersetzen des Übersetzten' zu vermeiden, bezieht sich meine Übertragung nur auf den (fremdsprachig durchmischten) ‚Haupttext' (V. 1–42): Aus ihr mögen sich dann für die *Exposicio* (V. 43–83) indirekt jene feinen Unterschiede verstehen lassen, welche entweder (jedoch in sehr geringem Ausmaß) im Zuge der Wiederholung des Haupttexts oder (etwas stärker) durch Oswalds eigene, parallele Wiedergabe der Vorlage zustande gekommen sind; die „Repeticio" erscheint nur im Haupttext.

Gott weiß genau, wie
sehr ich dich liebe.
[Rep.]

III

Was immer du wünschst,
meine schöne Grete,
aus innerstem Antrieb
tue ich das sofort.
Glaub das, liebste
Grete, bei meiner Treue!
Unter deine Befehlsgewalt
bei Tag und Nacht
stelle ich mich,
wo ich auch wandle!
Geliebte, der Deine allein,
in völliger Ergebenheit!
[Rep.]

Kl. 70[333]

I

Herr Wirt, wir sind sehr durstig:
Trag auf den Wein! Trag auf den Wein! Trag auf den Wein!
Auf dass Gott dein Leid zum Guten wende –
Bring her den Wein! Bring her den Wein! Bring her den Wein! –
und dein Wohlergehen fördere –
Schenk jetzt ein! Schenk jetzt ein! Schenk jetzt ein!

II

„Gretel, möchtest du mein Schätzchen sein?
So sag schon, sag's! So sag schon, sag's! So sag schon, sag's!"
„Ja, wenn du mir ein Täschchen kaufst:
Dann bin ich bereit! Dann bin ich bereit! Dann bin ich bereit!
Aber reiß mir nicht das Häutchen ein:
Stich nur, stich's! Stich nur, stich's! Stich nur, stich's!"

III

„Na, Hänsel, willst du mit mir tanzen?
Dann komm doch! Dann komm doch! Dann komm doch!
Wie die Böcke wollen wir umherspringen:
Hans, stolpere nicht! Hans, stolpere nicht! Hans, stolpere nicht!
Und sei vorsichtig bei meinem Schlitz![334]
Schieb schön, schieb! Schieb weiter, schieb! Schieb, Hänsel, schieb!"

IV

So pfeif schon, Heinzchen, Philipp, Schätzelchen:
Hurtig, fröhlich, wild! Hurtig, fröhlich, wild! Hurtig, fröhlich, wild!
Bildet Paare, regt euch, schlagt die Pauken!
Hans und Luzie, Kunz und Kathi, Benz und Klara,

---

333 Jene Passagen, die in diesem musikalisch komplexen Trinklied einem übergeordneten (lyrischen) Ich zu gehören scheinen, bleiben ohne doppelte Anfürhungszeichen; durch solche markiert werden dafür jene, welche einzelnen (männlichen und weiblichen) Rollen zugeordnet werden können.

334 *schranzen* kann zugleich den/die Kleiderschlitz/e meinen sowie das weibliche Geschlechtsteil. (Vgl. das ähnlich ‚schwebende' Sprachspiel in Kl. 48/1.)

springt wie Kälber! Feg umher, Jäckel:
Juchei, hei! Juchei, hei! Juchei, hei!

V

Der Reigen beginnt – das Möstchen soll schäumen:
So reicht schon her! So reicht schon her! So reicht schon her!
Hoppauf, Heinrich, noch ein Gefechtchen:[335]
Beweg dich, Geselle! Beweg dich, Geselle! Beweg dich, Geselle! ...
Metz und Diemut, verspeist den Leckerbissen:
Heran, heran, heran! Heran, heran, heran! Heran, heran, heran!

VI

Sputet euch jetzt, im Dorf wird gegessen:
Trödelt nicht! Trödelt nicht! Trödelt nicht!
Hinten nach, Konrad, lahmer Schlurfer,
du Tölpel, du Tölpel, du Tölpel!
Du glotzt umher wie ein Karpfen:
Eil, Kerl, eil! Eil, Kerl, eil! Eil, eil, eil!

335 *jösstel* zugleich – sexuell konnotiertes – Wortspiel mit dem Namen Giustiniani? (Vgl. die Anm. zu Kl. 21/42 und KOSSAK/STOCKHORST, Sexuelles, S. 14.)

Kl. 71

Ia[336]

„Aus herzlicher Zuneigung
wünsche ich dir
ein besonders gutes
Neues Jahr
und das, was auf der Welt
dein Herz begehrt!
So soll es sein, mein Schatz,
das ist wahrlich recht.
Denk an mich,
mein Gefährte!“

Ib

„Dein Singen und Vergnügtsein
gefallen mir,
das stimmt gewiss;[337]
meine Treue sei dein Lohn:
Dieser Wunsch, Liebste,
erfülle sich bei uns!
Ich danke für die Worte[338]
und bin dein Diener.
Freut dich das immer neu,
dann soll es wahrlich so sein!“

IIa

„Mich ergötzt, liebste Frau,
dein roter Mund.
Nur dein bin ich
voll Beständigkeit.
Deine sittsame Ehrbarkeit
weckt tief in mir Liebe.

336 Die Str. Ia, IIb, IIIa gehören der Frau, Ib, IIa, IIIb dem Mann. Innerhalb der Strophen korrespondieren einzelne Strophenabschnitte miteinander, was zu einem thematischen ‚Stakkato' führt.

337 *das nim ich zwar* als Beteuerungsformel verstanden.

338 Oder: „Bedankt sei das Wort ‚Ich bin dein Diener!' / Doch erst, wenn dich dies erfreut, sei es wirklich gesagt“?

Das stimmt mich
ganz aufrichtig froh.
Ich höre so etwas gern,
schöne, liebste Grete."

IIb

„Deine Männlichkeit
hat mich entflammt.
Ich empfinde gleich,
gehöre dir!
Dein Tugendstrom
zieht mich heftig an.
Es ist genauso,
wie ich es dir sage.
Was du dir wünschst,
Os,[339] geschieht!"

IIIa

„Vergiss mich nicht, Schatz,
dank deinem Edelmut!
Wer ist meine Rettung,
wer erbaut mich?
Was für wahrlich
reiche Freuden für mich:
Du erlöst mich von Schmerzen,
du erlöst mich von Qualen,
du erlöst mich von Leid
und meinem Kummer!"

IIIb

„Dein einprägsames Bild
ist in meinem Herzen erblüht.
So makellos
geschieht dies nur bei mir, Herrin.
Ganz unbeirrt
werde ich dich laut preisen.

---

339 = „Oswald"

Das gelte auch für dich,
Liebste, dann ist es recht.
Schöne, anmutige Herrin,
darum bemühe ich mich.“

Kl. 72

I

>Die Liebe ist nichts für den,
der nichts besitzt<;
wohin er nämlich geht,
heißt es: „Du Lümmel,
sieh dich vor! Was willst du von mir?
Verschwinde schleunigst!
Hast du nichts, so mach,
dass du gleich weiterkommst!
Dein Liebeswerben
passt schlecht zu dir!“

II

Der Wirt will uns nichts anschreiben,
das ist mein größter Jammer.
Er rückt mir Tag und Nacht
des Geldes wegen zu Leibe. O Welt,
schäm dich! Wie du an mir nagst,
du feister Wirt!
Nun lärmen und keifen
die Hausherrin, Knechte, Mägde und Kinder.
Der Winter
drückt schwer auf meinen Geldbeutel.

III

Trinken wir aus dem Fläschchen
und lassen den Becher stehen,
dann dreht sich uns der Kopf.
Schenk ein, Hänselein,
mach das Fläschchen voll! Das geht herrlich
durch die Gurgel!
Herr Wein, herein mit Euch!
Munter gegossen
und geflossen,
runter bis zum Blasengrund![340]

---

340 D. h. doppelsinnig, bis die Harnblase voll oder der Geldbeutel am Ende ist.

IV

Mit der Jungfer[341] sollte ich mich vereinen,
was die Hausherrin erzürnte;
dennoch galt es, sie ‚anzubohren':
Ich schob und spaltete
diesen ‚Klotz' schließlich entzwei,
ich armer Kerl!
Das Stroh wirbelte empor,
und beim Schütteln
und Rütteln des Stadels verlor sie ihren Schleier.[342]

341 Die Übersetzung dieser (grammatikal. ambivalent deutbaren) Strophe geht von der unten erwogenen Doppeldeutigkeit des Wortes „Schleier" in V. 39 aus und damit von einer erfolgreichen sexuellen Handlung zwischen dem Erzähler und der „Jungfrau". Sieht man den „Schleier" jedoch nicht als Deflorationssymbol, wäre für die V. 31–33 auch folgende Übersetzungsvariante denkbar, bei der die (ja kaum als jungfräulich zu denkende) „Hausherrin" ihre junge Rivalin verdrängt hätte und an ihrer Stelle zum Zug gekommen wäre; den Erzählerausruf „ich armer Kerl" (V. 36) hätten wir dann nicht mehr ironisch zu verstehen: „Mit der Jungfer sollte ich mich vereinen; / das erzürnte die Hausherrin, / denn sie wollte ‚angebohrt' werden: / [...]".

342 Meint Kleidung und Jungfräulichkeit.

Kl. 73

I

„Ach mein herzliebster Nickl,
vergiss mich auch ganz sicher nicht!“
Ja, heiaho!
„Aber nein, mein zärtliches Elschen;
deine Liebe ist mir jederzeit bewusst.“
So soll es sein!
„Mein Herz vergeht, weil du dich von mir trennst.“
„Still doch, schönes Mädchen, ich kehre bald zurück!“
„Ach Nickl, Nickl, liebstes schönes Kläuschen,
umarm mich, küss mich, borg mir das Mäuslein!“[343]

II

„Versprich mir schnell, meine schöne Else,
dass du dir keinen anderen nehmen wirst!“
Ja, heiaho!
„Eher würde ich mich einen Felsen hinabstürzen,
als mit einem anderen Mann schlafen!“
So soll es sein!
„Meine aufrichtige Zuneigung zu dir soll niemals nachlassen!“
„Mein tüchtiger Nickl, du bist Teil meiner Gedanken.“

III

„Gott segne dich, mein teuerster Schatz!
Keine Trennung schmerzte mich je so sehr!“
Ja, heiaho!
„Du lässt mich hier, und verweilst woanders –
wann können wir da wieder zueinander finden?“
So soll es sein!
„Nach einer kurzen Weile werde ich zurückkehren.“
„Mein zärtlicher Nickl, gönn mir das bald!“

---

343 *meussli* auch ein Penissymbol (ähnlich wie die sonst häufig genannte, ‚funktionsgleiche‘ „Ratte“, als Demin. *retzli* in Kl. 75/39). – „Repeticio“-Hinweis in V. 9.

Kl. 74

I

Nur ruhig, mein Freund,[344] es stimmt schon so –
jetzt gib mir gleich das Botenbrot für eine Nachricht über das Fräulein:
Ja, heiaho!
Sie wurde meine Gebieterin und ich ihr Diener!
Ich brauche mich nun vor nichts zu fürchten.
So soll es sein!
Ich liebe die Schöne, mit der ich verbunden bin;
das hat mich froh gemacht, mir endlich auch Glückseligkeit beschert.
O keusches Püppchen, liebste hübsche Puppe,
du gefällst mir bis zum letzten Rockzipfel!

II

Ich stehe ihr stets zu Diensten
und hoffe, dass mich die Liebste nicht zurückstoßen werde –
ja, heiaho! –
mit ihren lieblichen Hörnchen;
ich würde ihr am liebsten einen schutzlosen Zaunkönig[345] –
so soll es sein! –
ohne böse Absicht als meinen rechtmäßigen Gebieter anvertrauen,
dessen Untergebener ich liebend gerne wäre.
[Rep.]

III

Mich beglückt immer noch jene schöne Stunde,
als sie mich zum Diener wählte –
ja, heiaho! –
und ich hoffe, dass mich ihr rosenfarbener Mund
von meinem Kummer befreien werde.
So soll es sein!

---

344 Der *gesell* scheint – in einem Spiel mit dem Publikum? – als (fiktiv) angesprochener ‚beunruhigter' Nachrichtenempfänger zu fungieren.

345 *kinglin bloss* sexuell konnotiert (vgl. z. B. das „Mäuslein" in Kl. 73/10) und in V. 17f. ‚in actu' imaginiert?!

Herz, Seele und Verstand frohlocken über sie unermüdlich,
wie weit ich auch entfernt sein mag von ihr, juchei, der Strahlenden!
[Rep.]

Kl. 75

I

Also los, auf denn!
Kinder, Frauen, Männer,
seid gut gelaunt,
lebhaft, heiter, behänd!
Ja, tanzen, hüpfen,
die Harfe zupfen, singen
angesichts des lieblichen
Maiengartens mit seinem Grün!
Die Nachtigall
und der Schall der Drossel
tönen durch Berg und Au.
Zu zweien vereint
liebevoll plaudern,
versteckt lauschen,
das spendet noch mehr Freude
als die kräftige Sonne.
Den derben Anblick
des Auftretens
unförmiger Frauen wollen wir
uns sparen!
Der schönen Mündlein
Schwatzen
macht uns mannigfach hochgemut.

II

Belaub dich, Sträuchlein,
sprieß, Kräutlein!
Auf ins Bädlein,
Ösli, Gretli!
Das Erblühen der Blumen
macht Schluss mit unserer Mattigkeit.
Errichte einen Schutz
aus Blättern, Metzli;
bring den Bottich,
lass uns schäkern!

„Wasch mir, Mädlein,
das Scheitelchen!“[346]
„Reib mich, Knäblein,
ums Näbelchen!
Wenn du mir hilfst,
schnappe ich mir vielleicht das Rätzlein!“[347]

III

Juchheißa,
du prächtiger Mai,
schieb Pfifferlinge heraus,
bring Morcheln hervor!
Menschen, Laub, Gras,
Wolf, Fuchs, den Hasen
hast du erfreut
und die Welt grün überzogen.
Was der Winter
ganz fest hinter
die Mauer
geduckten Harrens
gezwängt
und arg benachteiligt hat,
das wird befreit
und dank dir, Mai, mit Fröhlichkeit entschädigt.

---

346 Bei *schaidli* weniger an einen „Haarscheitel“ denn an ein „Holzscheit“ (= Penis-Metapher) denkt WACHINGER, Lieder 2007, S. 355.

347 = „Penis“; vgl. (die Anm. zu) Kl. 73/10.

Kl. 76

I

Eine Grassammlerin[348] – im kühlen Tau
mit weißen, nackten, zarten Füßchen –
hat mich in der grünen Au beglückt;
das geschah durch ihre haarig braune Sichel,[349]
als ich ihr dabei half, das Gatter hinzuschieben,
es gegen die Zaunlatten zu drücken,
den Holzzapfen zu führen und hineinzudrücken,
ganz fest, damit das Mädchen
in Hinkunft nicht mehr bangen müsste, seine Gänschen zu verlieren.

II

Als ich die Schöne beim Zaunmachen näherkommen sah,
wurde mir selbst eine kurze Zeitspanne zu lang,
bis ich ihr das Problem
zwischen zwei Zaunlatten lösen konnte.
Mein kleines Äxtchen hatte ich ihr zuvor
dienstfertig aufpoliert,
scharf und nass gemacht; so gut es ging,
half ich ihr, das Gras aufzuhäufen.
„Zuck nicht, mein Schatz!“ „Aber nein, lieber Hänsel!“

III

Nachdem ich den Klee abgemäht
und alle ihre Zaunlücken sicher verschlossen hatte,
begehrte sie darüber hinaus, ich möge
noch einmal im unteren Garten jäten.
Zur Belohnung wollte sie mir aus Rosen
ein Kränzchen flechten und binden.

---

348 Zur *graserin* vgl. die (Anmerkung zur) *jetterin* in Kl. 83/1.

349 Die *sichel brawn gehart* („braune, [durch geschnittene Grashalme] behaarte Sichel“ = „sichelförmige Schambehaarung“) eröffnet hier als erste ‚Sexual-Chiffre‘ – die am Liedanfang wie ein bewusst schwach verhülltes Dechiffriersignal aufzutreten scheint und daher auch in der Übersetzung minder ‚verdeckt‘ sein will (siehe auch Kl. 83/10) – die gesamte amouröse Handlung in Form zahlreicher Begriffe und Handlungen aus dem ländlichen Umfeld (vgl. „Gatter“, „Zaunlatten“, „drücken“ etc.). Diese Doppeldeutigkeit kommt bei Oswald in weiterer Folge auf beiden Verstehensebenen stimmig zum Tragen und wird entsprechend ‚offen für beides‘ übersetzt.

„Durchkämm mir den Flachs, richt ihn auf!
Umheg ihn, wenn du willst, dass er wachse!“
„Herzallerliebste Gans, wie gut steht dir dein Schnäbelchen!“[350]

---

350 Übersetzung der Umdichtung von Kl. 76 in der Hs. F:

I: Eine Grassammlerin, die in der Gastein badete [*kasteinn*: laut BOBERTAG, Narrenbuch, S.259 (Anm.) die „Gasteiner Ache“], / weckte in mir die Lust, erfreute mich bei ihrer Reinigung [*mit irem gerein*]: / Als ich durch ihr Gewand hindurch / etwas Braunes [wohl die Schamhaare] erblickte, konnten mich weder Hecke noch Zaungeflecht aufhalten; / ich berührte sie und drückte sie an mich. / Das anmutige Niederbücken und Kitzeln im Bad /schadete keinem auf der Welt / und erfreute uns beide an Leib und Seele.

II: Als sie so anmutig mit mir rang, / sagte ich: „Wäret ihr in der Nacht mein, /wer weiß, was da so passieren würde, /wobei ich euch aber sicher kein Auge ausstäche. / Ich würde euch etwas tun, über das ihr nicht gram sein dürftet [*rimpfen*: „die Nase rümpfen“] / beim Scherzen, dem freundlichen Treiben in einem Hin und Her. / Zu so etwas stiftet eine junge hübsche Frau an. / Zuck nicht zurück, meine Liebste, ich möchte mit dir doch nur spielen!“

III: Da teilte die Liebliche, Feine meine Wünsche, / und es gewährte mir die Zarte, Anmutige / ein Zusammenrücken wie die Täubchen, / wobei sich die Liebe liebevoll steigerte, / indem sie ganz hinreißend mit meinem ‚Püppchen‘ [für „Penis“ aus *tocken* = „Mütze“?] schäkerte: / Ihr Locken, Schaukeln [*socken* = mhd. *schocken*?!] stimmte uns fröhlich. / Beide hatten wir Glück und Freude empfunden, / als unser Scherzen ganz ohne Leid zu Ende ging.

Kl. 77

I

„Nun denn, Gretchen, Grete, mein Gretelein,
meine zärtliche Geliebte, Herzallerschönste,
deine sittsame Ehrbarkeit möge durch[351] mich makellos bleiben!"
„Halt daran so gut wie möglich fest,[352] Öslein,
ich will durch deine Unterweisung Beständigkeit
für immer lernen."
„Diese Worte aus deinem rosenfarbenen Mund
werde ich mir merken
und tief in mein Herz eingravieren."
„Mein Schatz, genau das wünsche ich mir,
denn ich werde nie wanken."
„Denk an mich, liebstes Öslein;
dein Gretchen wird dich glücklich machen!"

II

„Du kannst mich mit nichts mehr erfreuen,
als wenn ich in deinen Armen liege,
verborgen wie ein Klausner."
„Dank deiner Obhut[353] bin ich nie nachlässig gewesen;
ohne lang zu zaudern, gebe ich dir Wärme –
das fällt mir ganz leicht."
„Sei bedankt, du meine liebste Angetraute,
daran werde ich stets denken,
denn du bist wahrlich die, die ich liebe."
„Ganz sicher brauchst du von mir kein Unheil
zu befürchten, Herzliebster."
„Dafür seiest du, meine Holde,[354] bedankt!"
„Lieber, teuerster Mann, ich fühle mich so wohl,
wenn ich deine Brust umfangen darf!"

---

351 *an mir* „für mich"? Doch dazu würde aber die Aufmunterung im nächsten Vers schlecht passen.

352 Zur offenbar routineformelhaften Wendung *halt wie es get* vgl. Kl. 97/30.

353 *In deiner phlicht* eine (nicht nur von Oswald) häufig gebrauchte ‚Obsorgeformel' (vgl. z. B. Konrads v. Würzburg „Pantaleon" V. 560: *swaz du habest in diner phlicht*).

354 *die zarte* als direkte Anredeformel aufgefasst und übersetzt.

III

„Besser als jede Wonne labt mich dein Herz
und auch dein wunderschöner Körper,
wenn er sich liebevoll an mich schmiegt.“
„Gefährte, ich jauchze über das Vergnügen,
und es frohlockt deine Einzige,
wenn deine Hand mir ein Brüstlein drückt.“
„O Frau, es bedeutet für mich Zuckerspeise
und durchdringt süß alle meine Glieder,
dass du dich mir stets gewogen zeigst.“
„Vertrau ganz fest auf mich,
Öslein, für immer und ewig!“
„Lass es nie anders sein, Gretchen!“
„Zwischen mir und dir möge
unserem Glück zuliebe so rasch keine Veränderung eintreten!“

Kl. 78

I

Mich erbaut eine vornehme Jungfrau,
die wahrhaftig strahlend rein ist, ohne Makel.
Ihre keusche Ehrbarkeit ist stark genug,
um jeden ungehörigen Übermut
durch segensreiche Würde zurückzudrängen und zu verscheuchen.
In meinem Herzen gebührt das Lob ewig ihr
vor allen anderen, die ich jemals erblickte;
ihr Auftreten, ihr Wesen wirken so großmütig,
dass sie den Kummer fortnimmt,
süß, ohne Schmerzensqual.

II

Freu dich darüber, du irdisches Geschöpf,
dass dein Tun und Lassen eine rechte Angemessenheit auszeichnet
und du als menschliches Wesen
ein keusches Gewand – so preisenswert fein in seiner Beschaffenheit –
frei von Sünde besitzt!
Breit, eng, kurz und lang von oben bis unten: So zeigt sich ihr Körper
untadelig wonnevoll geformt,
und das Ineinander
von Hell und Weiß mit Rot durchflossen
krönt dich vor allen anderen Jungfrauen.

III

Jungfrau, im Namen deiner herrlichen Ehre:
Sollte ich dessen wirklich vor Gott würdig sein,
so ersehnte ich mir doch weiter nichts,
als dass ich ganz allein dir gehören dürfte, wollte,
gleich einem Slävchen!
Daraufhin würde ich jubeln, ausgelassen tönen und laut singen
über meine Herrin, der ich dann gehörte
und die mir freudvoll Herz, Geist, Körper und Seele
so gut ganz ohne Schmerzen
durch Worte, Taten und Gebaren zu heilen vermag.

Kl. 79

I

„Frohgemut möchte ich abermals
die edle, liebliche Herrin besingen."
„Heinz, Heinrich, ich werde erst dann glücklich sein,
wenn du an deiner Zuwendung festhältst."
„Ach Herrin, habt Ihr das nicht als Scherz gemeint?"
„Aber nein, Heinrich, bei Gott nicht!"
„>Heute Schmerz, Freude einst<:[355] Könnte ich Euer Wohlwollen erringen,
den Tod würde ich dafür in Kauf nehmen!"
„Selbst wenn dir das so sehr zusetzt, wirst du nicht sterben
oder riesigen Kummer erleiden müssen."

II

„Euer Körper schenkt mir Freude, ebenso die goldenen Spangen
vorne bei den zarten Ärmchen."[356]
„Ich bin ja – umschlossen mit einem Gürtel –
eine Frau von adeliger Herkunft."
„Ihr gleicht[357] ganz einer Falkenkehle."
„Aber ich kann gar nicht schnell fliegen!"
„Selbst wenn ich dann nicht mehr ackern könnte, würde ich zwei Ochsen darum geben,
wenigstens einen Kuss zu erhalten."

---

355 In Ergänzung von HOFMEISTER, Mirkotexte, scheint auch in *we heut, wol e* eine (elliptische) ‚Minimalparömie' vorzuliegen, weil *we heut* nicht direkt und wörtlich zur erfreulichen Treuebekundung des vorangegangenen Verses passt, sehr wohl aber als Teil eines sprichwortartigen Kommentars, der die alte ‚auf Freude folgt Leid'-Erfahrung erinnert und darin (wie schon in V. 5) die Sorge des Verehrers vor einem Gesinnungswandel seiner Dame ausdrückt.

356 *ermeln* Demin. von *arm*.

357 *seht* – in *Ir seht recht als ein valken kel* – sonst nicht als „aussehen" belegbar, und „Falkenkehle" ist hier wohl pars pro toto für die gesamte Erscheinung. Noch befremdlicher wäre eine Übertragung mit „Ihr achtet auf alles wie eine Falkenkehle"?? – Bei jedem Deutungsversuch ist freilich mit Oswalds absichtlicher ‚Sprach(bild)verstellung' zu rechnen, durch welche das bäuerisch unangemessene Werben des Mannes bereits die Grenze der Selbstkonterkarierung erreicht hat bzw. durch genau diese uneigentliche Redeweise überschreitet (s. den übernächsten Vers!).

„Was würde deine Sau dazu sagen, mein Heinzel Ungehobelt,
wenn du diesen Widerstand niederringen könntest?“[358]

III

„Euer blondes Haar und auch die weißen Hände
versetzen mich in Hochgestimmtheit.“
„Du verschaukelst mich in Wirklichkeit; das wette ich um deine
Zähne,
wenn du darauf bestehst.“
„Gleich drei könnte ich mit meinen Zähnen vertilgen!“
„Ach, glaubst du, Heinzel Stampfdenbrei“[359]
„Entweder nimmst du mich für voll,[360] oder ich springe
aus Zorn auf der Stelle ins Wasser!“
„Wie du dann ganz durchnässt wieder vor mich hintrittst,
würde ich mir gerne ansehen!“

---

358 Zum *trutz* vgl. Kl. 63/11.

359 (Imperativisch) sprechender Name *Hainzel Trittenbrei.*

360 Zur Deutung der verballhornten ‚Adelsdiktion‘ *Mich näm unnider* (wörtlich „Siehst du mich tief (stehend)“) als die Erwägung einer Geringschätzung vgl. den gut dazu passenden V. 38. Nicht überzeugend scheint MAROLDs (Kommentar, S. 365) kompliziert und gegen die übereinstimmende Überlieferung rekonstruiertes *wunder* (aus *wunnider*). Semantisch schwer einleuchten will bei SCHATZ, Sprache, S. 105 der Vorschlag „Tiefe“ für das Lemma *unnider.*

IV

„Ihr edles Fräulein, weshalb müsst Ihr mich verspotten?
Da könnte ich gleich richtig wild werden!“[361]
„Ich will dir gerne einen ordentlichen Quark
von meiner roten Geiß zukommen lassen.“
„Ach, ich habe selbst genug Topfen!“
„Sei bedankt, mein Heinzel Lenkdenpflug!“[362]
„Ich werde mich darüber bei meiner lieben Mutter beklagen,
dass Ihr mich geringschätzig behandelt habt!“
„Geh schon, schmier den Wagen und drisch Futter für die Pferde
wie die anderen deines Standes!“

361 Vom Gesprächsablauf auch denkbar wäre die Redezuweisung der V. 31–34 an den Mann (wobei dann *zwar* mit „trotzdem“ st. mit „gerne“ zu übersetzen wäre) und V. 35f. an die Frau; vgl. auch MAROLD, Kommentar, S. 365.

362 (Imperativisch) sprechender Name *Hainzel Richtdenpflüg.*

Kl. 80

I

Eine keusche Frau, jugendlich schön,
fein gedrechselt ohne den Schatten eines Makels:
Ihr Auftreten, ihre Erscheinung stimmen mich so frohgemut,
dass mich jede ihrer Bitten freuen würde.
Keine Mühe wäre mir zu groß.
Ich würde sprechen: „Herzliebste, alles, was du willst,
werde ich immerfort vollbringen,
sofern dir das nicht missfällt.“

II

Mich machen ihr roter Mund
und auch ihr heiteres,
stets so frohes Gesicht wahrhaft allzeit glücklich;
ihre Gesinnung zeigt sich –
beflissen untadelig in Worten und im Benehmen –
ganz unverderbt und arglos.
Ihr holder Leib, die schweren Tugendfrüchte:
Das schlägt mich in Liebesbande.

III

In unentwegter Begierde hält sie mein Herz
Tag und Nacht fest im Griff.
Dieses ‚Spiel‘ sei dir, Herrin, geklagt –
deine Tröstung könnte mir gewiss helfen.
Stets bin ich dir zu Diensten,
einerlei, ob dich das kümmert oder nicht.[363]
Erhör mich, stolzes hübsches Fräulein,
nimm dir meine Not zu Herzen!

---

363 *es sei dir* [...] *lieb oder laid* phraseologisch (als Zwillingsformel) aufgefasst. Gegen eine zu wörtliche Deutung (z. B. als „einerlei, ob dich das freut oder kränkt“) spricht auch V. 8, der ein unerwünschtes, ‚kränkendes‘ Zuwiderhandeln dezidiert ausschließt.

Kl. 81

I

„>Schweig, lieber Freund, betrachte alles lachend als einen Scherz!<[364]
>Nimm dir kein Fluchwort zu Herzen!<
>Tritt nicht für jede krumme Sache ein!<
>Zieh dich von dort zurück, wo du fehl am Platz bist!<“,[365]
so hat es uns Heinz Mosmair mit großem Nachdruck[366] schriftlich übermittelt.
Wer seinem Richter[367] schon im Voraus etwas gibt[368]
und auch den Pfarrer nicht geringachtet,
der schiene mir gewiss kein Narr zu sein,
falls er beides vorteilhaft umzusetzen weiß,
sondern müsste in der Tat ein gescheiter Laie genannt werden.
>Wer Nesseln hegt und Lilien tilgt,
der lässt das Gärtchen ganz verwildern.<
Ferner: >Wer seine Tauben gesellt
zu Raben und Geiern, die nicht lang fackeln,
der wird niemals Gewinn erzielen.<

II

Diese Worte habe ich ohne böse Hintergedanken weitergegeben –
singen wir jetzt von den edelgesinnten Fräulein,
von denen ich nie ein rechtschaffenes getadelt habe,
außer es erwies sich in punkto Ansehen
auf gröbste Weise als nachlässig.
>Wer heimlich sündigt, dem wird seine Buße
ganz unbemerkt[369] auferlegt<:

---

364 Wohl eine Vorform der modernen Maxime „Mach gute Miene zum bösen Spiel“. Zugleich Beginn einer ‚Klitterung‘ sentenziöser, in Str. I *Hans Mosmair* (V. 5) zugeschriebener Ratschläge bzw. Maximen, von denen in der Übersetzung nur jene als >Mikrotexte< gekennzeichnet sind, die im Text als/wie selbstständige, möglicherweise schon verbreitete Kollektivzitate auftreten.

365 Oder: „meide das, bei dem du dich nicht durchsetzen kannst“?

366 Zu (phraseologisch?!) *mit geschrai* vgl. (die Anm. zu) Kl. 21/3; siehe auch Kl. 104/19.

367 Dem ‚höchsten‘ Richter (also Gott)?!

368 Z. B. durch Werke der Barmherzigkeit.

369 Die Wendung *in ainer stille* betont hier wohl das nicht Ausbleiben von Strafe s o g a r bei heimlichem Sündigen und wird daher kaum als etwas Positives (im Sinn von „b l o ß eine unbemerkte Strafe“) aufzufassen sein.

Bedenkt das, liebes reizendes Fräulein,
lasst Euren guten Ruf nicht ins Gerede kommen,
macht kein Aufhebens um Eure Liebschaft!
[Rep.]

III

Da ich nun einmal die ‚Nachtigall' heiße
und die Fräulein wirklich eifrig rühme,
preise ich mit hellem Klang ganz besonders
eine lieblich schöne Frau, die durch ihre Ehrsamkeit besser beschützt wird
als durch die Kraft von starken Löwen.
Auch bin ich Gott von Herzen zugetan,
weil er eine so schöne Frau, ganz ohne Makel,
herrlich erschaffen hat, deren Ruhm alles Gold
überstrahlt und die Tugendhaftigkeit sowie Ansehen
ganz augenscheinlich harmonisch[370] verkörpert!
[Rep.][371]

370 *an offenbars verstreuen* wörtlich „offensichtlich unverstreut", also (abstrakt verstanden) „widerspruchsfrei" = „harmonisch". Oder ist hier „ohne viel öffentliches Gerede" gemeint? Damit würde sich aber das (hinter dem *weib* etablierte) Bild der Gottesmutter nur bedingt übereinstimmen lassen, da diesem sehr wohl und prinzipiell öffentliche Aufmerksamkeit zustehen würde.

371 Der erwartbare Repeticio-Hinweis fehlt in der Hs. B, findet sich aber in A u. c.

Kl. 82

I

„Gott schenke Euch einen angenehmen Morgen,
hochedle Kaiserin!
Ich bin mir ganz sicher,
dass Ihr ein überaus hübsches Fräulein seid,
welches man weithin kennt.“
„Darum muss ich mich so wenig sorgen
wie um die freudvolle Liebe
zu einem hübschen edlen Jüngling,
der unterhalb von Kra
zu Kastelruth ansässig ist.“
„Schaut, schaut, da danke ich recht schön![372]
So möge es Euch zu Diensten sein,
dieses gar so aufmerksame Bürschchen,
und schnellstens zusehen,
dass Ihr ihm nicht entwischt.“
„Kein Weg könnte mir so lang werden –
und sollte er nach Wien führen –,
dass ich den trefflich feinen Jüngling
nicht aus der Kummerschlinge befreien wollte,
um ihn zu erretten.
Hurtig, wild, froh, munter,
ju-jauchz-johlend,
lebhaft, toll, närrisch, übermütig,
eilig, narrhaft, närrisch,
kühn, pum-, pumpernd,
schallend, überdreht, polternd, ungehemmt –
so ist mein Herz, ganz frei von Leid,
wenn ich die Gestalt[373] meines Allerliebsten erblicke.“

II

„Oho, aha, Ihr herzliebstes Goldstück,
Ihr wisst wahrlich so gut zu sprechen,
dass mich das recht erschreckt

372 *des habet immer dank* phraseologische Dankformel.

373 *gleichen* ev. ‚nur‘ bedeutungsschwaches Reimwort, wie MAROLD, Kommentar, S. 369 annimmt?

mit wahrer Freude, bei meiner Treue:
Das macht Euer gescheiter Wortschwall."
„Ach, lieber Bauer, hättest du mich lieb,
so würde dich meine Art zu reden[374] gewiss gar nicht fürchten,
weil sich kein einziger unreiner Tropfen
in meinem Herzen
wegen irgendeiner Erschütterung bildet."[375]
„Kruzifix Sakrament![376]
(So rutscht's einem unversehens raus.)[377]
Ich hätte da noch ein strammes Rind:
Das würde ich Euch geben, wenn ich Euch recht wäre
und Ihr das Bürschchen ziehen ließet."
„Herr Bauer, das würde mein Gelöbnis verletzen.
Ich habe es so gefügt,
dass mich mein Schatz erfreut, mein Junge,
mein Liebling, mein Bürschchen, lockig wallend,
wenn es sich das Haar kämmt."
[Rep.][378]

III

„Jetzt komme aber heut' Nacht der Hochheilige Geist über uns,
Sankt Hedwig und Sankt Jennewein!
Wie arg Ihr doch
in diesen niederträchtigen Kerl verschossen seid!
Würde ich den bloß kennen!"
„Er ist der am innigsten und festesten
in meinem Herzen Verschlossene,
unbestritten gehöre ich ihm;
dürfte ich ihm doch, wie ich nur kann,
mit meinem roten Mund dienen!"
„Schau, schau, so sieh dich vor, großartiger Held!
Was soll ich davon halten,
dass Ihr so gering achtet,

374 *brechten* wohl ‚ländlich' gefärbt und darin für die (vorangegangene, aber mehr noch die unmittelbar folgende) überspannt-komische Diktion der weiblichen Figur selbstentlarvend.

375 D. h. „durch die heftige Liebe".

376 Annähernd äquivalenter Begriff für den – zwischen Verwunderung und Ärger liegenden – Ausruf *Sich numerdum und numine* (offenbar verballhornt aus kirchenlat. *in nomine domine*).

377 Wohl als Entschuldigung für das ‚Verbal-Sakrileg' in V. 39 zu verstehen.

378 Repeticio-Hinweis nur in Hs. c.

was ich Euch vorhin
mit vernünftigen Worten redlich dargelegt habe?"
„Lauf, hack Holz, tu etwas gegen die Kälte
und heiz mit Reisigbündeln ein!
Drisch auch Korn bei Tag und Nacht!
Verschon mich mit deinem Geschwafel![379]
Rode, mähe, geh aufs Feld!"
[Rep.]

379 Für *gesneude* in der sinngemäßen Bedeutung eines „aufgeblasen imponiersüchtigen Geredes".

Kl. 83

I

Eine Jäterin,[380] jung, munter, lebhaft, behänd,
auf steilem Hang in wilder Höhe,
erweckt in mir Freude und stimmt mich froh
so um die Zeit, wenn sich der Niederwald
mit grünen Blättern bedeckt.
[...][381]
so lauere ich ihr auf gleich einem Fuchs,
lautlos im Gehölz verborgen,
spähe zwischen den Stauden hindurch – schmieg dich, Luchs! –,
bis ich mich zu ihr ans Braune[382] gepirscht habe;
kriechen auf allen Vieren,
ohne irgendetwas aufzuscheuchen!
Ihr durch und durch vornehmer roter Mund
ist so süß, als wäre er aus Zucker;
kleine Füßchen, ihre Beine weiß,
die Brüstlein fest – Worte und Gehaben
weichen davon köstlich älplerisch ab.

II

Ich rücke der Amsel zu Leibe
und so mancher prächtigen Drossel,
ganz oben in Lenebach,
und zwar mit einem Kloben, der sie zu Fall bringt,
wenn ich am Schnürchen zupfe
in einer Hütte, die sorgsam gedeckt ist
mit belaubten, saftig grünen Ästen.
Gern kommt sie, die mich
voll Freude zutraulich keck ermuntert,

---

380 Anders als der *graserin* („Futtersammlerin") in Kl. 76 scheint der *jetterin* („Jäterin") nicht auch die Tierhaltung zu obliegen, wie u. a. aus den unterschiedlichen – aber wieder als mehrdeutige Bildspendebereiche dienenden – Tätigkeitsbeschreibungen erschlossen werden kann.

381 Die Hs. B überliefert hier – aber problematisch, da völlig identisch auch am Strophenende – *an als verscheuchen* („Ohne irgendetwas aufzuscheuchen"); die Hs. A hat (nach einem *clausula*-Hinweis) als ähnlichen Text *Gar sunder scheuchn.*

382 Zur sexuell konnotierten *preun* vgl. die Anm. zu Kl. 76/4.

durch die Öffnung zu mir geschlüpft,
niedlich geduckt.
[Rep.]

III

Wenn ich das Vogelfangen betreibe
und dafür alles Nötige eingerichtet habe,
hört man fürwahr schon nach kurzer Zeit, wie sich anmutige Locklaute
mit heftigem Schnaufen vermischen.
Die Schöne mag darüber lachen,
wie sie mich meiner gesamten Kunst beraubt,
die ich für den Vogelfang erlernt habe.
Ich werde von ihrem Kloben übertrumpft:
Zu oft verlangt ihn nach dem Gimpel.
Das lässt die Hütte
bei diesem Treiben ächzen.
[Rep.]

Kl. 84

I

Auf denn, wir wollen schlafen gehen!
Hausknecht, zünd gleich ein Lichtchen an –
es ist jetzt an der Zeit –,
damit wir nicht dumm zuschauen
(der letzte riskiert gänzlichen Ehrverlust!),
wie sich Laien, Mönche oder Pfarrer
zu unseren Frauen stehlen;
das gäbe einen wilden Kampf!

II

Heb hoch und lass uns trinken,
auf dass wir uns nicht gleich
von diesem edlen Wein trennen!
Auch wenn er uns die Schenkel schwächt,
so komme[383] er doch herein.[384]
Herr Becher, folgt dem Wink!
Falls wir auf dem Weg ins Bett torkeln,
ist das ein geringes Übel.

III

Gehen wir jetzt vorsichtig zur Tür!
Aufgepasst, dass wir nicht schwanken
durch ungleichmäßigen Schritt!
Was kostet das Maß vom Tropfen?
Herr Wirt, macht mit!
Wir werden gewiss nicht böse sein,
wenn Ihr dann erbrecht
nach polnischem Brauch.

---

383 *müsst* („müsste"?) sinngemäß wohl eher als Optativ Realis zu verstehen, zumal den u. a. die Hs. A (*müß*) bestätigt.

384 „herein" = „in uns".

IV

Tragt den Fürsten[385] behutsam weiter,
damit er uns nicht hinab
auf Gottes Erdboden geworfen werde!
Seinen Ruhm werde ich ewig verkünden;
er schenkt uns viel Freude.
Einer soll den andern leiten!
Wirt, rutsch nicht auf dem Eis aus,
denn hier ist es uneben!

V

Wir drehen uns hin zur Schlafstatt.
So fragt das Hausmädchen,
ob das Bett schon gerichtet ist:
Das Kraut hat sie versalzen,
ebenso den feinen Brei –
was hilft da noch die Aufregung –,
auch zu wenig Schmalz war dabei:
Das ergab drei Missgeschicke.

385 *fürsten* spielt hier wohl auf den ‚hofierten' Weinbecher (vgl. *her kopf* in V. 14) an, könnte aber – zugleich – einer Person ‚fürstlichen Geblüts' aus der Trinkrunde gelten.

Kl. 85

I

„Packt zu!“ rief Michael von Wolkenstein.
„Hetzen wir los!“ rief Oswald von Wolkenstein.
„Hier, schnell!“ rief Herr Leonhard von Wolkenstein.
„Alle, wie sie sind, müssen von Greifenstein vertrieben werden!“

II

Da stieg ein Staubwirbel aus der Glut empor
bis ganz hinunter in die Felsen, dass alles blutrot war.
Panzer und Armbrust und auch die Eisenhelme
ließen sie uns zurück – das freute uns mächtig!

III

Die Gerätschaften, Holzhäuser und ihre übrigen Unterstände[386]
wurden auf dem oberen Feld zu Asche.
Man sagt: >Wer hinterhältig verleiht, der macht ein schlechtes Geschäft<.
In diesem Sinn bezahlen wir jetzt, Herzog Friedrich!

IV

Dem Scharmützeln und Scharmetzeln gebot niemand Einhalt.[387]
Es geschah vor dem Rafenstein im Ried,
dass so manchem eine handspannenlange ‚Niete‘ eingedrückt wurde.
die aus einem gezielten Armbrustschuss als Pfeil dahergeflogen kam.

V

Die gesamte Gemeinschaft der Bauern von Sankt Georgen
hatte uns mit böser Hinterlist ihr Wort gegeben;
da traten noch die ‚lieben Freunde‘ von Rafenstein hinzu:
„Gott zum Gruß, Nachbarn, mit eurer Treue ist’s nicht weit her!“

---

386 *gezelt* als Sammelbegriff für ‚Versorgungsunterkünfte‘ aufgefasst (darunter auch „Zelte“).

387 Oder (wie für *schied* bei Oswald allerdings sonst nicht belegt): „entschied niemand“? (Vgl. MAROLD, Kommentar, S. 338.)

VI

Ein Schleudern und ein Schießen, ein wilder Sturmangriff
gingen munter los. „Schlag Lärm und wirble umher,
beweg dich jetzt, edler Höfling, gewinn oder verlier!“
Es wurden dabei dort viele Dächer und ‚Mäuse‘[388] angesengt.

VII

Die Bozener, die von Ritten und von Meran,
die von Hafling und Mölten, die rückten von oben heran.
Die Sarntaler und Jenesier, diese dreisten[389] Männer,
die wollten uns in die Schlinge kriegen – da entkamen wir![390]

---

388 Wohl Deckungsverschläge.

389 *fraidige man* dem Liedzusammenhang nach kaum positiv konnotiert (wie „mutig“ o. ä.), sondern eher negativ im Sinn von „aufständisch“.

390 Liedtext in der Hs. G:

I: „Auf geht's!“ ruft Herr Michael von Wolkenstein. / „Losgehetzt!“ rief Herr Arnold von Wolkenstein. / „Auf geht's!“ ruft Herr Oswald von Wolkenstein, / „Das wollen wir munter anpacken! Mit ihrer Treue ist's wahrlich nicht weit her.“

II: Die Bündnisse sind gescheitert, sind besiegt: / Bald werden wir sie mit geringem Aufwand erwischen. / Das verdanke ich bloß den Geistlichen [oder *die pfaffen* = „die Pfaffenhofener“??] und den Hallern / sowie vielen anderen Fremden, die ich laut kundmache.

III: Die gesamte Gemeinschaft der Bauern von Sankt Georgen / hat uns mit böser Hinterlist ihr Wort gegeben. / Sie hatten versprochen zu helfen, haben das aber nicht getan. / Sie wollten uns versohlen: Da half uns Gott zu entkommen.

Kl. 86

I

O edelmütiger Pfalzgraf Ludwig
bei Rhein, dein Lebenswandel
zeugt von ausnehmend vielen, breit gefächerten Tugenden;
keiner deiner Kollegen[391]
kann sich mit dir vergleichen –
hör nur, was ich dir zu sagen habe! –;
es drückt sich das deutlich und offenkundig
in adelig Angemessenem aus:
Dieses verwirklichst und zeigst du mit beständigem Edelsinn
durch deine Tapferkeit, tiefe Einsicht und Freigebigkeit.
Außerdem entzücken dich, Getreuen, die Damen,
wie ich von deiner lieben
Gattin aus Savoyen erfuhr.

II

Ich preise dich, Heidelberg,
schwärme davon, dass auf dem Hügel oben
hübsche, kecke rote Mündchen
Brei und Brot
gesittet fröhlich speisen.
Der Anstand wird fein bewahrt
von Mätzchen, Kätzchen, Kathrinchen,
Agnes und Enkchen,
zart geschmückt durch Jugendlichkeit, Tugenden,
Lebensart und Benehmen – alles vereinigt.[392]
Ich rühme, so gut ich kann, Gott, den Gütigen, dafür,
dass er so hübsche zarte Mädchen[393]
zu erschaffen weiß.

---

391 Oder *dein genoss* allgemeiner „von deinem Schlag".

392 *ungefiert* wörtlich „ungeviertelt".

393 Demin. *kindichin.*

III

Als ich mich auf den Neckar begab,
da floss das Gewässer[394] nicht langsam
hin zum Rhein; ebenso wenig der Main und die Nahe
bei Bingen. Neckerau,
mit deiner ‚Trockenrasur'[395]
legst du für den Beutel Schlingen aus.
Ohne viele Umstände richtete ich es mir
in Mannheim und Bacherach bequem ein.
Gegen die Kälte wurde ich dort herrlich
vom teuren ‚Bärtigen' ausgestattet,
der mich wunderbar mit schwerem Fuchspelz versorgte,
mit Marderfellen völlig überraschte;
so kann dieses Spiel gerne weitergehen![396]

394 *bach* auch auf den „Geldfluss" zu ‚münzen'; vgl. das noch deutlichere Wortspiel mit dem Bildspendebereich ‚Wasser' in V. 31.

395 D. h. „übervorteilen". (Vgl. auch Kl. 123/2.)

396 *louff [...] nicht ler* (wörtlich „laufe so weiter") prospektiv! Retrospektives Präteritum überliefern dagegen die Hss. A (*loff*) u. c (*lieff*): „Das Spiel lief für mich so weiter!".

Kl. 87

I

Rot, weiß, ein heiteres Antlitz,
welches ein schwarzes Gewand freilässt,
die ebenmäßige Stirn ein wenig verdeckt
mit einem hübschen Schleierchen,
durchscheinend dünn;
dazu ein rosenfarbenes Mündchen,
lächelnd, bestückt mit weißen Zähnchen,
umstrahlt von glänzenden schwarzen Äuglein.
Sie, die in meinem Herzen Lust erweckt,
dass es drinnen bebt,
lacht fröhlich auf:
    Ihre Worte, ihr Benehmen machen meinen Kummer kleiner,
    wenn ich mir dies zu Gemüte führe;
    auch ihre Jugendlichkeit, ihre liebenswürdigen Tugenden
    voll Singen und Scherzen stimmen froh.
    Freu dich darüber, herzliebste Frau!

II

Obwohl ich von diesen Gedanken nicht loskomme,
traue ich mich doch nicht, sie auszusprechen:
Ich hege die Befürchtung –
und mir geht es dabei ständig elender! –,
dass es mir die Rede verschlagen wird.
Überdies trägt meine Schroffheit dazu bei,
dass man mir kaum jemals Trost spendet;
so wird vor Bangen mein Bart ganz grau,
seit mein Herz sehnsüchtig schmort.
In tiefem Kummer
muss ich mich daher ständig wälzen.
    [Rep.][397]

397 Repeticio-Hinweis in Hs. c

III

Verstohlene Blicke, keine Worte:
Denn, wenn es einem die Sprache verschlägt,[398]
erleidet man oft dadurch Kummer,
dass man sein Leid nicht darlegen kann;
das bekam ich häufig zu spüren.
Auserkorenes M,[399] ganz tugendsam
liebe ich dich im Grunde meines Herzens.
Deine herrliche Erscheinung möge mich nicht beklommen machen,
sondern Wonne spüren lassen!
Ganz im Geheimen
ließe ich dies zu.[400]
[Rep.][401]

---

398 Frei nach (der sprichwortnahen Formulierung) *wer die tütsch nicht wil verstân.*

399 *M* passt ebenso zu „Margarethe“ wie zu „Maria“.

400 Mit MAROLD (Kommentar, S. 308) ist *selten* (Litotes für „nie“) hier als doppelte Negation (gemeinsam mit *an* in V. 37: „ohne“) zu sehen. Dabei ist die überlieferte Form *tet* (st. *tët*) unproblematisch, denn sie kann durchaus für den Irrealis stehen (vgl. z. B. Kl. 42/92

401 Repeticio-Hinweis in Hs. c

Kl. 88

I

>Wie ein einziger Tag erscheinen vierhundert Erdenjahre dort,
wo sich zwei Verliebte heimlich zu verbergen wissen.<
Da wäre ich kein Zauderer:
Ich würde die Schöne
nach Herzenslust an meine Brust drücken.
So wäre mein Leid [...] bezwungen,
mir ein Glück voll süßem Sehnen[402] beschieden.

II

Ich preise jenen Tag und schwärme über das wunderbare Entzücken,
als sie mich in reiner Freude
einzig und allein für ihr Herz auserkor;
und dessen auf ewig eingedenk,
werde ich von ihr
im Inneren[403] meines Herzens niemals von der Seite weichen,
wie ich ihr hoch und heilig gelobt habe.

III

Ich nehme Abschied,[404] meine Frau: Keine Trennung schmerzte mich
je so sehr!

---

402 Den *lieben ungemach* hier als den ‚klassischen' „Liebeskummer" aufzufassen und nicht als eine Art beglückender Spannung (die man außer als „Sehnen" auch als eine Art „Rastlosigkeit" bezeichnen mag), wäre angesichts der in V. 6 vorgestellten Liebes-Erfüllung widersprüchlich. Radikal scheint dieser latente Widerspruch in der Hs. E gelöst, wo durch den Text *die lieb trüg mich zu lieb on vngemach* („meine Liebe würde sich ohne Kummer erfüllen") das Liebesleid als völlig überwunden (*on vngemch*!) ausgemalt wird.

403 (Phraseologisch) *in meines herzen teich* wörtlich „im See meines Herzens".

404 Zur Verabschiedungsformel *Mit urlaub* vgl. Kl. 101/13 und Kl. 121/30.

Sollte ich dich Edle nicht mehr erblicken,
ich müsste rasend schreien,
und dein roter, voller Mund,
der mich tief
bis ganz in den Tod verwundet hat, würde mich schwer betrüben:
„O Mord!“, „Weh mir!“ und „Ewiges Leid!“

Kl. 89

I

Herz, Geist, Körper, Seele und was ich sonst besitze,
erquickt ein anmutiges Gesicht,
dem ich ergeben sein werde,
zu Diensten stets bereit.
    Herrin, du wirst unauslöschlich
    für immer in meinem Herzen sein,
    und solltest du dir dies gleichfalls wünschen,
    dann ging es selbst einem Kaiser nie so gut wie mir.

II

Ich wollte, du könntest wenigstens zur Hälfte ganz unverfälscht
von meiner Zuneigung erfahren, die ich für dich hege:
Dann würde dir manche angenehme Nachricht darüber,
wie ich zu dir stehe, ganz zweifelsfrei bekannt werden.
    [Rep.][405]

III

Wie weit ich auch weg bin, es rückt
dein herrlicher Körper berauschend in meine Nähe;
er erweckt in mir Liebesverlangen.
Du beglückst mich mehr als irgendeine andere Frau.
    [Rep.]

405 Repeticio-Hinweis nur in der Hs. A.

Kl. 90[406]

I

Bei [...] Gott, wenn ich ein Pilger wäre
so wie in früheren Zeiten,
ich würde zu meinen Schwestern
wie ein Bruder freundschaftlich hinwandern!
Über viele Erlebnisse und Neuigkeiten
hätte ich mit ihnen zu schwatzen,
wollte ihnen ohne Argwohn eindringlich
und liebevoll ins Öhrchen säuseln.
Flugs hätte ich zwei Stäbchen
auf den Mantel genäht, wie ich es damals machte,
darunter wäre ich
perfekt in einen Klosterbruder verwandelt,
der seine Schwestern lieber aufsuchen wollte als die Mütter.

II

>Wo Verliebte herzlich vereint sind,
da scheint die Nacht nur einen Augenblick zu dauern<:
Wie sollte ich mich mit dieser kurzen Spanne
zufriedengeben können? Von ihr, die mich nicht bange macht
und die mein Herz
mit heftiger Wucht erobert hat,
bekomme ich einfach nicht genug,
solange ich lebe.[407]
[Rep.][408]

III

Die Liebestrennung zermürbt mich,
nur laut klagend vermag ich sie zu ertragen,
wobei ich mich täglich heftig davor fürchte,

---

406 Eine gesonderte Übersetzung der in der Hs. A überlieferten niederdeutschen Fassung des Texts erübrigt sich, da jenseits der dort vorhandenen ‚Lautverschiebungen' keine lexikalisch relevanten Unterschiede auftreten.

407 Wörtlich (für *die weil ich alde*): „solange ich älter werde".

408 Repeticio-Hinweis nur in Hs. c; Hs. A bietet einen eigenen Text (siehe unten).

von meinem Glück[409] getrennt zu werden
und dass mir jene nicht mehr nahe ist,
die mich mehr erfreut
als alle irdischen Vergnügungen –
das muss mich schmerzen!
[Rep.]

409 Oder meint *selden* doch (wie von MAROLD, Kommentar, S. 84 u. SCHATZ, Sprache, S. 96 mit Zuordnung zu *selten* [häufig auch *selden* geschrieben] vorgeschlagen) das Adverb „selten"? Dem war die Übersetzung in HOFMEISTER 1989 (sinngemäß) gefolgt: „daß ich doch so selten von ihr Abschied nehme", was – weniger direkt als die nun favorisierte Übertragung mit „Glück" – (ebenfalls) meinen könnte, dass der Sänger gerne häufiger bei seiner Geliebten wäre, obwohl diesesBeisammensein stets in einen Trennungsschmerz münde. – Rein grammatikalisch betrachtet, scheint *selden* hier jedenfalls ambig zu sein (auch in der niederdeutschen Fassung, wo *selden gscheiden* steht).

Kl. 91

I

Ein liebevoller Blick
verletzt mich schwer in meinem Herzensschrein
durch einen spitzen Pfeil:
Zwei klare Äuglein,
hell, glänzend schön,
haben sich meiner einzigartig bemächtigt.
Aus dem Schlaf emporgefahren,
stellen sich oft Gedanken, Melancholie
in mir ein,
verzweifelt rufe ich
nach diesem Inbegriff[410] der Tugend:
Ach, wäre sie doch bei mir![411]
Ihr gewogener Gruß
aus dem lieblichen Mündlein
verschafft mir behänd
Liebesbalsam
bei Tag wie bei Nacht,
wenn ich mir vorstelle und fühle,
wie mich voll Anmut
die Kraft ihrer Ärmchen umfängt.
Fest hingedrängt
schmiege ich mich wunderbar an sie,
kauere mich zusammen,
damit sie nicht zurückzucke,
bis ihr roter Mund
die schmerzende Fessel öffnet,
die sie mir gekonnt
zu verschaffen wusste.

II

Liebste teure Frau,
dass wir einander nirgendwo mehr sehen,

---

410 Vgl. dazu Kl. 15/3.

411 Auch als direkte Rede denkbar.

lässt alle meine Sinne versiegen,[412]
weil mich ganz und gar
die Hülle,
der Kelch deines Körpers niederstrecken will.
Als Fremdling
irre ich umher
und klammere mich an trügerische Hoffnungen
genau wie jemand,
der allein gelassen wird.
Auf Freuden muss ich verzichten,
und mein Jammer schwimmt
auf der reißenden Flut
Tag für Tag,
dass ich beinahe mutlos werde,
weil mein teuerstes Glück
mir Wonne verhieß
und durch keinen einzigen Fehltritt
das Band durchtrennte.
Ach, darum ist jetzt
Feuer auf dem Dach
und keine Ruhe
in meinem Herzensschrein,
wenn ich mir lebhaft
das zärtliche Drehen und Winden
mit vielen Umarmungen
unentwegt vorstelle.

III

O keusches Geschöpf,
erbarm dich meines Elends!
Was nützt dir denn mein Tod?
Dein rotes Mündlein
kann gewiss die tiefe Wunde heilen,
die mir das Unglück bescherte.
Es gibt keinen anderen Ausweg –
nur auf dich allein, Herrin,

---

412 *dort* vom schw. Verb *dorren* abgeleitet. *zal* ev. als „Wahrnehmung“ (*zal* für „Erzählung“), nicht bloß „Zahl“ (sinngemäß „alle“) zu verstehen?! (Die Hs. c hat *dort mit.*)

ist mein Herz gerichtet.[413]
Deine herrliche Schönheit
soll[414] mir schon bald zukommen lassen,
was mir so sehr fehlt.
Denk nur nach,
Liebchen, du weißt schon, wo ...!
Halt fest,
lass mich nicht traurig werden!
Nimm von mir das Herzensleid fort,
das mich bereits eingehüllt hat,
durch deinen strahlenden, anmutigen,
so vielfältig schönen Liebreiz!
Dann erst wäre ich reich,
niemand könnte mir gleichkommen
dank einer solchen Vorratskammer,
dieses süßen Sees an Lust;
dem Schmerz wollte ich Lebewohl sagen,
und wieder aufblühen.[415]
Eine Trennung – bitter kalter Schnee,
durchdringendes Schreien[416] –
möge nie mehr wiederkehren!

---

413 *lendt* wörtlich: „geht an Land".

414 Sinngemäß für *wil* (statt „wird/soll").

415 *grünt mein kle* wohl eine sprichwörtliche Redensart und daher sinngemäß übersetzt.

416 Für *kre* denkt schon MAROLD, Kommentar, S. 46 an *krei* („Geschrei"), SCHATZ, Sprache, S. 83 hingegen – recht gewagt – an einen Zusammenhang mit *krên* („Meerrettich"), woraus er die Bedeutung „Trennung" erschließt.

Kl. 92

„So treib her, treib herüber, du mein liebes Bärbelchen,
gesell dich mit deinen Schäfchen zu mir!
Komm rasch, mein schönes Bärbelchen!“
„Ich gewahre, ich gewahre dich sehr wohl, doch mache ich das sicher nicht.
Deine Weide, die ist gar nichts wert,
meine Heide liegt schön grün da.“
„Meine Weide, meine Weide, die ist ganz außerordentlich fein erlesen
an Klee, Blättern, Gras und reicher Blumenpracht;
in meinem Hütgebiet schmilzt der Schnee bereits weg!“
„Doch höre, doch höre ich hier den Gesang vieler lieblicher Vöglein,
dabei wird mir nicht langweilig,
meine Gedanken können frei fliegen.“
„Doch habe, doch habe ich hier eine kühle, klare Quelle,
umgeben von Schatten, der vor der Sonne schützt.
Komm jetzt, du höchste Freude meines Herzens!“
„Durst, Durst plagt mich überhaupt nicht,
obwohl ich noch gar nicht von dem Käse und Brot gegessen habe,
das mir meine Mutter heute mitgab.“
„Viele Pilze, Pilzlein wachsen hier in diesem Gebüsch,
außerdem gibt es viele junge, flaumige Vöglein.
Wenn du zu mir kämst, so würde ich dir etwas geben.“
„Wenn du, wenn du bereit bist, mir zu geloben, dass du mich ganz in Ruhe lässt,
dann treibe ich vielleicht zu dir hinüber.[417]
Andernfalls ziehen meine Tiere weit weg.“
„So ängstige, so ängstige dich nicht, du meine auserkorene hübsche Puppe!
Ich werde dir deine hellen Locken flechten
und dein rotes Kleid glattstreichen.“
„Du hast, du hast mir schon so oft felsenfest versprochen,
die Friedfertigkeit eisern zu bewahren,
doch hast du das mir gegenüber[418] bisher nicht eingelöst.“
„Der Schaden, der Schaden, der dir da widerfuhr, war unerheblich,

---

417 Zu Deutung von *hnan*; vgl. „herüber“ (*überher*) in V. 1; siehe auch die Anm. zu V. 40.

418 Als Variation, bei der *meim gelid* nicht als farblos stellvertretende Bezeichnung für die ganze Person, also das Mädchen, aufgefasst werden müsste, schiene noch erwägenswert: „trotzdem rücktest du mir zu Leibe“?!

genau wie deine Schwester sagte.
Von jetzt an lasse ich dich in Frieden."
„Es wird, es wird sich erst zeigen, wenn ich eine Braut werden soll,
ob mir die Haut verschoben worden ist.
Pfui, du warst mir viel zu wild!"
„Sei will-, sei willkommen, du wonnereicher schöner Schatz!
Ich habe dich hier lieber als dort.
So flüstere mir doch ein liebevolles Wort zu!"
„Und wäre, und wäre ich dort, wer wäre denn dann hier[419] bei dir, Liebster?
Mein Herz hat dich niemals völlig
ohne Schmerzen verlassen – wie's darum steht, weißt du wohl ohnedies."
„Das freut, das freut mich wahrlich! Weit mehr als hunderttausendfach
erquickt mich dein rosenfarbener Mund,
der eine beschwerliche Herzensfessel zu lösen vermag!"
Viel Freude, viel Freude und Wonne empfanden da die beiden,
bis der Abend im Nu heraneilte.
Ohne Schaden genommen zu haben, trennten sich ihre Wege wieder.[420]

---

419 *allbhie* (im Reim gebunden und zugleich im ballartig zugeworfenen hier-dort-Spiel) darf man wohl nicht räumlich zu ‚logisch' sehen: Die dahinter erkennbare, kokette Frage des Mädchens scheint schlicht zu lauten, als wer oder was sie dem Burschen denn gelte.

420 *ir baider wat* (wörtlich „ihr Gewand") könnte einerseits schlicht für die Personen stehen, doch scheint diese Bildwahl (st. dem sonst dafür üblicheren *leib*) den Gedanken der textilen ‚Unversehrtheit', also der ‚stofflichen' (und dahinter der sexuellen) ‚nicht Zerrissenheit' zu betonen, was hier unübersetzbar scheint und daher durch ein anderes Bild substituiert wurde.

Kl. 93

Ia,b[421]

Herz, brich! Räch dich! Sieh:
Kummer vergällt hier Frohsinn,
Schmerz[422] bedrängt und verwandelt
naturgegebene Liebe in ewiges Weh.
Erbittert rufe ich nach Rache.
Befrei doch, Liebste,
sofern sich deine Treue darauf versteht!

II

Mein Schatz, ein einziges
Wort von dir tötet mir den Frohsinn.
Mein Unglück, diesen Fallstrick,
schildere[423] ich ungeschützt vor solcher Flut.[424]
Ein ungestümes Wild hat mein Herz erfasst.

---

421 Übersetzung des komplementären, in der Edition unter Strophe Ib rekonstruierten Wortlauts, wie er sich aus dem (in der Hs. B getrennt notierten) Diskant- und Tenortext ergibt.

422 Oder *ser* Adverb „sehr“?

423 Wörtlich „beschreibe ich“ (*schreiben tün*).

424 Oder meint *wage* nicht „Woge“ (=„Flut“, hier bildhaft zu verstehen), sondern „Wagnis“? MAROLD, Kommentar, S. 73 denkt bei *wage schild* an die Seelenwaage, auf deren Waagschale (*wage schild* ??) das ungewisse Schicksal geschrieben sei. WACHINGER (Sprache, S. 14) gelangt durch eine andere Deutung von *schreiben*, *an* und *schild* zur Übersetzung: „Die Fessel Unheil will ich als mein Wagnis mir auf den Schild malen.“

Böses, erlahm! Schnell jetzt,
Glück,[425] verschaff mir teure Umarmungen!

III

Tod und Leid: Mädchen, erlös
von dieser Not! Dein roter Mund
möge die verletzten Hunde stärken,
deren Stimmen für mich nie verheißungsvoll klangen.
Durch Freuden widerfahre mir jetzt Entschädigung,
da zum Erlegen
beim Verschränken der Glieder nie[426] geblasen worden war.

425 Wohl auch (schon) Hundename (vgl. V. 24f.).

426 Ergänze davor „bisher“; das hier vermutete Jagdritual würde den erfolgreichen Abschluss der (Liebes-)Jagd symbolisieren.

Kl. 94

I

„Liebste, Sehnsucht nach dir
hat mich erfasst,
blieb unerfüllt.
Merk das doch, Herrin, vertrau und sieh zu,
mich für dein Fernsein zu entschädigen!

II

Dein anmutiger Körper
hält umschlungen,
liebevoll geschlossen
die Umklammerung – lang –, die Wange
in lieblicher Wallung."

III

„Nun, was bedeutet das denn?
Aus freien Stücken[427]
habe ich doch niemals
Umarmungen verweigert. Leite, führe,
Herzliebster, mich Haltsuchende!"[428]

---

427 *mit geren bas* wohl phraseologisch (für wörtlich „umso lieber"); hier sinngemäß übersetzt für den Ausdruck des nicht freiwilligen, sondern durch die Umstände erzwungenen Verweigerns.

428 Oder *fellende* „(schon) Stürzende"?

Kl. 95

I

O edler Gott,
an Gnade und Tugenden erhaben, im Erbarmen unerschöpflich,
du scharfsinniger Gelehrter jeglichen Wissens,
Belohner rechter Taten,
Rächer verhängnisvoll böser Handlungen,
starker Gebieter über alle Macht:
Ich bedauere den Hohn,
den du in dieser sündhaften Welt erdulden musst.
O Rechtschaffener, klage nur, wenn du ihn[429] brauchst,
weil man die Schande die Ehre verdrängen lässt
und Recht in Unrecht umgewandelt wird;
wer sich darauf versteht, kommt sich großartig vor.
Derlei lernt man in der Fürstenschule
(soweit ich das richtig durchschaue),
weshalb sich manch ein Stuhl
vor alle Tische und Bänke schiebt,
obwohl er zurecht nur als ein Schemel erschiene,
schätzte man ihn nach seinem Gewicht an Ehre ein.

II

Drei Tiere kenne ich
auf Erden, zwei davon jagt man höchst selten nach,
das dritte lässt man nie zur Ruhe kommen:
Es heißt Falschheit.
Die beiden anderen sind Treue und Ehrsamkeit,
die ich mehr als alle irdischen Schätze rühme.
Wenn dann vier[430]
hier sagen: „Hoch damit!“, „Hinfortgetragen!“, „Begleich
seine Schuld!“, „Eingegraben und zugescharrt!“,
dann erst wird sein Rang beurteilt,
dass er dieser oder jener war.
Zeigte er sich voll Falschheit, so fängt ihn die Höllenschlinge.
Dort trifft er viele seinesgleichen –

429 „Gott“

430 Meint die (allegorisierten) Totengräber angesichts des Leichnams?! (Vgl. WACHINGER, Lieder 2007, S. 382.)

eingekerkert für ihre Vergehen –,
die sich hier durch zahlreiche Betrügereien
ebenfalls um die Gnade Gottes brachten
(wofür sie niemand rühmen könnte),
bis sie schließlich die Höllentiefe verschlungen hat.

III

Wo im Wald
Treue und Ehrsamkeit hausen, da suchen sie einander,
und ebenso Böswilligkeit und Falschheit,
was zeigt: >Gleich und gleich
sich liebend gern gesellt<.
Das findet man bei höchstrangigen Personen genau bestätigt:
Behänd erkennen sie,
wer zu ihnen passt, und käme er aus Flandern daher.
Selbst wenn er ein übel gewürztes ‚Kraut' ist,
so wird er doch auf der Stelle reich gemacht.
Beobachtet, wie dem seine verderblichen Fähigkeiten zustatten kommen,
für die ein Rechtschaffener gewiss nicht zu büßen hat!
Dem, der immerzu ordentlich um Ehrsamkeit bemüht ist
und der sich rechten Dingen widmet,
schenkt der höchste Himmelsgebieter
in seinem Reich Annehmlichkeiten
und außerdem hier den besten Zuspruch,
der mehr zählt als alle Fürstenschätze!

Kl. 96

I

„Du schlimmer Liebling, wo hieltest du dich
diesen ganzen langen schönen Sommer über versteckt?“[431]
„Dass Ihr mir begegnet,
bewirkt in meinem Herzen große Freude.“

II

„Ausgelassen fröhlich, ganz ohne Traurigkeit
lasst Euch einzig durch mich erfreuen!“
„Darauf möchte ich nicht verzichten,
sondern bereitwillig nur deine Frau sein.“

III

„Lieber Schatz, es soll das Schloss zusammengefügt
und kaiserlich fest verschlossen sein!“
„Nun erst habe ich die Wonne entdeckt,
und mein Herz wünscht sich keinen anderen mehr!“

431 Die erste Rede führt der Mann.

Kl. 97

I

Ein sehnsuchtsvolles Totschlagen der langen Zeit und Dauer bewirkt bei mir
eine liebliche Frau, wenn ich aufwache und sie,
die mich ganz in Besitz genommen hat,[432] nicht vorfinde.
Traurigkeit umfängt mich völlig ringsherum,
und meine heftigen Qualen steigern sich,
weil mir in meinen Armen
ein zuverlässiger Schatz fehlt.
Munter, behänd, lebhaft wäre ich gewiss vergnügt,
gäbe sich mir die Liebste noch einmal hin!

II

O Trennung, du bittere Wurzel, unheilvolle Pflanze,
du hältst von mir mein liebstes Mädchen fern,
wie ich nie zuvor eines hatte,
so völlig frei von betrüblichem Makel!
Wahrlich, ich wünschte, dem, der die Trennung einst erfand,
sei in Hinkunft keine schöne Nacht
mit einer hübschen Frau
jemals mehr vergönnt!
Trauern, warten und harren muss ich gleich einem Kind,
bis ich die Liebste wieder gefunden habe.

III

Gefährtin, Glück, Freude, Wonne, Segen, du teuerstes G![433]
Nimm Gott zuliebe
voll Einsicht reiflich überlegt den Liebesschmerz von mir,
damit ich dich schon bald erblicke,
zumal ich doch glauben soll, was du da sagst
über deine beständige Zuneigung, an der du es nicht mangeln lassest,
auf dass deine vornehme Saat
keine minderwertigen Früchte hervorbringe!

---

432 Oder *mein gewaltig ist* „ganz und gar mir gehört“?

433 *G* = *Grete* (siehe V. 29, für „Margarethe“).

Prächtige, schillernde, prangende, herrliche Grete,
vergiss mich nicht, halt an mir fest![434]

434 Zu routineformelhaften Wendung *halt wie es get* vgl. Kl. 77/4.

Kl. 98

I

O wunderbares Paradies,
wie vollkommen treffe ich dich in Konstanz an!
Wie viel ich auch höre, sehe und lese,[435]
du beglückst mich noch mehr aus ganzem Herzen.
Herinnen, draußen, überall,
in Münsterlingen und sonst ringsum
gibt dein edles Treiben den Ton an.
Wer könnte da je ergrauen?
    So manche Augenweide
    in verschiedenstem Gewand –
    schlicht, geschmückt oder verschnörkelt –
    erstrahlt da in Konstanz
    mit roten Mündlein
    ganz unbefangen,
    von denen mir eines
    mit rosenfarbenen Wangen ‚droht'.[436]

II

Untadelig feines Benehmen, Reden und Verhalten,
gepaart mit fröhlich leichtem Schritt,
sieht man an vielen stolzen, edlen Damen.
(Am Lügen hindert mich Sankt Petrus,
den ich zu seiner Ehre
in meinen Gebeten stets andächtig rühme,
denn er besitzt jegliche Tugend,
und es würde mich kränken, behauptete einer etwas anderes.)
    [Rep.?][437]

---

435 Wäre auch hier an ein „Vorlesen" bzw. „Vorgelesen-Bekommen" zu denken (wie in Kl. 24/25)??

436 Oder für V. 14–16 (in Anlehnung an Kl. 63/11f.): „Ich wäre nicht beklommen, ‚bedrohte' mich eines mit rosenfarbenen Wangen!"

437 Repeticio-Hinweis fehlt in der gesamten Überlieferung.

III

Viele hübsche, engelhafte Frauen,
so strahlend schön in hellem Glanz,
haben mich
dort in der ‚Katze'[438] beim Tanzen ganz an sich gerissen;
die kann ich einfach nicht vergessen;
ihre reizende Erscheinung ist daran schuld.
Gesittete vergnügliche Unterhaltungen
verschiedenster Art trifft man in Konstanz an.
[Rep.][439]

---

438 Übername für ein Konstanzer ‚Etablissement'?!

439 Repeticio-Hinweis in der Hs. A.

Kl. 99

I

Mehr als alle Vergnügungen, von denen mir eine Menge
auf ehrenhafte Art in Nürnberg zur Unterhaltung geboten werden,
ergötzt mich
das Liebesgeplänkel in der Gesellschaft
vieler reizender hübscher Damen,
die – nie eines Fehltrittes schuldig geworden –
solches Schäkern kokett zurückweisen,
weil sie damit noch nie Bekanntschaft machten.
Also los, Gefährte!
Wer lieber schäkert,
anstatt unzufrieden zu sein,
der strebe nach ehrbarer,
beiderseitiger Freude;
dann kann er zu seinem Glück
fröhlich werden
ohne jeden Makel,
sofern er sich schön in Schranken hält.

II

Anstand, Ehrsamkeit, Preis und Tugend heißt ihre Losung.
Wer sich danach richtet,
der kann sich an solchem Liebesgeplänkel
mit vielerlei vergnüglichem Scherzen
einträchtig, ohne dass es bedenklich aussähe,
fröhlich heiter beteiligen; wer darüber schlecht denken wollte,
der möge seinerseits dafür
vom Kaiser in Acht und Bann gestoßen werden!
[Rep.?][440]

III

Wenn solch harmlose Vergnügungen
stattfinden, fasst es so auf:
Wer könnte sich dieser naturgegebenen Neigung entziehen
und da nicht auch mitschäkern wollen?

---

440 Repeticio-Hinweis fehlt in der gesamten Überlieferung.

Möchte das jemand falsch auslegen,
so bekundete er damit sein plumpes Wesen.
Niemals möge er die Gunst einer Frau gewinnen,
da er sich darauf nicht besser versteht![441]
[Rep.]

441 *nit bessers het gelart* phraseologisch, noch enger vergleichbar mit der modernen Wendung „es nicht besser versteht", die hier aber nicht ganz passt.

Kl. 100

I

O herrlicher, schönster Mai,
deine anmutige Jubel-Pracht[442]
beschert viele Freuden,
vor allem, wenn sich zwei
beim festlichen Tanz
fröhlich an den Händen halten!

II

Wald, Hügel, Au, Felder und Tal sind grün.
Der Nachtigall
und anderer Vöglein Tönen
hallt vielfach
ringsum wider.

III

Jetzt, wo die Jahreszeit fröhlich den Kummer ausräumt,
erwach, o Liebste!
Eilends will ich mich bemühen,
sie aufzuspüren,
die ich lange nicht mehr sah,
damit mich ihre weißen Ärmchen umschließen.

---

442 *süss geschrai* wohl ‚synästhetisch' – als eine Mischung aus akustischen und visuellen Reizen – zu verstehen.

Kl. 101

I

„Wach auf, mein Schatz! Es leuchtet dort
vom Orient her der helle Tag entgegen.
Schau durch die Wimpern, sieh den Schimmer,
wie so zart-blau die Himmelskrone
unweigerlich das Grau durchdringt!
Ich befürchte einen raschen Tagesanbruch."

II

„Ich klage über dieses Unheil, das ich mir nicht wünsche;
im Gehölz hört man die Vöglein
mit lautem Klang lieblich erschallen.
Ach Nachtigall, dein kunstreicher Gesang
bereitet mir Schmerzen; für ihn zeige ich mich nicht dankbar:
Ich klage auf eine für eine Frau unschickliche Weise."

III

„Jetzt heißt es Abschied nehmen![443] Dein Herzensspeer
verwundet mich, weil ich nicht bleiben kann.
Es stimmt mich der Trennungsschmerz traurig,
dein rotes Mündchen beklemmt mich sehnsuchtsvoll –
der bittere Tod würde mich weniger bedrücken;
das Fortgehen lässt mich verzagen."

---

443 Zur Verabschiedungsformel *mit urlaub fort* vgl. Kl. 88/15 und Kl. 121/30.

Kl. 102

I

Es freuen sich viele das ganze Jahr über
auf den hellen Maienglanz,
so auch ich.
Vernehmt, was mir widerfuhr!
Ich traf eine alte Frau,
die mich in arge Nöte brachte;
kriegte sie nur die Hälfte von dem ab, was ich ihr wünsche,
so hätte sie ein steifes Knie!
‚Beunruhigerin'[444] heißt sie,
was mein Rücken deutlich verspürte,
als sie mich zur Liebsten führte
und ich nicht zu fliehen vermochte.
‚Beunruhigt' wurde da mein armer Körper,
ich übersah ganz, wie es dazu kam.
Gegen Blasensteine und Gliederkrampf
wurde ich
von vieren ‚durchgeknetet', die daran Spaß fanden;
was mich rettete, weiß Gott allein.
Da erst bereute ich sehr, dass ich bei dieser
uralten Frau so oft zu Gast gewesen war.

II

Ich ritt auf ihr Haus zu.
Sie winkte mir mit einem Finger;
unbedingt musste ich hören, was sie denn wolle –
die Neugier trieb mich heftig.
Ganz harmlos sagte sie:
„Ich will dir ausrichten, Hans Maler,
die Dorli hat dich über die Maßen gern
und wartet ganz begierig auf dich."
Mein Herz wurde überglücklich
und freute sich über diese Nachricht.
Ich sagte zu ihr: „Wenn das stimmt,
dann hebt das gleich mein Selbstvertrauen,

---

444 *Unrübin*, was sprachspielerisch in *unrüb gewan* (V. 13) wiederkehrt.

weil ich auf die Mädchen immer noch Eindruck mache."
und kam mir dabei ganz toll vor.
Mit ihrer Aufrichtigkeit war es nicht weit her.
Das merkte ich allerdings nicht,
bis ich äußerst unsanft durch einen Knüttelwald
geleitet wurde.
So schlimm erging es mir wahrlich sonst nie
auf einem solchen Ausflug.

III

Einen gewaltigen Krach mit meiner Frau nahm ich in Kauf
wegen des einen Tages –
und dies ohne triftigen Grund –,
eben bloß, um von ihr fort zu können.
Ich musste nach St. Lorenzen,
da brauchte es keine weiteren Fragen.
Diese ‚Wallfahrt' kam mir schlecht zustatten,
sie endete für mich schlimm,
wie ich euch schildere.
Ich wurde freundlichst empfangen;
man bat mich in ein Kabinett
ganz ohne Umschweife.
Das starke Verlangen hob mein Selbstbewusstsein
und ließ es ergrünen wie einen Baum.
Man bettete mich neben die Braut:
Bett, Polster, weiße Leintücher –
alles war hübsch herausgeputzt.
Einen ‚Bischof'[445] hätte ich machen sollen,
stattdessen kamen vier Ungarn zum Vorschein;
der Teufel soll sie holen!

IV

„Seid ganz ohne Sorge!" hieß es
(so lullte mich der alte Köter ein!),
worauf sie ihnen die Tür aufschloss
und sie einließ.
„Tauchen wir ihn unter!" lautete ihr Gruß

445 *bischof* (eingebettet in den religiösen Bildspendebereich: siehe u. a. die *kirchvart* in V. 46) wohl für uneheliches Kind?!

(deutsch klang es nicht),
hernach floss ein Sturzbach aus Eichenhölzern
von den Ungarn über mich hinweg.
Das Stelldichein brachte mir
Stock- und Eisenhiebe ein,
dass jedermann die Beulen sehen konnte;
sie abzuwehren, war mir nicht erlaubt..
Am ärgsten wurde ich
von einem der Ungarn misshandelt:[446]
Ich wünschte, man zerrte
dem ordentlich Fleisch und Haut auseinander,
auf dass ihm das Reden verginge.
Und griffe man zum Galgen,
so wäre es für das Land keine Schande,
würden alle droben baumeln.

V

Ich redete ganz freundlich auf sie ein
(obwohl ich im Herzen anders dachte,
weil ich von ihnen gefangen worden war),
und das schien mir richtig so.
Barsch verlangten sie mein Geld;
jetzt erst wuchs meine Bekümmernis,
aber ich ließ bereitwillig
alles geschehen, was sie wollten,
bis ich von ihnen forteilen konnte
mit zerschundenem Leib.
Ich kehrte nach Bruneck
zu meiner Gattin brav zurück.
Die starrte mich an, als ob ich
einen blauen Helm aufhätte
und versüßte mir das Bad
mit Verwünschungen und Schimpftiraden.
Inständig bat ich sie um die Zusage,
nichts davon weiterzuerzählen.

---

446 *ain ungrisch man* wohl – durch Betonung von *ain* – mit Hervorhebung eines einzelnen aus der Gruppe, da laut V. 59 ja alle ‚Häscher' Ungarn seien.

Sie sagte: „Das ist eine alte Geschichte,
die sich aber ständig fortsetzt!“[447]

VI

>Wer alten Weibern Vertrauen schenkt,
verbündet sich mit dem Teufel!<
Seht, genauso ist es mir ergangen
und vielen anderen auch.
Man sollte sie in die Haut kneifen
und hernach in den See stoßen –
das gäbe ein hübsches Fest,
hoch geschätzt in aller Welt.
Für Zauberkünste und Kuppelei
geben sie sich gerne her;
häufig wird eine
von der Feuersglut erfasst,
so dass ich zuversichtlich bin,
es werde dies auch jener widerfahren.
Sie machen nämlich vor nichts halt,
wo sie ihre Bahnen ziehen –
das beweist diese Geschichte.
Blenden sollte man sie
sowie all ihre elenden, schäbigen Helfer:
Das wünschte ich mir von Herzen!

---

447 *blüt* (in der bildhaften Wendung *junget sich ir blüt*) entweder auf „Blut“ oder „Blüte“ zu beziehen, wobei beidem das Element des ‚neu Heranwachsens‘, ‚Fortlebens‘ innewohnt; die sinngemäße Übersetzung mit „fortsetzt“ bleibt für beide Ableitungen offen und versucht das ‚narrative‘ Konnotat von „Geschichte“ (*alte mer*, V. 99) zu verstärken.

Kl. 103

I

Wer sich die Augen mit Heizqualm verätzen möchte,
sein Leben beschließen will, gern mit guten Zähnen
schlecht isst und auf Stroh liegt,
der möge sich in die ‚Lumpardei' begeben,
wo manch einem die Freude vergeht.
Der Straßenkot ist tief, das Brot teuer;
unchristliche Reue samt geheuchelter Ergebenheit
wird man dort täglich aufs Neue antreffen.
Dies ergibt eine Mahlzeit, die mir nicht schmeckt![448]

II

Wer gering wiegende Hechte kaufen will –
frag vorsichtshalber nach dem Preis, mein Freund! –,
nämlich einen mit einer steinernen Leber,
der erkundige sich in der Kanzlei des Kaisers,
wo man solche Fische ergattert.
„Du, Jülicher, sag doch, was würde ein Pfund kosten?"
„Fünf Solidi und drei Zechinen."
Das also wäre das feine Leberchen
dieses lieben Hechtchens wert!

III

Hermann, Marquart! In Konstanz und Ulm, dort könnte uns das Leben
durch wohlgeformte Mündlein Freude schenken,
und mein Getreuer säße hinterm Ofen;
das würde immer noch für eine bessere Unterhaltung sorgen,
als wenn uns in Piacenza der Beutel leer wird.
Meine Moral
gerät oft gar sehr ins Wanken, worauf mir, obwohl ich dazu lache,
mein Schreiber immer wieder
über seine argen Schwierigkeiten vorjammert.

---

448 *der ich nicht keu* kaum wörtlich (als „die ich nicht kaue/esse") zu verstehen, da das lyrische Ich das solcherart Verabscheute ja doch hatte essen müssen; daher als Phraseologismus gedeutet und übersetzt.

IV

Sebastian, wärst du ein Ochse in Florenzola
oder ein Hündchen und schlepptest qualvoll
täglich auf einem großen Wagen Mist –
das wäre mir lieber als süßer Brei!
Sicher wollte ich auch dir so einen Schlag
auf deine Brust verabreichen, wie du ihn mir
voll Niedertracht gegeben hast, grobschlächtig wie ein Stier.
Ich würde dir gewiss auf gleiche Weise ‚aufgeigen',
und würde dir noch mehr zuteil, so wäre das in meinem Sinn!

Kl. 104

I

Die Kümmernisse betäuben mich förmlich,
seitdem sich der vormalige ‚Winterklauber‘[449]
wieder einquartiert hat
in seinem alten Wohnsitz:
Er rückt dicht an meine Tür heran,
um mir ständig nachzustellen,
was mich überhaupt nicht freut.
Sein misslicher Anblick ist daran schuld:
Kälte, Reif und dichten Schnee
sowie einen vom Eis bedeckten Bach
brachte er aus dem ‚Böseier-Haus‘ mit,
dessen Namen ich gleichfalls nicht rühme,
denn: >Niemals hat Brutwärme aus einem schlechten[450] Ei
eine edle Kreatur hervorgebracht<.
Gras, Blumen und grüner Klee
sind seitdem gänzlich verschwunden,
die Vöglein hinweggeflogen.
Der Wald ist seines Laubes beraubt,
und die Sonne verlor durch sein lautstarkes Auftreten[451]
um Hauenstein ihren Glanz.

II

Da mich also der Bauer anfeindet
und ich es auch besser nicht wage, mich nach Brixen zu begeben,
weil ich dort
einen kleinen Ungenannten
durch eine belanglose Auseinandersetzung erzürnt habe,
die ich mit diesem ‚aufrechten Helden‘ austrug,
so reut mich kein bisschen, was ich dem wünsche,

---

449 Sprechender Name für die kalte Jahreszeit, aber auch für einen Bauern: Die Übersetzung versucht, für beides offen zu bleiben.

450 In dieser sprichworthaften Wendung spielt *bösem* („schlechten“) auf des *Böseiers haus* (V. 11) an; die Übersetzung verbindet beide Gedanken ‚ersatzweise‘ durch die Korrespondenz zwischen „brachte“ (*bracht*, V. 11) und „hervorgebracht“ (*kom*, V. 14).

451 *geschrai* bezieht sich – passend zu beiden Bildebenen (s. o.), aber insbesondere zum *glitz* („Glitzern“ = „Glanz“) in V. 20 – nicht nur auf einen akustischen, sondern auch auf einen visuellen Eindruck; vgl. Kl. 21/3 und 81/5.

der mir dort meinen Scherz verübelte:
Dann wäre dem ‚Riesen'
das sündhafte Huschen,
das ihn zu seinem Flittchen führt,
wobei er mit einem Mantel
alle Gassen kehrt, untersagt. ‚Gabriel',
dafür möge dir ein weiterer Zahn abfaulen!
Ich würde mich ja richtig erschrecken[452]
(so, als ob mir jemand Straßburg schenkte),
würden alle ausgefegt
mit einem glühenden Besen,
die da ihren Liebschaften unverhohlen
auf lächerlich schändliche Weise nachgehen.

III

Ich meinte, meine Angelegenheit stehe zum Besten,
doch die Aufrichtigkeit war der wunde Punkt.
Das merkte ich gut an einem Gerücht,
das aus fauliger Luft emporwirbelte –
mein bester Ausweg lag im Schweigen.
Gelobt sei Gott, dass ich davonkam,
als man Riegel und Gitter
so liebend gerne zuschnappen lassen wollte.
Lass mich in Ruhe!
Täusch mich nicht, ‚Perzli', ‚Üli'![453]
Was sich nicht so zurechtbiegen lässt,
das regelt man sich eben auf einem Richterstühlchen,
fein säuberlich verdeckt durch eine neue Manier
welscher Prägung.
Wohl schmerzt mich arg
dieses Bücken und Ducken;
vermöchte ich den Bauch noch einmal anzuspannen,
dann wäre ich gleich dabei, einen zu beugen,

452 Ironisch gemeint (für *näm ein grossen klupf*).

453 Für den Brixener Bischof Ulrich II. Putsch.

der mir am liebsten
tief im Abgrund des Meeres den Aufgang fortrisse.[454]

IV

Ach ja, Köln, Wien, Mainz, Paris,
Avignon, Konstanz, Nürnberg!
Die Freuden, die ich dort alle erblickte,
erfüllen mich hier nicht,
weil ich so lange statt auf ebenen Wiesen
auf einem hohen Berg verweilen muss.
Nötig ist das einer Frau zuliebe,
der von Schwangau, die mich zum Mann hat
und mit der ich unter einem Dach lebe gemeinsam mit vielen Kindern,
die aus mir den Frohsinn vertreiben,
weil ich daran denken muss,
wie ich sie beschützen kann,
damit ihnen nicht die Wölfe
ihr Stückchen Brot und den Wein wegschnappen.
>Eine Mühe löst die andere ab,
will man nach allem sehen<:
Darum kümmere sich mein Herr aus Österreich
zum Wohle seines unsichtbaren[455] Schatzes!
>Am Ende wird vom Tod vieles gerichtet und geschlichtet,
darunter manch ein Irrglaube.<

---

454 Als sprachliche Argumente zur Auslegung dieser viel diskutierten Stelle seien genannt, dass *ainen* (V. 58) Akkusativ ist und *zuckt* (V. 59) eher mit „stehlen“ als mit „schleudern/werfen“ zu tun hat, was gegen eine (recht freie) Deutung von *staffel* (V. 59) als „Richterstuhl“ (im Sinn von „den Richterstuhl ins Meer werfen“) spricht, zumal damit eine Gleichsetzung von (Richter-)Amt und Amtsträger einherginge, welche der Autor ansonsten sehr bewusst vermeidet (vgl. Kl. 112).

455 D. h. „himmlischen Schatzes“.

Kl. 105

I

Neuigkeiten gibt es zu berichten
über einen Grafen namens ‚Süß',
der seine Gäste sauer bewirtet
dort in Ronciglione.
Die Kunde drang bis zum Papst in Rom
und zu vielen Kardinälen;
das gab eine riesige Aufregung
bei Frauen und Männern.
Am ‚Kirchweihfest' beteiligten sich
Bauern sowie Ritterskechte.
Sie erstürmten die Herberge
und eilten treppauf –
mit Keulen und Spießen gut ausgerüstet –
in böser Absicht.
Sechzehn Gäste
wollten die ‚Bischöfe' ‚segnen'.
Wer noch keine Beule hatte,
brauchte sie sich nicht erst zu leihen:
gleich vier als Vergeltung für eine
bekam da manch einer ab.

II

Der Gastgeber wurde gleich beim ersten Angriff
aus dem Fenster geworfen,
so dass von dieser Abrechnung
ein angemessener Teil auf ihn entfiel.
Dietrich Fannauer und Janke Knapp
zerrte man an ihrem Haarschopf
ganz unmanierlich die Stiege hinunter;
das war ein rechtes Pech für sie.
Mein Freund Matthias Schlick
schwang sich
katzengleich durchs Fenster hinauf aufs Dach;
er sagte: „Es geht los!
Ich wünschte, ich wäre auf dem Lech
in einem munteren Schiffchen!"
Er bekam aber ebenfalls einen Stoß

gegen seinen Nasenknorpel,
worauf der sich in Rom gut vierzehn Tage
muschelförmig präsentierte.
Sein Knecht, German, ein richtiger Fels,
stieg hoch, ganz ohne Seil!

III

Herr Gottschalk und Herr Mörth aus Speyer
trugen ihre Arme
von der Achsel bis zum Daumen
in einer weißen Schlinge gleich einer verzogenen Leier;
und was ihnen sonst alles an ‚Liebenswürdigkeiten‘ widerfuhr,
dieses Elend beklagten sie gar sehr,
wie ich interessiert
höchst aufmerksam von ihnen hörte.
Herr Hans aus Dänemark
wurde durch ein Loch
im Bretterboden in den Stall hinabgeworfen,
dass ihm die Ohren dröhnten,
als würde er
ganz nahe an der Feuersglut träumen.
Den starken Rigo aus Wien
stieß man gleich hinterdrein.
Da rief er laut: „Wer ist denn hier?
Das hat mich aber erschreckt!
Ich hielt dich für das Bodenbrett.
Vor Angst werde ich ganz grau!“

IV

Herr Stern wurde blau geschlagen
und rief: „Erbarmen!“
Das nützte ihm kein bisschen;
er bekam, was er verdiente.
Noch sieben weitere habe ich nicht genannt,
weil ich sie nicht kannte,
die alle in diesem Tumult
zünftig ‚geweiht‘ wurden.
Rücken, Füße, Hüften und Beine
färbten die ‚Bischöfe‘ hübsch blau;
jeden, der dort hingekommen war,

schmerzte es sehr,
dass Graf Süß
mit einer so sauren Melodie zum Tanz aufspielte.
Viele ächzten
wie ein alter Karren,
der noch nie Schmieröl gesehen hat,
und machten sich zu Narren,
als sie sich bei dem Getümmel
mit rotem Saft einfärbten.

V

Das also ereignete sich bei diesem ‚Kirchweihfest',
und wer da nicht drei Stiegen hinunterpolterte
oder zumindest zwei, seht,
der war nicht richtig ‚geweiht'.
Genauso hatte der, der die Keulen nicht spürte,
die sie mit ihren Händen zum Einsatz brachten
(was manchem recht die Freude raubte),
nicht ordentlich ‚gebeichtet'.
Als dieser Jahrmarkt vorüber war
und der Morgen dämmerte,
da sagten sie zueinander
in schmerzlichem Klageton:
„Erheben wir uns vom Strohlager,
bevor wir es noch ärger abbekommen!"
Keiner von ihnen konnte ein Pferd besteigen,
ohne zu stöhnen;
Hände und Füße sah man
in Flachsbüschel eingebunden –
für sie ganz ohne Ermahnung gewiss unvergesslich
in der Tiefe ihres Herzens.

Kl. 106

I

Seht die hübsche Blütenpracht!
Der kalte Winter ist ermattet.
Mädchen, macht euch auf zum Tanzen!
Herrlich glanzvoll schmückt sich des Maien Tenne
mit vielerlei Farben durch frische[456]
zarte Kräutlein, grüne Gräschen,
Rasenbüschelchen mit gelben Blümlein.
Die Nachtigall übertönt die Henne leicht.
Es hat die Drossel
mit einem alten Raben eine Wette
über das Bedichten von des Maien Lauf abgeschlossen –
es geht um einen jungen Kapaun.
Viele hübsche Mädchen zieht es herbei:
Denkt daran, ihr munteren Jünglinge!

II

Das erhoffe ich mir von der hübschen Frohgemuten:
Gerne würde ich ihr das Herz bekrönen!
Sie vermag mir rasch den Schmerz zu stillen
und all die bittere Traurigkeit zu nehmen,
sie, die mich so betrübt und rastlos sein lässt,
durch viele gefährliche Wagnisse auf die Probe stellt.
Stets war ich ihr ein treuer Diener –
seht, nun bin ich auf gleiche Art ihr Ritter.
Solang ich lebe,
werde ich mich ihr dienstbar zeigen,
wollte sich ihr Widerstreben wenigstens ein bisschen
gnädig besänftigen.
Ich schleppe eine Last von beträchtlichem Gewicht;
befreite sie mich doch davon!

---

456 *garwe* wörtlich „fertige", sinngemäß „soeben gewachsene" = „frische".

III

Ach, du Frohgestimmte, Zierliche, Keusche:
Deine Hilfe lässt auf sich warten!
Du Strahlende, herrlich geformt,
gebiete über mich, ohne um dein Ansehen zu bangen!
Mein ritterliches Singen, lang schon
beklommen, möge dich, Herrin, du jauchzend Fröhliche,
vergnügt Liebevolle, ermuntern!
Es würde mich froh stimmen, gönntest du mir endlich,
worum ich schon das achte Jahr
hartnäckig singe
unter echten Liebesklagen;
dennoch blieb ich unerlöst.
Erst wenn dein hübsches Mündchen mich aufrichten wollte,
hätte ich Glückseligkeit gewonnen!

IV

Du lebensfrohe Wonne, Sonne,
Brunnen, Quelle meines Herzens,
der Abglanz deiner hellen Äuglein
hat mich ganz in den Liebesbann gerissen.
Wenn mir dein Köpfchen zunickt, sich vor mir senkt,
einen freundlichen Gruß entbietet,
dann verspüre ich ein süßes Verlangen;
das möge sich als meine Herzenswonne oft wiederholen!
Sieh in mir jemand, Herrin, der dich nie vergisst!
Wie weit ich auch von dir entfernt in der Fremde weile,
so bist du mir doch in deiner Schönheit nahe,
von der ich mich nicht abkehren werde.
Ach, bloß hin und wieder eine Begegnung, teuerste Frau –
wann geht dieses Leid vorüber?

Kl. 107

I

„Komm, teuerster Mann!
Gerne stehe ich dir zur Verfügung,
unentwegt!
Komm, liebster Gefährte,
entzieh dich freudvoll dem Unglück!
Komm, bester Schatz, setz dich keck
hinweg über die Fallstricke der hinterhältigen Zungen!
Komm rasch, nimm mein Herzensleid fort[457]
und schenk mir so bedauernswerter Frau Trost!
Dein Mannestum erquickt mir Geist und Seele
mehr als alles sonst auf der Welt."

II

„Dein Reden und Verhalten
machen mir den Kummer leicht,
Herrin, noch erfreulicher ist die Nachricht,
dass mich
eine derart[458] vornehme, junge, edle und ehrenhafte Frau begehrt,
die mir ganz ohne Leid das Herz
durch angenehm heitere
und so herrlich abwechslungsreiche Zerstreuung verjüngt.
Es lässt ihr anmutig hübscher Körper
mich nicht altern, denn ich werde erfrischt
und durch helle Äuglein besprengt."

III

„Das Fortgehen stürzt mich ins Elend,
dein Fortgehen bedeutet für mich den Tod,
rötet meine Äuglein,
ich bin außer mir,

---

457 Oder trifft MAROLD (Kommentar, S. 315) mit „du meines Herzens Leidbesieger" (für *meins herzen laid vertreib*) das Richtige?

458 Dieses in der Übersetzung hinzugefügte Adverb vereindeutigt die (im Text implizite?!) Vorstellung, dass hier weiterhin von der Gesprächs- bzw. Wechsel-Partnerin als der einzigen Begehrten die Rede ist. Ohne dieses Adverb bliebe die Stelle offen für eine andere (Richtung Gottesmutter weisende??) Beziehung.

des Verstandes gänzlich beraubt.
Mein weiblicher Anstand – dies Höchste –
verliert durch das Verlangen jegliche Macht.
Schreibst du mir nicht bald
und bleibst lange von mir getrennt,
wenn das eintritt,
fürchte ich sehr,
dich nie wieder zu erblicken!“

Kl. 108[459]

Ich bedaure, bedaure, bedaure
zutiefst einen Engel, einen bezaubernden Engel;
o Tag, erlös die Anmutige!
Vertreib die einstigen, kühlen Falten,
du wundersam bedächtig Schweigender!

459 Als Marienlied(fragment) zu sehen.

Kl. 109b[460]

I

Sei gegrüßt, Mutter, Königin,
barmherzige Trösterin,
ohne dich gibt es keinen Pfad wahrer Liebe
in dieser jammervollen Welt.
Sei uns dort gnädig,
wo dich[461] eine preisende Stimme anruft,
du Herrscherin über die Himmelsthrone
in den ewigen Gefilden!

---

460 Die Übersetzung des lateinischen Texts 109a (der Oswalds volkssprachigen Text 109b sehr frei inspiriert haben mag) lautet:

I: Sei gegrüßt, Mutter, o Maria, / du Allerfrömmste [*pietatis tota pia* formelhaft verkürzt], / ohne dich gab es keinen Weg / für die jammervolle Zeit. / Du Gnade, die du uns geschenkt wurdest, / bist uns als treue Fürsprecherin / des Himmelsthrons vorausgeeilt / zum ewigen Stuhl.

II: O Maria, du sonnengleich / wie Phoebus strahlender Morgenstern, / freust dich mit Christus, dem König, / den du in deinem Leib getragen hast. / Du süßes Allheilmittel, / das uns vor der Vernichtung schützt, / du bist das Schiff in jeder Gefahr.

III: Der Herr hat dich, prächtige Rose der Welt, / auserkoren, / um dich lobpreisen zu lassen /schon im Voraus durch den Engel. / Durch dich ist der Herr Fleisch, / uns als Kind geboren worden, / ist uns geschenkt worden / zur Freude und zum Heil.

IV: Du Gepriesene unter den Heiligen, / Trösterin der Seelen, / durch dich öffnet sich das helle Licht / dem Auge des Klagenden. / Im Tal der Sünden bist du es, / die den Sündern entgegeneilt, / du übergibst deren Seele / Jesus Christus, dem Herrn.

V: Du im Erhören Gnädige, / würdig des Lobes aller Welt, / erweist dich ganz unverborgen / als fromme und gnädige Mutter. / Alle Frauen übertriffst du / an Ehre und Würde, / du reichst allen die Süße / als irdischen Vorgeschmack.

VI: Und du zeigst dich ganz freundlich dem, / der um befreiende Vergebung fleht. / Vor dir gab es nichts dergleichen / und wird auf ewig nichts mehr so sein. / Gepriesen sei der, den du getragen hast, / den du an deinen Brüsten gestillt hast, / du, die für Eva wiedergutgemacht hat / das Kosten vom Apfel.

VII: Deine Frucht ist / der Trost aller Heiligen / und die Nahrung der Seligen / in der himmlischen Gemeinschaft. / Der Saal deines Leibes, das glückliche Behältnis, / vorbehalten einzig Christus, / barg jenes Geheimnis / in diesem deinen geheiligten Gefäß.

VIII: Die Frucht deines Leibes wusch / die Schuld Adams und sündigte nicht, / sondern nahm unsere Vergehen hinweg / am Marterkreuz dienend [*merues* wohl st. *merens* überliefert]. / Jesus, die Frucht deines heiligen Leibes, / sei – durch die Bitte der frommen Mutter bewegt – / ein Führer und Vermittler / hin zur himmlischen Heimat.

IX: Amen singen wir zuletzt / auf das Zeichen hin, das wir ersehnen, / was auch immer wir im Leben / in den Gebeten begehren. / Amen.

461 Übersetzt gemäß der von MAROLD (Kommentar, S. 513) vorgeschlagenen Konjektur *dich* st. *sich*.

II

Sei gegrüßt, Mutter, Frau und Jungfrau,
du Ehrenvolle im Ruhmeskleid:
Da der Herr dir nichts abschlägt,
steh uns hilfreich zur Seite, edle Krone,
auf dass uns nach unserem Ableben
dort ein freudiger Anblick erwarten möge
und wir alle Glückseligkeit
bei deinem Kindlein herrlich erlangen!

Kl. 110

I

Ich höre, dass einigen Leuten
jede Frau aus Adelskreisen recht ist,
egal, aus welchem Land, Schloss oder welcher Stadt
sie stammt: Das weise ich
aus innerster Überzeugung brüsk zurück.
Aus all den vielen Ländern, in denen ich mich umgeschaut habe,
zieht mich doch nur ein roter Mund
aus Schwaben an, schätze ich dort auch Sprache, Auftreten und Benehmen –
die Menschen und ihr Äußeres überhaupt.

II

Das alles zeigt sich an jener vornehmen Schwäbin,
an der ich niemals etwas auszusetzen hatte,
und die meinem Herzen näher kam
als alle, die mir sonst begegneten:
Äuglein, Nase, Mund, Kinn und Hals
sind bei ihr wohlgeformt; dazu die Haut,
rot, weiß, so zart hell und blass,
ihre Ärmchen, Hände und Brüste verheißen Lust ohne Ende,
sind fest und makellos weiß getönt.

III

Ihre Taille ist schmal, breit das Gesäß,
fest, drall und hübsch abgestützt;
über zwei herrlich glutvolle Schenkelchen
führt das Beinchen untadelig hinab,
wird durch ein Füßchen, so zierlich klein,
fein getragen. Ihre keusche Art
besteht makellos vor aller Welt.
Diese rechte Ausgewogenheit im Benehmen, Tun und Lassen
beherrscht nur sie allein.

Kl. 111

I

Im ‚Oberreich'
verlor ein hoher, mächtig herrschender König
einst sein gesamtes Volk,
Männer wie Frauen.
Das verschuldeten zwei Menschen,
weil sie sein Gebot missachteten.
Einer wurde
von seinem Vater unermesslich weit hinab
ins ‚Niederreich' geschickt: Den bestimmte er dazu,
viele Herausforderungen zu bestehen,
denen er sich in der Bedrängnis
vor vielen rohen Menschenscharen kühn stellte.
Schwere Not, Armut, Frost und Hitze
nahm er wie das Hofgesinde
in seiner unergründlichen Weisheit geduldig auf sich
als Kind seiner Mutter,
die ihn hier jungfräulich geboren hatte
ohne Schmerz und Makel; das verkünde ich euch aufrichtig.

II

In seiner glorreichen Majestät
thront er, alle Macht in sich vereinigend,
daheim im Reich seines Vaters
und hat doch hier auf Erden
seine Zeit schmerzlichst über sich ergehen lassen,
bis er die Kreuzespein erlitt.
Siegbegierig
war sein Sinn stets nur darauf ausgerichtet,
rasch die finsteren Kerker
eigenhändig aufzubrechen,
um jene Gerechten daraus zu befreien,
die hier in seinen Diensten gestorben waren.
Mächtige wunderbare Zeichen voll schönster Belehrungen
ließ er durch sich erscheinen,
ehe ihn der Todesschmerz erfasste,
den er hier als ein Mensch

von der Hand seiner eigenen Geschöpfe erlitt,
denen er Menschengestalt verliehen hatte.

III

Kein schöner Tag
war ihm in dreiunddreißigeinhalb Jahren gegeben,
obwohl seine Kraft so strahlend war,
dass sie niemand zu erfassen vermag.
Preisenswert ob der End- und Anfangslosigkeit
verkörpert dieser Herrscher die ewige Ordnung.
Es bleibt ein Geheimnis,[462]
weshalb jener uns so schmerzlich zu erlösen bereit war,
der Himmel, Erde, Blätter und Gras erschuf –
alle Geschöpfe
darin mittels eines einzigen Gedankens zum Leben entfacht! –,
und der dabei ein an jeglicher Gnade reicher Pfad ist.
Thomas von Aquin erklärt uns,
dass sich ein makelloses Knäblein
aus Liebe und um der Gerechtigkeit willen
dem Folterschwert auslieferte,
obwohl sein Vater auf verschiedenste Weise
den Sündenfall hätte sühnen können dank seiner Macht.

IV

Deshalb flehte
der vielgepriesene König zuvor auf dem Berg,
ehe er von seinem Jünger den Kuss empfing,
schweißnass
seinen Vater bewegend inständig an,
ihn, wenn möglich, freizugeben.
Das Angstkleid
wurde ihm angesichts des Totenschiffers beklemmend eng;
dennoch ordnete er seinen Willensfluss
den Händen des gekrönten Vaters
mit Sohnesworten vollkommen unter,
obgleich ihm das Herz unsäglich schwer war.
Als er nun die Gewissheit hatte,

---

462 *Es ist ain fräg* als Phraseologismus aufgefasst.

die todbringenden Qualen erleiden zu müssen,
da wandte er sich seinen Jüngern zu,
die ganz fest schliefen;
er sagte: „Wacht auf, betet vorsorglich,
denn ihr kennt weder den Tag noch die Stunde von der Ankunft des Todes!“

V

Da kam auch schon
Judas, der seinen Gebieter verraten hatte,
mit einer lärmenden Judenschar
und küsste ihn auf seine Wange,
damit man ihn erkenne,
denn er sah zum Teil so aus wie die Jünger.[463]
Jesus, der Würdevolle,
sprach zur Menge, die sich ihm
mit unzähligen Schwertern und Lanzen näherte:
„Wen sucht ihr so eifrig?“
„Wir suchen Jesus von Nazareth!“
Er erwiderte ehrsam: „Der bin ich.“
Als er das göttliche Wort
aus seinem heiligen Mund hören ließ,
stürzten sie alle
rücklings auf den Gartenboden.
Dies machte seine Kraft augenscheinlich
und zeigte, dass er die Pein freiwillig auf sich nahm.

VI

Seine rühmenswerte Kraft ließ hernach zu, dass sie ihn gefangen nahmen,
stießen, straff fesselten, ihm den Bart ausrauften, ihn zu Boden schlugen.
Grausam, jämmerlich, bitter verspottet,
wurde er in das Haus des Richters gebracht.
Für jene Nacht
der Finsternis vermag kein Mund hinreichend
die Qualen des liebsten Herrn auszudrücken.

---

463 *aim junger* als Kollektiv aufgefasst. Oder: „er glich einem der Jünger“??

Der edle Sankt Petrus
verleugnete kurz hintereinander dreimal
den, der uns durch die Schrecklichkeit seines Martyriums erlöste.
Maria, die so makellose Jungfrau,
empfand unbeschreiblichen Kummer,
als ihr ein Jüngling die Botschaft überbrachte;
heiße Tränen vergoss sie
um ihren gepriesenen, liebsten Schatz,
den sie empfangen und geboren hatte mit keuschem Schoß.

VII

Nachdem sie ihn nach ihrem Gutdünken
voll grausamer Lust
die ganze Nacht hindurch bis Tagesanbruch misshandelt hatten,
führten sie ihn eilig
vor Kaiphas, Pilatus und dann
vor Herodes, als wäre er ein Verbrecher.
Lange noch
könnte man darüber singen, worüber sie ihn befragten;
er antwortete ihnen wortkarg,
was sie sehr ärgerte.
Herodes sagte sich:
„Er ist dümmlich, da er nicht reden kann!"
und ließ ihm zur Schmach
ein Narrengewand anlegen.
Sie hatten mit ihm ihren Spaß,
dann wurde er neuerlich
dem noch immer unzufriedenen Pilatus
unter lautem Gespött vorgeführt, als sei er ein völlig Verrückter.

VIII

In einem riesigen Tumult
voll schaurigem Getöse, Dröhnen und Gepolter
ließ sich der König, König über alle Könige,
der Herr, Herr über alle Herren,
geduldig wie ein Lamm
zu seiner Schande wiederum vor Pilatus bringen.
Jener Elende
unterdrückte aus Furcht vor dem Kaiser sein Gewissen
verstohlen in einen Winkel seines Herzens.

Obwohl er den Beweggrund,
nämlich den hinterlistigen Hass der Juden, erkannte,
gab er doch durch eine infame Entscheidung nach.
Grausam ließ er ihn
nackt an einer Säule geißeln:
Ganz kläglich entströmte das Blut
seinem Körper.
Auf sein heiliges Haupt setzte man
eine Dornenkrone mit betäubend festem Druck.

IX

Aus dem Gerichtsgebäude
wurde er unter heftigsten Schmerzen
den Juden vorgeführt, wobei Pilatus sprach:
„Da, seht euch euren König an!"
Sie sagten: „Wir haben keinen König,
nur einen Kaiser, dem wir unterstellt sind."
Spöttisch grimassierend[464]
knieten sie sich niederträchtigen Herzens vor ihm nieder
und huldigten ihm voll hämischer Feindseligkeit
durch ihren scheinheiligen Gruß:
„Ave, rex Iudeorum!" – das heißt:
„Gegrüßt sei der gesandte Judenkönig!"
Und sie hielten über ihn arglistig
wie über einen Räuber Gericht.
„Lasst uns den Frevler
dem Tod zuführen!"
Und laut riefen sie voll Zorn:
„Pilatus, ans Kreuz mit ihm, kreuzige ihn, kreuzige ihn schnell!"

X

Der wusch sich seine Hände
und sagte: „Ich bin an seinem Tod nicht schuld!"
Darauf ergriffen sie den lieben Herrn
und legten ihm mit Genuss
ein Kreuz auf seinen schwachen Rücken,
das er allein gar nicht tragen konnte.

---

464 Deutung für *sann* (aus lat. *sanna* = „Spottmaske", vgl. MAROLD, Kommentar, S. 486) unsicher.

O, wie verzweifelt
begleitete ihn da ergeben seine teure Mutter,
als sie ihr eigenes Blut
vor den ehrlosen Leuten
müde schwankend seinem Tod entgegengehen sah
unter diesem Kreuz, das massiv gezimmert war.
Als sie ihn dorthin geführt hatten,
wo er nun sterben sollte,
entkleideten sie den erschöpften Herrn,
wie sein Vater es wünschte,
und legten ihn schamlos
rücklings auf den Kreuzesbaum.

XI

Drei stumpfe Nägel
wurden ihm durch seine Hände und Füße geschlagen;
am Kreuz gestreckt, gedehnt und gequält hat ihn
ein jüdischer Mann.
Maria vernahm die Hammerschläge,
sie gingen ihr durch das Innerste ihres Herzens.
Mit einem schnellen Ruck
wurde er gar schmerzhaft hochgezogen.
Er sah seine Mutter an,
die er Johannes anvertraute,
und stieß folgende Worte
mit lauter Stimme aus: „Eli, Eli!
Mein Gott, mein Gott, wie sehr hast du
mich im Sterben verlassen![465]
In deine Hände, Vater, übergebe ich
meinen Geist in dieser Qual!“
Damit verschied er aus seinem Menschendasein.
Mir Wolkenstein möge dort seine Gnade zuteil werden![466]

465 *Mein got, mein got, wie hastu schier / verlassen mich in tod* (V. 193) folgt sinngemäß Markus 15,34 („Mein Gott, mein Gott, warum [bzw. überlieferungsgeschichtlich korrekter wohl „wozu“] hast du mich verlassen!“). Das ergänzte (elliptische) Satzglied *in tod* wird als eine Akkusativ-Konstruktion („in den Tod hinein“) verstanden, woraus sich die oben vorgeschlagene Übersetzung ableitet.

466 Die lat. Nachschrift lautet übersetzt: „Mögen alle zugrunde gehen, die uns verfolgen!“.

Ein blinder Jude namens Longinus,
der kam mit seinem Speer;
den stieß er in seine heilige Seite.
Blut und Wasser strömten ihm entgegen
bis auf seine Augen: Er sah!
Ewig bewahr uns Gott vor Leid! Amen.

Kl. 112[467]

Höflich[468] wandte sich ein Ritter an mich,
der die Welt viele Jahre
gründlich durchstreift hatte
in zahlreichen Königreichen, Ländern und Städten,
von einem Fürstensitz zum andern
und auch in einigen Heidenreichen,
wie es eben einem Ritter ziemt.
Es war ihm nämlich etwas nicht klar geworden,
was ich ihm erläutern sollte
und weshalb er mich also um Auskunft bat.
„Erklär mir, mein lieber Kamerad,[469]
was könnte die Ursache dafür sein,
dass die göttliche Gerechtigkeit
grundsätzlich ohne Unterschied
in der gesamten Christenheit
für jeden Menschen gleich ungetrübt klar
vor Gericht Geltung hat,
dies jedoch höchst selten geschieht,
vor allem dadurch,
dass man sich nicht an die Gesetze hält
gemäß den kaiserlichen Verfügungen,
so dass Arme und Reiche geprellt werden?“
Ich sagte: „Soweit ich das beurteilen kann,
sind viele Köpfe daran schuld:
Wer gemäß seinem Willen waltet,
und sei er noch so kundig, der geht in die Irre,
wenn er nicht einen Weisenrat einrichtet –
was für Frau Ehre förderlich ist –
und diesem gottesfürchtig Folge leistet.
In einem Land, wo man auf den nicht hört,
umwuchert die Willkür das Recht,
denn: >Hat ein Abt die Würfel zur Hand,

---

467 Der Fettdruck an einzelnen Wortanfängen verweist auf die gliedernden Alineazeichen der Hss. B u. c (vgl. dazu allg. die Anm. zur Werk-Ausgabe auf S. XXXII).

468 *angevar* (aus sonst üblichem *an gevar*) wörtlich „ohne böse Absicht“, hier aber Teil einer gesprächseröffnenden Routineformel und daher freier übersetzt.

469 *bruder* in dieser Anredefloskel wohl mit dem Konnotat des „verbündeten Standesgenossen“.

spielen auch die Mönche
ihrem Herrn zuliebe[470] schändlich mit.<
Statthalter, Ratsherr, Verwalter und Fährmeister,
Richter, Anwalt, Schöffe und Büttel
geraten alle auf die schiefe Bahn,
jeder seinem Vorgesetzten zuliebe;
ihr Gewissen,
durch das man zu der
göttlichen Gerechtigkeit gelangen sollte, wird so sehr ausgehöhlt
(da man ihnen derlei nicht untersagt),
dass niemand gleich behandelt wird.
Es bedeutet schlimme Aussichten
und eine schwere Strafe für ein Land,
wenn man sich das Recht erkaufen muss.
Dann gerät der Vorteil des Armen
in diesem Ränkespiel stets ins Hintertreffen.[471]
Der Bestechliche genießt einen üblen Ruf,
auch wenn er von Natur aus friedlich ist,
und zwar weil er ganz aufgefressen wird
von arger Raffgier – so nennt man das.
Manch ein Mann lässt sich
von ihr tief in die Hölle verleiten.
Aber, ‚nehmen' und ‚geben', ‚arm' und ‚reich' –
seht doch, das stellt sich unterschiedlich dar:
Wer annimmt, was ihm gern gegeben wird,
aber so, dass er sich zu keiner schlimmen Verfehlung
gegenüber der Gerechtigkeit hinreißen lässt
und sich nicht für Schmeicheleien, Geschenke oder Drohungen
auf die Seite des Gebers stellt,
sondern einzig auf das göttliche Recht sieht,
egal, ob es um das Urteilen oder Beraten geht,
dessen Nehmen bedeutet für ihn einen eher geringfügigen Makel.
Wäre seine Amtshandlung aber einzig durch Gott[472] motiviert,

---

470 *zu lieb*:„nach seinem Vorbild" oder doch – wie oben vorgeschlagen – „ihm zuliebe" (auch) i. S. von „mit ihm", „auf seine Einladung hin"?

471 Der bildkräftige Satz *damit so stet des armen schanz / neur allzeit hinden an dem tanz* (V. 47f.) könnte – wenn man noch ‚mutiger' übersetzt – auch als eine Parömie aufgefasst werden: „So gilt: >Beim Tanzen wird ein Armer stets erst hinten an die Reihe kommen<.

472 Also „für Gottes Lohn" (statt eines realen ‚Lohns', vgl. V. 67); in diesem Sinn ist der gesamte Vers hier expliziert.

so wäre das wahrlich noch viel besser.
Geschähe es also unentgeltlich,
dann würde dies zu einer leicht verschmerzbaren Einbuße führen,
denn dafür könnte er so hohes Ansehen erlangen,
dass ihn dieses entlohnen würde.
Ferner: Wollte er sich bemühen, beiden Parteien gerecht zu werden
und sich dafür wirklich rechtschaffen einsetzen,
so brächte ihm dies Anerkennung und Ehre ein
durch Gott und aus irdischer Sicht.
>Segensreich wär' dort das Recht, wo man es so zu wahren wüsste,
dass aus ihm echte Eintracht folgt.<[473]
>Was sich gerecht beilegen lässt,
das wirft die Teufel schwer zurück.<
>In Rechtsgeschäften verirren sich viele
bei Urteil, Ratschlägen, Abgaben und Lohn.<
>Falsche Aussagen und Eide sowie betrügerisches Treiben,
das ist dem Teufel hoch willkommen.<
>Kaum jemals setzt das Recht sich durch
mehr oder minder ohne Sünde< –
vor allem deswegen,
da ein jeder nach seinem Gewissen
nach Gutdünken ein Urteil fällen darf,
wobei mancher so stumpfsinnig ist,
dass er nicht bis fünf zählen kann:
Wie könnte so jemand die Rechtsprechung begreifen?
Beim Herunterlesen tritt er ganz so auf,
als sei er Salomo.
Besonders innerhalb einer Gemeinde
bleibt das Recht kaum jemals unbefleckt:
Schon wenn jemand einen einzigen Anwalt aufbietet
und sich dazu – je nach Wichtigkeit[474] – noch Gewährspersonen,
so schenken sie alle jenem Glauben,
egal, wie unberechtigt seine Forderungen sind.

473 In der Vermutung, dass (auch) hier eine Rechts-Parömie – von Oswald ‚nur' erfunden? – vorliegt, zeigt sich die Übersetzung phraseologisch aufgelockert. Ihr folgen gleich vier ähnlich zitathafte Sätze!

474 *nach der swer* wörtlich „gemäß Gewicht (des Rechtsanliegens)".

Dann lässt der Richter das auch noch zu,
vereitelt[475] diese Ungerechtigkeit nicht,
die der anderen Partei widerfährt;
das alles verdankt man dem Bestechlichen, wo er auftritt.
Verlässt sich ein Fürst auf untaugliche Berater,
bei denen weder die Seele noch das Ehrgefühl Höheres erstreben,
so übt er die Rechtsprechung dergestalt aus,
dass alles ganz nach Gutdünken bestätigt wird,
denn gleich Hunden
erkennen sie jederzeit die Wünsche ihres Herrn;
hier erscheint die Rechtslage nicht anders,
als diente sie zur Förderung von Willkür und Gewalt.
Genau dies zeigt sich
bei all jenen, die mächtig sind
und vom Recht immer wieder,
wie ich merke, vom Scheitel bis zur Sohle skrupel- und gewissenlos
Gebrauch machen,
was letztlich aber mit schlimmer Strafe endet.
Ein Fürsprecher, der sich von dem beschenken lässt,
für den er das Wort ergreift,
stellt eine zwielichtige Person dar,
die man über nichts urteilen lassen sollte.
Traut man dennoch seinem Eid,
so versündigt man sich dadurch, was ich bedaure.
>Das Recht hat eine Nase ganz aus Wachs,
es lässt sich krümmen wie ein Hase<:[476]
Zwingt den ein Hund zum Ausweichen,
so weiß er ständig hin und her zu springen.
Ich höre, dass so mancher Anwalt von beiden Seiten etwas annimmt,
was verwerflich ist.
Von dem einen erhält er etwas offiziell,
der andere besticht ihn im Verborgenen.
Für die eine Partei meldet er sich zu Wort,
die andere trägt den Sieg davon.

475 *versten* mit „verstehen" zu übersetzen, geriete wohl in Widerspruch zu V. 102, wo bewusste Verantwortungslosigkeit angenommen wird?!

476 Den sprichwortartig formulierten Gedanken vom ‚biegsamen Recht' könnte man auch erst mit V. 126 enden lassen, denn die beiden nachfolgenden ‚erläuternden' Verse schließen thematisch sehr eng an und würden (der Konvention durchaus längerer historischer Parömien gehorchend) noch nicht den Rahmen zitathaft ‚erinnerbarer' Sprüche sprengen.

Auf diese Weise wird von ihm
jene Partei, die ihm vertraute, übers Ohr gehauen.
O Judas, du verruchter Mensch,
wie viele Genossen du doch zurückgelassen hast!
Das meint nicht nur den, der sich ‚Anwalt' nennt,
sondern auch viele hohe Herren, die sich in Wechselhaftigkeit üben,
Geistliche wie Weltliche,
und die dabei noch auf ihr Ansehen halten
in der Welt und auch vor Gott;
ich fürchte, da werden sie Hohn ernten.
Noch etwas will ich nicht verschweigen,
nämlich einen schlechten Usus auf dieser Welt:
Warum werden jene, die Geistliche sind, aber sich mit weltlichen Rechtsgeschäften
mehr befassen als Ritter oder Knappen,
also beide Schwerter gebrauchen wollen,
so überaus geschätzt?
Sankt Petrus besaß bloß eines,
mit dem er den Juden verwundete,
und es war ihm zu nichts nütze,
als er sich in die Höhle flüchtete.
Von hier aber geht alles aus:
von der durch Gott festgeschriebenen geistlichen Lehre.
Geistliche Herren sind oft hartnäckig,
und keiner von ihnen folgt dem Beispiel von Sankt Petrus.
Wo Geistliche über Land und Leute gebieten,
kommt es zu mehr Missständen
als unter Fürsten (denen es obliegt,
das Recht unbeirrt zu pflegen)
oder unter anderen hohen und niederen Adeligen
in der gesamten Christenheit.
Gott hat drei Gruppen wohlbesonnen eingerichtet,
denen er den Lohn
der ewigen Sorgenfreiheit im Jenseits schenken wird,
nämlich Geistliche, Adelige und Arbeitende.[477]
Für die Geistlichen ist vorgesehen,
dass sie Tag und Nacht
für die beiden anderen Gruppen den Beistand Gottes erflehen;

477 *arbaiter* gemäß V. 172 (*pawer*) mit dem „Bauernstand" gleichzusetzen. (Vgl. auch Kl. 113.)

das Rittervolk soll wiederum
für die vorhin Genannten unerbittlich kämpfen;
dem Bauern fällt es zu,
sich täglich arbeitsam
um unsere und auch seine Nahrung zu bemühen.
Hier zeigen sich starke Abweichungen –
vornehmlich bei der Geistlichkeit –
aufgrund von Missständen in unserer Welt,
wie ich sie zuvor dargelegt habe.
Ich wünschte, jeder Geistliche
achtete auf seinen Stand,
wie er das von Rechts wegen tun sollte;
das wäre für die Welt eine große Erleichterung!
Mehr Zwistigkeiten rühren für die Welt
von den Priestern und ihresgleichen her
als sonst von allen Laien zusammen –
das hat Gott so nicht gewollt.
Von ihnen wird das Recht weit ärger verbogen
als von irgendjemandem sonst.
Klarer als anderswo wurde mir dies in Rom
innerhalb weniger Jahre vor Augen geführt:
Recht zu Unrecht und Unrecht zu Recht
vermag man dort gerade- und krummzubiegen.
Täuschung, Betrug, Sophisterei
lernt man in Rom, so viel man nur will,
durch die Machenschaften[478] der Prälaten,
die da mit Hilfe der Simonie vollzogen werden.
Dass dort, wo unsere Zuflucht
für das Abwaschen der schweren Sünden sein sollte,
so schlimme Lehren verbreitet werden,
sei dir, himmlischer Gott, geklagt,
und auch, dass immer stärker
eine solche Neigung bei den Gelehrten zu entdecken ist,
die uns als Lichter
einer Unterweisung hin zum ewigen Heil dienen sollten.
Das alles bewirken jene Mächtigen,
die sich selbst öffentlich bloßstellen
und des Unrechts bedienen

478 Herleitung aus *piegkanei* unsicher.

ohne Ehrgefühl und Gottesfurcht.
Wer so handelt, ob Geistlicher oder Weltlicher,
der ist vor Sünden nicht gefeit.
Denn: >Leidet das Haupt an dumpfem Schwanken,
dann erkranken auch die Glieder.<
So wie der Kaiser gerne Besitztümer einzieht,
hegen auch viele Fürsten die gleiche Absicht:
Die möchten einiges unter den Tisch fallen lassen,[479]
sofern sie nur Unterstützung finden
bei den Ratsherren, Ländern und Leuten.
Mir sind die festgelegten Gesetze lieber,
die man als Kaiserrecht achtet;
auch eine altbewährte Gewohnheit
soll als Recht gelten.
Wollte man das beachten, so würde vieles gerade gebogen,
was andernfalls für sehr lange krumm bleibt,
wenn man Willkürrecht anwendet. Wo es so gehalten wird,
dass das Kaiserrecht nicht zählt,
dort will man gar nichts davon hören,
dass dem Kaiser irgendetwas zugestanden werden müsse,
obwohl er doch die Quelle aller Rechte darstellt,
die hieraus völlig richtig
naturhaft geradlinig in alle Lande strömen.
Es kann kein Landrecht ersonnen
und ohne das Kaiserrecht vollzogen werden;
es muss durch dieses ergänzt sein
um zahlreiche kaiserliche Erlässe[480]
(genau wie alle Gewässer einen Ursprung haben
im Strom aus den riesigen Meerestiefen),
es sei denn, man möchte das Gesetz Gottes verkehren
und das Richtige schlecht machen.
Was vom Reich als Lehen übergeben worden ist,
vermag sich fürwahr niemals
diesem Rechtsbestand
durch irgendeine ausgetüftelte Sophisterei zu entziehen.
Viele bewährte Gewohnheiten
stehen jedem Land unter der Bedingung zu,

479 Vgl. V. 225–227 u. 239–244.

480 *gaben* ev. im allgemeineren Sinn von „Gesetzesbeiträgen"?

sie gemäß der Landessitte anzuwenden
und Tag für Tag zu verbessern, ohne Leid zu verursachen.
Eine schlechte Gewohnheit – egal, wie alt sie ist –,
sollte schleunigst aufgegeben
und rasch im Sinne Gottes neu geordnet werden,
damit sie die Bezeichnung ‚gute alte Gewohnheit' verdient;
sie ist dort, wo man das unterlässt,
keinen einzigen Pfennig wert.
Eine neue Gewohnheit darf niemand einführen.
Geschieht dies dennoch ohne Rücksprache
und Ermächtigung durch die Zustimmung des Kaisers,
so ist dieser Vorgang bestrafungswürdig,
denn wenn dieser Lehen vergibt, billigt er nichts über
die rechte althergebrachte Gewohnheit hinaus zu.
>**F**ür jeden Fall ist's vorgesehen,
das Recht ganz redlich anzuwenden<:[481]
Wie könnte jemand in hitziger Eile
darauf Rücksicht nehmen, wenn er sich dabei nicht auskennt?
Bittet man ihn, nach bestem Gewissen
einen ganz trefflich passenden Richtspruch zu fällen,
so geht er in die Irre, selbst wenn er klug ist –
es sei denn,[482] er hat schon viel über Rechtssprechung gehört
sowie sich damit in der Welt
ausreichend erprobt, wie dies an Orten zweckmäßig ist,
wo man Recht und Beratung
angemessen studieren kann.
>So manches Haupt, so mancher Sinn<:
Wie sollte es da jemandem erlaubt sein,
einzig in seinem Sinn ein Recht zu deuten,
über das schon lange nachgegrübelt worden ist?
>Einmal getroffen, zweimal daneben!<

---

481 Diese Annahme einer sprichwortartigen Formulierung scheint – verstanden als argumentativ allgemein gehaltene Eröffnung eines neuen Textabschnitts – durchaus ‚legitim' und stellt sich zudem parallel zur unzweifelhaften Parömie in V. 271. Unphraseologisch gedacht wäre hingegen z. B. so zu übersetzen: „Für jeden Streitfall hat / das Recht vernünftigerweise ganz uneingeschränkt zu gelten."

482 *er hab der recht* ev. doch mit impliziter konzessiver Bedeutung („selbst wenn er die Gesetze")? Dann wären die V. 266–270 nicht ein Hinweis darauf, wie es (dem ‚Muster' des weltgewandten lyrischen Ichs folgend; vgl. auch 282f.?!) sein sollte, sondern würden meinen, dass auch kein (noch so profundes) Kennen fremder Gesetze das spezielle Wissen über die heimischen Gesetze entbehrlich mache!

Auf manche Weise schadet das Willkürrecht,
von dem man bei Rechtsfragen nicht Gebrauch machen würde,
wenn das Kaiserrecht gälte.
Kann denn ein Bauer, der mit der Schrift nie in Berührung kam
und nur von Ochsen umgeben ist,
mehr vom Recht verstehen
als ein weitgereister tüchtiger Mann
oder ein gelehrter kluger Herr?
Wie sollte er sich dies angelesen haben?
Über noch etwas bin ich sehr verwundert,
nämlich, dass oft ein eitler Geck
zum Richter ernannt wird, dem es
an Gottesfurcht, weisem Ratschluss
sowie dem, was man sonst zum Rechtsprechen braucht, fehlt,
davon überhaupt keine Ahnung hat.
Wie soll er Mann und Frau in die Schranken weisen,
wenn er das bei sich selbst nicht vermag?
Um es Euch noch genauer auseinanderzusetzen:
Der, dem Land und Leute,
Verwaltung, Pflegschaft, Gericht und dergleichen übertragen sind,
damit er arm und reich zur Ordnung rufe, über sie Recht spreche,
soll nach außen hin erkennen lassen,
dass er ohne Fehl und Tadel ist;
das gilt auch für alle, denen
in einer Herrschaft Land und Leute unterstellt sind,
egal, ob es sich um Geistliche oder Weltliche handelt.
Ach, wie selten wird das erfüllt!
Es sollte ein Fürst an seinem Hof und in seinem Land
Ratgeber haben, die
ein gottesfürchtiges, edles und unverderbtes Gewissen besitzen,
eine allgemein verständliche Redeweise und höchstes Ansehen.
Wenn einem Fürsten das fehlt,
steht es übel um das Recht;
sowohl Urteilssprüche als auch Zusicherungen
liegen dann bei der Rechtsprechung im Argen,
so dass niemand auf sie richtig vertrauen kann.
Kann sich einer auf noch so viele Rechte berufen,
es kommt für ihn vor Gericht zu einem
solchen Urteil, das
keinen Erfolg zu seinen Gunsten beschert –
hier erweist sich das Recht als verderblich!

>Schmähungen und alles Drohen
sind beim Richten streng verboten<[483] –
doch lässt man davon trotzdem nicht ab,
und da seit jeher, wie man so hört.
Ein weiser Mann, der dem Rat angehört,
sollte sich immer darum bemühen,
beiden Parteien mit unverändertem Bescheid Auskunft zu geben
zum Zwecke eines sicheren Friedens.
Möchte jemand ein Ratgeber sein,
so kann er bereitwillig beiderseits Rathilfe gewähren;
möchte er aber nur einem behilflich sein,
berate er nicht auch noch die andere Seite
und höre sich desgleichen nicht deren Rechte an,
sondern beschränke alles bloß auf die öffentliche Gerichtsverhandlung.
Auf diese Weise bleibt er unanfechtbar,
wenn er das Recht nach beiden Seiten hin wahrt.
Ein Ratgeber sollte weder Mann noch Frau
mit zweifelhaften Aussichten verlocken,
die er hernach
beim Urteil nicht unterstützen kann, wenn es zur Entscheidung kommt.
Berät er ihn daraufhin noch immer,
so trägt er Schuld an seinem[484] Misserfolg.
Du darfst zu keiner Partei halten, Richter,
sei sie klein oder groß,
und gestatte das auch niemandem,
der sich bloß auf eine Seite schlägt!
Bei einem solchen Gericht,
wo der Richter zulässt,
dass jede Partei ihre Leute einschleust,
ehre und schätze ich die Rechtsprechung nicht.
Wenn da das Recht zurückgedrängt
und mit Eidesschwüren grob missachtet wird,
trägst du, Richter, die Verantwortung,
weil du die Parteien gewähren lässt,

483 In Ergänzung zu HOFMEISTER, Mikrotexte, wird hier auch dieser Satz angesichts seiner bündigen, Merksatz-ähnlichen Formulierung als eine Rechts-Parömie markiert.

484 „seinem" = wohl „dessen" (im Sinne eines Nachteils für den Klienten und nicht für den Rechtsbeistand)?!

denn: >Es hält ein jeder zu den Seinen<.[485]
Dennoch sollte die Rechtsprechung unbefangen bleiben,
frei von Tücken und von Grund auf durchschaubar –
doch wird dies nur selten gewährleistet.
Auch sollst du niemanden um Auskunft bitten,
bei dem du dir dessen sicher sein kannst,
dass er einer Partei gewogen ist
(ein ehrliches Gewissen sträubt sich dagegen),[486]
niemanden durch Befragung dazu auffordern –
was ich dir nicht ohne Grund sage.
Es gibt nicht viele Länder,
in denen so zwielichtige Rechtsprechungen durchgehen;
und man ärgert dort die Teufel gründlich,
wo man nach dem Gesetzestext richtet,
in dem sich die Rechte gut durchdacht
für jeden Streitfall gottgefällig ausgelegt finden.
Außerdem steht die bewährte Gewohnheit
jedem Land gemäß seinem Brauch zu,
und es gilt sie bei arm und reich einzuhalten.
Dies zeichnet ein Land rühmlich aus
und trifft besonders auf welsche Länder zu,
wie ich das für viele Königreiche bestätigen kann.
Genauso ist es in allen Reichsstädten üblich
(so in zahlreichen anderen deutschen Ländern auch),
dass man zu zwölft korrekt urteilt,
und zwar besser als sonst durch die gesamte Gemeinde.
Selten wird mittels der Gemeinde ein Fall
ohne Anrüchiges und etliche Verfehlungen abgehandelt:
Ich halte es nicht für richtig, wenn man diese Praxis
den geschriebenen Rechten vorzieht, welche – wenn sie
von Leuten, die sich darauf verstehen, angewendet werden – dafür sorgen,

485 In Ergänzung zu HOFMEISTER, Mikrotexte, sei *jeder stat dem seinen bei* (V. 351) als eine (zitathaft wiedergegebene) ‚Binsenweisheit' markiert und übersetzt, da sich ihre allgemeine Aussage nicht direkt (im Sinne einer Abwertung aller Urteilsfindungen) verstehen lässt, sondern nur als eine aus dem Alltagsleben warnend ‚herbeizitierte' Erfahrung, die aber vor Gericht möglichst nicht zur Geltung kommen sollte.

486 In diesem Vers scheint die Überlieferung von B *da versaigt* gestört zu sein, korrekt jedoch die der Hs. c *das uersaigt*, auf der die Übersetzung hier beruht.

dass es um Frau und Mann gut bestellt ist.[487]
Ich darf euch etwas Gleichnishaftes nennen:
>Verfolgt einer das Spiel von zweien,
die er davor noch nie gesehen hat,
er wünscht die Niederlage doch nur einem.<[488]
Dasselbe trifft auf die Gerichtsverhandlung zu,
bei der viele Männer vertreten sind:
Der, dem dort das Glück hold ist,
erlangt Zustimmung, egal, was geschieht.
Dies alles käme nicht an jenen Gerichtsstätten vor,
wo man das geschriebene Recht beachtet.
>Oft zeigt sich jemandes Moral so träge,
dass sie sich windet wie nach Rom die Wege<:
Deshalb heiße ich es überhaupt nicht gut,
dass man einen Streitfall
oft unter Einbeziehung der ganzen Gemeinde gerichtlich entscheidet;
eine solche Gewohnheit taugt nichts,
denn gemäß gottgewolltem Recht darf kein Druck entstehen
durch den manipulativen Gebrauch von Hintertüren
bei irgendeinem freien Urteilsspruch;
nur[489] redliche Absichten mögen da eine Rolle spielen.

---

487 *versorgt* wird (wie bei SCHATZ, Sprache, S. 66) gemäß dem dann schlüssigen Kontext als bereits positiv konnotiert gesehen (also nicht mehr in der mhd. pejorative Bedeutung „unversorgt“).

488 Es spricht einiges dafür, (in Ergänzung von HOFMEISTER, Mikrotexte) auch in V. 384–386 eine Art von Kollektivzitat zu erkennen, nämlich – außer dem parömischen Grundcharakter dieses Satzes – die metasprachlich einleitenden Hinweise (in V. 383) auf ein *ebenbild* („Gleichnishaftes“), welches uns das lyrische Ich *melden wil* („nennen“ = „erinnern“?!).

489 Oder für *es sei dann* (mit direktem syntaktischen Anschluss) „außer es sind“?

Es gibt noch anderes an Tadelnswertem,
das dem Recht[490] arg zu schaffen macht,
doch andererseits wird dadurch, dass man sich
an die Niederschriften aus den alten Büchern hält
(die ja ständig verbessert werden),
dort für alle gut vorgesorgt,
wo diese[491] untadelig sauber geführt werden,
meine ich, Oswald Wolkenstein."

490 Oder für *das recht* doch „der Rechtssprechung"?

491 = „die alten Bücher" (V. 406).

Kl. 113

I

Herr Papst, Herr Kaiser, du Bauersmann,
warum zeigt ihr euch nicht gerne gottergeben?
Damit[492] euch Gott nicht verlässt,
sollt ihr nur eurem rechten Stand treu bleiben,
der euch von ihm auserkoren wurde,
um diesen vollkommen auszufüllen,
wie er uns gemäß unserem Glauben zufällt,
und zwar namentlich klar festgelegt als
Geistliche, Adelige und Arbeitende![493]

II

Du, Heiliger Vater, mögest Tag und Nacht
für die gesamte Christenheit beten –
gleich wie jeder, der geistliche Aufgaben hat –
und hingebungsvoll aufrichtige Fürbitten
an Gott richten, der alle Lebewesen
erschuf und uns erlöste,
indem er seinen geheiligten Tod auf sich nahm,
den er in Menschengestalt
durch die Kreuzesqualen erlitt.

III

O Kaiser, mit deinem Schwert mögest du
und alle, die dafür geweiht sind,
das Recht und den teuren Glauben
immerfort mächtig beschirmen!
Beschützt die Witwen, Waisen, arm und reich,
und gebt gut Acht,
damit man nicht euch selbst etwas anlastet,
was irgendwie die Ehrenfülle schmälern[494] könnte –
eher vergießt euer eigenes Blut!

---

492 Oder für *seit das euch got* kausal: „Da euch Gott“, was aber an eine Heilsgewissheit denken ließe, die von keinen weiteren Bedingungen abhängig wäre und u.a. im Widerspruch zu V. 30f. stünde.

493 Vgl. Kl. 112/66.

494 Wörtlich (für bildhaft *berür der eren teich*): „den Ehrensee anrühren würde“.

IV

Wer für die Arbeit geboren ist,
möge die Arbeit um des sicheren Schatzes[495] willen leisten!
Verweigert er sie, so kann er
durch seine Arbeit hier wie dort[496] nichts erreichen.
Anders herum gilt: Erweist er sich als treu,
wie sich dies für einen Bauersmann gehört,
und kann er somit voll Zuversicht sterben,
so erfüllt sich für ihn dort das Glück sicher
ewig und ungetrübt.

V

O Welt, wie schmerzlich nimmst du deinen Lauf!
Und alle treten sie dort Gott gegenüber,
Kaiser wie Papst,
ein jeder gemäß seinem Stand.
Ihr Fürsten, Grafen, Ritter, Knechte,
Bürger, Bauern – alle seien sie genannt –,
ebenso ihr Kardinäle, Bischöfe und Prälaten,
alle ihr Geistlichen und Weltlichen, hört und beachtet dies:
>Rechtschaffenheit auf Erden wird belohnt<![497]

495 *Durch getreuen hort* spielt auf den himmlischen Schatz an.

496 D. h. „im Himmel".

497 Etwas freiere Wiedergabe des maximeartigen (wohl wieder auf das jenseitige Heil gerichteten) Satzes *recht tün wer güt in dieser welt.*

Kl. 114

I

Hört, was für eine schmerzliche Nachricht
eine makellose, keusche Frau erhielt,
nämlich, dass jener Herrscher festgenommen worden sei,
der über Himmel, Erde und alles Leben
gebot, mit dem sie niedergekommen war
(vorher wie nachher jungfräulich) und den sie gemäß der Verkündigung –
„Ave!" – ohne Befleckung empfangen und geboren hatte.
Ein Diener und Jünger, der geflohen war,
teilte, wie es heißt, der Frau mit,
dass man ihn –
den sie mit Liebe erzogen hatte – erbarmungslos grausam
und äußerst schändlich mit schlimmer Hast
in einem riesigen Tumult zum Haus des Annas,
des Richters des jüdischen Volkes, gebracht habe.
Ach Frau, wie heftig war der Schmerz,
den dein reines Herz verspürte,
als es vom freien Opfertod hörte;
der Schrecken erfasste den gesamten Körper,
so dass du ohnmächtig niedersankst!

II

Der grenzenlose Jammer und die Zermürbtheit durch die Hingabe
waren – recht betrachtet – durchaus verständlich,
als du wieder zu Sinnen kamst
und dich deines Kindes beraubt fandest
durch Leute, die mir zuwider sind
und die ihn hinterhältig ohne Beweise
vor dem Richterstuhl angeklagt hatten.
Ach makellose, keusche Jungfrau,
es wundert mich, dass dein
unschuldiges Herz nicht unter dem schweren Leid zerbrach,
als du in dieser Nacht vernahmst und sahst,
wie der Herr in einem riesigen Spektakel
mit seinem durch Worte und Taten schmerzbeladenen Leib
eilig in den Tod getrieben wurde!
Ach Gott, wie erbärmlich wirkte da

die Flucht deiner Jünger!
Sankt Petrus verleugnete dich gänzlich.
Rast- und ruhelos bliebst du verlassen,
umringt von deinen Feinden.

III

Du von Gott auserkorenes Geschöpf,
durchstrahlt und geheiligt vor allen anderen Frauen,
wie hat sich da doch an deiner edlen Wesensart
in deinem zarten Körper
dieser heftige Schrecken beim scharfen Aufzucken
des Geißelschlages gezeigt, durch den du niederstürztest,
jäh zu Boden fielst!
Heftig war da wohl dein Mitleid,
wie viele sahen,
weil der größte Herrscher nackt
an einer Säule gegeißelt wurde,
worauf ihm von solchen Rutenstreichen das Blut
den Körper rot färbte, er gequält wurde,
festgeschnürt durch das Seil ums Knebelholz.
Lieblich zarte Kaiserin,
wie waren dir Herz, Seele und Verstand beschwert,
als man den Himmelsfürsten
voll Hohn betrachtete! Ach, teure Braut,
wie geschwächt war da dein liebster Sohn!

IV

Mit einem stacheligen Dornenkranz
krönte man den himmlischen Herrscher;
so tief wurde er ihm aufgepresst, dass
sich sein Gesicht mit Blut befleckte, das Haupt benetzte.
Dann legte man ihm
voll Bosheit auf seinen Nacken ein nur mühsam zu tragendes Kreuz,
an dem er sterben sollte,
und das er vor Erschöpfung nicht
allein hochheben konnte,
da es zu massiv gezimmert war.
Dies sah seine liebe Mutter:
Sie handelte rasch angesichts seiner Not,
wollte ihm unbedingt sofort zu Hilfe eilen,

was man ihr aber nicht erlaubte.
Eine jede Mutter möge sich vorstellen,
sie sähe ihr Kind unter diesen Umständen
vor sich stehen und dann dem Tod entgegenschreiten
in einem solchen Elend –
wie groß wäre da ihre Verzweiflung!

V

O welch jämmerliche Trauerklage,
über die kaum etwas geschrieben steht,
außer dass sich die Mutter
ihres jungfräulich geborenen Sohnes annahm,
der vor ihr sein heißes[498] Blut und seinen kostbaren Schweiß
vergoss, dem Tod zustrebte,
mit dem er uns alle erlöste!
An einem Ort namens Kalvarie
kam das Kreuz zur Ruhe:
An Füßen und Händen nagelte man ihn
schamlos entblößt darauf.
Erbarmungslos wurden sein Körper, seine Gliedmaßen
auf einem Felsen festgerammt – das widerfuhr dem Bedauernswerten;
da gabst du deine Hoffnung auf, Maria.
Er neigte sich dir noch einmal zu,
als er dich seinem Jünger anempfahl.
Die Hammerschläge, der Gallentrunk
und der Speerstich raubten dir, Maria,
die Besinnung. Möge uns sein Kreuzestod erlösen! Amen.

498 *haiss* könnte auch Adverb („heiß“) sein, das sich dann sowohl auf „Blut“ als auch auf „Schweiß“ bezöge?

Kl. 115[499]

I

Wer hier sein irdisches Vergnügen
zu Lasten der dort ewigen Wonne sucht,
dessen Treiben – mit Gewinn oder Verlust –
will ich bei keinem Spiel nachfolgen.
Seht doch, es betrügt sich wahrlich manch einer selbst,
der auf ganz Zweifelhaftes setzt,
wie ich euch glaubhaft sage!
Wer also hier seine Seele schützen möchte,
damit für sie gut vorgesorgt ist,
der kümmere sich hier nicht um die irdischen Lustbarkeiten
und bleibe tunlichst sündenfrei!
Wer auf seine eigenen Verfehlungen schauen wollte,
der könnte leicht darauf verzichten, von den meinen
allzeit zu berichten.
Und wer zwei Herren dienen muss,
die miteinander verfeindet sind,
der braucht wahrlich viel Glück,
um bei seinem Dienst nicht anzuecken.
Was einem Mann Ansehen verschafft,
das gereiche ihm niemals zur Beschämung –
rät der Wolkenstein.
Nie wurde irgendein Fürst so reich,
dass ich ihm nicht gleichen würde,
zumindest ‚in Gedanken' – so meine ich's.

II

Wer in Frieden leben möchte
und auch gern sein Seelenheil wahrt,
der meide Brot und Wein der Fürsten,
denn deren Gesinnung schadet arg!

499 Da es sich bei diesem sog. Freidank-Cento um eine kunstvolle Verkettung von 47 – mehr oder weniger umgestalteten und teilweise kommentierten – Sinnsprüchen bzw. Gedanken (aus Freidanks Sammlung „Bescheidenheit") handelt, wird davon abgesehen, diejenigen Sätze, welche hier sprichwortartig ‚konserviert' scheinen, gesondert zu >markieren<; der Sprachduktus der Übersetzung versucht jedoch, das Merkspruchhafte bewusst zu halten, wobei die Gliederung der Sprüche nicht der Edition, sondern den präsumtiven Freidank-Parallelen folgt. – Siehe auch HOFMEISTER, Mikrotexte, S. 259–261.

Eines einzigen Mannes klugen Geist nähm' ich
statt des Vermögens von vier dummen Fürsten
und wüsste meine Seele so zu schützen.
Man trifft noch viele Toren an,
die nicht gern ihr Leben wollen geben
für den höchsten Schatz, den Ehrengral,
ja selbst der Kaiserkrone nicht zuliebe.
Seht, manch einer gefällt sich selbst am besten,
sodass die Welt mit Narren voll ist –
dies muss gesagt sein!
Wehe dem armen Lämmchen, das
einen Wolf zum Herren hat!
Doch selbst dem Wolf geht es nicht besser,
wenn dann auch er gerichtet wird.[500]
Manch einer glaubt, er verstehe mich,
obwohl er sich nie selbst verstand,
ganz, wie's bei Tieren üblich ist.
So meint auch der, der eine nicht gar nette Frau gewann,
er hätte doch die allerbeste –
das denkt jedoch gewiss nur er!

III

Wein, Zorn, Spiel und schöne Frauen
halten so manchen Mann zum Narren.
Auch wer sich selbst gar heftig lobt,
wisst, der mehrt dadurch sein Ansehen nicht!
Wie soll man bloß die Besten finden,
wenn niemand böse erscheinen will,
und zwar nicht einmal ansatzweise?[501]
Oft wird jemand gepriesen nach seinem Tod,
der niemals hier zu Ruhm gekommen war.
Keiner schadet sich durch langes Reden über Wahres.
Feste Tugendhaftigkeit ziemt Frau und Mann.
Was man in der Jugend lieb gewann,
das wünscht man sich hernach im Alter
und wird dann arg betrogen.

---

500 *bün* (mit MAROLD, Kommentar, S. 507) bezogen auf lat. *poena* („Strafe"). Oder trifft dafür – SCHATZ, Sprache, S. 55, folgend – „Falle(ndeckel)" (wörtlich „Bühne") das Richtige??

501 *als klain neur umb ain fesen* wörtlich „bloß so klein/unauffällig wie die Spreu".

Der Wolf vermeide lieber Schafsgewand.
Wer mühsam zu Besitz gekommen ist,
entwickelt abgrundtiefen Geiz,
der unerbittlich waltet bis in den Tod.
So zeigt sich, dass leicht erworbener Besitz
zu Prahlerei und Eitelkeit verleitet
und oft zu sündhaftem Begehren.
Es vermag doch wahrlich niemand,
nur einen Tag lang einer Stimmung treu zu bleiben:
mal gut, mal schlecht – welch wechselhaftes Bild!

IV

Wer jemandem vergällt das angenehme Leben,
der rückt für den die Freude in gar weite Ferne.
Den Armen bleibt nichts anderes
als festes Hoffen in schwerer Zeit.
Wer ein Herz voll Andacht hat,
verzagt nicht an dem Guten oder Bösen
auf der ganzen weiten Welt.
Sünden, Nägel und die Haare
wachsen bei uns rege Jahr für Jahr.
Wahrlich jedem macht's am meisten Spaß
zu tun nur das, was er am liebsten macht.
Ich denke, selbst der Freigebigste
hat nie wirklich genug verschenkt,
wie viel er auch besaß.
Für den, der schmerzhaft liegt in Ketten,
wirkt schon ein Augenblick zu lang.
Und spräche ich über alles, was ich weiß,
ich brauchte dafür viele Meilen Platz.[502]
Es heißt, durch Ratschläge von Narren sind niemals

502 *raumen* (in *so müsst ich raumen manig meil*, V. 90) wohl eher als „Raum haben" für ein schier unbegrenztes Wissen zu verstehen und weniger als „räumen müssen" wegen eines ‚gefährlichen' Wissens, das zu einer (fluchtartigen) Vertreibung führen würde?!

große Reiche unterworfen worden –
das ist wohl einsichtig![503]
Nie wird ein Prophet
im eig'nen Land würdig gekrönt,
bloß in der Fremde.

V

Und durchwanderte ein Ochse alle Länder,
man würde in ihm doch nur das Rind erkennen.
So gilt ein jeder, der sich selbst genau durchschaut hat,
zurecht als kluger Kopf.
Einen bösen Köter sollte man zum Schweigen bringen,
sodass er nicht mehr ständig knurrt –
schön wär's, wenn das wer könnte!
Wer dauernd mit sich selbst bloß
ringt, hat wahrlich hart zu kämpfen.
Die Zuversicht macht manchen Christen froh,
selbst dann, wenn ihm der Liebesbund noch fehlt.
Schöne, reiche Geistesgaben verheißen Glück.
Der Dieb bleibt
in der ganzen Christenheit nicht ungeschoren.
Und könnte ich frei wählen,
es bliebe doch dem Kaiser gern sein ganzes Reich.
Die weisen Leute kämen nicht zur Geltung,
verhielten sich die Narren so wie sie.
Das Alter zu erreichen, wünschen wir uns täglich,
doch ist es da, so wird geklagt,
wie sehr man es schon satt hat.
Wenn mir ein Freund verweigern wollte
ein ehrenrühriges Begehren,
es läge dann die Schuld dafür doch wahrlich nur bei mir.

---

503 *wer sich darauf verstat* als formelhafter (und ‚reimspendender') Kommentar aufgefasst.

Kl. 116

I

Zerflossen ist mein Herzensleid
jetzt, da der Schnee
von der Seiser- und der Flaggeralm herabzuschmelzen beginnt,
wie ich vom Mosmaier vernahm.
Die Bodendünste beginnen sich zu regen,
es schwellen die Wasserläufe
von Kastelrut zum Eisack hin an:
Das stimmt mich richtig froh!
Ich höre, wie die großen und kleinen Vöglein
in meinem Wald rings um Hauenstein
die Musik in der Kehle zergliedern,
indem sie reine, zierliche Noten ertönen lassen,
vom ‚ut' hinauf bis hoch zum ‚la'
und anmutig herab zu Tal aufs ‚fa'
mit vielen süßen und ganz lauten Stimmen.
Erfreut euch daran, liebe Freunde!
Was ficht den Plätscher diese Nachricht an?
Mit dem Singen kann ich nun einmal nicht aufhören;
wem das missfällt, der soll mich halt zufriedenlassen,
er ist mir überhaupt ganz egal.[504]
Stehen mir auch die Bösen feindselig gegenüber,
so richte ich mich eben an den Wohlgesinnten auf,
und das, obwohl im heurigen Jahr
auch wertlose Falschmünzen hoch im Kurs stehen.

II

Mein Herzenskummer wich von mir,
als ich die erste Nachtigall
hinter dem Pflug bezaubernd singen hörte
dort drüben in der Matzen.
Ich sah dort viermal je zwei[505]

504 Wörtlich für die (abschätzig gebrauchte) Zwillingsformel *heur als verd*: „heuer wie im Vorjahr".

505 Sinngemäß zu ergänzen: „(Zug-)Tiere", welche in den Vordergrund des plastischen Bildes von der Bodenbestellung passen, aber auf komisch verfremdete Weise auch in den hintergründigen Bezugsrahmen einer freudigen ‚Tanzdarbietung' gefügt scheinen..

in Reih und Glied hübsch eingespannt;
die vermochten nach des Mutzners Weise[506]
tüchtig die Erde aufzuscharren.
Wer sich den Winter über verkrochen
und vor der schlechten Welt zurückgezogen hat,
der möge sich jetzt auf die grüne Jahreszeit freuen,
die uns der Mai bescheren wird.
Ihr armen Kreaturen, verlasst nun eure Löcher,
lauft, sucht einen Futterplatz und lasst es euch gut gehen!
Berg, Au und Tal sind belaubt und üppig,
da werdet ihr euch sicher wohlfühlen.

III

So kommt, ihr Redlichen, und seid vergnügt!
Wer Ehrenhaftigkeit besitzt, der wünscht uns das Allerbeste.
>Keine Schandtat kann man wegreden,
wie sehr man sie auch dreht und wendet.<
Eine alte Redeweise sagt:
>Richtiges Handeln wär' der größte Schatz<,
denn: >Alles kommt ans Licht< –
das übersehen viele.
Herr ‚Christian'[507] in der ‚Oberpfarre',
der ist ganz sicher kein Dummkopf:
Wer ihn in einer Angelegenheiten täuschen möchte,
muss schon recht früh aufstehen:
Ein Weilchen wartet er ab, doch nicht lang,
dann ‚firmt' er dem die Wange,
dass ihm die falsche Hinterlist ausgetrieben wird
und auch das Lachen vergeht.

506 Vgl. die vorherige Anmerkung; „Weise" als „Brauch" und „Melodie" verstehbar.

507 Ausschließlich „Christus" gemeint?

Kl. 117

I

Schwiege ich jetzt wirklich noch länger,
so würde man schon bald ganz auf mich vergessen,
und nach wenigen Jahren könnte sich niemand mehr an mich erinnern.
Deshalb werde ich
wieder zu singen beginnen (falls ich's kann)
über[508] jene Männer, deren Verhalten
sich ändert, wenn der Wein auf sie
zu stark einwirkt und ihnen den Geist
durch allerlei Anwandlungen, die ich noch beschreiben werde, verwirrt
in zwölf verschiedenen Arten von Rauschzuständen,
welche zeigen, wie sich ein jeder anders gebärdet aufgrund
der ganz verschiedenen Charaktere gemäß naturgegebener Veranlagung.

II

Oft kommt sich einer überaus gescheit vor
und meint dabei, sich höchsten Ruhm zu erwerben,[509]
sobald er vom Rebenstrauch in Mitleidenschaft gezogen ist.
Ein zweiter hält sich für so mächtig,
dass ihm selbst der Kaiser nicht gleichkomme –
was ich von ihm sicher nicht behaupten will.
Der dritte zeigt sich gefräßig wie ein Pferd,
so dass ihm niemand weder mit frischem noch vergammeltem Essen
in einem fort das weite Maul zu stopfen vermag.
Der vierte heult wegen seiner schweren Sünden;
in tiefer Reue ist sein Herz inbrünstig entbrannt
aus merkwürdigen Ursachen, die niemand aufzudecken weiß.

---

508 Ergänze davor „und zwar"?!

509 Oder ist *und hab dar inn den höchsten preis* formelhaft und zugleich ironisch gemeint: „wofür ihm der höchste Ruhm unbenommen bleibe"?

III

Den fünften gelüstet nach Unzüchtigem,
und dem gibt er sich Tag und Nacht hin,
wenn er der Macht des Weines anheimgefallen ist.
Der sechste zeigt eine beklagenswerte Gewohnheit:
Er verflucht die Seele so mit Schwüren,
dass sie allerorts vor Gott völlig ermattet.
Der siebte ist kampfbereit, knurrt wie ein Kettenhund,
der unablässig kläfft;
sein Hirngewölbe macht ihn angriffslustig.
Der achte wird durch das Trinken so unbekümmert,
dass er Ansehen, Besitz, Frau und Kinder preisgibt –
so wird an ihm die Schändlichkeit der Trunksucht offenbar.

IV

Der neunte schnappt heillos über:
Alles was er kennt, sieht oder hört,
wird ihm ganz offen zum Anlass großer Aufregung.
Der zehnte kämpft mit dem Schlaf.
Der elfte singt zotige Lieder
und grölt ungestraft vom Abend bis zum Morgen.
Der zwölfte wird beim Saufen so voll,
dass er es schon oben im Schlund spürt
und dem Wirt unaufgefordert seinen ‚Tribut' leistet.
So also, habt ihr gehört, wirkt der Wein,
den ich dafür nicht preisen kann, wie edel er auch sei;
rasch ließe sich da etwas Besseres entdecken.[510]

V

Bei gewöhnlichen Geistern,
denen es an großen Verstandeskräften mangelt, wundert es mich nicht,
wenn ihnen der Trank ihre lahmen Sinne verwirrt.
Betrübt bin ich bloß über die wahrhaft Gebildeten,

510 Singgemäße Übersetzung der Konjektur *erfraischen* („erfragen"), die aber auch ganz zwanglos zur Bedeutung „erforschen" des überlieferten (und dabei bloß metathetisch ‚verstellten'??) Verbums *erfarschen* (Hs. B) bzw. *ervorschen* (Hs. c) passt.

die[511] ja zu den Angesehenen gehören,
sich aber haltlos bei unsinnigem Trinken erhitzen,
so dass sie ihrem Ruf, Leben und Besitz,
dem Ansehen, der Seele und dem Verstand unüberschaubaren
  Schaden zufügen;
auf schändliche Weise offenbart sich da ein schwacher Charakter.
Jeder Mensch möge sich eindringlich vor Augen halten,
wie gewinnend eine standhafte Gesinnung bei Mann und Frau wirkt.
Danach solltest du dich hoher Anerkennung zuliebe richten!

511 Von den syntaktisch-semantischen Voraussetzungen der Vorlage her wäre es auch möglich, dass ein weiterer Personenkreis angesprochen wird: „sowie über die, welche Ansehen genießen"?

Kl. 118

I

Auf denn, erwacht,
passt auf! Denkt doch stets
bei Tag und Nacht
an eure lästerliche Sündhaftigkeit,
damit diese nicht
tief in den Höllenschluchten auflodere!
Kämpf[512] mit den Löwen wie ein Ritter!
Zur Abwehr ihres Beißens und Malmens
und ihres Niederreißens mit scharfen Klauen
zeig heftige Reue, indem du dich
dank wahrer Aufrichtigkeit nicht mehr schuldhaft zeigst[513]
in dem, was war und neu[514] geworden ist,
bei dem wir sie oder ihn aufgebracht haben!

II

Erwach, Freund,
reck und streck dich ordentlich
und verscheuch
den, der uns nur nachstellen möchte
und uns böse entlohnt für unser Dienen,
irregeleitet mit verwerflichem Küssen,[515]
das wir ihm geweiht haben,
damit er uns beschenken wolle;
Frauen wie auch Männer,
wir mögen uns aus den engen Zellen herauswinden
und die Flucht antreten,
um uns anmutig
an der herrlichsten, preisenswerten Blume[516] ergötzen zu dürfen!

---

512 *vecht* wohl schon hier Sing., eindeutig dann ab V. 11.

513 *nimmer preuen* (V. 10) wörtlich „nie mehr brauen".

514 Mit (hintergründigem) Bezug auf Gott Vater und Sohn oder das Alte und Neue Testament? (Vgl. die Diskussion bei WACHINGER, Lieder 2007, S. 393.)

515 Im symbolhaft vieldeutigen Sinn an das Ritual des Lehenskusses denkt SCHNYDER, Tagelied, S. 318.

516 = Maria?!

III

Merk, hör! Mein Ruf
verhilft redlich zu dem Lohn
von jener Krone,
die uns voll spitzer Dornen
unter Schmerzen befreit hat vom Groll
der Hörner in der ewigen Hölle,
welche uns grausig verschlungen,
hart gepackt und zusammengeschnürt hätte,
so dass uns dort unten bei den rasenden Hunden
nur Leid erwartet hätte.
All das hat einer überwältigt,
der gefoltert
und an den Kreuzesstamm genagelt wurde.

IV

Nur unwillig hört ihr mich,[517]
der ich mich aufrichtig an euch wende!
Mit klarem Ja oder Nein
deute ich für uns die Botschaft
ehrlich ohne böse Absicht.
Unsere Worte, Taten und Verhaltensweisen
schmerzen mich Wolkenstein,
weil sich nämlich täglich
alles, was die Erde herabwürdigt, vermehrt:
>Begehrt wird[518] nur, was ehrlos macht.<
>Falscher Ratschlag führt zur Untreue.<
>Böses bleibt durch Böses unverändert.<
Nehmt euch deshalb vor Gottes Zorn in Acht!

V

Vernehmt meinen Ruf,
das Tönen überall,
in Berg und Tal,
als Aufschreie meines Herzens:
Dient dem Einen und den Dreien,

517 *Ir horcht mich sain* ließe sich auch als Imperativ deuten: „Hört ruhig/bedächtig auf mich!“.

518 *wert* (mit WACHINGER, Lieder 2007, S. 394) als bairische Form von *werden* aufgefasst.

damit er uns
vor den Anfechtungen eines Rückfalls bewahren möge,
auf dass wir doch noch in den Genuss
der hoch emporstrebenden Gnade gelangen
und nicht verschüttet werden –
wie wir es verdienen würden – von brennend heiß herabströmenden Lawinen!

Kl. 119[519]

(I)

Sei willkommen! Was machst du hier?
Ohne einen Anflug von Bekümmerung sage ich dir Dank!
Ich freue mich aufrichtig, dich zu sehen,
in Liebe bin ich allein dir zugetan.
Auf dir ruht all meine Hoffnung,
denn du bist mein freudestrahlender Schein.
Mit meinem Tun stehe ich dir wahrhaftig
auf viele Weise verlässlich dienend zur Seite.

(II)

Wie bringst du es fertig, mich,
deinen gefangenen Diener, so zu schwächen? Das erstaunt mich.
Besinn dich gütig deiner Gnade!
Füg mir auf keinem Wege Schmerzen zu!
Was du befiehlst, das mache ich gerne,
sofern sich dahinter nichts Böses verbirgt.
Dass sich dies erfülle, Herrin, gönn mir wahrlich
voll Vertrauen auf ein gutes Jahr!

(III)

Ohne böse Hintergedanken ersuche ich dich um deine wohlwollende Gnade,
zumal diese reich ist.
Nimm die Last von mir, denk so an mich,
wie ich ganz ohne Arg an dich denke!

---

519 Um eine Art ‚Doppel-Übersetzung' der gemischtsprachigen Str. I–III sowie der ihnen ganz eng folgenden frnhd. Strophen (I)–(III) zu vermeiden, gilt diese Übersetzung nur letzteren (jedoch unter zweckmäßiger Mitberücksichtigung auch ersterer). Die Verszählung ‚springt', da in der Edition auch die fremdsprachigen Strophen mit durchgezählt sind.

Du Blume, hübsch und hell, rette mich aus der Not,
auf dass ich mich für deine Treue erkenntlich zeigen kann!
Handelst du nicht rasch, so bin ich tot
und ziehe aus grünem Wald hinaus ins Elend.

Kl. 120

I

Freu dich, du irdisches Geschöpf,
dass dir nach meisterlichem Willen
deine gesamte Gestalt so vorzüglich angepasst,
nach Maß bis hinab strahlend ausgerichtet wurde,
darin der Adel untadelig fest eingebettet!
Deine Figur ist makellos geformt:
Der, dem sie sich präsentiert,
kann sich darüber von Herzen freuen.

II

Ein kleines Köpfchen habe ich erblickt,
darauf das Haar – gelockt, hell und gewellt –,
zwei feine Brauen, klare Äuglein,
ein Mündchen, rubin- und rosenfarben;
Nase, Kinn, Hals mit heller, weißer Haut, dazu glänzende Wangen;
die Stirn randvoll mit Geisteskraft,
dort drinnen seit der Jugend weit gespannt.
Dank sei jenem, der dies wie mühelos so prächtig erschuf!

III

Wenn ich mit all meinen Sinneskräften
die Form dieses Geschöpfes wahrnehme, den Körper, die Schönheit und die Kraft,
wie es der Meister ersonnen hat,
und das sich demnach vollendet gestaltet zeigt,
so dass sich mit ihm auf Erden nichts an Klarheit messen,
dergestalt thronen, prunken kann (oder was immer man meint),
so übertrifft dieses[520] bei Weitem alles!
Ganz voller Ehren kann sie es sich gestatten, ernst oder vergnügt zu sein.

---

520 Ergänze „Geschöpf" (s. V. 18).

Kl. 121

I

„Schlummere ängstlich, du mein versteckter Schatz!
Drück furchtsam deine Augen
vor dem Ansturm des hellen Tages zu,
ihm zum Trotz!
Es ist noch früh, Herzliebster.
Lass die Bekümmerung, das Harren,
erwarte dir Freude und sei besonnen!
Befolgst du dies,
so gehörst du sicher mir.“
„O liebstes Mädel, so soll es sein!

II

Bestraf mich, Herrin! Ich habe die Frist verschlafen.
Der Morgenstern ist verschwunden.
Ach, du rosenfarbener Mund,
mach heil,
hilf dort und hier, wo immer ich Mangel leide!
Neig dein Haupt, senk es meinem Herzen zu!
Umschling mich unbeschwert mit deinen Ärmchen!
Vergnüg dich damit,
was uns, Herrin, froh stimmen kann!“
„Trauter, liebster Mann, voll Glück geschehe dies!

III

Der graue Schimmer wird bereits vom blauen verdrängt;
viele Vogelstimmen vernehme ich.
Wer hat denn nach dir geschickt, Tag?
Deine Kleidung
wird unsere Schmach nicht verhüllen:
Über dein Grau vermag ich wahrlich nicht zu jubeln.“
„Genieß den Morgen,[521] meine allerliebste Einzige!

---

521 Die Wendung *guten morgen* mit der modernen Begrüßungs- und Wunschformel „Guten Morgen!“ wiederzugeben, wäre angesichts der schon längst eröffneten Redehandlung wohl unpassend.

Weine nicht so sehr,
bald darfst du meine Rückkehr erwarten!
Ich nehme Abschied,[522] Herrin, und wünsche dir viel Glück!“

522 Zur Verabschiedungsformel *Mit urlaub* vgl. Kl. 88/15 und Kl. 101/13.

Kl. 122

I

Nun denn, Kameraden, auf die Reise
nach Augsburg zu den lieben Mädchen,
und wer dort einen langen Bart[523] trägt,
kann sich Anerkennung verschaffen!
Wer aber keinen besitzt,
dem rate ich, zu Hause zu bleiben,
sonst könnte er erledigt
und ganz rasch grau sein.
Seine Wonne wäre gewiss vollkommen,
dürfte er tanzen
mit den strahlenden Mädchen,
die sich so klug geben.
Das habe ich selbst erlebt:
Als ich zum Tanzhaus hinkam,
trug ich einen ungemein hübschen Bart,
der ihnen über die Maßen gut gefiel.

II

Eine sagte tatsächlich, dieses Merkmal
habe sie nirgends sonst vorher gesehen
außer bei der Ziege. Hätte ich dem beigepflichtet,
es wäre mir erniedrigend erschienen,
dass sie mich mit einer Ziege verglich.
Ich hatte den Eindruck, sie sei schon vorab aufgestachelt worden
und heule nun mit den Wölfen[524] –
so empfand ich es.
Als wir aufgefädelt dahinhopsten
und uns beim Tanz umherschoben,
meinte ich, es wäre mir besser ergangen,
hätte ich den Bart nicht mitgeführt.
Ich hätte ihn mir sollen abrasieren lassen,
als ich mir vornahm, mich nach Schwaben

523 In der Folge auch als ‚pekuniäre Potenz' zu verstehen (vgl. u. a. Kl. 19/9 u. 123/6).

524 Annäherndes phraseologisches Äquivalent für die bildhafte Redensart *mit den füxsen kraczt* („mit den Füchsen scharrt").

zu den Damen und Herren zu begeben –
wäre mir besser vorher durch den Kopf gegangen.

III

Sie sagte, ich sei hässlich
und sehe aus wie ein Affe:
So also zahlt sie es der lieben Kundschaft[525]
ärger heim als all die anderen, die es dort gibt
oder künftig einmal geben wird.
Sie kann sich aber auch ganz anders gebärden
bei den Sprüngen hoch über dem Boden:
So husch, mein braves Mädel!
Wie gut sie sich darauf versteht, die liebe Puppe!
Wenn sie den weißen Rock trägt,
dann fegt sie umher wie ein Bock.
Sie wollte schwören, ich sei blind,
bloß weil ich
auf der rechten Seite ungleich schlechter sehe,
so dass sie sich auch nicht an mich drücken wolle –
denn sie halte mich für einen Narren![526]

525 Für *gastlin.*

526 *ain narren si an mir findt* (Präsens!) ist (mit MAROLD, Kommentar, S. 233) am schlüssigsten als letzter Teil der indirekten Rede (ab V. 44) zu verstehen.

Kl. 123

I

>Wer Linderung sucht für all sein Leid
und sich gern ‚trocken scheren‘[527] lässt,
der wähle als Ziel Konstanz am Rhein,
falls ihm die Fahrt gerade passt.<[528]
Dort wohnen viele feine Mädchen,
die verstehen sich darauf, im Bart[529] zu kraulen,
zu sehen, ob sich wohl kein Haar darin verberge,
das nicht gut zu ihm passe.
Mit einer vergnügte ich mich,
was mir leider echte Unannehmlichkeiten bescherte.
Sie machte mich so süßlich lächeln,
als ob mich jemand eben erschlagen wollte:
Eine Hand ließ sie in meinem Bart
und zupfte mir die langen Haare aus,
solange es ein kürzeres gab;
sie meinte wohl, es handle sich um einen Wettstreit![530]

II

Hör, lieber Freund, was ich dir sage:
>Für's ‚Naschen‘ gibt es immer Prügel<!
Das machte mir eine Zweite klar
durch einen Faustschlag Richtung Ohr,
worauf sich mein gesundes Auge
ob dieses zu stürmisch erhaltenen ‚Gasttrunkes‘ verdunkelte
und mir mein Mund tief herabhing.
Im Nu war ich zum Narren geworden!
Denn: >Egal, wer einem borgt, es bleibt doch eine Schuld<:[531]

---

527 Vgl. Kl. 86/31.

528 Diesen (von Oswald kreierten und/oder lokal verbreiteten?) ‚Neckspruch‘ könnte man schon mit V. 3 enden lassen und – unabhängig davon – V. 4 noch etwas freier übersetzen: „falls das auf seiner Strecke liegt".

529 Vgl. Kl. 19/9 u. die Anm. zu Kl. 122/3.

530 Oder meint *kriege* (in *sie daucht, es wären kriege*) nicht „Kriege" (zwischen den kurzen und langen Haaren), sondern in Anschluss an MAROLD, Kommentar, S. 235 „Seilwinden"??

531 Die vordergründige Bedeutung dieses sinnspruchartigen Satzes („Schulden gelten gegenüber jeder Person gleichermaßen" bzw. – ‚glücksspielerisch‘ aktualisiert – „Spielschulden sind Ehrenschulden") gewinnen ihren hintergründigen, durch gebrochene Rollenerwar-

Die schöne Else und Elli vollführten einen Passgang
quer über das Feld springend –
da entging uns einiges!
Sie hatten mich dort wahrlich prächtig ‚unterhalten':
Mein armer Bart war dabei überall
in der Stube kreuz und quer verstreut worden
wie die Körner bei der Aussaat.

III

Denke ich an den Bodensee zurück,
so tut mir sogleich mein Beutel leid.
Das Schilling-ABC
musste ich bei der ‚Weide'[532] lernen.
Es hieß ihr Lied: „Na los, zahl, begleich alles
beim Steinbrecher von Nesselwang!"
Ganz wütend schallte es mir dort entgegen,
warum ich denn nicht zu Hause geblieben sei!
Offensichtlich hielt er mich für eine Flasche;
er nahm mir das Geld weg und ließ die Tasche zurück.
Ich glaube, dass er eine so harmlose Nascherei
davor noch keinem verwehrt hatte!
Weit bin ich herumgekommen
in Preußen, Russland, jenseits des Meeres,
doch habe ich nirgendwo eine heftigere Widerborstigkeit
mit so bösem Schürfen und Kratzen erlebt!

IV

Für dieses prahlerische Gehaben mit magerem Glanz –
äußerst ‚vornehm' – so ärmlich von kümmerlicher Pracht,
stürzten wir uns dort beim Tanzen
in Konstanz im Schwabenland nicht in Unkosten.
Hätte ich von dieser Art
lauter so billige Gelegenheiten vorgefunden,

---

tungen motivierten Doppelsinn über die tätlichen Auseinandersetzungen, welche hier zwar (durch die Angreiferinnen) ‚geborgt', aber hernach (vom Angegriffenen) nicht ‚zurückgezahlt' würden.

532 *pei der wide*: außer Bezug auf einen Gasthof und/oder eines Bordells (vgl. KOSSAK/STOCKHORST, Sexuelles, S. 21, Anm. 84) dieses Namens wohl auch eine rechtssprachliche Anspielung auf die Todesstrafe durch Erhängen.

mein Beutel hätte sich kaum jemals
zu meinem Verlust öffnen müssen.
Was ich mir im Laufe der Zeit angeeignet hatte,
erschien den Mädchen völlig nutzlos.
Um mich kümmere sie sich überhaupt nicht, sagte eine,
die mir die kalte Schulter zeigte.
Ich erwiderte: „Fräulein, bleibt doch auf dem Boden!
Ihr seid ja auch nichts Besseres,
oder ist euer Leib etwa aus Gold gedrechselt?
Das könntet Ihr uns doch wissen lassen!“

V

Mir teilte einmal eine kluge Mücke mit:[533]
>Durch gleichmäßige Last werde niemandem der Rücken gebrochen<,
ferner: >Rechtschaffene Gewinne seien wie eine feste Brücke,
über die man gehen und reiten könnte.<
>Wer zu hoch streben will, verstolpert sich.<
Manch eine glaubt, sie sei eines Grafen würdig,
und zetert hochtrabend,
dass sie noch auf entsprechende Kundschaft warten wolle:
>Ein jeder gefällt sich selbst am besten,
sodass die Welt mit Narren voll ist.<[534]
Wann es an der Zeit ist, mich aus Konstanz fortzubegeben,

---

533 Durch ihre explizite ‚Referierung‘ (in Konjunktiv I-Formen) sind die nachfolgenden drei Sprüche zwar in ihrer Zitathaftigkeit etwas ‚geschwächt‘, aber doch noch als sprichwortartige Sätze erkennbar und in der Übersetzung typographisch entsprechend hervorgehoben. Im 4. Spruch (V. 9f.) kommt der parömische Charakter dieser Reihe dann völlig uneingeschränkt und unzweifelhaft zum Ausdruck.

534 Vgl. Kl. 115/36f.

merke ich an der Seite.[535]
Ich lobe mir den trefflichen ‚Goldenen Schlegel'‚[536]
zu dem es mich hinzieht;
wohin ich auf der Welt auch gelange,
spare ich nie mit Lob auf ihn!

535 Also dort, wo der Geldbeutel hängt.

536 *guldin Schlegel* könnte für ein gleichnamiges Gasthaus stehen, wobei – sollte auch dieses Gasthaus als überteuert gegolten haben – *guldin* einen entsprechenden ironischen Doppelsinn gewänne.

Kl. 124

I

Ein schmerzlicher Abschied mit schimmernden Tränen
beraubt mich, beim Henker,[537]
meines Freudenanteils! Das habe ich laut hinauszurufen.
Leid verkünde ich, erdulde ich Tag und Nacht.

II

Ihre Äuglein begossen mir die Wange,
die hübschen Ärmchen umfingen
und drückten mich, schmiegten sich an.
Ach Frau, schick mich nicht weg, verbann mich nicht von dir – ich bleibe!

III

Es verabschiedete sich die Liebliche
mit anmutiger Zutraulichkeit, so dass ich mich
zuversichtlich auf das noch zu Erwartende freue.
Verzicht auf mich, Herrin, ohne Hass oder Schmerz für eine kurze Weile!

537 *bei der wid* wörtlich „bei der Weide (= Henkersbaum)“.

Kl. 125

I

Ein Hort der Ehre ohne den geringsten Tadel
führt Vernunft und Geist durch Liebesfesseln ins Verhängnis,
heftiges Aufschrecken fährt mir durch Leib und Seele,
da ich mich, o Frau, von dir
schon so bald trennen soll: Herrin, ich kann einfach nicht auf dich verzichten!

II

Du wirst mich für immer wehmütig stimmen.
Durch deinen Zorn, der auf mich zukam,
mich erreichte, fühlte ich mich wahrlich[538] innerlich zermürbt;
als du in deiner Güte an mir den Schmerz gewahrtest,
wurde mein Kummer sanft verwandelt.

III

Ach Trennung, wie ich dich beklagen muss!
Süß waren für mich ihr Bestrafen, ihr Anstand, ihre Ehrbarkeit
und auch Unterweisung. Nie gab mich ihre Liebe preis!
Auf Erden habe ich –
verletzt und unerlöst – meine Zuversicht, die Teure, verloren!

538 „wahrlich“ nimmt *wie wol* aus V. 7 auf, denn als Konjunktion gedeutet („obwohl“, „gleichwohl“??) ergäbe dieses Wortpaar hier kein stringenten Sinn.

Kl. 126

I

Freu dich, durchstrahlte, liebliche Jungfrau,
dass heute
durch dich ein hübsches Knäblein
keusch ohne Schmerz und unversehrt
in einer Stadt geboren wurde, die, wie ich weiß,
Bethlehem genannt wird,
wo sich solch wunderbare Ereignisse
dank dieser Frau zutrugen!
Ihre Drangsal verflog,
als sie den Herrn vor sich erblickte,
der für alles Sein –
seit jeher ohne ein erkennbares Ende – der Urquell war.
Ihr Herz durfte sich wahrhaft freuen,
als sie das makellose Kindlein,
das über den gesamten Erdkreis gebot,
an ihren bergenden Körper drückte.

II

Heute und auf ewig sei
auf der Erde und im Himmelreich
dieser herrliche, ruhmvolle Tag gepriesen
(der über alle Maßen Lob verdient),
an dem der wahre Gott
mittels der so lieblichen keuschen Jungfrau
als Mensch inmitten der Brandung
dem Irdischen und der Welt übergeben wurde,
wo ihm allergrößtes Leid
und sogar der Tod um unseres Heiles willen widerfuhren,
wofür ihm kein Mensch ausreichend Dank sagen kann!
Das sollten wir
im Grunde unseres Herzens keinen Tag,
keinen Augenblick bei unserem Reden und Handeln vergessen,
sondern seiner kläglichen Qualen gedenken,
damit uns die Feinde nicht verschlingen.

III

Gott, Gott, allmächtiger Gott,
wie gewaltig war der Auftrag deines Vaters,
als er dich so weit von sich fort
auf kummervolle Reisen schickte,
für die du als menschliches Geschöpf –
ein Mensch, und doch von göttlicher Natur –
auf unserer Erde geboren wurdest,
um die Christenheit zu führen!
Was aber tat dein Vater darüber hinaus?
Er überantwortete dich dem Todesspeer,
der dein göttliches Herz durchstieß:
Da erlosch das Höllenfeuer
für alle, die jemals deinen Willen
befolgten und noch in Hinkunft
auf löbliche Weise befolgen werden; für sie steht
die Scheune des Himmelreichs bereit.

Kl. 127
[gestrichen]

Kl. 128[539]

I

Sie hat mein Herz getroffen,
die wohlgesonnen Schöne.
Ich vertraue auf sie,
dass alles noch ein gutes Ende nehmen wird.
Deshalb erfreut mich die Keusche
in meinem Herzen ganz gewiss.
Ich weiß genau, an wen ich denke:
Ihr allein will ich mich unterwerfen!

II

Wollte sie doch noch nachgeben,
die Anmutige, die Schöne,
so würde ich nicht von ihr weichen
für immer und ewig,
und zwar felsenfest bis zu meinem Tod,
ununterbrochen.
Andernfalls fühlte ich mich verstoßen,
da ich die Zuneigung[540] in mir trage.

III

Zeige ich mich auch bei kurzweiligem Zeitvertreib
sonstwo fröhlich,
ich bleibe doch in ihrem Herzen
und nirgendwo sonst!
In aufrichtiger Zuneigung und Treue
habe ich sie nie vergessen.
Ewig würde es mich kränken,
wäre sie mir deshalb böse.

539 Übersetzung des ‚Haupttexts' der Hs. G. Auf eine gesonderte Übersetzung der in den Hss. t, u und v aufgezeichneten Parallelüberlieferung wird hier angesichts der meist nur marginalen Varianten verzichtet.

540 Oder ist *lieben* verschrieben für *leben*? Dann würde *weill ich das lieben han* wohl ‚ganz konventionell' meinen „solange ich lebe".

IV

Wüsste ich nicht um ihre Gnade,[541]
so würde mich das für immer schmerzen
und das ganz ohne mein Verschulden.
Unter Eid kann ich beschwören,
dass ich jederzeit
die Liebe zu ihr ernst genommen habe;
deshalb hätte ich wieder zu klagen,
und meine Verdrossenheit wäre bitter.

V

Ich werde sie aber nicht aufgeben,
sie bedeutet für mich alles!
Ihr möchte ich mich
mit Herz, Seele und all meinem Verstand zuwenden.
Wollte sie sich
meiner Traurigkeit, unter der ich leide, erbarmen,
und mich in ihre Arme schließen –
all mein Klagen wäre vorüber!

VI

In der Hoffnung darauf werde ich weiterleben,
denn diese hat mich schon oft gerettet.
Gewänne ich keine Zuversicht,
so gäbe es für mich
wahrlich keine Freude mehr auf Erden,
woran auch sie mit schuld wäre.
Doch wünsche ich ihr weiterhin
Glück und alles Segensreiche!

541 Vgl. zu dieser hier wohl verderbten Stelle die korrekt überlieferten Parallelen im V. 9 der Hss. t, u und v.

Kl. 129[542]

I

Die strahlend helle Erneuerung der Welt
bringt neuen Frohsinn für alle Geschöpfe.
Jetzt ist Gott wahrhaftig auferstanden,
und alle Geschöpfe auferstehen mit ihm.
Die Elemente sind ihm völlig untertan;
sie haben gemäß trefflicher Vorsehung
teil an der Gewalt ihres mächtigen Vaters.

II

Das Feuer lodert mit segensreichem[543] Glanz herüber,
duftig schwingt und weht die Luft,
unbehindert strömt das Wasser,
das Erdreich gibt festen Halt:
Diese Mühelosigkeit strebt einem mächtigen Aufschwung entgegen,
die Bekümmertheit sinkt hinab –
alles erneuert sich.

III

Rein poliert zeigt sich der Himmel,
das Meer liegt wahrhaft ruhig da,
ganz weit hinten regieren die Gewitter;
unser Tal hier begrünt sich,
Kahles wird grün und trägt Früchte.
Heiß steigt es in der kalten Natur empor,
weil sich der süße Lebenssaft zu regen beginnt.

IV

Das ewige Wort bricht den todbringenden Frost.
Der Fürst der Welt[544] ist in ein Eck gedrängt,
und es wird auch
seine starke Herrscherkraft über uns völlig zerschlagen,
die er geglaubt hatte, bewahren zu können,

542 Überschrift *Mundi renouacio* [= *renovatio*]: „Erneuerung der Welt".

543 *seinper* als *segenber* gedeutet.

544 „der Teufel".

sie aber nicht festzuhalten vermochte;
so büßte er seine Besitztümer ein.

V

Eine sanfte Strömung weht nun über die Pfade,
welche Cherub einst so streng[545] gehütet hatte
(wie von Gott befohlen),
als er sein feuriges Schwert sehen ließ.

VI

Der Tod hatte das Leben besiegt,
doch erlangte der Mensch schon bald,
was er zuvor eingebüßt hatte:
die paradiesische Beglückung und den Freudenhort.

545 *scherffer* wörtlich ‚strenger', dabei mit *linder* (V. 29) kontrastierend und hier sinngemäß übersetzt.

Kl. 130[546]

I

Es wurde von Gott
zur Jungfrau auf die Erde
ein wohlbekannter Engel
namens Gabriel gesandt,
der für die überwältigende Botschaft geeignet war.

II

So beeindruckend war der Bote,
dass er die Gruft der Natur
aufbrach und
von der Jungfrau alle Zweifel fernhielt;
da hieß sie Jungfrau und Mutter.

III

Über alle Geschöpfe stellte sich
der neugeborene König.
Sein Reich, sein Zepter haben
jegliche Sünde gänzlich ausgerottet:[547]
Dafür gebühren ihm Lob und Ehre!

IV

Er erstach den Drachen und den Feind,
hat sie vertilgt.
Er brach ihre Überheblichkeit
und verwehrte ihnen,
weiterhin zu herrschen.

V

Weicht etliche Schritte zurück,
ihr Ausgeburten des Höllenfürsten,
denn uns hilft Maria,

---

546 Überschrift *Mitti ad virginem*: „Zur Jungfrau ward gesandt".

547 *abgeschoren* wörtlich „abgeschabt".

durch deren Hilfe wir
am Reich des Vaters teilhaben dürfen!

VI

Tretet hervor, Ihr lichter Engel,
setzt Eure Worte gebührend ein,
offenbart die Schrift,
die nie zuvor
durch irgendeinen ähnlichen Boten vernommen worden ist!

VII

Herr Engel, sprecht angemessen:
„Ave, ich verkünde dir,
Jungfrau voll der Gnaden!"
Sagt: „Gott sei mit dir
und halte alle Furcht von dir fern!

VIII

Empfangt Gott, Jungfrau!
Er will ein Mensch werden –
folgt daher seinem Willen!
Ihr sollt zuversichtlich glauben;
sein Geist hat alles schon vorherbestimmt!"

IX

Die Jungfrau vertraute
und hielt, ohne zu zweifeln, für wahr,
was ihr der Engel gesagt hatte
(damit erwarb sie sich höchsten Dank)
und empfing daraufhin Gott.

X

Er, der uns erschuf,
und zwar geformt als Menschengeschlecht
durch seinen Schöpfungsakt,
war seit jeher gerecht
und ließ uns nie im Stich.

XI

Er, der uns eine Stütze ist,
bewahre uns vor dem Sündenpfuhl!
Der gütige Herr Jesus Christus
geleite uns in die Heimat,
wo er sich für immer und ewig aufhält!

Kl. 131[548]

I

„Deine Güte, Herrin, bedrängt
mich in meinem Inneren, du herzliebste,
ehrenreiche Einzige.
Gleichermaßen,[549] Herrin, muss ich deine hübsche Gestalt rühmen.
Deine herzliche Fröhlichkeit beglückt mich sehr;
ganz besonders aber, makellos liebste Freundin,
erfüllen mich deine höfische Fröhlichkeit und
Sittsamkeit mit mancherlei Freuden.
Was ich jetzt singe, Herrin,
ist aufrichtig: Du bist wahrlich jene,
der ich mein Herz schenke.
Gebiete daher vorbehaltlos,
herzliebstes Mädchen:
In Freude und Leid stehe ich bereit,
dir zu dienen. Nichts Angenehmeres
könnte mir eine höhere Auszeichnung sein, als dass du bald
das Tun und Lassen des Mundes[550] bestimmen mögest."

II

„Ich glaube, dass ich deine Sehnsucht nicht zu stillen,
deinen Wunsch nicht zu versüßen vermag:[551]
Meinem Anstand zuliebe
kann ich dich kaum jemals beglücken.
Gewiss vermöchtest du mein Verlangen stillen
und mir allen Kummer nehmen.
Deine Worte und Melodie
könnten mich angenehm ruhig in der Tiefe meines Herzens erfrischen:

---

548 Überschrift *Den Techst vber das geleyemors Wolkenstainer*: „[Hier gibt es] den Text von Wolkensteins [Nachdichtung des] *geleyemors* [= *Je loe amours* von Gilles Binchois]".

549 „Gleichwohl" erwägt WACHINGER, Zweifelhaftes, indem er die ‚Bedrängnis' in V. 1–2 negativ konnotiert sieht.

550 Wörtlich für *gepewtest mütt* = „gebietest meinem Mund" (vgl. auch V. 39), oder ist hier an die Wortwurzel „Munt" (wie in „Vormund" erhalten) zu denken? – Eher von einer Textverderbnis geht WACHINGER, Zweifelhaftes, S. 411 aus und vermutet hinter *mütt* ein ursprüngliches Temporaladverb wie *heint* (so in seinem Textabdruck auf S. 409).

551 WACHINGER, Zweifelhaftes, S. 411 deutet *kan volsuessn̄ dein' ger* intransitiv mit „deinem Verlangen ganz süß werden".

Auf ein Beisammensein solltest du verzichten.
Deine feste Zuversicht wird, wie ich meine,
bei mir keine Freuden erringen,
durch die sich deine Qualen beseitigen ließen.
So, wie es um mich steht,
kann ich dir in keiner Weise
wohlwollend in Aussicht stellen, dass ich ohne Makel
froh die Deine werden könnte.
Sag nichts: >Die Liebe ist blind<!“

III

„Dein Handeln und Benehmen entflammen
und durchdringen mich ganz und gar.
Bedenk dies,
Herrin, und schließ mich dauerhaft fest in deine Gunst ein!
Mein Mund muss diese Botschaft verschweigen,
um dich nicht zu quälen , allerliebster Schatz.[552]
Die völlig standhafte Treue
zu dir wird[553] weiterhin aus keinerlei Anlass enden.
Freudvoll will ich mich dankbar zeigen.
Deine reiche Ehrbarkeit würde durch mich
keinen Schaden nehmen,[554]
der deinem Ansehen abträglich gewesen wäre.
Mein Herz sehnt sich
beharrlich nach dir. Ebenso stärkt mich
dein herrlicher Leib, liebste, begehrenswerte Frau.
Nimm mir den Kummer! Dir untertan
bleibe ich für immer gemäß deiner Gnade.“

---

552 Oder gehört „allerliebster Schatz“ zum folgenden Vers?

553 Oder ist mit WACHINGER, Zweifelhaftes, S. 411 hinter *weicht* ein Optativ zu sehen, also „möge nicht weichen“??

554 Etwas frei abgeleitet aus (unsicher überliefertem) *von mir ni[t?] hilt*.

Kl. 132

I

Mädchen, zierlicher Edelstein,
immer bei dir zu bleiben –
keine größere Wonne als diese könnte ich mir auf Erden denken!
Auch würde ich mir wünschen,
du mögest mir ebenso zugetan sein
wie ich dir schon ganz unverbrüchlich bin;
dass du das weißt
und es mir vergiltst,
darum bitte ich dich aufrichtig.
Hei, schwarzes Mädchen, nicht anders sei's![555]

II

Falls sich dies erfüllte,
so wollte ich verkünden,
dass es niemand in der Welt mit mir aufnehmen kann
an freudigerer Stimmung.
Nichts anderes möchte ich jemals
lieber besitzen als dich:
Immerfort
würde ich dabei darauf achten,
den Anstand zu wahren.
Hei, schwarzes Mädchen, nicht anders sei's!

III

Um all das
und was sonst noch
möglich ist, werde ich mich zehnfach bemühen,
um dir zu dienen:
Nimm dies an von mir!
Nichts wird mir zu schwer sein,
sondern nur eine Wonne –

555 Ergänze sinngemäß „mit mir" in dieser dreimal am Strophenende wiederkehrenden Schlussformel *mir nitt*. An eine Textverderbnis denkt hingegen WACHINGER, Zweifelhaftes, S. 416 und hält ein ursprüngliches *murr nur nit* für wahrscheinlich.

das kann ich mir gar nicht anders vorstellen.
Dann wäre ich ganz befreit:[556]
Hei, du schwarzes Mädchen, nicht anders sei's!

Kl. 133[557]

[gestrichen]

---

556 *wurd gancz quit* phraseologisch gedeutet, aufbauend auf der mhd. Bedeutung von *quit.*

557 Der in einer Spruchsammlung Oswald (wohl fälschlich) zugeschrieben und daher in der Edition (vgl. dort S. XXVIII) gestrichene Text lautet:

Wil du haben zü sorgen / So solt du hofleutten porgen / Vnd ouch den priest'n vnd pfaffñ / So gewynnest du zü schicken vnd zü schaffen

Ü.: Willst du dir Kummer bereiten, / so borge den Leuten bei Hof / oder Priestern und Geistlichen, / dann hast du genug zu besorgen und erledigen.

Kl. 134[558]

Gott möge für uns kämpfen,
wenn die Hussiten verderben sollen!
Die Herren, Ritter und Knappen
unterlassen dies.
Sie fassen bloß große Pläne,
doch die helfen nichts –
was die aufrichtigen Herzen
ganz Schlimmes befürchten lässt!

558 Der Einleitungstext zu diesem Lied lautet übersetzt: „Im Jahr 1431 nach Christi Geburt am Sankt Hippolytstag kam es zu einer unehrenhaften Flucht aus Böhmen, und es bewahrheitete sich dabei das alte Wort Daniels aus dem 13. Kapitel *A senioribus qui videantur regere populum egressa est iniquitas* [Von den Alten/Würdigen, die das Volk regieren sollen, ist Ungerechtigkeit ausgegangen.]. Über dieses Zitat [*aufpruch = ausspruch?*] hat der edle Wolkenstein anklagend folgendermaßen gedichtet“.

Textbibliographien

(Die Zahlen vor den chronologisch und hernach alphabetisch aufgelisteten Kurzzitaten verweisen auf das Erscheinungsjahr. Der bibliographische Ordnungsbegriff des Zitats findet sich im Literaturverzeichnis fett gedruckt .)

Kl. 1

Ü.:

77 WACHINGER, Lieder 1977, S.53ff.
79 SCHÖNMETZLER, Lieder S.16ff.
80 HARTMANN, Altersdichtung, S.47ff.
81 KÜHN, Biographie, S.342ff.
89 HOFMEISTER, Lieder, S.5ff.
07 SPECHTLER, Gedichte, S.13ff.
07 WACHINGER, Lieder 2007 2007, S.165ff.

Lit.:

26 MAROLD, Kommentar, S.379–384.
68 RÖLL, Kommentar.
70 INSAM, Wortstudien, S.198.
71 JONES, Morgen-Lied, S.152.
73 JAGT, Wortschatz, S.536.
74 MOSER, Nachlese.
74 OKKEN, Lied Nr.44, S.193, 210, 214.
74 SPECHTLER, Beiträge, S.276.
74 STÄBLEIN, Vorbilder, S.307.
75 WAILES, Alterslied.
78 MAYR, Liederhandschrift A.
78 ROBERTSHAW, Liebe, S.457, 368.
78 RÖLL, ‚Minnesklaven', S.151.
78 SALMEN, Komponist, S.181, 185.
78 SCHWOB, Lyrik, S.168f.
80 HARTMANN, Alterdichtung.
80 JONES, Dichtung, S.291.
81 GUFLER, Geschichte, S.143.
82 RÖLL, *mensch*, S.230.
82 SCHWEIKLE, Stellung, S.202 (Anm.31).
84 HIRSCHBERG/RAGOTZKY, Minnethematik.
85 JOSCHKO, Monographie, S.128, 131, 144f., 157, 159, 168f., 171.
87 CLASSEN, Rezeption, S.167ff., 308.
87 WITTSTRUCK, Namengebrauch (siehe Register, S.543).
89 SCHWOB U. M., Pild, S.307, 313.
90 HOFMEISTER, Mikrotexte, S.55–62.
90 NELSON, Oswald, S.96–98 [dort irrtümlich „Kl 85"]
96 SCHWOB, U. M., Emotionen, S.153f., 156.
97 NOLTE, Bilder, S.130–132.
97 SPICKER, Autorschaft, S.178f.
98 ROBERTSHAW, Herausgeber, S.344.
01 SCHUMACHER, Kranz, S.273.
01 SCHWOB, Handschrift A, S.250.
02 WAND-WITTKOWSKI, Topisches.
07 SPICKER, Lieder, S.14, 16, 19, 39, 41, 43f., 46, 90, 103, 111–114.

Kl. 2

Ü.:

79 SCHÖNMETZLER, Lieder S.19ff.
80 HARTMANN, Altersdichtung, S.86ff.
81 KÜHN, Biographie, S.348ff.
89 HOFMEISTER, Lieder, S.10ff.
07 SPECHTLER, Gedichte, S.17ff.

Lit.:

26 MAROLD, Kommentar, S.384–387.
68 RÖLL, Kommentar.
74 DOON/OKKEN/COX, gefoltert, S.391.
74 OKKEN, Lied Nr.44, S.187f.
74 SPECHTLER, Beiträge, S.276.
74 STÄBLEIN, Vorbilder, S.307.
76 GOHEEN, Naturbild, S.380.
78 MAYR, Liederhandschrift A.
78 ROBERTSHAW, Liebe, S.458, 459, 465.
79 SCHWOB, Realität, S.141ff.
80 HARTMANN, Altersdichtung.
81 GUFLER, Geschichte, S.143 (Anm.14).
82 GLOWATZKI-MULLIS, Untersuchungen, S.175.
82 RÖLL, *mensch*, S.230.
85 JOSCHKO, Monographie, S.72, 100, 144, 168.
87 CLASSEN, Rezeption, S.161f.
87 WITTSTRUCK, Namengebrauch (siehe Register, S.543).
89 SCHWOB U. M., Pild, S.319.
90 HOFMEISTER, Mikrotexte, S.63f.
96 SCHWOB, U. M., Emotionen, S.153.
98 SCHNYDER, Liedeinheit.
07 SPICKER, Lieder, S.39, 43f., 103.

Kl. 3

Ü.:

72 KIEPE, Gedichte, S.215ff.
77 WACHINGER, Lieder 1977, S.61ff.
79 SCHÖNMETZLER, Lieder S.21f.
80 HARTMANN, Altersdichtung, S.98ff.
81 KÜHN, Biographie, S.351ff.
89 HOFMEISTER, Lieder, S.13f.
07 SPECHTLER, Gedichte, S.19ff.
07 WACHINGER, Lieder 2007, S.181ff.

Lit.:

26 MAROLD, Kommentar, S.390–393.
68 RÖLL, Kommentar.
73 JAGT, Wortschatz S.536.
74 DOON/OKKEN/COX, gefoltert, S.393.
74 MOSER, Nachlese, S.91.
74 MÜCK, Frühpetrarkist, S.144.
74 OKKEN, Lied Nr.44, S.211.
74 PÖRNBACHER, Margareta, S.14.
74 SPECHTLER, Beiträge, S.276.
74 STÄBLEIN, Vorbilder, S.307.78 MAYR, Liederhandschrift A.
78 ROBERTSHAW, Liebe, S.466, 478 (Anm.36).
78 RÖLL, ‚Minnesklaven', S.151ff.
79 SCHWOB, Realität, S.148ff.
80 HARTMANN, Altersdichtung.
80 JONES, Dichtung, S.290.
82 SCHWEIKLE, Stellung, S.202 (Anm.31).
85 JOSCHKO, Monographie, S.100, 131, 149, 157.
87 CLASSEN, Rezeption, S.162.
87 WITTSTRUCK, Namengebrauch (siehe Register, S.543).
89 SCHWOB U. M., Pild, S.319–321.
96 SCHNYDER, Couch.
96 SCHWOB, U. M., Emotionen, S.153.
97 NOLTE, Bilder, S.126–130.
07 SPICKER, Lieder, S.27, 39, 43f., 103, 110f.

Kl. 4

Ü.:

79 SCHÖNMETZLER, Lieder S.22f.
80 HARTMANN, Altersdichtung, S.133ff.
89 HOFMEISTER, Lieder, S.4f.
07 SPECHTLER, Gedichte, S.21ff.

Lit.:

26 MAROLD, Kommentar, S.393–396.
68 RÖLL, Kommentar.
74 MOSER, Nachlese, S.91.
74 OKKEN, Lied Nr.44, S.214.
74 SPECHTLER, Beiträge, S.276.
74 STÄBLEIN, Vorbilder, S.307.
78 MAYR, Liederhandschrift A.
79 SCHWOB, Realität, S.153ff.
80 HARTMANN, Altersdichtung.
81 GUFLER, Geschichte, S.143 (Anm.14).
82 SCHWEIKLE, Stellung, S.202 (Anm.31).
85 JOSCHKO, Monographie, S.72, 144f., 154, 157.
86 BAASCH/NÜRNBERGER, S.83.
87 WITTSTRUCK, Namengebrauch (siehe Register, S.543).
90 HOFMEISTER, Mikrotexte, S.65–68.
96 SCHWOB, U. M., Emotionen, S.153.
07 SPICKER, Lieder, 16, 39, 43f., 114f.

Kl. 5

Ü.:

77 WACHINGER, Lieder 1977, S.65ff.
79 SCHÖNMETZLER, Lieder S.23f.
80 HARTMANN, Altersdichtung, S.153ff.
81 KÜHN, Biographie, S.392ff.
89 HOFMEISTER, Lieder, S.17ff.
07 SPECHTLER, Gedichte, S.23ff.
07 WACHINGER, Lieder 2007, S.187ff.

Lit.:

26 MAROLD, Kommentar, S.402f.
68 RÖLL, Kommentar.
73 JAGT, Wortschatz S.539.
74 MÜCK, Frühpetrarkist, S.155.
74 OKKEN, Lied Nr.44, S.192f., 210.
74 SPECHTLER, Beiträge, S.276.
74 STÄBLEIN, Vorbilder, S.307.
74 WELLMANN, ‚Ständestreit', S.338
78 MAYR, Liederhandschrift A.
78 SALMEN, Komponist, S.181.
80 HARTMANN, Altersdichtung.
80 JONES, Dichtung, S.292.
84 JONES, Zeichen.
85 JOSCHKO, Monographie, S.155f.
87 WITTSTRUCK, Namengebrauch (siehe Register, S.543).
96 SCHWOB, U. M., Emotionen, S.156.
07 SPICKER, Lieder, S.16, 27, 43f., 103–105.

Kl. 6

Ü.:

72 KIEPE, Gedichte, S.217ff.
79 SCHÖNMETZLER, Lieder S.24ff.
80 HARTMANN, Altersdichtung, S.176ff.
81 KÜHN, Biographie, S.590f.
89 HOFMEISTER, Lieder, S.20f.
07 SPECHTLER, Gedichte, S.25ff.
09 MÜLLER, Gedichte, S.429–431.

Lit.:

26 MAROLD, Kommentar, S.400f.
68 RÖLL, Kommentar.
73 JAGT, Wortschatz, S.539.
74 MOSER, Nachlese, S.114.
74 OKKEN, Lied Nr.44, S.204, 208, 214.
74 SPECHTLER, Beiträge, S.276.
74 STÄBLEIN, Vorbilder, S.307.
75 HEIMRATH/KORTH/MÜLLER/OKKEN, Lieder, S.113, 121.
78 MAYR, Liederhandschrift A.
78 SCHWOB, Landherr, S.25.
80 HARTMANN, Altersdichtung.
82 SCHWEIKLE, Stellung, S.202 (Anm.31)
85 JOSCHKO, Monographie, S.3, 144, 154.
87 WITTSTRUCK, Namengebrauch (siehe Register, S.543).
96 SCHWOB, U. M., Emotionen, S.152, 156.
01 SCHUMACHER, Kranz.
07 SPICKER, Lieder, S.16, 29, 43f., 103, 107f.

Kl. 7

Ü.:

79 SCHÖNMETZLER, Lieder S.26f.
80 HARTMANN, Altersdichtung, S.26f.
81 KÜHN, Biographie, S.427 (Str.III).
89 HOFMEISTER, Lieder, S.22f.
07 SPECHTLER, Gedichte, S.27ff.

Lit.:

26 MAROLD, Kommentar, S.449f.
68 RÖLL, Kommentar.
73 JAGT, Wortschatz S.536, 539, 548.
74 OKKEN, Lied Nr.44, S.185.
74 SPECHTLER, Beiträge, S.276.
74 STÄBLEIN, Vorbilder, S.307.
79 SCHWOB, Realität, S.157ff.
80 HARTMANN, Altersdichtung.
85 JOSCHKO, Monographie, S.144.
87 WITTSTRUCK, Namengebrauch (siehe Register, S.543).
96 SCHWOB, U. M., Emotionen, S.155.
97 SCHWOB, U. M., Schreckbild, S. 90.f.
07 SPICKER, Lieder, S.39, 43f., 103, 115.

Kl. 8

Ü.:

79 SCHÖNMETZLER, Lieder S.28f.
81 KÜHN, Biographie, S.353 (Str.I).
89 HOFMEISTER, Lieder, S.24ff.
07 SPECHTLER, Gedichte, S.29ff.

Lit.:

26 MAROLD, Kommentar, S.403–405.
68 RÖLL, Kommentar.
74 SALMEN, Musik, S.238f.
74 SPECHTLER, Beiträge, S.276.
78 MAYR, Liederhandschrift A.
78 SALMEN, Komponist, S.182.
82 RÖLL, *mensch*, S.222ff.
85 JOSCHKO, Monographie, S.143f.
87 WITTSTRUCK, Namengebrauch (siehe Register, S.543).
93 SPICKER, Stilisierung, S.227.
99 KOSSAK/STOCKHORST, Sexuelles, S.17.
07 SPICKER, Lieder, S.103, 108–110, 125.

Kl. 9

Ü.:

79 SCHÖNMETZLER, Lieder S.30f.
81 KÜHN, Biographie, S.354 (Str.II).
89 HOFMEISTER, Lieder, S.27ff.
07 SPECHTLER, Gedichte, S.30ff.

Lit.:

26 MAROLD, Kommentar, S.406–408.
68 RÖLL, Kommentar.
69 MOSER, Klangphantasie, S. 168.
73 JAGT, Wortschatz S.556.
74 OKKEN, Lied Nr.44, S.210.
74 SPECHTLER, Beiträge, S.276.
77 OCKEL, Gestaltung, S.18f.
78 MAYR, Liederhandschrift A.
78 ROBERTSHAW, Liebe, S.457, 461.
78 SALMEN, Komponist, S.181.
80 HARTMANN, Altersdichtung, S.93 (Anm.194), 155 (Anm.350.), 162, 179 (Anm.422).
82 SCHWEIKLE, Stellung, S.202 (Anm.31).

85 JOSCHKO, Monographie, S.128, 145, 156.
87 WITTSTRUCK, Namengebrauch (siehe Register, S.543).
90 HOFMEISTER, Mikrotexte, S.69–84.
97 NOLTE, Bilder, S.136f.
99 KOSSAK/STOCKHORST, Sexuelles, S.13.
01 SCHUMACHER, Kranz, S.270 (Anm.65)
07 SPICKER, Lieder, S.29, 103.

Kl. 10

Ü.:

79 SCHÖNMETZLER, Lieder S.31f.
89 HOFMEISTER, Lieder, S.30ff.
07 SPECHTLER, Gedichte, S.35ff.

Lit.:

26 MAROLD, Kommentar, S.411–416.
68 RÖLL, Kommentar.
73 JAGT, Wortschatz S.539.
74 MÜCK, Frühpetrarkist, S.140ff.
74 OKKEN, Lied Nr.44, S.185.
77 OCKEL, Gestaltung, S.19f.
78 JONES, lesen, S.62.
78 MAYR, Liederhandschrift A.
78 THURNHER, Anschauungen, S.257.
80 HARTMANN, Altersdichtung, S.36, 162 (Anm.373).
85 JOSCHKO, Monographie, S.144.
87 WITTSTRUCK, Namengebrauch (siehe Register, S.543).
89 GOHEEN, „Realismus“, S.104.
90 HOFMEISTER, Mikrotexte, S.85–102.
07 SPICKER, Lieder, S.16, 103.

Kl. 11

Ü.:

79 SCHÖNMETZLER, Lieder S.35ff.
81 KÜHN, Biographie, S.389ff (Str.I–V, VII).
89 HOFMEISTER, Lieder, S.35ff.
07 SPECHTLER, Gedichte, S.39ff.

Lit.:

26 MAROLD, Kommentar, S.408–410.
68 RÖLL, Kommentar.
73 JAGT, Wortschatz S.556.
74 STÄBLEIN, Vorbilder, S.292, 307.
74 WELLMANN, ‚Ständestreit‘, S.337.
77 OCKEL, Gestaltung, S.22–24, 36, 54.
78 MAYR, Liederhandschrift A.
78 ROBERTSHAW, Liebe, S.460.
78 SCHWOB, Lyrik, S.169.
80 HARTMANN, Altersdichtung, S.162, 179 (Anm.422).
85 JOSCHKO, Monographie, S.3, 108f., 144, 154, 185.
87 WITTSTRUCK, Namengebrauch (siehe Register, S.543).
89 GOHEEN, „Realismus“, S.91.
90 HOFMEISTER, Mikrotexte, S.103–108.
91 LUTZ, Wahrnehmen, S.47f., 57–61.
96 GSTREIN, R., Tonarten, S.170.
96 SCHWOB, U. M., Emotionen, S.153.
01 SCHUMACHER, Kranz, S.270 (Anm.65).
07 SPICKER, Lieder, S.103, 105–107.

Kl. 12

Ü.:

79 SCHÖNMETZLER, Lieder S.38ff.
81 KÜHN, Biographie, S.231ff.
89 HOFMEISTER, Lieder, S.40ff.
07 SPECHTLER, Gedichte, S.83ff.

Lit.:

26 MAROLD, Kommentar, S.291–298.
68 MÜLLER, ‚Wahrheit‘, S.102ff.
73 JAGT, Wortschatz S.536, 548.
74 MÜCK, Frühpetrarkist, S.148, 150, 155.
74 OKKEN, Lied Nr.44, S.191, 210.
74 SPECHTLER, Beiträge, S.277.
74 STÄBLEIN, Vorbilder, S.285., 286, 307.
75 GOHEEN, Oswald.
76 FELDGES, Spanien, S.391.
77 OCKEL, Gestaltung, S.20f.
78 MAYR, Liederhandschrift A.
78 SALMEN, Komponist, 182.
78 SPECHTLER, Liedtraditionen, S.197–199.
81 LÜDTKE, Sprachen, S.307, 311.
85 JOSCHKO, Monographie, S.133, 148f.
87 WITTSTRUCK, Namengebrauch (siehe Register, S.543).
91 LUTZ, Wahrnehmen, S.47f., 49–57.
93 SPICKER, Stilisierung, S.225f.
96 GSTREIN, R., Tonarten, S.170.
97 NOLTE, Bilder, S.133f.
01 HARTMANN, Ehrung.
07 SPICKER, Lieder, S.42, 45, 52, 98–100, 102f.

Kl. 13

Ü.:

79 SCHÖNMETZLER, Lieder S.41f.
81 KÜHN, Biographie, S.111f.
89 HOFMEISTER, Lieder, S.44f.
07 SPECHTLER, Gedichte, S.46ff.

Lit.:

26 MAROLD, Kommentar, S.161–163.
68 RÖLL, Kommentar.
69 MOSER, Klangphantasie, S. 168.
74 LOMNITZER, Probleme, S.76–78.
74 SALMEN, Musik, S.238
74 SPECHTLER, Beiträge, S.277.
78 JONES, lesen, S.62.
78 MAYR, Liederhandschrift A.
78 SPECHTLER, Liedtraditionen, S.192f.
80 HARTMANN, Altersdichtung, S.87.
85 JOSCHKO, Monographie, S.147, 171.
87 WITTSTRUCK, Namengebrauch (siehe Register, S.543).
07 SPICKER, Lieder, S.100f., 103.

Kl. 14

Ü.:

77 WACHINGER, Lieder 1977, S.83ff.
79 SCHÖNMETZLER, Lieder S.42f.
81 KÜHN, Biographie, S.108f.
89 HOFMEISTER, Lieder, S.46.
07 SPECHTLER, Gedichte, S.48.
07 WACHINGER, Lieder 2007, S.277ff.

Lit.:

26 MAROLD, Kommentar, S.164f.
68 RÖLL, Kommentar.
69 MOSER, Klangphantasie, S. 168.
72 TIMM, Überlieferung, S.40.
74 BRESGEN, Rhythmus, S.57.
74 OKKEN, Lied Nr.44, S.210.
74 SPECHTLER, Beiträge, S.279, 282.
75 HEIMRATH/KORTH/MÜLLER/OKKEN, Lieder, S.112, 119.
78 MAYR, Liederhandschrift A.
78 SPECHTLER, Liedtraditionen, S.199.
85 JOSCHKO, Monographie, S.143.
87 WITTSTRUCK, Namengebrauch (siehe Register, S.543).
07 SPECHTLER, Gedichte, S.48.
07 SPICKER, Lieder, S.91f.

Kl. 15

Ü.:

79 SCHÖNMETZLER, Lieder S.43f.
81 KÜHN, Biographie, S.109f.
89 HOFMEISTER, Lieder, S.47f.
07 SPECHTLER, Gedichte, S.49.
07 WACHINGER, Lieder 2007, S.277ff.

Lit.:

26 MAROLD, Kommentar, S.166–168.
68 RÖLL, Kommentar.
69 MOSER, Klangphantasie, S. 168.
72 TIMM, Überlieferung, S.40.
74 OKKEN, Lied Nr.44, S.204.
74 SALMEN, Musik, S.238.
74 SPECHTLER, Beiträge, S.279, 282.
75 HEIMRATH/KORTH/MÜLLER/OKKEN, Lieder, S.112, 119.
78 MAYR, Liederhandschrift A.
78 SPECHTLER, Liedtraditionen, S.199.
80 HARTMANN, Altersdichtung, S.204.
85 JOSCHKO, Monographie, S.39.
87 WITTSTRUCK, Namengebrauch (siehe Register, S.543).
07 SPICKER, Lieder, S.91f.

Kl. 16

Ü.:

55 WEHRLI, Lyrik, S.402ff.
79 SCHÖNMETZLER, Lieder S.45f.
81 KÜHN, Biographie, S.122f.
86 ROHRBACH, Studien, S.295f.
89 HOFMEISTER, Lieder, S.49ff.
07 SPECHTLER, Gedichte, S.50f.

Lit.:

26 MAROLD, Kommentar, S.25–29.
68 RÖLL, Kommentar.
68 TREICHLER, Studien.
72 TIMM, Überlieferung, S.40.
73 JAGT, Wortschatz S.539.
74 LOMNITZER, Probleme, S.74–76, 80–82.
74 MOSER, Nachlese, S.115.
74 OKKEN, Lied Nr.44, S.191f., 206.
74 SALMEN, Musik, S.239.
74 STÄBLEIN, Vorbilder, S.296, 307.
78 MAYR, Liederhandschrift A.
78 MÜLLER, Tagelieder.
80 HARTMANN, Altersdichtung, S.117 (Anm.264), 153.
85 JOSCHKO, Monographie, S.139, 171.

86 ROHRBACH, Studien, S.295ff.
87 WITTSTRUCK, Namengebrauch (siehe Register, S.543).
89 GOHEEN, „Realismus“, S.100–102.
97 LOENERTZ, Thesen, S.229ff.
01 SCHUMACHER, Kranz, S.257.
07 SPICKER, Lieder, S.78f.

Kl. 17

Ü.:
79 SCHÖNMETZLER, Lieder S.47f.
81 KÜHN, Biographie, Kreuzlied, S.301f.
81 KÜHN, Biographie, S.95ff.
82 KOKOTT, Oswald, S.91 (Refrain).
89 HOFMEISTER, Lieder, S.52ff.
07 SPECHTLER, Gedichte, S.52f.

Lit.:
26 MAROLD, Kommentar, S.49–58.
68 MÜLLER, ‚Wahrheit‘, S.114ff.
68 RÖLL, Kommentar.
68 TREICHLER, Studien.
69 MOSER, Klangphantasie, S. 168ff.
74 MOSER, Nachlese, S.91.
74 MÜLLER, Untersuchungen, S.343 (Anm.3), 535f. (Anm.3).
74 STÄBLEIN, Vorbilder, S.307.
77 WACHINGER, Sprachmischung, S.287f.
78 MAYR, Liederhandschrift A.
78 MÜLLER, Tagelieder.
78 SCHWOB, Lyrik, S.172.
81 KÜHN, Biographie, Kreuzlied, S.303.
81 LÜDTKE, Sprachen, S.308.
82 KOKOTT, Oswald, S.92f.
85 JOSCHKO, Monographie, S.130, 140, 171, 176.
87 CLASSEN, Rezeption, S.77, 81f., 125ff., 189, 194, 197.
87 WITTSTRUCK, Namengebrauch (siehe Register, S.543).
89 SCHWOB U. M., Pild, S.312.
99 KOSSAK/STOCKHORST, Sexuelles, S.15, 25.
01 SCHWOB/SCHWOB, Palästinareisen, S.492, 506.
07 SPICKER, Lieder, S.16, 42, 59, 78.

Kl. 18

Ü.:
72 KIEPE, Gedichte, S.193ff.
77 WACHINGER, Lieder 1977, S.37ff.
79 SCHÖNMETZLER, Lieder S.49ff.
81 CURSCHMANN/GLIER, Dichtung, S.155ff.
81 KÜHN, Biographie, S.202ff.
89 HOFMEISTER, Lieder, S.55ff.
07 SPECHTLER, Gedichte, S.54ff.
07 WACHINGER, Lieder 2007, S.133ff.
09 MÜLLER, Gedichte, S.407–415.

Lit.:
26 MAROLD, Kommentar, S.272–291.
61 MAYR, Reiselieder, S.31ff.
68 MÜLLER, ‚Wahrheit‘, S.10ff., 86ff., 99f.
68 RÖLL, Kommentar.
73 JAGT, Wortschatz S.545.
74 BOESCH, Zeitgenosse, S.21, 24.
74 MÜCK, Frühpetrarkist, S.148f.
74 MÜLLER, Untersuchungen, S.224, 314 (Anm.5), 358f., 383 (Anm.1), 452.
74 OKKEN, Lied Nr.44, S.185, 191f.
74 PÖRNBACHER, Margareta, S.12f.
74 RÖLL, Probleme, S.226.
75 HEIMRATH/KORTH/MÜLLER/OKKEN, Lieder, S.108, 114.
75 RÖLL, Dichter.
75 WAILES, Alterslied.
76 FELDGES, Spanien, S.391.
77 OCKEL, Gestaltung, S.3–5, 12–15, 32, 53, 55, 57ff., 67, 70, 81.
77 WACHINGER, Sprachmischung, S.283f.
78 DELBONO, Rezeption, S.399, 409.
78 MAYR, Liederhandschrift A.
78 MÜLLER, ‚Wirklichkeit‘, S.136ff., 144.ff.
78 ROBERTSHAW, Liebe, S.468ff.
78 SCHWOB, Landherr, S.8f., 13.
80 HARTMANN, Altersdichtung, S.24, 45, 147, 156 (Anm.355), 181f.
80 JONES, Dichtung, S.294f.
80 KÖNNEKER, Zeitdarstellung, S.387.
81 LÜDTKE, Sprachen, S.303, 308, 310f.
82 KOKOTT, Oswald, S.107.
82 RÖLL, *mensch*, S.222.
82 SCHWEIKLE, Stellung, S.202.
82 WIERSCHIN, Oswald.
84 HIRSCHBERG/RAGOTZKY, Minnethematik.
84 LOMNITZER, Geliebte, S.118f.
85 JOSCHKO, Monographie, S.42, 49ff., 59, 106, 129, 131, 136, 154, 166, 175f., 181.
87 CLASSEN, Rezeption, S.60, 73f., 77f., 142f., 148, 196, 304.

87 ROBERTSHAW, Chivalry.
87 WITTSTRUCK, Namengebrauch (siehe Register, S.543).
88 DELBONO, Werbelied.
89 SCHWOB U. M., Pild, S.292, 307, 311.
89 WACHINGER, Welt, S.114–117.
91 LUTZ, Wahrnehmen, S.71.
93 CLASSEN, Italien, S.70.
96 SCHWOB, U. M., Emotionen, S.155.
97 FÜRBETH, Welt.
97 LIENERT, Kindheit, S.112f.
97 NOLTE, Bilder, S.122f.
97 SPICKER, ‚Ehelieder', S.143.
99 KOSSAK/STOCKHORST, Sexuelles, S.6.
99 MÜLLER, Ostkontakte, S.221–223.
01 SCHWOB/SCHWOB, Palästinareisen, S.493.
03 SCHALLABÖCK/MÜLLER, Reiseberichte.
03 WOLF, Oswald, S.198–207.
07 SPICKER, Lieder, S.29, 42f., 46, 49, 52f., 63, 133–138.

Kl. 19

Ü.:
79 SCHÖNMETZLER, Lieder S.52ff.
81 KÜHN, Biographie, S.178ff.
89 HOFMEISTER, Lieder, S.61ff.
07 SPECHTLER, Gedichte, S.59ff.

Lit.:
26 MAROLD, Kommentar, S.251–272.
61 MAYR, Reiselieder, S.78ff.
65 BERTAU, Lied.
65 DISKUSSION, Oswald.
65 RUPP, Oswald (Festschrift).
65 RUPP, Oswald (Germanistentag).
68 MÜLLER, ‚Wahrheit', S.127ff., 178ff.
68 RÖLL, Kommentar.
74 MOSER, Nachlese, S.114.
74 MÜCK, Frühpetrarkist, S.163.
74 MÜLLER, Beobachtungen, S.176.
74 MÜLLER, Lyrik, S.109ff., 325.
74 MÜLLER, Untersuchungen, S.25f. (Anm.3), 64f., 209, 224, 314 (Anm.5), 328, 329 (Anm.1), 359, 380, 449, 462f., 465f., 478 (Anm.5), 479 (Anm.4), 482f. (Anm.9), 485, 493, 510, 534, 537f. (Anm.1), 539.
74 OKKEN, Lied Nr.44, S.189ff.
74 SCHWOB, Stellung, S.266.
74 SPECHTLER, Beiträge, S.276.
75 WAILES, Alterslied.
76 FELDGES, Spanien, S.381ff., 397.
77 OCKEL, Gestaltung, S.6f., 14–17, 31–35, 44ff., 49, 53ff, 59, 67f., 70ff, 81.
78 MAYR, Liederhandschrift A.
78 SALMEN, Komponist, S.181.
78 SCHWOB, Lyrik, S.172.
78 THURNHER, Anschauungen, S.258, 261.
80 KÖNNEKER, Zeitdarstellung, S.376.
81 LÜDTKE, Sprachen, S.307, 310f.
82 KOKOTT, Oswald, S.110.
85 JOSCHKO, Monographie, S.64, 66f., 96ff., 100, 104, 114, 167.
87 CLASSEN, Rezeption, S.77, 128, 148f., 152.
87 WITTSTRUCK, Namengebrauch (siehe Register, S.543).
90 HOFMEISTER, Mikrotexte, S.109–124.
91 SCHWOB, Edition, S.168.
93 SPICKER, Stilisierung, S.230.
94 MÜLLER, Neithart, S.98f.
95 HOFMEISTER, Medien, S.329–350.
96 ROBERTSHAW, Reimpublizistik, S.252–255.
96 SCHWOB, U. M., Emotionen, S.155.
97 SPICKER, Autorschaft, S.184.
97 SPICKER, ‚Ehelieder', S.140f.
99 KOSSAK/STOCKHORST, Sexuelles, S.25.
02 OGIER, Homologue.
03 SCHALLABÖCK/MÜLLER, Reiseberichte.
07 SPICKER, Lieder, S.42f., 52, 126f., 130.

Kl. 20

Ü.:
79 SCHÖNMETZLER, Lieder S.59ff.
81 KÜHN, Biographie, S.123f.
86 ROHRBACH, Studien, S.301f.
89 HOFMEISTER, Lieder, S.71ff.
07 SPECHTLER, Gedichte, S.67ff.

Lit.:
26 MAROLD, Kommentar, S.16–25.
68 MÜLLER, ‚Wahrheit', S.111ff.
68 RÖLL, Kommentar.
68 TREICHLER, Studien.
72 TIMM, Überlieferung, S.6.

73 JAGT, Wortschatz, S.539.
74 MOSER, Nachlese, S.107ff.
74 OKKEN, Lied Nr.44, S.185.
76 FELDGES, Spanien, S.394ff.
78 MAYR, Liederhandschrift A.
78 MÜLLER, Tagelieder.
80 HARTMANN, Altersdichtung, S.117 (Anm.264)
81 LÜDTKE, Sprachen, S.311.
82 SCHWEIKLE, Stellung, S.199.
85 JOSCHKO, Monographie, S.117, 119, 139, 171f., 174.
86 ROHRBACH, Studien, S.297ff.
87 WITTSTRUCK, Namengebrauch (siehe Register, S.543).
89 GOHEEN, „Realismus“, S.97–100.
90 HOFMEISTER, Mikrotexte, S.125f.
99 KOSSAK/STOCKHORST, Sexuelles, S.12, 24–26.
07 SPICKER, Lieder, S.16, 19, 42, 78, 80.

Kl. 21

Ü.:

72 KIEPE, Gedichte, S.189ff.
79 SCHÖNMETZLER, Lieder S.62ff.
81 KÜHN, Biographie, S.209ff.
89 HOFMEISTER, Lieder, S.75ff.
07 SPECHTLER, Gedichte, S.71ff.

Lit.:

26 MAROLD, Kommentar, S.106–115.
68 MÜLLER, ‚Wahrheit‘, S.161ff.
69 MOSER, Klangphantasie, S. 182f.
72 TIMM, Überlieferung, S.6.
73 JAGT, Wortschatz, S.536, 545.
74 MOSER, Nachlese, S.111f., 117.
74 MÜCK, Frühpetrarkist, S.149.
74 OKKEN, Lied Nr.44, S.184ff., 191f.
74 SALMEN, Musik, S.239ff.
75 HEIMRATH/KORTH/MÜLLER/OKKEN, Lieder, S.111, 117.
76 FELDGES, Spanien,S.381, 391.
76 GOHEEN, Naturbild, S.377.
78 MAYR, Liederhandschrift A.
78 SALMEN, Komponist, S.182.
81 LÜDTKE, Sprachen, S.307f.
82 SCHWEIKLE, Stellung, S.199.
85 JOSCHKO, Monographie, S.117, 123ff., 140f., 171f.
87 CLASSEN, Rezeption, S.67, 76, 80, 241ff., 248.
87 WITTSTRUCK, Namengebrauch (siehe Register, S.543).
93 CLASSEN, Italien, S.73, 76.
93 SPICKER, Stilisierung, S.157–201.
94 MÜLLER, Neithart, S.99–121.
99 KOSSAK/STOCKHORST, Sexuelles, S.15f., 20, 22f.
00 SPICKER, Kataloge, S.220.
07 SPICKER, Lieder, S.19f., 24, 27, 29, 33, 38, 42, 49f., 62, 74, 122, 152, 154, 163–168, 173.

Kl. 22

Ü.:

79 SCHÖNMETZLER, Lieder S.65ff.
89 HOFMEISTER, Lieder, S.80ff.
07 SPECHTLER, Gedichte, S.75ff.

Lit.:

26 MAROLD, Kommentar, S.343–363.
69 MOSER, Klangphantasie, S. 168.
70 INSAM, Wortstudien, S.202.
73 JAGT, Wortschatz, S.548.
74 MOSER, Nachlese, S.91.
74 OKKEN, Lied Nr.44, S.211.
74 WOLF, Mönch, S.402.
75 KERSKEN, Kalendergedichte, S.443.
78 MAYR, Liederhandschrift A.
78 SALMEN, Komponist, S.181.
80 HARTMANN, Altersdichtung, S.87.
85 JOSCHKO, Monographie, S.159ff.
87 CLASSEN, Rezeption, S.109.
87 WITTSTRUCK, Namengebrauch (siehe Register, S.544).
93 SPICKER, Stilisierung, S.226.
99 KOSSAK/STOCKHORST, Sexuelles, S.32.
07 SPICKER, Lieder, S.16.

Kl. 23

Ü.:

79 SCHÖNMETZLER, Lieder S.69ff.
81 KÜHN, Biographie, S.410ff. (Str.II, III).
89 HOFMEISTER, Lieder, S.86ff.
07 SPECHTLER, Gedichte, S.80ff.
07 WACHINGER, Lieder 2007, S.219ff.

Lit.:

26 MAROLD, Kommentar, S.460–464.
68 MÜLLER, ‚Wahrheit‘, S.23ff., 55ff.
70 INSAM, Wortstudien, S.197.
73 JAGT, Wortschatz, S.536, 556.

74 BOESCH, Zeitgenosse, S.24.
74 MOSER, Nachlese, S.96, 117.
74 MÜLLER, Beobachtungen, S.173ff.
74 MÜLLER, Untersuchungen, S.267, 288f., 291, 534 (Anm.1).
74 OKKEN, Lied Nr.44, S.192, 208, 210.
74 SCHWOB, Stellung, S.266.
75 KERSKEN, Kalendergedichte, S.452.
76 FELDGES, Spanien, S.398.
77 OCKEL, Gestaltung, S.53, 60.
78 MAYR, Belagerung, S.417.
78 MAYR, Liederhandschrift A.
78 ROBERTSHAW, Liebe, S.478.
78 SALMEN, Komponist, S.181.
78 SCHWOB, Landherr, S.10.
78 SCHWOB, Lyrik, S.159 (Anm.10).
79 SCHWOB, Realität, S.216ff.
80 HARTMANN, Altersdichtung, S.45f., 147, 162.
80 JONES, Dichtung, S.294.
82 McDONALD, autobiography.
85 JOSCHKO, Monographie, S.52f., 77, 155, 166.
87 CLASSEN, Rezeption, S.40, 60, 74, 167.
87 WITTSTRUCK, Namengebrauch (siehe Register, S.544).
89 SCHWOB U. M., Pild, S.320, 325.
90 HOFMEISTER, Mikrotexte, S.127–130.
91 SCHWOB, Edition, S.166.
92 MÜLLER, Überlieferung, S.114.
93 CLASSEN, Italien, S.69.
93 SPICKER, Stilisierung, S.229.
96 SCHWOB, U. M., Emotionen, S.155, 160.
97 SCHWOB, U. M., Schreckbild, S. 89.
07 SPICKER, Lieder, S.16, 39, 42, 116–118.

Kl. 24

Ü.:
79 SCHÖNMETZLER, Lieder S.72ff.
89 HOFMEISTER, Lieder, S.92ff.
07 SPECHTLER, Gedichte, S.85ff.

Lit.:
26 MAROLD, Kommentar, S.398–400.
74 MÜCK, Frühpetrarkist, S.141.
74 OKKEN, Lied Nr.44, S.193, 204, 210.
78 JONES, lesen, S.62.
78 MAYR, Liederhandschrift A.
80 HARTMANN, Altersdichtung, S.147.
82 RÖLL, *mensch*, S.230 (Anm.12).
85 JOSCHKO, Monographie, S.43.
87 WITTSTRUCK, Namengebrauch (siehe Register, S.544).
89 GOHEEN, „Realismus“, S.104.
90 HOFMEISTER, Mikrotexte, S.131–136.
96 SCHWOB, U. M., Emotionen, S.156.
99 KOSSAK/STOCKHORST, Sexuelles, S.113.
07 SPICKER, Lieder, S.115f.

Kl. 25

Ü.:
79 SCHÖNMETZLER, Lieder S.74ff.
81 KÜHN, Biographie, S.306ff.
89 HOFMEISTER, Lieder, S.95ff.
07 SPECHTLER, Gedichte, S.88ff.

Lit.:
26 MAROLD, Kommentar, S.464–468.
73 JAGT, Wortschatz, S.552.
74 OKKEN, Lied Nr.44, S.205, 211.
78 MAYR, Liederhandschrift A.
78 ROBERTSHAW, Liebe, S.378 (Anm.36).
78 SCHWOB, Lyrik, S.172.
80 HARTMANN, Altersdichtung, S.159 (Anm.365).
80 JONES, Dichtung, S.297.
82 WENNINGER, Finanzkraft, S.153.
85 JOSCHKO, Monographie, S.107, 181.
86 MÜCK, Liedpropaganda, S.6f.
87 CLASSEN, Rezeption, S.40.
87 WITTSTRUCK, Namengebrauch (siehe Register, S.544).
90 HOFMEISTER, Mikrotexte, S.137–140.
93 CLASSEN, Italien, S.75.
97 HOFMEISTER, Zitatenschatz, S. 60f.
07 SPICKER, Lieder, S.16.

Kl. 26

Ü.:
79 SCHÖNMETZLER, Lieder S.78ff.
80 SCHWOB, Insbrugk, S.10 (Str.VI, XI, XIII, XIV).
81 KÜHN, Biographie, S.433ff.
89 HOFMEISTER, Lieder, S.100ff.
97 KOLLER, Ritter, S.256.
07 SPECHTLER, Gedichte, S.92ff.
07 WACHINGER, Lieder 2007, S.207ff.

Lit.:
26 MAROLD, Kommentar, S.450–456.
61 MAYR, Reiselieder, S.72ff.

68 MÜLLER, ‚Wahrheit', S.100.
73 JAGT, Wortschatz, S.536, 551f.
74 BOESCH, Zeitgenosse, S.28.
74 MOSER, Nachlese, S.97, 117f.
74 MÜLLER, Untersuchungen, S.225, 289, 315, 360, 464 (Anm.2).
74 OKKEN, Lied Nr.44, S.192f., 195, 198, 204, 213.
74 SCHWOB, Stellung, S.262ff.
75 KERSKEN, Kalendergedichte, S.437.
77 OCKEL, Gestaltung, S.7f., 35ff., 39, 41, 55, 60, 62, 67f., 70ff., 76.
78 DELBONO, Rezeption, S.404.
78 MAYR, Liederhandschrift A.
78 ROBERTSHAW, Liebe, S.456f., 459f, 479 (Anm.55).
78 SCHWOB, Landherr, S.13, 19.
79 SCHWOB, Realität, S.196ff.
80 HARTMANN, Altersdichtung, S.31, 88 (Anm.168), 199 (Anm.473).
82 SCHWEIKLE, Stellung, S.213 (Anm.61).
84 LOMNITZER, Geliebte, S.118.
85 JOSCHKO, Monographie, S.49, 64ff., 79, 96, 100ff., 128, 131, 144, 162, 168.
87 CLASSEN, Rezeption, S.162, 167.
87 ROBERTSHAW, Chivalry, S.891.
87 WITTSTRUCK, Namengebrauch (siehe Register, S.544).
89 SCHWOB U. M., Pild, S.320.
91 SCHWOB, Edition, S.170.
93 SPICKER, Stilisierung, S.229.
94 MÜLLER, Neithart, S.91f.
96 GSTREIN, R., Tonarten, S.169.
96 SCHWOB, U. M., Emotionen, S.152, 156.
97 SCHWOB, U. M., Schreckbild, S. 88.
99 SCHWOB/SCHWOB, Freiheiten.
99 SCHWOB/SCHWOB, Ungnade.
07 SPICKER, Lieder, S.39, 42f., 47, 127–130.

Kl. 27

Ü.:

77 OCKEL, Gestaltung, S.108ff.
78 FELDGES, Lyrik, S.86ff.
79 SCHÖNMETZLER, Lieder S.82ff.
81 KÜHN, Biographie, S.162, 505ff.
89 HOFMEISTER, Lieder, S.107ff.
07 SPECHTLER, Gedichte, S.97ff.

Lit.:

26 MAROLD, Kommentar, S.457–460.
61 MAYR, Reiselieder, S.86f.
68 MÜLLER, ‚Wahrheit', S.98.
73 JAGT, Wortschatz, S.539.
74 MÜLLER, Lyrik, S.115ff., 325.
74 MÜLLER, Untersuchungen, S.27, 225, 360, 380, 382, 385f., 387 (Anm.1), 465, 492, 504, 509, 510 (Anm.1).
74 OKKEN, Lied Nr.44, A.208, 210, 214.
74 WELLMANN, ‚Ständestreit', S.336f.
77 OCKEL, Gestaltung, S.24f., 55, 73f.
78 FELDGES, Lyrik.
78 MAYR, Liederhandschrift A.
78 MOSER, Anmerkung.
78 SCHWOB, Lyrik, S.175ff.
78 THURNHER, Anschauungen, S.259.
80 HARTMANN, Altersdichtung, S.35, 93 (Anm.194), 154 (Anm.347).
82 SCHWEIKLE, Stellung, S.202 (Anm.31).
85 JOSCHKO, Monographie, S.95f., 107f., 145, 183.
86 MÜCK, Liedpropaganda, S.2.
87 WITTSTRUCK, Namengebrauch (siehe Register, S.544).
90 HOFMEISTER, Mikrotexte, S.141–146.
95 HOFMEISTER, Medien, S.321–328.
96 SCHWOB, U. M., Emotionen, S.153.
97 HELMKAMP, „Gefangenschaftslieder", S.105
04 U. M. SCHWOB, Kommentare.
97 SCHWEITZER, Hussitenlieder.
07 SPICKER, Lieder, S.29, 42, 140f.

Kl. 28

Ü.:

79 SCHÖNMETZLER, Lieder S.84ff.
81 KÜHN, Biographie, S.381 (V.49–56).
89 HOFMEISTER, Lieder, S.111ff.
07 SPECHTLER, Gedichte, S.101ff.

Lit.:

26 MAROLD, Kommentar, S.185–228.
74 MOSER, Nachlese, S.91.
74 OKKEN, Lied Nr.44, S.185.
75 KERSKEN, Kalendergedichte.
78 MAYR, Liederhandschrift A.
79 HILGERS, Cisiojani, S.153f.
85 JOSCHKO, Monographie, S.161f.

87 WITTSTRUCK, Namengebrauch (siehe Register, S.544).
07 SPICKER, Lieder, S.16, 52, 75–78.

Kl. 29

Ü.:

79 SCHÖNMETZLER, Lieder S.94f.
89 HOFMEISTER, Lieder, S.115f.
07 SPECHTLER, Gedichte, S.103f.

Lit.:

26 MAROLD, Kommentar, S.439f.
69 MOSER, Klangphantasie, S. 168.
74 MOSER, Nachlese, S.86 u. 102, 117.
74 OKKEN, Lied Nr.44, S.185, 193, 210.
74 SPECHTLER, Beiträge, S.278.
78 MAYR, Liederhandschrift A.
80 HARTMANN, Altersdichtung, S.93 (Anm.194), 200 (Anm.473).
85 JOSCHKO, Monographie, S.148, 170.
87 WITTSTRUCK, Namengebrauch (siehe Register, S.544).
07 SPICKER, Lieder, S.16, 92, 95.

Kl. 30

Ü.:

79 SCHÖNMETZLER, Lieder S.95f.
81 KÜHN, Biographie, S.365f.
89 HOFMEISTER, Lieder, S.117f.
07 SPECHTLER, Gedichte, S.105f.

Lit.:

26 MAROLD, Kommentar, S.433–436.
61 MAYR, Reiselieder, S.94ff.
68 MÜLLER, ‚Wahrheit', S.217ff.
69 MOSER, Klangphantasie, S. 172.
74 OKKEN, Lied Nr.44, S.187f., 193, 209.
77 OCKEL, Gestaltung, S.63f., 66.
78 JONES, lesen, S.62.
78 MAYR, Liederhandschrift A.
78 SALMEN, Komponist, S.182.
85 JOSCHKO, Monographie, S.76, 114, 154, 165.
87 CLASSEN, Rezeption, S.112f.
87 WITTSTRUCK, Namengebrauch (siehe Register, S.544).
90 HOFMEISTER, Mikrotexte, S.147f.
93 SPICKER, Stilisierung, S.225.
97 HOFMEISTER, Zitatenschatz, S. 66.
97 LIENERT, Kindheit, S.115.
07 SPICKER, Lieder, S.16, 42f.

Kl. 31

Ü.:

77 WACHINGER, Lieder 1977, S.87ff.
79 SCHÖNMETZLER, Lieder S.96f.
81 KÜHN, Biographie, S.354f.
89 HOFMEISTER, Lieder, S.119f.
07 SPECHTLER, Gedichte, S.107f.
07 WACHINGER, Lieder 2007, S.303ff.

Lit.:

26 MAROLD, Kommentar, S.396–398.
73 JAGT, Wortschatz, S.539.
74 MOSER, Nachlese, S.91.
74 OKKEN, Lied Nr.44, S.193.
74 SALMEN, Musik, S.238.
74 SPECHTLER, Beiträge, S.278.
75 HEIMRATH/KORTH/MÜLLER/OKKEN, Lieder, S.109, 115.
78 MAYR, Liederhandschrift A.
78 SALMEN, Komponist, S.181.
80 HARTMANN, Altersdichtung, S.93 (Anm.194).
82 RÖLL, *mensch*, S.230 (Anm.14).
85 JOSCHKO, Monographie, S.39.
87 WITTSTRUCK, Namengebrauch (siehe Register, S.544).
96 TRAUB, Oswald, S.174.
07 SPICKER, Lieder, S.93.
07 SUERBAUM, Selbstinszenierung.

Kl. 32

Ü.:

79 SCHÖNMETZLER, Lieder S.97f.
89 HOFMEISTER, Lieder, S.121ff.
07 SPECHTLER, Gedichte, S.108ff.
07 WACHINGER, Lieder 2007, S.263ff.

Lit.:

26 MAROLD, Kommentar, S.416–421.
74 MÜCK, Frühpetrarkist, S.144.
74 OKKEN, Lied Nr.44, S.211.
74 SALMEN, Musik, S.239.
74 SPECHTLER, Beiträge, S.278.
75 KERSKEN, Kalendergedichte, S.452.
78 MAYR, Liederhandschrift A.
80 HARTMANN, Altersdichtung, S.36, 87.
85 JOSCHKO, Monographie, S.104, 151.
87 WITTSTRUCK, Namengebrauch (siehe Register, S.544).
90 HOFMEISTER, Mikrotexte, S.149–154.
07 SPICKER, Lieder, S.16.

Kl. 33

Ü.:

77 WACHINGER, Lieder 1977, S.45ff.
79 SCHÖNMETZLER, Lieder S.99f.
81 CURSCHMANN/GLIER, Dichtung, S.173ff.
81 KÜHN, Biographie, S.218f.
85 HIRSCHBERG, Konkretisierung, S.379.
86 ROHRBACH, Studien, S.324.
87 WITTSTRUCK, Namengebrauch (siehe Register, S.544).
89 HOFMEISTER, Lieder, S.124f.
07 SPECHTLER, Gedichte, S.110ff.
07 WACHINGER, Lieder 2007, S.149ff.

Lit.:

26 MAROLD, Kommentar, S.308–310.
68 TREICHLER, Studien.
71 JONES, Morgen-Lied.
74 MOSER, Nachlese, S.100ff.
74 OKKEN, Lied Nr.44, S.185, 188.
74 PÖRNBACHER, Margareta, S.32.
75 HEIMRATH/KORTH/MÜLLER/OKKEN, Lieder, S.110, 116.
78 MAYR, Liederhandschrift A.
78 MÜLLER, Tagelieder.
78 ROBERTSHAW, Liebe, S.480 (Anm.56).
78 SALMEN, Komponist, S.181.
80 HARTMANN, Altersdichtung, S.117 (Anm.264).
82 KOKOTT, Oswald, S.96.
82 PETZSCH, Lieder, S.258.
85 HIRSCHBERG, Konkretisierung.
85 JOSCHKO, Monographie, S.72, 119, 121f., 143, 171.
86 ROHRBACH, Studien, S.323ff.
87 CLASSEN, Rezeption, S.162ff., 307.
87 WITTSTRUCK, Namengebrauch (siehe Register, S.544).
96 SCHWOB, U. M., Emotionen, S.152.
97 SCHADENDORF, Individuallied.
99 KOSSAK/STOCKHORST, Sexuelles, S.16.
07 SPICKER, Lieder, S.16, 45f., 49, 52, 54, 58f., 78, 82f., 97.

Kl. 34

Ü.:

77 WACHINGER, Lieder 1977, S.85ff.
79 SCHÖNMETZLER, Lieder S.100f.
81 KÜHN, Biographie, S.217f.
82 KOKOTT, Oswald, S.90f. (Str.II).
84 HARTMANN, Einheit, S.26ff.
86 ROHRBACH, Studien, S.327f.
89 HOFMEISTER, Lieder, S.126f.
07 SPECHTLER, Gedichte, S.112f.
07 WACHINGER, Lieder 2007, S.297ff.

Lit.:

26 MAROLD, Kommentar, S.174–179.
68 TREICHLER, Studien.
73 JAGT, Wortschatz, S.551.
74 MOSER, Nachlese, S.100ff.
74 OKKEN, Lied Nr.44, S.191, 208.
74 SPECHTLER, Beiträge, S.277.
78 MAYR, Liederhandschrift A.
78 MÜLLER, Tagelieder.
78 SALMEN, Komponist, S.182f.
78 SPECHTLER, Liedtraditionen, S.193ff.
82 KOKOTT, Oswald, S.91.
82 PETZSCH, Lieder, S.248f., 254.
84 HARTMANN, Einheit.
85 JOSCHKO, Monographie, S.119, 143, 148, 171, 183.
86 ROHRBACH, Studien, S.326ff.
87 WITTSTRUCK, Namengebrauch (siehe Register, S.544).
97 SCHADENDORF, Individuallied.
01 WACHINGER, Maria.
05 HARTMANN, Traditionen, S.363f.
07 SPICKER, Lieder, S.51, 78, 86f., 91, 93.

Kl. 35

Ü.:

79 SCHÖNMETZLER, Lieder S.101f.
89 HOFMEISTER, Lieder, S.128f.
07 SPECHTLER, Gedichte, S.113f.
07 WACHINGER, Lieder 2007, S.283ff.

Lit.:

26 MAROLD, Kommentar, S.179–185.
74 MOSER, Nachlese, S.100ff., 117.
74 OKKEN, Lied Nr.44, S.185, 214.
74 SPECHTLER, Beiträge, S.278.
78 MAYR, Liederhandschrift A.
80 HARTMANN, Altersdichtung, S.93 (Anm.194), 200 (Anm.473).
82 SCHWEIKLE, Stellung, S.202 (Anm.31).
85 JOSCHKO, Monographie, S.143, 149, 171.
87 WITTSTRUCK, Namengebrauch (siehe Register, S.544).
97 SCHADENDORF, Individuallied.

01 SCHWOB/SCHWOB, Palästinareisen, S.494, 506.
07 SPICKER, Lieder, S.16, 93f.

Kl. 36

Ü.:
79 SCHÖNMETZLER, Lieder S.102f.
89 HOFMEISTER, Lieder, S.130f.
07 SPECHTLER, Gedichte, S.115f.

Lit.:
26 MAROLD, Kommentar, S.438f.
74 MOSER, Nachlese, S.100ff.
74 OKKEN, Lied Nr.44, S.208.
74 SPECHTLER, Beiträge, S.276f.
78 MAYR, Liederhandschrift A.
78 ROBERTSHAW, Liebe, S.478 (Anm.36).
78 SPECHTLER, Liedtraditionen, S.195f.
80 HARTMANN, Altersdichtung, S.24, 93 (Anm.194), 147.
85 JOSCHKO, Monographie, S.43, 131, 144, 148, 171.
87 WITTSTRUCK, Namengebrauch (siehe Register, S.544).
89 SCHWOB U. M., Pild, S.324.
90 HOFMEISTER, Mikrotexte, S.155f.
96 SCHWOB, U. M., Emotionen, S.156.
97 SCHADENDORF, Individuallied.
07 SPICKER, Lieder, S.16, 115f.

Kl. 37

Ü.:
77 WACHINGER, Lieder 1977, S.7ff.
79 SCHÖNMETZLER, Lieder S.106f.
81 KÜHN, Biographie, S.134ff.
89 HOFMEISTER, Lieder, S.132ff.
07 SPECHTLER, Gedichte, S.116ff.
07 WACHINGER, Lieder 2007, S.39ff.

Lit.:
26 MAROLD, Kommentar, S.103–105.
68 TREICHLER, Studien.
73 JAGT, Wortschatz, S.536.
74 MOSER, Nachlese. S.91.
74 OKKEN, Lied Nr.44, S.191, 210.
74 SALMEN, Musik, S.241.
78 MAYR, Liederhandschrift A.
78 MÜLLER, Tagelieder.
85 JOSCHKO, Monographie, S.139.
87 WITTSTRUCK, Namengebrauch (siehe Register, S.544).
07 SPICKER, Lieder, S.16, 27, 63, 154–156.

Kl. 38

Ü.:
79 SCHÖNMETZLER, Lieder S.107f.
89 HOFMEISTER, Lieder, S.136ff.
07 SPECHTLER, Gedichte, S.119ff.
07 WACHINGER, Lieder 2007, S.291ff.

Lit.:
26 MAROLD, Kommentar, S.169–174.
73 JAGT, Wortschatz, S.539.
74 BRESGEN, Rhythmus, S.53.
74 OKKEN, Lied Nr.44, S.186.
74 SPECHTLER, Beiträge, S.278.
78 MAYR, Liederhandschrift A.
85 JOSCHKO, Monographie, S.173.
87 WITTSTRUCK, Namengebrauch (siehe Register, S.544).
07 SPICKER, Lieder, S.16, 63, 101–103, 154.

Kl. 39

Ü.:
77 WACHINGER, Lieder 1977, S.79ff.
79 SCHÖNMETZLER, Lieder S.109f.
81 KÜHN, Biographie, S.318ff. (Str.I–V).
89 HOFMEISTER, Lieder, S.140ff.
07 SPECHTLER, Gedichte, S.122ff.
07 WACHINGER, Lieder 2007, S.269ff.

Lit.:
26 MAROLD, Kommentar, S.440–445.
70 INSAM, Wortstudien, S.197.
70 JONES, ‚Beichtlied'.
73 JAGT, Wortschatz, S.539.
74 MOSER, Nachlese, S.106.
74 OKKEN, Lied Nr.44, S.195, 210, 214.
74 SPECHTLER, Beiträge, S.278.
74 WELLMANN, ‚Ständestreit', S.336.
77 OCKEL, Gestaltung, S.73.
78 MAYR, Liederhandschrift A.
78 SALMEN, Komponist, S.182f.
80 HARTMANN, Altersdichtung, S.135, 204.
80 JONES, Dichtung, S.300.
82 RÖLL, *mensch*, S.230.
82 SCHWEIKLE, Stellung, S.202 (Anm.31).
85 JOSCHKO, Monographie, S.108, 128, 136, 144, 151ff., 173, 184, 188.
86 MÜCK, Liedpropaganda, S.4.
87 WITTSTRUCK, Namengebrauch (siehe Register, S.544).

99 KOSSAK/STOCKHORST, Sexuelles, S.23.
07 SPICKER, Lieder, S.94f.

Kl. 40

Ü.:

79 SCHÖNMETZLER, Lieder S.111ff.
86 ROHRBACH, Studien, S.316.
89 HOFMEISTER, Lieder, S.144ff.
07 SPECHTLER, Gedichte, S.125f.

Lit.:

26 MAROLD, Kommentar, S.35–37.
68 TREICHLER, Studien.
73 JAGT, Wortschatz, S.539.
74 OKKEN, Lied Nr.44, S.193.
78 MAYR, Liederhandschrift A.
78 MÜLLER, Tagelieder.
80 HARTMANN, Altersdichtung, S.117 (Anm.264).
85 JOSCHKO, Monographie, S.139.
86 ROHRBACH, Studien, S.315ff.
87 WITTSTRUCK, Namengebrauch (siehe Register, S.544).
99 KOSSAK/STOCKHORST, Sexuelles, S.12.
07 SPICKER, Lieder, S.16, 51, 78, 87–89, 94, 96.

Kl. 41

Ü.:

79 SCHÖNMETZLER, Lieder S.113ff.
81 KÜHN, Biographie, S.447ff.
89 HOFMEISTER, Lieder, S.147ff.
07 SPECHTLER, Gedichte, S.127ff.

Lit.:

26 MAROLD, Kommentar, S.426–429.
61 MAYR, Reiselieder, S.88f., 97ff.
68 MÜLLER, ‚Wahrheit', S.211ff.
73 JAGT, Wortschatz, S.539.
74 MÜLLER, Beobachtungen, S.176f.
74 MÜLLER, Lyrik, S.117f., 325.
74 MÜLLER, Untersuchungen, S.225, 314 (Anm.5), 329 (Anm.1), 360, 462ff., 539.
74 OKKEN, Lied Nr.44, S.192f.
75 HEIMRATH/KORTH/MÜLLER/OKKEN, Lieder, S.111, 118.
77 OCKEL, Gestaltung, S.8–11, 55, 67, 70ff.
78 DELBONO, Rezeption, S.404.
78 MAYR, Liederhandschrift A.
78 SALMEN, Komponist, S.181.
78 THURNHER, Anschauungen, S.260.
80 HARTMANN, Altersdichtung, S.156 (Anm.355).
82 GLOWATZKI-MULLIS, Untersuchungen, S.166.
82 WENNINGER, S.142 (Anm.30).
85 JOSCHKO, Monographie, S.81, 114ff., 167.
87 WITTSTRUCK, Namengebrauch (siehe Register, S.544).
90 HOFMEISTER, Mikrotexte, S.157f.
95 HOFMEISTER, Medien, S.359–364.
07 SPICKER, Lieder, S.42f., 125f., 130, 142.
09 SCHWOB, U. M., Femegerichtsbarkeit, S.17ff.

Kl. 42

Ü.:

79 SCHÖNMETZLER, Lieder S.115ff.
89 HOFMEISTER, Lieder, S.150ff.
07 SPECHTLER, Gedichte, S.130ff.

Lit.:

26 MAROLD, Kommentar, S.116–120.
69 MOSER, Klangphantasie, S. 183.
70 INSAM, Wortstudien, S.198.
73 JAGT, Wortschatz, S.545.
74 OKKEN, Lied 44, S.186f.
74 SALMEN, Musik, S.241.
74 STÄBLEIN, Vorbilder, S.298ff., 307.
76 GOHEEN, Naturbild, S.378.
78 MAYR, Liederhandschrift A.
78 SALMEN, Komponist, S.182.
85 JOSCHKO, Monographie, S.106, 140, 172ff.
87 CLASSEN, Rezeption, S.248, 295, 314f.
87 WITTSTRUCK, Namengebrauch (siehe Register, S.544).
96 GSTREIN, R, Tonarten, S.167, 169.
97 SCHIENDORFER, Heilsgeschichte.
99 KOSSAK/STOCKHORST, Sexuelles, S.20.
07 SPICKER, Lieder, S.154, 160–163, 168, 173.

Kl. 43

Ü.:

79 SCHÖNMETZLER, Lieder S.118f.
89 HOFMEISTER, Lieder, S.154ff.
07 SPECHTLER, Gedichte, S.133ff.

Lit.:
26 MAROLD, Kommentar, S.66–70.
72 TIMM, Überlieferung, S.6.
73 JAGT, Wortschatz, S.536, 556.
74 MOSER, Nachlese, S.111.
74 OKKEN, Lied Nr. 44, S.185, 192, 208.
74 PÖRNBACHER, Margareta, S.16.
74 TIMM, Komponieren, S.322f.
78 MAYR, Liederhandschrift A.
78 ROBERTSHAW, Liebe, S.480 (Anm.75).
80 JONES, Dichtung, S.287.
82 SCHWEIKLE, Stellung, S.199.
85 JOSCHKO, Monographie, S.129, 132.
87 WITTSTRUCK, Namengebrauch (siehe Register, S.544).
93 SPICKER, Stilisierung, S.221f.
97 SPICKER, ‚Ehelieder', S.151.
99 KOSSAK/STOCKHORST, Sexuelles, S.32.
07 SPICKER, Lieder, S.19, 52, 57, 169f.

Kl. 44

Ü.:
74 OKKEN, Lied Nr. 44, S.217f.
77 WACHINGER, Lieder 1977, S.69ff.
79 SCHÖNMETZLER, Lieder S.120ff.
81 KÜHN, Biographie, S.421ff.
89 HOFMEISTER, Lieder, S.157ff.
00 SCHWOB, Heirat, S.117
07 SPECHTLER, Gedichte, S.136ff.
07 WACHINGER, Lieder 2007, S.199ff.
Lit.:
26 MAROLD, Kommentar, S.446–449.
68 MÜLLER, ‚Wahrheit', S.76ff.
69 MOSER, Klangphantasie, S. 173, 180ff.
70 INSAM, Wortstudien, S.197, 200ff.
73 JAGT, Wortschatz, S.545.
74 BOESCH, Zeitgenosse, S.25.
74 MOSER, Nachlese, S.117.
74 MÜLLER, Untersuchungen, S.225, 251, 360, 464 (Anm.2), 488.
74 OKKEN, Lied Nr. 44.
74 PÖRNBACHER, Margareta, S.24, 34.
74 SALMEN, Musik, S.239.
74 SCHWOB, Stellung, S.266.
75 HEIMRATH/KORTH/MÜLLER/OKKEN, Lieder, S.110f., 117.
76 FELDGES, Spanien, S.376f., 391.
77 OCKEL, Gestaltung, S.38–40, 63f., 66.
78 MAYR, Liederhandschrift A.
78 SCHWOB, Landherr, S.5.
79 SCHWOB, Realität, S.192ff.
80 HARTMANN, Altersdichtung, S.31.
80 SCHWOB, Armutsklage, S.91ff.
81 LÜDTKE, Sprachen, S.307, 311.
82 KOKOTT, Oswald, S.105.
85 JOSCHKO, Monographie, S.50, 65, 78, 100f., 110, 123, 136, 161, 165.
86 MÜCK, Liedpropaganda, S.8.
87 CLASSEN, Rezeption, S.78f., 109, 143f., 187.
87 WITTSTRUCK, Namengebrauch (siehe Register, S.544).
91 SCHWOB, Edition, S.165.
96 GSTREIN, R., Tonarten, S.169.
96 SCHWOB, U. M., Emotionen, S.152, 160.
97 LIENERT, Kindheit, S.113.
97 SPICKER, chanson, S.414.
97 SPICKER, ‚Ehelieder', S.142.
99 MÜLLER, Ostkontakte, S.223–225.
00 MÜLLER, Accumulatio, S.38f.
00 SCHWOB, Heirat, S.117.
00 SPICKER, Kataloge, S.216–218.
02 SCHWOB/SCHWOB, Beobachtungen, S.147.
07 SPICKER, Lieder, S.28f., 39f., 42f., 49, 52, 120, 130–133.

Kl. 45

Ü.:
77 WACHINGER, Lieder 1977, S.33ff.
79 SCHÖNMETZLER, Lieder S.122ff.
81 KÜHN, Biographie, S.489ff.
81 OKKEN/MÜCK, Bauern, S.111ff.
89 HOFMEISTER, Lieder, S.161ff.
07 SPECHTLER, Gedichte, S.139ff.
07 WACHINGER, Lieder 2007, S.231ff.
Lit.:
26 MAROLD, Kommentar, S.241–245.
61 MAYR, Reiselieder, S.67ff.
68 MÜLLER, ‚Wahrheit', S.185ff.
71 JONES, Morgen-Lied, S.149.
73 JAGT, Wortschatz, S.544, 554.
74 MOSER, Nachlese, S.98ff, 117.
74 MÜLLER, Untersuchungen, S.209, 224, 328, 359, 461f., 471 (Anm.1), 522.
74 OKKEN, Lied Nr. 44, S.188, 193, 197, 206.
74 WOLF, Mönch, S.395.

75 HEIMRATH/KORTH/MÜLLER/ OKKEN, Lieder, S.109, 115.
76 FELDGES, Spanien, S.398.
78 MAYR, Liederhandschrift A.
78 SALMEN, Komponist, S.181.
81 OKKEN/MÜCK, Bauern, S.1–110.
85 JOSCHKO, Monographie, S.95, 114, 176, 184.
86 MÜCK, Liedpropaganda, S.6ff.
87 WITTSTRUCK, Namengebrauch (siehe Register, S.544).
90 HOFMEISTER, Mikrotexte, S.159–161.
93 SPICKER, Stilisierung, S.210.
97 SPICKER, ‚Ehelieder', S.156.
99 KOSSAK/STOCKHORST, Sexuelles, S.22.
07 SPICKER, Lieder, S.16, 27, 42, 65, 67, 119f..

Kl. 46

Ü.:

79 SCHÖNMETZLER, Lieder S.128.
89 HOFMEISTER, Lieder, S.165.
07 SPECHTLER, Gedichte, S.142f.

Lit.:

26 MAROLD, Kommentar, S.98f.
73 JAGT, Wortschatz, S.536.
74 OKKEN, Lied Nr. 44, S.193.
78 MAYR, Liederhandschrift A.
84 HAUSNER, Polyphonie, S.74.
87 CLASSEN, Rezeption, S.61.
87 WITTSTRUCK, Namengebrauch (siehe Register, S.544).
90 HOFMEISTER, Mikrotexte, S.162f.
93 SPICKER, Stilisierung, S.219.
07 SPICKER, Lieder, S.143f.

Kl. 47

Ü.:

79 SCHÖNMETZLER, Lieder S.129f.
89 HOFMEISTER, Lieder, S.166f.
07 SPECHTLER, Gedichte, S.143f.

Lit.:

26 MAROLD, Kommentar, S.47f.
73 JAGT, Wortschatz, S.548.
74 BRESGEN, Rhythmus, S.58.
74 MOSER, Nachlese, S.106.
74 OKKEN, Lied Nr. 44, S.204, 210.
74 SALMEN, Musik, S.241.
75 HEIMRATH/KORTH/MÜLLER/ OKKEN, Lieder, S.110, 116.
78 MAYR, Liederhandschrift A.
78 PELNAR, Erkenntnisse, S.274.
80 HARTMANN, Altersdichtung, S.117 (Anm.264).
85 JOSCHKO, Monographie, S.140.
87 CLASSEN, Rezeption, S.251.
87 WITTSTRUCK, Namengebrauch (siehe Register, S.544).
07 SPICKER, Lieder, S.152f.

Kl. 48

Ü.:

77 WACHINGER, Lieder 1977, S.17.
79 SCHÖNMETZLER, Lieder S.133f
81 KÜHN, Biographie, S.239f.
81 OKKEN/MÜCK, Bauern, S.155f.
82 KOKOTT, Oswald, S.89.
89 HOFMEISTER, Lieder, S.168ff.
07 SPECHTLER, Gedichte, S.145f.
07 WACHINGER, Lieder 2007, S.91.

Lit.:

26 MAROLD, Kommentar, S.150–153.
68 BEYSCHLAG, Fuga, S.55f., 52, 66, 69.
68 TREICHLER, Studien.
69 MOSER, Klangphantasie, S. 179.
70 INSAM, Wortstudien, S.199.
73 JAGT, Wortschatz, S.548.
74 RÖLL, Kontrafaktur, S.228.
74 TIMM, Komponieren, S.322.
78 MAYR, Liederhandschrift A.
78 MÜLLER, Tagelieder.
81 OKKEN/MÜCK, Bauern, S.114–155.
82 KOKOTT, Oswald, S.89f.
84 HAUSNER, Polyphonie, S.57, , 61 (Anm.61), 63 (u. Anm.64), 66.
85 JOSCHKO, Monographie, S.110, 119ff., 171, 180.
86 MÜCK, Liedpropaganda, S.12.
86 ROHRBACH, Studien, S.284ff.
87 CLASSEN, Rezeption, S.61f., 110f., 194, 197.
87 WITTSTRUCK, Namengebrauch (siehe Register, S.544).
90 HOFMEISTER, Mikrotexte, S.164–166.
96 SCHWOB, U. M., Emotionen, S.152.
97 SPICKER, ‚Ehelieder', S.141.

99 KOSSAK/STOCKHORST, Sexuelles, S.18.
07 SPICKER, Lieder, S.16, 43, 45, 52, 58, 78, 83f.

Kl. 49

Ü.:

55 WEHRLI, Lyrik, S.406ff.
77 WACHINGER, Lieder 1977, S.15.
79 SCHÖNMETZLER, Lieder S.137.
89 HOFMEISTER, Lieder, S.171f.
99 KOSSAK/STOCKHORST, Sexuelles, S.16, 23.
00 SPECKENBACH, Kl. 49, S.242f.
07 SPECHTLER, Gedichte, S.146f.
07 WACHINGER, Lieder 2007, S.83.

Lit.:

26 MAROLD, Kommentar, S.33f.
68 BEYSCHLAG, Fuga, S.55, 62f., 69.
68 TREICHLER, Studien.
73 JAGT, Wortschatz, S.539.
74 LOMNITZER, Probleme, S.74.
74 SALMEN, Musik, S.240.
78 BEYSCHLAG, Anmerkungen, S.227.
78 MAYR, Liederhandschrift A.
78 MÜLLER, Tagelieder.
78 PELNAR, Erkenntnisse, S.273.
84 HAUSNER, Polyphonie, S.57, 58 (Anm.49), 61 (Anm.61), 63 (u. Anm.64), 66.
85 JOSCHKO, Monographie, S.138f.
86 ROHRBACH, Studien, S.280ff.
87 CLASSEN, Rezeption, S.229.
87 WITTSTRUCK, Namengebrauch (siehe Register, S.544).
00 SPECKENBACH, Kl. 49.
07 SPICKER, Lieder, S.16, 78, 80.

Kl. 50

Ü.:

77 WACHINGER, Lieder 1977, S.27ff.
79 SCHÖNMETZLER, Lieder S.140ff.
81 CURSCHMANN/GLIER, Dichtung, S.164f.
81 KÜHN, Biographie, S.137f.
81 OKKEN/MÜCK, Bauern, S.193ff. (V.41–58).
89 HOFMEISTER, Lieder, S.173f.
07 SPECHTLER, Gedichte, S.148f.
07 WACHINGER, Lieder 2007, S.53ff.

Lit.:

26 MAROLD, Kommentar, S.145–150.
69 MOSER, Klangphantasie, S. 177.
73 JAGT, Wortschatz, S.551.
74 OKKEN, Lied Nr. 44, S.192.
74 RÖLL, Probleme, S.224.
78 MAYR, Liederhandschrift A.
81 LÜDTKE, Sprachen, s.306.
81 OKKEN/MÜCK, Bauern, S.157–193.
84 HAUSNER, Polyphonie, S.57, 70.
85 JOSCHKO, Monographie, S.139.
86 MÜCK, Liedpropaganda, S.14.
87 CLASSEN, Rezeption, S.79, 82, 187, 189.
87 WITTSTRUCK, Namengebrauch (siehe Register, S.544).
89 CLASSEN, Onomatopoesie, S.370–372.
99 KOSSAK/STOCKHORST, Sexuelles, S.17.
07 SPICKER, Lieder, S.16, 29, 37, 62f., 159f.

Kl. 51

Ü.:

77 WACHINGER, Lieder 1977, S.31.
79 SCHÖNMETZLER, Lieder S.143f.
81 KÜHN, Biographie, S.84f.
89 HOFMEISTER, Lieder, S.175f.
07 SPECHTLER, Gedichte, S.159f.
07 WACHINGER, Lieder 2007, S.127ff.

Lit.:

26 MAROLD, Kommentar, S.59–63.
61 MAYR, Reiselieder, S.50ff.
73 JAGT, Wortschatz, S.536, 552.
74 BRESGEN, Rhythmus, S.54.
74 OKKEN, Lied Nr. 44, S.191, 204.
75 HEIMRATH/KORTH/MÜLLER/OKKEN, Lieder, S.109, 114.
78 MAYR, Liederhandschrift A.
84 HAUSNER, Polyphonie, S.57, 68, 69 (Anm.76).
85 JOSCHKO, Monographie, S.130, 173.
87 WITTSTRUCK, Namengebrauch (siehe Register, S.544).
96 SCHWOB, U. M., Emotionen, S.152.
99 WACHINGER, Liebeslieder, S.17–20.
01 SCHWOB/SCHWOB, Palästinareisen, S.494, 506.
07 SPICKER, Lieder, S.16, 29, 144f.

Kl. 52

Ü.:

79 SCHÖNMETZLER, Lieder S.147.
81 KÜHN, Biographie, S.102f.
89 HOFMEISTER, Lieder, S.177f.
07 SPECHTLER, Gedichte, S.151f.

Lit.:

26 MAROLD, Kommentar, S.139–144.
71 JONES, Vogelsteller.
72 TIMM, Überlieferung, S.49ff.
74 BEYSCHLAG, Jagdlied.
74 RÖLL, Kontrafaktur, S.228.
78 BEYSCHLAG, Anmerkungen, S.227.
78 MAYR, Liederhandschrift A.
84 HAUSNER, Polyphonie, S.72.
84 WACHINGER, Sprache, S.11f.
85 JOSCHKO, Monographie, S.140f.
87 CLASSEN, Rezeption, S.181, 206ff, 209, 211, 294.
87 WITTSTRUCK, Namengebrauch (siehe Register, S.544).
89 CLASSEN, Onomatopoesie, S.373, 375.
07 SPICKER, Lieder, S.16.

Kl. 53

Ü.:

77 WACHINGER, Lieder 1977, S.11ff.
79 SCHÖNMETZLER, Lieder S.149f.
81 CURSCHMANN/GLIER, Dichtung, S.167ff.
81 KÜHN, Biographie, S.138f.
82 KOKOTT, Oswald, S.85.
89 HOFMEISTER, Lieder, S.179f.
07 SPECHTLER, Gedichte, S.152ff.
07 WACHINGER, Lieder 2007, S.31ff.

Lit.:

26 MAROLD, Kommentar, S.37–39.
67 BANTA, Analysis.
68 BEYSCHLAG, Fuga, S.56.
73 JAGT, Wortschatz, S.536.
74 OKKEN, Lied Nr. 44, S.191.
75 HEIMRATH/KORTH/MÜLLER/OKKEN, Lieder, S.109, 115.
78 MAYR, Liederhandschrift A.
80 HARTMANN, Altersdichtung, S.117 (Anm.264).
82 KOKOTT, Oswald, S.86.
84 HAUSNER, Polyphonie, S.57, 70.
85 JOSCHKO, Monographie, S.119, 121, 174.
86 ROHRBACH, Studien, S.319ff.
87 CLASSEN, Rezeption, S.190.
87 WITTSTRUCK, Namengebrauch (siehe Register, S.544).
89 CLASSEN, Onomatopoesie, S.374.
99 KOSSAK/STOCKHORST, Sexuelles, S.12.
07 SPICKER, Lieder, S.16, 29, 78, 80–82.

Kl. 54

Ü.:

79 SCHÖNMETZLER, Lieder S.153.
81 KÜHN, Biographie, S.206.
81 OKKEN/MÜCK, Bauern, S.229.
89 HOFMEISTER, Lieder, S.181.
07 SPECHTLER, Gedichte, S.154f.

Lit.:

26 MAROLD, Kommentar, S.154f.
67 SCHWARZ, smutz, S.157f.
69 MOSER, Klangphantasie, S. 170.
71 JONES, Morgen-Lied, S.152.
72 OKKEN/COX, Lied 54.
74 MOSER, Nachlese, S.106.
74 TIMM, Komponieren, S.322.
75 HEIMRATH/KORTH/MÜLLER/OKKEN, Lieder, S.108, 114.
77 WACHINGER, Sprachmischung, S.289f.
78 MAYR, Liederhandschrift A.
81 OKKEN/MÜCK, Bauern, S.196–229.
85 JOSCHKO, Monographie, S.110f., 122f.
87 CLASSEN, Rezeption, S.102.
87 WITTSTRUCK, Namengebrauch (siehe Register, S.544).
99 KOSSAK/STOCKHORST, Sexuelles, S.12, 21.
07 SPICKER, Lieder, S.16, 43, 68f., 71.

Kl. 55

Ü.:

79 SCHÖNMETZLER, Lieder S.154f.
81 KÜHN, Biographie, S.363f.
89 HOFMEISTER, Lieder, S.182f.
07 SPECHTLER, Gedichte, S.155f.

Lit.:

26 MAROLD, Kommentar, S.430–432.
61 MAYR, Reiselieder, S.93f.
68 MÜLLER, ‚Wahrheit', S.217ff.
72 OKKEN/COX, Lied 55.
74 DOON/OKKEN/COX, gefoltert, S.391.

74 MOSER, Nachlese, S.91, 102ff.
74 MÜLLER, Untersuchungen, S.226, 287, 291.
74 OKKEN, Lied Nr. 44, S.198, 210.
74 SCHWOB, Stellung, S.265f.
77 OCKEL, Gestaltung, S.40f., 46f., 58f., 61.
78 MAYR, Liederhandschrift A.
78 ROBERTSHAW, Liebe, s.459ff.
78 SCHWOB, Landherr, S.17.
78 SCHWOB, Lyrik, S.166 (Anm.52), 169f.
79 SCHWOB, Realität, S.163ff.
80 HARTMANN, Altersdichtung, S.88 (Anm.170).
85 JOSCHKO, Monographie, S.77, 100, 114, 128, 177.
87 CLASSEN, Rezeption, S.167, 191.
87 WITTSTRUCK, Namengebrauch (siehe Register, S.544).
89 SCHWOB U. M., Pild, S.319.
97 HELMKAMP, „Gefangenschaftslieder", S.107–109.
99 MÜLLER, Ostkontakte, S.223.
03 SCHALLABÖCK/MÜLLER, Reiseberichte.
07 SPICKER, Lieder, S.16, 39, 43, 47.

Kl. 56

Ü.:

79 SCHÖNMETZLER, Lieder S.157f.
89 HOFMEISTER, Lieder, S.184f.
07 SPECHTLER, Gedichte, S.157f.

Lit.:

26 MAROLD, Kommentar, S.39–41.
68 BEYSCHLAG, Fuga, S.55f, 60ff.
73 JAGT, Wortschatz, S.552.
74 LOMNITZER, Probleme, S.74.
74 MOSER, Nachlese, S.114.
74 OKKEN, Lied Nr. 44, S.210.
78 MAYR, Liederhandschrift A.
82 SCHWEIKLE, Stellung, S.200.
84 HAUSNER, Polyphonie, S.57, 63 (u. Anm.64), 67.
87 WITTSTRUCK, Namengebrauch (siehe Register, S.544).
07 SPICKER, Lieder, S.16, 45, 52.

Kl. 57

Ü.:

79 SCHÖNMETZLER, Lieder S.159.
81 KÜHN, Biographie, S.83f.
89 HOFMEISTER, Lieder, S.186f.
07 SPECHTLER, Gedichte, S.159.
07 WACHINGER, Lieder 2007, S.11.

Lit.:

26 MAROLD, Kommentar, S.1–3.
74 OKKEN, Lied Nr. 44, S.210.
74 PÖRNBACHER, Margareta, S.18.
78 MAYR, Liederhandschrift A.
78 ROBERTSHAW, Liebe, S.466f, 479 (Anm.53).
80 JONES, Dichtung, S.289.
85 JOSCHKO, Monographie, S.128f.
87 WITTSTRUCK, Namengebrauch (siehe Register, S.544).
97 SCHWOB, U. M., Schreckbild, S. 88f.
07 SPICKER, Lieder, S.52, 146.

Kl. 58

Ü.:

79 SCHÖNMETZLER, Lieder S.160f.
89 HOFMEISTER, Lieder, S.188f.
07 SPECHTLER, Gedichte, S.160f.

Lit.:

26 MAROLD, Kommentar, S.4–7.
78 MAYR, Liederhandschrift A.
78 ROBERTSHAW, Liebe, S.468.
85 JOSCHKO, Monographie, S.159, 168.
87 WITTSTRUCK, Namengebrauch (siehe Register, S.544).
90 HOFMEISTER, Mikrotexte, S.167f.
07 SPICKER, Lieder, S.52, 65.

Kl. 59

Ü.:

79 SCHÖNMETZLER, Lieder S.162f.
81 KÜHN, Biographie, S.345ff.
89 HOFMEISTER, Lieder, S.190f.
07 SPECHTLER, Gedichte, S.161ff.

Lit.:

26 MAROLD, Kommentar, S.389f.
68 MÜLLER, ‚Wahrheit', S.226ff.
73 JAGT, Wortschatz, S.552.
73 OKKEN/COX, Lied 59.
74 DOON/OKKEN/COX, gefoltert, S.391f.
77 OCKEL, Gestaltung, S.61.
78 MAYR, Liederhandschrift A.
78 ROBERTSHAW, Liebe, S.458f., 463, 477 (Anm.32).
79 SCHWOB, Realität, S.172ff.

80 HARTMANN, Altersdichtung, S.88 (Anm.170), 95.
82 KOKOTT, Oswald, S.100f.
85 JOSCHKO, Monographie, S.42, 71, 100, 131, 136.
87 CLASSEN, Rezeption, S.167.
87 WITTSTRUCK, Namengebrauch (siehe Register, S.544).
89 SCHWOB U. M., Pild, S.319f.
90 HOFMEISTER, Mikrotexte, S.169–175.
96 SCHWOB, U. M., Emotionen, S.152.
97 HOFMEISTER, Zitatenschatz, S. 66.
07 SPICKER, Lieder, S.39, 47.

Kl. 60

Ü.:
77 WACHINGER, Lieder 1977, S.59ff.
79 SCHÖNMETZLER, Lieder S.164f.
81 KÜHN, Biographie, S.350f.
89 HOFMEISTER, Lieder, S.192f.
07 SPECHTLER, Gedichte, S.163f.
07 WACHINGER, Lieder 2007, S.175ff.

Lit.:
26 MAROLD, Kommentar, S.387f.
67 SCHWARZ, smutz, S.156f.
73 OKKEN/COX, Lied 60.
74 MOSER, Nachlese, S.114.
74 SALMEN, Musik, S.241.
75 HEIMRATH/KORTH/MÜLLER/ OKKEN, Lieder, S.110, 116f.
78 MAYR, Liederhandschrift A.
78 ROBERTSHAW, Liebe, S.463.
79 SCHWOB, Realität, S.182ff.
80 HARTMANN, Altersdichtung, S.101 (Anm.219).
85 JOSCHKO, Monographie, S.72f., 171, 177f.
87 WITTSTRUCK, Namengebrauch (siehe Register, S.544).
89 SCHWOB U. M., Pild, S.320.
90 HOFMEISTER, Mikrotexte, S.176f.
07 SPICKER, Lieder, S.16, 27, 39, 47, 157–159.

Kl. 61

Ü.:
72 KIEPE, Gedichte, S.187f.
79 SCHÖNMETZLER, Lieder S.165f.
81 KÜHN, Biographie, S.272f.
89 HOFMEISTER, Lieder, S.194f.
07 SPECHTLER, Gedichte, S.164f.

Lit.:
22 PÖLL, Neujahrswunsch.
26 MAROLD, Kommentar, S.7–9.
74 MÜCK, Frühpetrarkist, S.137.
74 OKKEN, Lied Nr. 44, S.191, 212.
75 HEIMRATH/KORTH/MÜLLER/ OKKEN, Lieder, S.112, 120.
78 MAYR, Liederhandschrift A.
80 HARTMANN, Altersdichtung, S.159 (Anm.365).
80 JONES, Dichtung, S.289.
85 JOSCHKO, Monographie, S.132f., 174.
87 WITTSTRUCK, Namengebrauch (siehe Register, S.544).
99 KOSSAK/STOCKHORST, Sexuelles, S.24.
07 SPICKER, Lieder, S.45, 52, 65–67, 175.

Kl. 62

Ü.:
79 SCHÖNMETZLER, Lieder S.168f.
86 ROHRBACH, Studien, S.277f.
89 HOFMEISTER, Lieder, S.196ff.
07 SPECHTLER, Gedichte, S.166ff.

Lit.:
26 MAROLD, Kommentar, S.42–44.
68 BEYSCHLAG, Fuga, S.55ff.
68 TREICHLER, Studien.
78 MAYR, Liederhandschrift A.
78 MÜLLER, Tagelieder.
84 HAUSNER, Polyphonie, S.57, 61 (Anm.61), 62, 63 (Anm.64), 66.
85 JOSCHKO, Monographie, S.173.
86 ROHRBACH, Studien, S.276ff.
87 CLASSEN, Brief.
87 CLASSEN, Rezeption, S.229.
87 WITTSTRUCK, Namengebrauch (siehe Register, S.544).
90 HOFMEISTER, Mikrotexte, S.178f.
97 SPICKER, ‚Ehelieder', S.151.
07 SPICKER, Lieder, S.16, 52, 57, 63, 78, 84.

Kl. 63

Ü.:

79 SCHÖNMETZLER, Lieder S.170f.
89 HOFMEISTER, Lieder, S.199ff.
07 SPECHTLER, Gedichte, S.168f.

Lit.:

26 MAROLD, Kommentar, S.12–16.
68 MÜLLER, ‚Wahrheit', S.162f.
70 INSAM, Wortstudien, S.198.
71 JONES, Morgen-Lied, S.150.
74 MOSER, Nachlese, S.106.
74 OKKEN, Lied Nr. 44, S.210.
78 MAYR, Liederhandschrift A.
85 JOSCHKO, Monographie, S.173.
87 WITTSTRUCK, Namengebrauch (siehe Register, S.544).
99 KOSSAK/STOCKHORST, Sexuelles, S.13, 20, 24f.
07 SPICKER, Lieder, S.42, 52, 65f., 68.

Kl. 64

Ü.:

77 WACHINGER, Lieder 1977, S.5ff.
79 SCHÖNMETZLER, Lieder S.172f.
89 HOFMEISTER, Lieder, S.202.
07 SPECHTLER, Gedichte, S.170.
07 WACHINGER, Lieder 2007, S.61.

Lit.:

26 MAROLD, Kommentar, S.100f.
68 BEYSCHLAG, Fuga, S.51f.
74 OKKEN, Lied Nr. 44, S.191.
78 BEYSCHLAG, Anmerkungen, S.229.
78 MAYR, Liederhandschrift A.
84 HAUSNER, Polyphonie, S.57, 62, 63 (Anm.64), 66.
85 JOSCHKO, Monographie, S.134.
87 WITTSTRUCK, Namengebrauch (siehe Register, S.544).
07 SPICKER, Lieder, S.16, 27, 52, 62, 175f.

Kl. 65

Ü.:

79 SCHÖNMETZLER, Lieder S.174.
89 HOFMEISTER, Lieder, S.203.
07 SPECHTLER, Gedichte, S.170f.

Lit.:

26 MAROLD, Kommentar, S.95f.
64 GÖLLNER, Oswald, S.50ff.
74 OKKEN, Lied Nr. 44, S.208.
78 MAYR, Liederhandschrift A.
84 HAUSNER, Polyphonie, S.57, 71.
87 CLASSEN, Rezeption, S.24, 62ff., 65f., 300.
87 WITTSTRUCK, Namengebrauch (siehe Register, S.544).
90 HOFMEISTER, Mikrotexte, S.180f.
07 SPICKER, Lieder, S.16, 52, 146f.

Kl. 66

Ü.:

79 SCHÖNMETZLER, Lieder S.174f.
89 HOFMEISTER, Lieder, S.204f.
07 SPECHTLER, Gedichte, S.171f.

Lit.:

26 MAROLD, Kommentar, S.96f.
64 GÖLLNER, Oswald, S.51.
74 OKKEN, Lied Nr. 44, S.210.
78 MAYR, Liederhandschrift A.
84 HAUSNER, Polyphonie, S.57.
85 JOSCHKO, Monographie, S.132.
87 CLASSEN, Rezeption, S.24, 65f.
87 WITTSTRUCK, Namengebrauch (siehe Register, S.544).
07 SPICKER, Lieder, S.16, 52.

Kl. 67

Ü.:

79 SCHÖNMETZLER, Lieder S.175ff.
81 KÜHN, Biographie, S.381 (V.51–58).
89 HOFMEISTER, Lieder, S.206ff.
07 SPECHTLER, Gedichte, S.172ff.

Lit.:

26 MAROLD, Kommentar, S.185–228.
74 MOSER, Nachlese, S.91.
74 SALMEN, Musik, S.242.
75 KERSKEN, Kalendergedichte.
78 MAYR, Liederhandschrift A.
78 SCHWOB, Lyrik, S.168.
79 HILGERS, Cisiojani, S.153f.
82 SCHWEIKLE, Stellung, S.201.
85 JOSCHKO, Monographie, S.162.
87 WITTSTRUCK, Namengebrauch (siehe Register, S.544).
07 SPICKER, Lieder, S.15, 19f., 52, 62, 75–78.

Kl. 68

Ü.:

79 SCHÖNMETZLER, Lieder S.178.
81 KÜHN, Biographie, S.270f.

89 HOFMEISTER, Lieder, S.209f.
07 SPECHTLER, Gedichte, S.175f.
Lit.:
26 MAROLD, Kommentar, S.63–65.
74 OKKEN, Lied Nr. 44, S.191.
74 PÖRNBACHER, Margareta, S.17.
74 STÄBLEIN, Vorbilder, S.291 (Anm.13).
78 MAYR, Liederhandschrift A.
78 PELNAR, Erkenntnisse, S.267ff.
80 HARTMANN, Altersdichtung, S.117 (Anm.265).
85 JOSCHKO, Monographie, S.133f.
87 WITTSTRUCK, Namengebrauch (siehe Register, S.544).
91 LUTZ, Wahrnehmen, S.44–46.
96 TRAUB, Oswald, S.177.
97 BERGER/TOMASEK, Margarethe-Lieder.
99 KOSSAK/STOCKHORST, Sexuelles, S.20, 23.
07 SPICKER, Lieder, S.15, 52, 54, 58f., 63, 147f.

Kl. 69
Ü.:
79 SCHÖNMETZLER, Lieder S.179ff.
81 KÜHN, Biographie, S.229f. (Str.I).
89 HOFMEISTER, Lieder, S.211f.
07 SPECHTLER, Gedichte, S.176ff.
Lit.:
26 MAROLD, Kommentar, S.325–336.
73 JAGT, Wortschatz, S.539.
74 ALEKSEEV, Sprache, S.19.
74 MOSER, Nachlese, S.91.
75 HEIMRATH/KORTH/MÜLLER/OKKEN, Lieder, S.113, 121.
77 WACHINGER, Sprachmischung.
78 MAYR, Liederhandschrift A.
81 LÜDTKE, Sprachen, S.303ff.
82 RIJAVEC, Kantate, S.252f.
85 JOSCHKO, Monographie, S.51, 146, 175.
87 CLASSEN, Brief.
87 CLASSEN, Rezeption, S.79, 102, 125ff., 129ff., 189, 232, 305.
87 WITTSTRUCK, Namengebrauch (siehe Register, S.544).
97 SPICKER, ‚Ehelieder', S.146.
99 MÜLLER, Ostkontakte, S.225–229.
07 SPICKER, Lieder, S.16, 29, 36, 49, 52, 54, 58f., 74f.

Kl. 70
Ü.:
79 SCHÖNMETZLER, Lieder S.182f.
81 KÜHN, Biographie, S.244ff.
81 OKKEN/MÜCK, Bauern, S.268f.
89 HOFMEISTER, Lieder, S.213f.
07 SPECHTLER, Gedichte, S.178f.
07 WACHINGER, Lieder 2007, S.115ff.
Lit.:
26 MAROLD, Kommentar, S.136–138.
68 BEYSCHLAG, Fuga, S.52.
69 MOSER, Klangphantasie, S. 178f.
70 INSAM, Wortstudien, S.201.
72 TIMM, Überlieferung, S.6.
74 MOSER, Nachlese, S.91.
74 SALMEN, Musik, S.242.
74 WELLMANN, ‚Ständestreit', S.341.
75 HEIMRATH/KORTH/MÜLLER/OKKEN, Lieder, S.109, 115.
78 BEYSCHLAG, Anmerkungen, S.227.
78 MAYR, Liederhandschrift A.
81 OKKEN/MÜCK, Bauern, S.230–267.
82 SCHWEIKLE, Stellung, S.200.
85 JOSCHKO, Monographie, S.110, 123.
85 SCHWANHOLZ, Trinklieder, S.105ff.
87 CLASSEN, Rezeption, S.66, 76, 110.
87 WITTSTRUCK, Namengebrauch (siehe Register, S.544).
88 SILLER, Oswald, S.49f.
93 CLASSEN, Italien, S.73.
97 SPICKER, ‚Ehelieder', S.141.
99 KOSSAK/STOCKHORST, Sexuelles, S.12, 14, 23.
07 SPICKER, Lieder, S.16, 29, 43, 52, 58, 63, 69f.

Kl. 71
Ü.:
79 SCHÖNMETZLER, Lieder S.184f.
81 KÜHN, Biographie, S.275 (Str.I–IV).
89 HOFMEISTER, Lieder, S.215ff.
07 SPECHTLER, Gedichte, S.180ff.
Lit.:
26 MAROLD, Kommentar, S.317–320.
68 BEYSCHLAG, Fuga, S.53ff., 58.
73 JAGT, Wortschatz, S.548.
74 MOSER, Nachlese, S.91.

74 OKKEN, Lied Nr. 44, S.191.
74 PÖRNBACHER, Margareta, S.45.
76 MEINERS, Fuga.
78 BEYSCHLAG, Anmerkungen, S.227.
78 MAYR, Liederhandschrift A.
78 ROBERTSHAW, Liebe, S.480 (Anm.75).
80 HARTMANN, Altersdichtung, S.117 (Anm.265).
84 HAUSNER, Polyphonie, S.57, 62, 63 (Anm.64).
85 JOSCHKO, Monographie, S.134, 137, 179.
87 WITTSTRUCK, Namengebrauch (siehe Register, S.545).
96 GSTREIN, R., Tonarten, S.168.
97 SPICKER, ‚Ehelieder', S.151.
07 SPICKER, Lieder, S.16, 52, 54f., 57–59, 175.

Kl. 72

Ü.:

79 SCHÖNMETZLER, Lieder S.187f.
81 KÜHN, Biographie, S.242f.
81 OKKEN/MÜCK, Bauern, S.284.
89 HOFMEISTER, Lieder, S.218f.
07 SPECHTLER, Gedichte, S.182f.

Lit.:

26 MAROLD, Kommentar, S.129–133.
68 BEYSCHLAG, Fuga, S.52f., 69.
74 MOSER, Nachlese, S.91.
75 HEIMRATH/KORTH/MÜLLER/OKKEN, Lieder, S.110, 116.
78 MAYR, Liederhandschrift A.
78 PELNAR, Erkenntnisse, S.270f.
80 HARTMANN, Altersdichtung, S.153.
81 OKKEN/MÜCK, Bauern, S.270–283.
85 JOSCHKO, Monographie, S.110.
85 SCHWANHOLZ, Trinklieder, S.193ff.
86 MÜCK, Liedpropaganda, S.9.
87 CLASSEN, Rezeption, S.205.
87 WITTSTRUCK, Namengebrauch (siehe Register, S.545).
90 HOFMEISTER, Mikrotexte, S.182f.
99 KOSSAK/STOCKHORST, Sexuelles, S.18, 22.
07 SPICKER, Lieder, S.69f.

Kl. 73

Ü.:

79 SCHÖNMETZLER, Lieder S.188f.
81 KÜHN, Biographie, S.68f.
81 OKKEN/MÜCK, Bauern, S.293.
89 HOFMEISTER, Lieder, S.220f.
07 SPECHTLER, Gedichte, S.183f.

Lit.:

26 MAROLD, Kommentar, S.121f.
78 MAYR, Liederhandschrift A.
80 HARTMANN, Altersdichtung, S.117 (Anm.264).
81 OKKEN/MÜCK, Bauern, S.285–292.
84 HAUSNER, Polyphonie, S.60 (Anm.55).
85 JOSCHKO, Monographie, S.171.
87 CLASSEN, Rezeption, S.109f.
87 WITTSTRUCK, Namengebrauch (siehe Register, S.545).
96 GSTREIN, R., Tonarten, S.168f.
99 KOSSAK/STOCKHORST, Sexuelles, S.16.
07 SPICKER, Lieder, S.16, 171.

Kl. 74

Ü.:

79 SCHÖNMETZLER, Lieder S.189f.
89 HOFMEISTER, Lieder, S.222f.
07 SPECHTLER, Gedichte, S.184f.

Lit.:

26 MAROLD, Kommentar, S.123–125.
74 OKKEN, Lied Nr. 44, S.191, 210.
74 RÖLL, Bezeugung, S.234.
77 OCKEL, Gestaltung, S.41f., 72.
78 MAYR, Liederhandschrift A.
78 ROBERTSHAW, Liebe, S.480 (Anm.75).
82 SCHWEIKLE, Stellung, S.200.
85 JOSCHKO, Monographie, S.171.
87 WITTSTRUCK, Namengebrauch (siehe Register, S.545).
99 KOSSAK/STOCKHORST, Sexuelles, S.16.
07 SPICKER, Lieder, S.16, 149.

Kl. 75

Ü.:

77 WACHINGER, Lieder 1977, S.47ff.
79 SCHÖNMETZLER, Lieder S.191f.
81 KÜHN, Biographie, S.269f. (Str.II).
89 HOFMEISTER, Lieder, S.224f.
07 SPECHTLER, Gedichte, S.185ff.

07 WACHINGER, Lieder 2007, S.157ff.
09 MÜLLER, Gedichte, S.417–419.
Lit.:
26 MAROLD, Kommentar, S.320–323.
74 MOSER, Nachlese, S.106.
74 OKKEN, Lied Nr. 44, S.186, 204.
74 PÖRNBACHER, Margareta, S.22.
74 SALMEN, Musik, S.241.
78 MAYR, Liederhandschrift A.
78 SALMEN, Komponist, S.181.
80 HARTMANN, Altersdichtung, S.117 (Anm.264).
84 HAUSNER, Polyphonie, S.57, 62, 64 (Anm.65).
85 JOSCHKO, Monographie, S.134f., 140, 171.
87 CLASSEN, Rezeption, S.190, 239ff., 312f.
87 WITTSTRUCK, Namengebrauch (siehe Register, S.545).
96 SCHWOB, U. M., Emotionen, S.153.
96 TRAUB, Oswald, S.178f.
97 SPICKER, ‚Ehelieder', S.141, 148.
99 KOSSAK/STOCKHORST, Sexuelles, S.16f.
01 MERTENS, Sänger (allg. u. dazu S.352f.)
07 SPICKER, Lieder, S.16, 27, 29, 52, 54–56, 58f., 63, 152, 167–169.

Kl. 76

Ü.:
72 KIEPE, Gedichte, S.188f.
79 SCHÖNMETZLER, Lieder S.194
81 KÜHN, Biographie, S.207.
81 OKKEN/MÜCK, Bauern, S.338.
89 HOFMEISTER, Lieder, S.226f.
93 MÜLLER, *graserin*, S.348f.
07 SPECHTLER, Gedichte, S.187f.
Lit.:
84 BOBERTAG, Narrenbuch, 258f.
26 MAROLD, Kommentar, S.159f.
71 JONES, Morgen-Lied, S.152.
72 TIMM, Überlieferung, S.6.
73 JAGT, Wortschatz, S.548, 552.
74 MOSER, Nachlese, S.91.
75 HEIMRATH/KORTH/MÜLLER/OKKEN, Lieder, S.111, 119.
78 MAYR, Liederhandschrift A.
80 HARTMANN, Altersdichtung, S.117 (Anm.264).
81 OKKEN/MÜCK, Bauern, S.294–337.
82 SCHWEIKLE, Stellung, S.199.
84 HAUSNER, Polyphonie, S.57, 70.
85 JOSCHKO, Monographie, S.110, 117, 126f., 141.
86 MÜCK, Liedpropaganda, S.11.
87 CLASSEN, Rezeption, S.110.
87 WITTSTRUCK, Namengebrauch (siehe Register, S.545).
91 WOLF, Spiel, S.483.
96 SCHWOB, U. M., Emotionen, S.152.
96 TRAUB, Oswald, S.178f.
99 HELMKAMP, Pastourelle, S.113–121.
99 KOSSAK/STOCKHORST, Sexuelles, S.17f.
07 SPICKER, Lieder, S.16, 19f., 43, 72f.

Kl. 77

Ü.:
55 WEHRLI, Lyrik, S.410ff.
79 SCHÖNMETZLER, Lieder S.196f.
81 KÜHN, Biographie, S.273f.
89 HOFMEISTER, Lieder, S.228f.
07 SPECHTLER, Gedichte, S.189f.
Lit.:
26 MAROLD, Kommentar, S.323–325.
68 BEYSCHLAG, Fuga, S.58.
70 INSAM, Wortstudien, S.198.
74 OKKEN, Lied Nr. 44, S.191.
74 PÖRNBACHER, Margareta, S.21.
78 MAYR, Liederhandschrift A.
78 ROBERTSHAW, Liebe, S.480 (Anm.56).
80 HARTMANN, Altersdichtung, S.89, 117 (Anm.265).
84 HAUSNER, Polyphonie, S.57, 62 (Anm.61 u. 62), 63 (Anm.64).
84 LOMNITZER, Geliebte, S.117.
85 JOSCHKO, Monographie, S.134.
87 CLASSEN, Rezeption, S.147, 197.
87 WITTSTRUCK, Namengebrauch (siehe Register, S.545).
96 TRAUB, Oswald, S.178f.
97 SPICKER, ‚Ehelieder', S.148f.
99 KOSSAK/STOCKHORST, Sexuelles, S.24.
07 SPICKER, Lieder, S.16, 52, 54–56, 58f., 63, 170f.

Kl. 78

Ü.:

79 SCHÖNMETZLER, Lieder S.198.
89 HOFMEISTER, Lieder, S.230f
07 SPECHTLER, Gedichte, S.190f.

Lit.:

26 MAROLD, Kommentar, S.302–305.
68 BEYSCHLAG, Fuga, S.58.
73 JAGT, Wortschatz, S.548.
74 OKKEN, Lied Nr. 44, S.193.
74 SPECHTLER, Beiträge, S.277.
77 OCKEL, Gestaltung, S.63ff.
78 MAYR, Liederhandschrift A.
78 SALMEN, Komponist, S.181.
78 SPECHTLER, Liedtraditionen, S.196f.
84 HAUSNER, Polyphonie, S.57.
85 JOSCHKO, Monographie, S.148f.
87 WITTSTRUCK, Namengebrauch (siehe Register, S.545).
07 SPICKER, Lieder, S.16, 52, 63, 102f., 150.

Kl. 79

Ü.:

77 WACHINGER, Lieder 1977, S.21ff.
79 SCHÖNMETZLER, Lieder S.199f.
81 OKKEN/MÜCK, Bauern, S.349f.
89 HOFMEISTER, Lieder, S.232f.
07 SPECHTLER, Gedichte, S.191ff.
07 WACHINGER, Lieder 2007, S.109ff.

Lit.:

26 MAROLD, Kommentar, S.363–366.
70 INSAM, Wortstudien, S.201f.
74 WELLMANN, ‚Ständestreit', S.340.
78 MAYR, Liederhandschrift A.
78 SALMEN, Komponist, S.181.
81 OKKEN/MÜCK, Bauern, S.339–348.
84 HAUSNER, Polyphonie, S.57, 59.
85 JOSCHKO, Monographie, S.110.
86 MÜCK, Liedpropaganda, S.15.
87 WITTSTRUCK, Namengebrauch (siehe Register, S.545).
93 SPICKER, Stilisierung, S.220f.
96 TRAUB, Oswald, S.178f.
99 EDWARDS, Pastourelle.
07 SPICKER, Lieder, S.16, 43, 63, 171f.

Kl. 80

Ü.:

79 SCHÖNMETZLER, Lieder S.201.
89 HOFMEISTER, Lieder, S.234f
07 SPECHTLER, Gedichte, S.193f.

Lit.:

26 MAROLD, Kommentar, S.301f.
74 MOSER, Nachlese, S.91.
74 OKKEN, Lied Nr. 44, S.191.
74 STÄBLEIN, Vorbilder, S.291 (Anm.13).
78 MAYR, Liederhandschrift A.
85 JOSCHKO, Monographie, S.132, 173.
87 WITTSTRUCK, Namengebrauch (siehe Register, S.545).
07 SPICKER, Lieder, S.52.

Kl. 81

Ü.:

79 SCHÖNMETZLER, Lieder S.202f.
81 KÜHN, Biographie, S.482f.
89 HOFMEISTER, Lieder, S.236f.
07 SPECHTLER, Gedichte, S.194f.

Lit.:

26 MAROLD, Kommentar, S.372–374.
68 MÜLLER, ‚Heimatlieder'.
73 OKKEN/COX, Lied 81.
74 MÜLLER, Untersuchungen, S.227, 360.
74 OKKEN, Lied Nr. 44, S.206.
78 MAYR, Liederhandschrift A.
80 HARTMANN, Altersdichtung, S.156 (Anm.355).
81 OKKEN/MÜCK, Bauern, S.351ff., 571ff.
85 JOSCHKO, Monographie, S.171.
86 MÜCK, Liedpropaganda, S.15.
87 CLASSEN, Rezeption, S.190.
87 WITTSTRUCK, Namengebrauch (siehe Register, S.545).
90 HOFMEISTER, Mikrotexte, S.184–196.
96 GSTREIN, R., Tonarten, S.169.
07 SPICKER, Lieder, S.16, 42.

Kl. 82

Ü.:

79 SCHÖNMETZLER, Lieder S.204ff.
81 KÜHN, Biographie, S.295ff.
81 OKKEN/MÜCK, Bauern, S.428f.
89 HOFMEISTER, Lieder, S.238ff
07 SPECHTLER, Gedichte, S.195ff.

Lit.:
26 MAROLD, Kommentar, S.366–371.
69 MOSER, Klangphantasie, S. 184.
73 JAGT, Wortschatz, S.551.
74 LOMNITZER, Probleme, S.77f.
74 MOSER, Nachlese, S.91.
74 OKKEN, Lied Nr. 44, S.191.
77 WACHINGER, Sprachmischung, S.284ff.
78 MAYR, Liederhandschrift A.
81 OKKEN/MÜCK, Bauern, S.368–427.
85 JOSCHKO, Monographie, S.110, 171, 176.
86 MÜCK, Liedpropaganda, S.15.
87 CLASSEN, Rezeption, S.108, 302.
89 CLASSEN, Onomatopoesie, S.364–370.
87 WITTSTRUCK, Namengebrauch (siehe Register, S.545).
93 SPICKER, Stilisierung, S.220f.
07 SPICKER, Lieder, S.16, 43, 45, 171–173.

Kl. 83

Ü.:
79 SCHÖNMETZLER, Lieder S.207f.
81 KÜHN, Biographie, S.99f.
81 OKKEN/MÜCK, Bauern, S.463.
89 HOFMEISTER, Lieder, S.241f
07 SPECHTLER, Gedichte, S.198f.
07 WACHINGER, Lieder 2007, S.103ff.

Lit.:
26 MAROLD, Kommentar, S.155–158.
68 PETZSCH, Bergwaldpastourelle.
71 JONES, Morgen-Lied, S.149, 152.
71 JONES, Vogelsteller.
74 MOSER, Nachlese, S.106.
74 OKKEN, Lied Nr. 44, S.186.
78 MAYR, Liederhandschrift A.
80 HARTMANN, Altersdichtung, S.117 (Anm.264).
81 OKKEN/MÜCK, Bauern, S.430–462.
82 MAYR, Vogelfängerlied.
85 JOSCHKO, Monographie, S.110, 126, 141, 171.
86 MÜCK, Liedpropaganda, S.12.
87 CLASSEN, Rezeption, S.59, 251, 295.
87 WITTSTRUCK, Namengebrauch (siehe Register, S.545).
96 GSTREIN, R., Tonarten, S.169.
97 BERGER/TOMASEK, Margarethe-Lieder, S.168ff.
99 HELMKAMP, Pastourelle, S.113–121.
99 KOSSAK/STOCKHORST, Sexuelles, S.16, 20.
07 SPICKER, Lieder, S.16, 43, 49, 52, 72f.

Kl. 84

Ü.:
77 WACHINGER, Lieder 1977, S.25ff.
79 SCHÖNMETZLER, Lieder S.209f.
81 KÜHN, Biographie, S.454.
81 OKKEN/MÜCK, Bauern, S.486.
89 HOFMEISTER, Lieder, S.243f.
07 SPECHTLER, Gedichte, S.199f.
07 WACHINGER, Lieder 2007, S.121ff.
09 MÜLLER, Gedichte, S.423–425.

Lit.:
26 MAROLD, Kommentar, S.134f.
72 TIMM, Überlieferung, S.6.
74 MOSER, Nachlese, S.91.
74 RÖLL, Bezeugung, S.233.
75 HEIMRATH/KORTH/MÜLLER/OKKEN, Lieder, S.112, 120.
78 MAYR, Liederhandschrift A.
78 SCHWOB, Lyrik, S.173.
80 HARTMANN, Altersdichtung, S.153.
80 JONES, Dichtung, S.300.
81 OKKEN/MÜCK, Bauern, S.464–485.
82 SCHWEIKLE, Stellung, S.199.
84 HAUSNER, Polyphonie, S.57, 62.
85 JOSCHKO, Monographie, S.105f.
85 SCHWANHOLZ, Trinklieder, S.270ff.
87 WITTSTRUCK, Namengebrauch (siehe Register, S.545).
07 SPICKER, Lieder, S.19, 43, 70f.

Kl. 85

Ü.:
55 WEHRLI, Lyrik, S.416ff.
77 WACHINGER, Lieder 1977, S.51.
79 SCHÖNMETZLER, Lieder S.210f.
81 KÜHN, Biographie, S.371 (Str. I–III).
81 OKKEN/MÜCK, Bauern, S.532.
89 HOFMEISTER, Lieder, S.245f.
07 SPECHTLER, Gedichte, S.201f.
07 WACHINGER, Lieder 2007, S.193ff. u. 366 (Zusatzstrophe II).
09 MÜLLER, Gedichte, S.427–429.

Lit.:
26 MAROLD, Kommentar, S.336–343.
60 WOLKENSTEIN-TROSTBURG, Greifenstein-Lied.
68 MÜLLER, ‚Wahrheit', S.209ff.
70 INSAM, Wortstudien, S.202.
72 TIMM, Überlieferung, S.6.
74 MOSER, Nachlese, S.93f.
74 MÜLLER, Lyrik, S.114f., 325.
74 MÜLLER, Untersuchungen, S.225, 289 (Anm.4u.6), 291, 477 (Anm.1), 480 (Anm.3), 481 (Anm.11), 482 (Anm.6).
74 OKKEN, Lied Nr. 44, S.186, 205.
74 WELLMANN, ‚Ständestreit', S.337, 339.
75 HEIMRATH/KORTH/MÜLLER/ OKKEN, Lieder, S.110, 116.
77 OCKEL, Gestaltung, S.46f, 54, 60ff.
78 MAYR, Belagerung.
78 MAYR, Liederhandschrift A.
78 SCHWOB, Lyrik, S.161 (Anm.22), 171.
80 JONES, Dichtung, S.300.
81 OKKEN/MÜCK, Bauern, S.487–531.
82 SCHWEIKLE, Stellung, S.201.
85 JOSCHKO, Monographie, S.76, 99, 101, 109, 181.
86 MÜCK, Liedpropaganda, S.16.
87 CLASSEN, Rezeption, S.109, 184, 201ff., 209, 211, 237f., 294, 309f.
87 WITTSTRUCK, Namengebrauch (siehe Register, S.545).
88 SILLER, Oswald, S.50ff.
90 HOFMEISTER, Mikrotexte, S.197f.
90 NELSON, Oswald, S.94–96.
95 HOFMEISTER, Medien, S.351–358.
96 SCHWOB, U. M., Emotionen, S.153.
07 SPICKER, Lieder, S.16, 19f., 27, 43, 49, 138f.

Kl. 86

Ü.:
79 SCHÖNMETZLER, Lieder S.211f.
81 KÜHN, Biographie, S.452f.
89 HOFMEISTER, Lieder, S.247f.
07 SPECHTLER, Gedichte, S.202f.

Lit.:
26 MAROLD, Kommentar, S.421–425.
61 MAYR, Reiselieder, S.88, 96f.
68 MÜLLER, ‚Wahrheit', S.101, 209ff.
69 MOSER, Klangphantasie, S. 167.
74 MÜLLER, Lyrik, S.118f., 325.
74 MÜLLER, Untersuchungen, S.225f., 360, 455, 462, 466 (Anm.1).
74 OKKEN, Lied Nr.44, S.191, 193.
77 OCKEL, Gestaltung, S.49, 63, 65f., 70.
78 MAYR, Liederhandschrift A.
78 SCHWOB, Lyrik, S.173.
80 HARTMANN, Altersdichtung, S.30.
85 JOSCHKO, Monographie, S.114ff., 172.
87 CLASSEN, Rezeption, S.155, 195.
87 WITTSTRUCK, Namengebrauch (siehe Register, S.545).
07 SPICKER, Lieder, S.42, 141–143.

Kl. 87

Ü.:
79 SCHÖNMETZLER, Lieder S.212f.
89 HOFMEISTER, Lieder, S.249f.
07 SPECHTLER, Gedichte, S.203ff.
07 WACHINGER, Lieder 2007, S.143ff.

Lit.:
26 MAROLD, Kommentar, S.306–308.
68 MÜLLER, ‚Wahrheit', S.162f.
71 JONES, Morgen-Lied, S.152.
73 JAGT, Wortschatz, S.539.
74 PÖRNBACHER, Margareta, S.20.
78 MAYR, Liederhandschrift A.
80 HARTMANN, Altersdichtung, S.117 (Anm.265).
80 JONES, Dichtung, S.289.
85 JOSCHKO, Monographie, S.134, 171.
87 CLASSEN, Rezeption, S.156.
87 WITTSTRUCK, Namengebrauch (siehe Register, S.545).
97 BERGER/TOMASEK, Margarethe-Lieder, S.168ff.
07 SPICKER, Lieder, S.16, 42, 52, 54, 58, 65f.

Kl. 88

Ü.:
79 SCHÖNMETZLER, Lieder S.214f.
89 HOFMEISTER, Lieder, S.251f.
07 SPECHTLER, Gedichte, S.205f.

Lit.:
26 MAROLD, Kommentar, S.63–65.
72 TIMM, Überlieferung, S.6.
74 OKKEN, Lied Nr.44, S.191.
74 RÖLL, Bezeugung, S.236.
74 TIMM, Komponieren, S.325.
78 MAYR, Liederhandschrift A.

82 SCHWEIKLE, Stellung, S.199.
84 HAUSNER, Polyphonie, S.57, 71.
85 JOSCHKO, Monographie, S.135.
87 CLASSEN, Rezeption, S.62f., 299.
87 WITTSTRUCK, Namengebrauch (siehe Register, S.545).
90 HOFMEISTER, Mikrotexte, S.199f.
02 ROBERTSHAW, Datierung, S.121–126.
07 SPICKER, Lieder, S.16, 19, 52, 63.

Kl. 89

Ü.:
79 SCHÖNMETZLER, Lieder S.215f.
89 HOFMEISTER, Lieder, S.253.
07 SPECHTLER, Gedichte, S.206.

Lit.:
26 MAROLD, Kommentar, S.101f.
68 BEYSCHLAG, Fuga, S.52.
74 OKKEN, Lied Nr.44, S.210.
78 MAYR, Liederhandschrift A.
85 JOSCHKO, Monographie, S.148, 171.
87 WITTSTRUCK, Namengebrauch (siehe Register, S.545).
07 SPICKER, Lieder, S.16, 149f.

Kl. 90

Ü.:
79 SCHÖNMETZLER, Lieder S.217.
81 KÜHN, Biographie, S.228 (Str.I).
89 HOFMEISTER, Lieder, S.254f.
07 SPECHTLER, Gedichte, S.207f.
07 WACHINGER, Lieder 2007, S.23ff.

Lit.:
26 MAROLD, Kommentar, S.82–85.
74 MOSER, Nachlese, S.86.
74 OKKEN, Lied Nr.44, S.208, 210.
77 WACHINGER, Sprachmischung, S.286.
78 MAYR, Liederhandschrift A.
80 HARTMANN, Altersdichtung, S.95 (Anm.200).
85 JOSCHKO, Monographie, S.106, 176.
87 CLASSEN, Rezeption, S.113f.
87 WITTSTRUCK, Namengebrauch (siehe Register, S.545).
89 SCHWOB U. M., Pild, S.307, 311.
90 HOFMEISTER, Mikrotexte, S.201f.
96 GSTREIN, R., Tonarten, S.169.
01 SCHWOB/SCHWOB, Palästinareisen, S.494f.
07 SPICKER, Lieder, S.16, 61.

Kl. 91

Ü.:
79 SCHÖNMETZLER, Lieder S.219f.
89 HOFMEISTER, Lieder, S.256ff.
07 SPECHTLER, Gedichte, S.208ff.

Lit.:
26 MAROLD, Kommentar, S.44–46.
72 TIMM, Überlieferung, S.6.
73 JAGT, Wortschatz, S.556.
74 BRESGEN, Rhythmus, S.55.
74 MOSER, Nachlese, S.91.
74 OKKEN, Lied Nr.44, S.191f., 208.
74 RÖLL, Bezeugung, S.234.
75 HEIMRATH/KORTH/MÜLLER/OKKEN, Lieder, S.111, 118.
78 MAYR, Liederhandschrift A.
82 SCHWEIKLE, Stellung, S.199.
84 HAUSNER, Polyphonie, S.57, 68.
87 WITTSTRUCK, Namengebrauch (siehe Register, S.545).
99 KOSSAK/STOCKHORST, Sexuelles, S.25.
07 SPICKER, Lieder, S.16, 19, 150.

Kl. 92

Ü.:
77 WACHINGER, Lieder 1977, S.19ff.
79 SCHÖNMETZLER, Lieder S.220ff.
81 CURSCHMANN/GLIER, Dichtung, S.170ff.
81 KÜHN, Biographie, S.69ff.
81 OKKEN/MÜCK, Bauern, S.569f.
89 HOFMEISTER, Lieder, S.259f.
07 SPECHTLER, Gedichte, S.211f.
07 WACHINGER, Lieder 2007, S.95ff.

Lit.:
21 PÖLL, Schäferlied.
26 MAROLD, Kommentar, S.125–128.
74 OKKEN, Lied Nr.44, S.191f.
76 GOHEEN, Naturbild, S.379.
78 MAYR, Liederhandschrift A.
81 OKKEN/MÜCK, Bauern, S.533–568.
85 JOSCHKO, Monographie, S.110, 125, 141.
87 CLASSEN, Rezeption, S.114, 248ff., 295, 316.
87 WITTSTRUCK, Namengebrauch (siehe Register, S.545).

99 KOSSAK/STOCKHORST, Sexuelles, S.18, 20, 22.
07 SPICKER, Lieder, S.43, 174f.

Kl. 93

Ü.:

71 OTTEN, Lied, S.415.
79 SCHÖNMETZLER, Lieder S.223.
81 KÜHN, Biographie, S.248f.
84 WACHINGER, Sprache, S.14.
89 HOFMEISTER, Lieder, S.261f.
07 SPECHTLER, Gedichte, S.213.

Lit.:

26 MAROLD, Kommentar, S.72–75.
71 OTTEN, Lied.
74 OKKEN, Lied Nr.44, S.191.
77 WACHINGER, Sprachmischung, S.293f.
78 MAYR, Liederhandschrift A.
84 HAUSNER, Polyphonie, S.57.
84 WACHINGER, Sprache.
85 JOSCHKO, Monographie, S.175.
86 PETZSCH, Grocheo, S.243ff.
87 PETZSCH, Hoquetus.
87 WITTSTRUCK, Namengebrauch (siehe Register, S.545).
07 SPICKER, Lieder, S.16.

Kl. 94

Ü.:

79 SCHÖNMETZLER, Lieder S.224.
89 HOFMEISTER, Lieder, S.263.
07 SPECHTLER, Gedichte, S.214.

Lit.:

26 MAROLD, Kommentar, S.71f.
77 WACHINGER, Sprachmischung, S.293f.
78 MAYR, Liederhandschrift A.
85 JOSCHKO, Monographie, S.173.
87 WITTSTRUCK, Namengebrauch (siehe Register, S.545).
99 KOSSAK/STOCKHORST, Sexuelles, S.17.
07 SPICKER, Lieder, S.16, 63.

Kl. 95

Ü.:

79 SCHÖNMETZLER, Lieder S.225f.
89 HOFMEISTER, Lieder, S.264f.
07 SPECHTLER, Gedichte, S.214ff.
07 WACHINGER, Lieder 2007, S.257ff.

Lit.:

26 MAROLD, Kommentar, S.436f.
74 SPECHTLER, Beiträge, S.277.
74 STÄBLEIN, Vorbilder, S.307.
77 OCKEL, Gestaltung, S.25f., 73f.
78 MAYR, Liederhandschrift A.
80 HARTMANN, Altersdichtung, S.179 (Anm.423), 200 (Anm.473).
85 JOSCHKO, Monographie, S.143, 145.
87 WITTSTRUCK, Namengebrauch (siehe Register, S.545).
90 HOFMEISTER, Mikrotexte, S.203f.
96 GSTREIN, R., Tonarten, S.170.

Kl. 96

Ü.:

79 SCHÖNMETZLER, Lieder S.227
81 KÜHN, Biographie, S.228f.
89 HOFMEISTER, Lieder, S.266..
07 SPECHTLER, Gedichte, S.216f.

Lit.:

26 MAROLD, Kommentar, S.79–81.
73 JAGT, Wortschatz, S.536, 552.
74 BRESGEN, Rhythmus, S.57.
75 HEIMRATH/KORTH/MÜLLER/OKKEN, Lieder, S.112, 119.
77 WACHINGER, Sprachmischung, S.286.
78 MAYR, Liederhandschrift A.
84 HAUSNER, Polyphonie, S.73.
85 JOSCHKO, Monographie, S.135, 176.
87 CLASSEN, Rezeption, S.114f.
87 WITTSTRUCK, Namengebrauch (siehe Register, S.545).
07 SPICKER, Lieder, S.16, 52, 61.

Kl. 97

Ü.:

79 SCHÖNMETZLER, Lieder S.228.
89 HOFMEISTER, Lieder, S.267f.
07 SPECHTLER, Gedichte, S.217f.

Lit.:

26 MAROLD, Kommentar, S.310–314.
74 PÖRNBACHER, Margareta, S.32.
78 MAYR, Liederhandschrift A.
80 HARTMANN, Altersdichtung, S.117 (Anm.265).
85 JOSCHKO, Monographie, S.135.
87 WITTSTRUCK, Namengebrauch (siehe Register, S.545).

97 BERGER/TOMASEK, Margarethe-Lieder, S.168, 172.
07 SPICKER, Lieder, S.52, 54f., 58f., 150.

Kl. 98
Ü.:
79 SCHÖNMETZLER, Lieder S.229f.
81 KÜHN, Biographie, S.492f.
89 HOFMEISTER, Lieder, S.269f.
07 SPECHTLER, Gedichte, S.218f.
Lit.:
26 MAROLD, Kommentar, S.246f.
61 MAYR, Reiselieder, S.104ff.
68 MÜLLER, ‚Wahrheit', S.201ff.
74 MÜLLER, Lyrik, S.121, 325.
74 MÜLLER, Untersuchungen, S.227, 360, 462.
74 OKKEN, Lied Nr.44, S.191, 212.
78 JONES, lesen, S.62.
78 MAYR, Liederhandschrift A.
80 HARTMANN, Altersdichtung, S.30.
80 SCHWOB, Konstanzlied.
85 JOSCHKO, Monographie, S.83, 114, 158, 167.
87 WITTSTRUCK, Namengebrauch (siehe Register, S.545).
07 SPICKER, Lieder, S.42, 120f.

Kl. 99
Ü.:
79 SCHÖNMETZLER, Lieder S.231f.
89 HOFMEISTER, Lieder, S.271f.
07 SPECHTLER, Gedichte, S.219f.
Lit.:
26 MAROLD, Kommentar, S.248–250.
61 MAYR, Reiselieder, S.104ff.
68 MÜLLER, ‚Wahrheit', S.205ff.
74 MÜLLER, Lyrik, S.121f., 325.
74 MÜLLER, Untersuchungen, S.144, 227, 360, 462.
73 JAGT, Wortschatz, S.539.
78 MAYR, Liederhandschrift A.
85 JOSCHKO, Monographie, S.114, 171.
87 WITTSTRUCK, Namengebrauch (siehe Register, S.545).
96 GSTREIN, R., Tonarten, S.169.
07 SPICKER, Lieder, S.16, 42.

Kl. 100
Ü.:
79 SCHÖNMETZLER, Lieder S.232f.
89 HOFMEISTER, Lieder, S.273.
07 SPECHTLER, Gedichte, S.221.
Lit.:
26 MAROLD, Kommentar, S.99f.
73 JAGT, Wortschatz, S.545.
74 STÄBLEIN, Vorbilder, S.291 (Anm.13).
78 MAYR, Liederhandschrift A.
87 WITTSTRUCK, Namengebrauch (siehe Register, S.545).
02 BÖHM, Entdeckung.
05 KRAFT, Lücke.
07 SPICKER, Lieder, S.63, 157.

Kl. 101
Ü.:
77 WACHINGER, Lieder 1977, S.13.
79 SCHÖNMETZLER, Lieder S.234
81 KÜHN, Biographie, S.67f.
86 ROHRBACH, Studien, S.273.
89 HOFMEISTER, Lieder, S.274.
07 SPECHTLER, Gedichte, S.221f.
07 WACHINGER, Lieder 2007, S.75.
Lit.:
26 MAROLD, Kommentar, S.32.
30 MÜLLER-BLATTAU, Studie.
68 TREICHLER, Studien.
74 MOSER, Nachlese, S.106.
74 OKKEN, Lied Nr.44, S.191.
74 TIMM, Komponieren, S.325.
78 MAYR, Liederhandschrift A.
78 MÜLLER, Tagelieder.
82 PETZSCH, Lieder, S.247, 254
82 SCHWEIKLE, Stellung, S.199.
84 HAUSNER, Polyphonie, S.57, 59.
85 JOSCHKO, Monographie, S.118, 121, 174, 183.
86 ROHRBACH, Studien, S.272ff.
87 WITTSTRUCK, Namengebrauch (siehe Register, S.545).
89 GOHEEN, „Realismus", S.97.
03 HOLZNAGL/MÖLLER, Interregionalität.
07 SPICKER, Lieder, S.16, 19f., 63, 78, 84–86.

Kl. 102

Ü.:

79 SCHÖNMETZLER, Lieder S.235ff.
81 KÜHN, Biographie, S.404ff.
89 HOFMEISTER, Lieder, S.275ff.
07 SPECHTLER, Gedichte, S.222ff.

Lit.:

26 MAROLD, Kommentar, S.473–476.
73 JAGT, Wortschatz, S.548.
74 OKKEN, Lied Nr.44, S.193.
76 GRUBER, Notizen, S.726.
78 MAYR, Liederhandschrift A.
80 HARTMANN, Altersdichtung, S.30, 95 (u.Anm.200).
80 JONES, Dichtung, S.296f.
85 JOSCHKO, Monographie, S.123, 136, 168, 176.
87 CLASSEN, Rezeption, S.102.
87 WITTSTRUCK, Namengebrauch (siehe Register, S.545).
90 HOFMEISTER, Mikrotexte, S.205f.
94 ROBERTSHAW, Neuhaus.
96 GSTREIN, R., Tonarten, S.170.
99 KOSSAK/STOCKHORST, Sexuelles, S.20.
07 SPICKER, Lieder, S.16, 43, 47.

Kl. 103

Ü.:

77 WACHINGER, Lieder 1977, S.77ff.
79 SCHÖNMETZLER, Lieder S.238f.
81 KÜHN, Biographie, S.525f.
89 HOFMEISTER, Lieder, S.280f.
07 SPECHTLER, Gedichte, S.226ff.
07 WACHINGER, Lieder 2007, S.239ff.

Lit.:

26 MAROLD, Kommentar, S.477–479.
61 MAYR, Reiselieder, S.107ff.
68 MÜLLER, ‚Wahrheit', S.100, 189ff.
69 MOSER, Klangphantasie, S. 170f.
72 TIMM, Überlieferung, S.14.
73 JAGT, Wortschatz, S.539, 552.
74 MOSER, Nachlese, S.88.
74 MÜLLER, Lyrik, S.122f., 325.
74 MÜLLER, Untersuchungen, S.227, 360, 461, 466, 521.
74 OKKEN, Lied Nr.44, S.189ff.
75 HEIMRATH/KORTH/MÜLLER/OKKEN, Lieder, S.112, 119f.
77 WACHINGER, Sprachmischung, S.287.
78 JONES, lesen, S.60.
78 MAYR, Liederhandschrift A.
78 SCHWOB, Lyrik, S.173.
81 LÜDTKE, Sprachen, S.308.
84 HAUSNER, Polyphonie, S.57, 71.
85 JOSCHKO, Monographie, S.85, 98f., 114, 165ff., 176.
87 CLASSEN, Rezeption, S.71, 73.
87 WITTSTRUCK, Namengebrauch (siehe Register, S.545).
96 SCHWOB, U. M., Emotionen, S.153.
99 KOSSAK/STOCKHORST, Sexuelles, S.21.
02 ROBERTSHAW, Datierung, S.127–129.
07 SPICKER, Lieder, S.16, 42, 124f.

Kl. 104

Ü.:

73 JAGT, Wortschatz, S.559ff.
79 SCHÖNMETZLER, Lieder S.240ff.
81 KÜHN, Biographie, S.478ff.
89 HOFMEISTER, Lieder, S.282ff.
07 SPECHTLER, Gedichte, S.228ff.

Lit.:

26 MAROLD, Kommentar, S.468–473.
68 MÜLLER, ‚Wahrheit', S.100.
68 MÜLLER, ‚Heimatlieder'.
70 INSAM, Wortstudien, S.199.
73 JAGT, Wortschatz.
74 MÜCK, Frühpetrarkist, S.163.
74 MÜLLER, Lyrik, S.119ff., 325.
74 MÜLLER, Untersuchungen, S.227, 360.
74 OKKEN, Lied Nr.44, S.192.
74 PÖRNBACHER, Margareta, S.34.
74 SCHWOB, Stellung, S.266.
76 GOHEEN, Naturbild, S.380.
77 OCKEL, Gestaltung, S.42–44, 46ff., 55, 63, 66, 72.
77 WACHINGER, Sprachmischung, S.289.
78 MAYR, Liederhandschrift A.
78 MOSER, Anmerkung, S.422.
81 LÜDTKE, Sprachen, S.311.
85 JOSCHKO, Monographie, S.103ff., 134, 136, 142, 165, 176.
87 CLASSEN, Rezeption, S.74, 143.
87 WITTSTRUCK, Namengebrauch (siehe Register, S.545).
90 HOFMEISTER, Mikrotexte, S.207212.
93 CLASSEN, Italien, S.69.

02 SCHWOB/SCHWOB, Beobachtungen, S.144.
95 HOFMEISTER, Medien, S.365–376.
07 SPICKER, Lieder, S.16, 42, 52, 58, 130.
09 SCHWOB, U. M., Femegerichtsbarkeit, S.54ff.

Kl. 105

Ü.:
79 SCHÖNMETZLER, Lieder S.242ff.
81 KÜHN, Biographie, S.532ff.
89 HOFMEISTER, Lieder, S.286ff.
07 SPECHTLER, Gedichte, S.230ff.

Lit.:
26 MAROLD, Kommentar, S.479–482.
61 MAYR, Reiselieder, S.110ff.
68 MÜLLER, ‚Wahrheit', S.195ff.
69 MOSER, Klangphantasie, S. 168.
72 PETZSCH, Nr.105.
73 JAGT, Wortschatz, S.545., 556.
74 MOSER, Nachlese, S.88.
74 MÜLLER, Lyrik, S.123ff., 325.
74 MÜLLER, Untersuchungen, S.227, 360, 465 (Anm.3), 477 (Anm.3), 478 (Anm.5), 479 (Anm.7), 480 (Anm.5), 481 (Anm.11), 482 (Anm.6), 510.
74 OKKEN, Lied Nr.44, S.209.
74 SALMEN, Musik, S.241.
75 HEIMRATH/KORTH/MÜLLER/OKKEN, Lieder, S.113, 120.
78 MAYR, Liederhandschrift A.
85 JOSCHKO, Monographie, S.85, 99, 114, 167.
87 CLASSEN, Rezeption, S.72, 187f., 196.
87 WITTSTRUCK, Namengebrauch (siehe Register, S.545).
96 SCHWOB, U. M., Emotionen, S.153.
07 SPICKER, Lieder, S.16, 43.

Kl. 106

Ü.:
79 SCHÖNMETZLER, Lieder S.245f.
89 HOFMEISTER, Lieder, S.290ff.
07 SPECHTLER, Gedichte, S.234f.

Lit.:
26 MAROLD, Kommentar, S.92–94.
71 JONES, Morgen-Lied, S.152.
73 JAGT, Wortschatz, S.548.
74 OKKEN, Lied Nr.44, S.191.
74 PÖRNBACHER, Margareta, S.14.
74 SALMEN, Musik, S.241.
78 DELBONO, Rezeption, S.400.
78 MAYR, Liederhandschrift A.
78 ROBERTSHAW, Liebe, S.470.
78 SALMEN, Komponist, S.181.
78 SCHWOB, Landherr, S.14.
85 JOSCHKO, Monographie, S.128, 130.
87 WITTSTRUCK, Namengebrauch (siehe Register, S.545).
96 GSTREIN, R., Tonarten, S.168.
07 SPICKER, Lieder, S.16, 153f.

Kl. 107

Ü.:
79 SCHÖNMETZLER, Lieder S.247f.
89 HOFMEISTER, Lieder, S.293f.
07 SPECHTLER, Gedichte, S.236f.

Lit.:
26 MAROLD, Kommentar, S.315f.
74 PÖRNBACHER, Margareta, S.33.
84 HAUSNER, Polyphonie, S.57, 59.
85 JOSCHKO, Monographie, S.135f.
87 WITTSTRUCK, Namengebrauch (siehe Register, S.545).
07 SPICKER, Lieder, S.16, 29, 52, 78, 84.

Kl. 108

Ü.:
79 SCHÖNMETZLER, Lieder S.249.
89 HOFMEISTER, Lieder, S.295.
07 SPECHTLER, Gedichte, S.237.

Lit.:
26 MAROLD, Kommentar, S.513.
74 TIMM, Komponieren, S.323.
85 JOSCHKO, Monographie, S.6.
87 WITTSTRUCK, Namengebrauch (siehe Register, S.545).
07 SPICKER, Lieder, S.16.

Kl. 109b

Ü.:
79 SCHÖNMETZLER, Lieder S.251f.
89 HOFMEISTER, Lieder, S.296.
07 SPECHTLER, Gedichte, S.237f.

Lit.:
26 MAROLD, Kommentar, S.513–521.
74 SPECHTLER, Beiträge, S.277.
78 SPECHTLER, Liedtraditionen, S.185ff.
84 HAUSNER, Polyphonie, S.74.
85 JOSCHKO, Monographie, S.6, 146.

87 CLASSEN, Rezeption, S.61, 102.
87 WITTSTRUCK, Namengebrauch (siehe Register, S.545).
96 SCHWOB, U. M., Emotionen, S.154.
07 SPICKER, Lieder, S.16, 97f.

Kl. 110

Ü.:

79 SCHÖNMETZLER, Lieder S.252f.
81 KÜHN, Biographie, S.271f.
89 HOFMEISTER, Lieder, S.297f.
07 SPECHTLER, Gedichte, S.238f.

Lit.:

26 MAROLD, Kommentar, S.298–300.
70 INSAM, Wortstudien, S.203.
72 TIMM, Überlieferung, S.3.
74 OKKEN, Lied Nr.44, S.191, 214.
74 PÖRNBACHER, Margareta, S.20.
78 MAYR, Liederhandschrift A.
80 HARTMANN, Altersdichtung, S.117 (Anm.265).
80 JONES, Dichtung, S.289.
82 KOKOTT, Oswald, S.96f.
85 JOSCHKO, Monographie, S.134.
87 WITTSTRUCK, Namengebrauch (siehe Register, S.545).
97 SPICKER, ‚Ehelieder', S.156.
99 KOSSAK/STOCKHORST, Sexuelles, S.24.
02 SCHWOB/SCHWOB, Beobachtungen, S.138.
07 SPICKER, Lieder, S.52, 54, 59, 65–67.

Kl. 111

Ü.:

77 OCKEL, Gestaltung, S.110ff.
79 SCHÖNMETZLER, Lieder S.254ff.
89 HOFMEISTER, Lieder, S.299ff.
07 SPECHTLER, Gedichte, S.239ff.

Lit.:

26 MAROLD, Kommentar, S.483–489.
72 TIMM, Überlieferung, S.3, 45ff.
73 JAGT, Wortschatz, S.536, 554.
74 MOSER, Nachlese, S.86, 92f.
74 MÜCK, Frühpetrarkist, S.143.
74 OKKEN, Lied Nr.44, S.195f., 204, 210, 214.
74 SPECHTLER, Beiträge, S.278.
78 MAYR, Liederhandschrift A.
78 SPECHTLER, Liedtraditionen, S.189f.
80 HARTMANN, Altersdichtung, S.36, 147 (Anm.333), 200 (Anm.473).
82 SCHWEIKLE, Stellung, S.202 (Anm.31).
85 JOSCHKO, Monographie, S.147, 149ff.
87 WITTSTRUCK, Namengebrauch (siehe Register, S.545).
96 SCHNYDER, Passionslied.
96 SCHWOB, U. M., Emotionen, S.152.
07 SPICKER, Lieder, S.43, 90, 95–97.

Kl. 112

Ü.:

77 OCKEL, Gestaltung, S.114ff.
79 SCHÖNMETZLER, Lieder S.258ff.
81 KÜHN, Biographie, S.508 (V.167–174, 279–284).
89 HOFMEISTER, Lieder, S.307ff.
07 SPECHTLER, Gedichte, S.246ff.

Lit.:

26 MAROLD, Kommentar, S.489–498.
72 TIMM, Überlieferung, S.3.
72 TIMM, Überlieferung, S.3.
73 JAGT, Wortschatz, S.536, 539.
74 LAMBERG, Rechtsdichtung.
74 WELLMANN, ‚Ständestreit', S.339f. (u.Anm.39).
77 OCKEL, Gestaltung, S.26–29, 60, 72.
78 SCHWOB, Lyrik, S.173.
80 HARTMANN, Altersdichtung, S.30, 154 (Anm.347).
80 JONES, Dichtung, S.287, 290.
80 KÖNNEKER, Zeitdarstellung, S.283f.
82 RÖLL, *mensch*, S.230.
82 SCHWEIKLE, Stellung, S.201.
85 JOSCHKO, Monographie, S.86, 105, 107f., 110ff., 184.
86 MÜCK, Liedpropaganda, S.2f.
87 CLASSEN, Rezeption, S.96.
87 WITTSTRUCK, Namengebrauch (siehe Register, S.545).
90 HOFMEISTER, Mikrotexte, S.213–231.
90 NELSON, Oswald, S.98f.
91 SCHWOB, Edition, S.169.
97 SCHMIDT-WIEGAND, „Kaiserrecht".
07 SPICKER, Lieder, S.16, 19f., 62, 90.
09 SCHWOB, U. M., Femegerichtsbarkeit, S.133ff.

Kl. 113

Ü.:

77 OCKEL, Gestaltung, S.122.
79 SCHÖNMETZLER, Lieder S.268f.
89 HOFMEISTER, Lieder, S.320ff.
07 SPECHTLER, Gedichte, S.259f.

Lit.:

26 MAROLD, Kommentar, S.499f.
72 TIMM, Überlieferung, S.3.
72 TIMM, Überlieferung, S.3.
74 MÜCK, Frühpetrarkist, S.159f.
74 OKKEN, Lied Nr.44, S.214.
74 WELLMANN, ‚Ständestreit', S.338ff.
77 OCKEL, Gestaltung, S.29f., 31, 36.
78 SCHWOB, Landherr, S.23.
80 KÖNNEKER, Zeitdarstellung, S.383.
85 JOSCHKO, Monographie, S.108ff.
86 MÜCK, Liedpropaganda, S.2ff.
87 WITTSTRUCK, Namengebrauch (siehe Register, S.545).
90 HOFMEISTER, Mikrotexte, S.232f.
07 SPICKER, Lieder, S.16.

Kl. 114

Ü.:

79 SCHÖNMETZLER, Lieder S.270ff.
89 HOFMEISTER, Lieder, S.323ff.
07 SPECHTLER, Gedichte, S.260ff.

Lit.:

26 MAROLD, Kommentar, S.500–502.
74 OKKEN, Lied Nr.44, S.193, 205, 207f., 210.
78 SCHWOB, Lyrik, S.168.
78 SPECHTLER, Liedtraditionen, S.189f.
80 HARTMANN, Altersdichtung, S.93 (Anm.194).
85 JOSCHKO, Monographie, S.146f., 149f.
87 WITTSTRUCK, Namengebrauch (siehe Register, S.545).
96 SCHWOB, U. M., Emotionen, S.152.
07 SPICKER, Lieder, S.16, 95, 97.

Kl. 115

Ü.:

79 SCHÖNMETZLER, Lieder S.272ff.
89 HOFMEISTER, Lieder, S.327ff.
07 SPECHTLER, Gedichte, S.264ff.

Lit.:

20 LEITZMANN, Cento.
26 MAROLD, Kommentar, S.503–507.
69 PETZSCH, Freidank-Cento.
69 PETZSCH, Reimpaare.
70 INSAM, Wortstudien, S.202.
72 TIMM, Überlieferung, S.3.
74 LOMNITZER, Probleme, S.82.
74 OKKEN, Lied Nr.44, S.211.
74 WELLMANN, ‚Ständestreit', S.340.
77 OCKEL, Gestaltung, S.30f., 77.
80 HARTMANN, Altersdichtung, S.30.
82 SCHWEIKLE, Stellung, S.202 (Anm.31).
85 JOSCHKO, Monographie, S.156, 158.
87 CLASSEN, Rezeption, S.109.
87 WITTSTRUCK, Namengebrauch (siehe Register, S.545).
90 HOFMEISTER, Mikrotexte, S.259–261.
99 KOSSAK/STOCKHORST, Sexuelles, S.13f.
07 SPICKER, Lieder, S.16.

Kl. 116

Ü.:

55 WEHRLI, Lyrik, S.412ff.
77 WACHINGER, Lieder 1977,S.73ff.
79 SCHÖNMETZLER, Lieder S.276f.
81 KÜHN, Biographie, S.483ff.
89 HOFMEISTER, Lieder, S.323ff.
07 SPECHTLER, Gedichte, S.268f.
07 WACHINGER, Lieder 2007, S.247ff.

Lit.:

26 MAROLD, Kommentar, S.375–379.
68 MÜLLER, ‚Heimatlieder'.
72 TIMM, Überlieferung, S.3.
74 MÜLLER, Untersuchungen, S. 227, 360.
74 OKKEN, Lied Nr.44, S.208.
74 OKKEN/COX, Lied 116.
74 PÖRNBACHER, Margareta, S.23.
74 SPECHTLER, 116/11–15.
75 HEIMRATH/KORTH/MÜLLER/ OKKEN, Lieder, S.112, 119.
76 GOHEEN, Naturbild, S.377.
77 OCKEL, Gestaltung, S.66.
78 DELBONO, Rezeption, S.400.
78 MAYR, Liederhandschrift A.
78 SALMEN, Komponist, S.182.
80 JONES, Dichtung, S.289.
85 JOSCHKO, Monographie, S.111, 142.
87 WITTSTRUCK, Namengebrauch (siehe Register, S.545).
90 HOFMEISTER, Mikrotexte, S.234–239.
96 GSTREIN, R., Tonarten, S.167.

96 SCHWOB, U. M., Emotionen, S.153.
97 HOFMEISTER, Zitatenschatz, S.60f.
02 SCHWOB/SCHWOB, Beobachtungen, S.148.
07 SPICKER, Lieder, S.16, 42.

Kl. 117

Ü.:
79 SCHÖNMETZLER, Lieder S.277ff.
81 KÜHN, Biographie, S.515 (V.1–5).
89 HOFMEISTER, Lieder, S.335ff.
07 SPECHTLER, Gedichte, S.270ff.

Lit.:
26 MAROLD, Kommentar, S.508f.
72 TIMM, Überlieferung, S.3.
73 JAGT, Wortschatz, S.536.
74 OKKEN, Lied Nr.44, S.193, 210.
78 SALMEN, Komponist, S.185.
78 THURNHER, Anschauungen, S.255.
85 JOSCHKO, Monographie, S.158.
87 CLASSEN, Rezeption, S.303.
87 WITTSTRUCK, Namengebrauch (siehe Register, S.545).
93 SPICKER, Stilisierung, S.232.
97 SPICKER, Autorschaft, S.183.
98 ROBERTSHAW, Herausgeber, S.340.
99 KOSSAK/STOCKHORST, Sexuelles, S.13.
07 SPICKER, Lieder, S.13, 16.

Kl. 118

Ü.:
79 SCHÖNMETZLER, Lieder S.279ff.
89 HOFMEISTER, Lieder, S.338ff.
07 SPECHTLER, Gedichte, S.272ff.
07 WACHINGER, Lieder 2007, S.309ff.

Lit.:
26 MAROLD, Kommentar, S.510–512.
68 TREICHLER, Studien.
70 INSAM, Wortstudien, S.198.
72 TIMM, Überlieferung, S.3.
73 JAGT, Wortschatz, S.536.
74 LOMNITZER, Probleme, S.83f.
74 OKKEN, Lied Nr.44, S.208., 210, 214.
74 SPECHTLER, Beiträge, S.277.
78 MÜLLER, Tagelieder.
82 SCHWEIKLE, Stellung, S.202 (Anm.31).
85 JOSCHKO, Monographie, S.119.
87 WITTSTRUCK, Namengebrauch (siehe Register, S.545f.).
90 HOFMEISTER, Mikrotexte, S.240–244.
04 SCHNYDER, Tagelied, S.131f. u. 317–320.
07 SPICKER, Lieder, S.16, 34, 51, 78, 86, 89f.

Kl. 119

Ü.:
79 SCHÖNMETZLER, Lieder S.281f.
81 KÜHN, Biographie, S.517 (Str.I).
89 HOFMEISTER, Lieder, S.341f.
07 SPECHTLER, Gedichte, S.274f.

Lit.:
26 MAROLD, Kommentar, S.86–92.
74 OKKEN, Lied Nr.44, S.210.
77 WACHINGER, Sprachmischung.
78 MAYR, Liederhandschrift A.
78 ROBERTSHAW, Liebe, S.480 (Anm.75).
81 LÜDTKE, Sprachen, S.306.
82 RIJAVEC, Kantate, S.253.
85 JOSCHKO, Monographie, S.146.
87 CLASSEN, Rezeption, S.79, 102f., 125, 132, 146, 189, 232, 301.
87 WITTSTRUCK, Namengebrauch (siehe Register, S.546).
99 MÜLLER, Ostkontakte, S.229–233.
07 SPICKER, Lieder, S.16, 36, 52, 54, 74f.

Kl. 120

Ü.:
55 WEHRLI, Lyrik, S.400ff.
77 WACHINGER, Lieder 1977, S.5.
79 SCHÖNMETZLER, Lieder S.284f.
81 CURSCHMANN/GLIER, Dichtung, S.166f.
89 HOFMEISTER, Lieder, S.343f.
07 SPECHTLER, Gedichte, S.275f.
07 WACHINGER, Lieder 2007, S19.

Lit.:
26 MAROLD, Kommentar, S.9–12.
69 MOSER, Klangphantasie, S. 167f.
71 JONES, Morgen-Lied, S.152.
74 OKKEN, Lied Nr.44, S.191.
74 TIMM, Komponieren, S.322.
78 MAYR, Liederhandschrift A.
80 HARTMANN, Altersdichtung, S.159 (Anm.365).
87 CLASSEN, Rezeption, S.146.
87 WITTSTRUCK, Namengebrauch (siehe Register, S.546).

93 SPICKER, Stilisierung, S.208.
97 SPICKER, ‚Ehelieder', S.156.
02 KNAPP, Schönheitsideal, S.193f.
07 SPICKER, Lieder, S.16, 27, 52, 65, 67f.

Kl. 121

Ü.:
79 SCHÖNMETZLER, Lieder S.286.
86 ROHRBACH, Studien, S.274.
89 HOFMEISTER, Lieder, S.345f.
07 SPECHTLER, Gedichte, S.276f.

Lit.:
26 MAROLD, Kommentar, S.30f.
68 TREICHLER, Studien.
71 JONES, Morgen-Lied, S.152.
74 OKKEN, Lied Nr.44, S.191.
75 HEIMRATH/KORTH/MÜLLER/OKKEN, Lieder, S.110, 116.
78 MAYR, Liederhandschrift A.
78 MÜLLER, Tagelieder.
84 HAUSNER, Polyphonie, S.57, 64.
86 ROHRBACH, Studien, S.274ff.
87 WITTSTRUCK, Namengebrauch (siehe Register, S.546).
07 SPICKER, Lieder, S.16, 78, 84.

Kl. 122

Ü.:
79 SCHÖNMETZLER, Lieder S.287f.
81 KÜHN, Biographie, S.518 (Str.I, II).
89 HOFMEISTER, Lieder, S.347f.
07 SPECHTLER, Gedichte, S.277ff.

Lit.:
26 MAROLD, Kommentar, S.229–233.
61 MAYR, Reiselieder, S.63ff.
68 MÜLLER, ‚Wahrheit', S.164ff., 176ff.
70 INSAM, Wortstudien, S.198.
71 JONES, Morgen-Lied, S.149.
74 MÜLLER, Untersuchungen, S.144, 224, 290f., 328, 359, 461f., 539.
78 MAYR, Liederhandschrift A.
80 JONES, Dichtung, S.299.
85 JOSCHKO, Monographie, S.114, 185.
87 CLASSEN, Rezeption, S.156.
87 WITTSTRUCK, Namengebrauch (siehe Register, S.546).
97 SPICKER, ‚Ehelieder', S.146.
03 SCHALLABÖCK/MÜLLER, Reiseberichte.
07 SPICKER, Lieder, S.16, 42f., 121–123.

Kl. 123

Ü.:
79 SCHÖNMETZLER, Lieder S.289f.
81 KÜHN, Biographie, S.519 (Str.II, III).
89 HOFMEISTER, Lieder, S.349ff.
07 SPECHTLER, Gedichte, S.279ff.

Lit.:
26 MAROLD, Kommentar, S.234–241.
61 MAYR, Reiselieder, S.65ff.
68 MÜLLER, ‚Wahrheit', S.99, 167ff.
71 JONES, Morgen-Lied, S.149.
73 JAGT, Wortschatz, S.554.
74 MÜCK, Frühpetrarkist, S.148.
74 MÜLLER, Lyrik, S.107ff., 325.
74 MÜLLER, Untersuchungen, S.209, 221, 224, 290f., 328, 359, 460 (Anm.1), 461f., 539.
78 MAYR, Liederhandschrift A.
78 SCHWOB, Lyrik, S.174.
80 JONES, Dichtung, S.299.
80 KÖNNEKER, Zeitdarstellung, S.382.
85 JOSCHKO, Monographie, S.49, 110, 114, 116, 122.
87 WITTSTRUCK, Namengebrauch (siehe Register, S.546).
90 HOFMEISTER, Mikrotexte, S.245–256.
93 HARTMANN, K.-G., Melodie.
95 HOFMEISTER, Medien, S.305–320.
97 HOFMEISTER, Zitatenschatz, S. 67f.
99 KOSSAK/STOCKHORST, Sexuelles, S.21.
07 SPICKER, Lieder, S.16, 42f., 121–123.

Kl. 124

Ü.:
79 SCHÖNMETZLER, Lieder S.291.
89 HOFMEISTER, Lieder, S.353.
07 SPECHTLER, Gedichte, S.282.

Lit.:
26 MAROLD, Kommentar, S.76f.
78 MAYR, Liederhandschrift A.
87 WITTSTRUCK, Namengebrauch (siehe Register, S.546).
07 SPICKER, Lieder, S.16, 29.

Kl. 125

Ü.:
79 SCHÖNMETZLER, Lieder S.292.
89 HOFMEISTER, Lieder, S.354.
07 SPECHTLER, Gedichte, S.282f.

Lit.:
26 MAROLD, Kommentar, S.77f.
74 OKKEN, Lied Nr.44, S.188.
78 MAYR, Liederhandschrift A.
87 WITTSTRUCK, Namengebrauch (siehe Register, S.546).
07 SPICKER, Lieder, S.16.

Kl. 126

Ü.:
79 SCHÖNMETZLER, Lieder S.292f.
89 HOFMEISTER, Lieder, S.355f.
07 SPECHTLER, Gedichte, S.283f.
Lit.:
26 MAROLD, Kommentar, S.522f.
74 OKKEN, Lied Nr.44, S.188.
74 SPECHTLER, Beiträge, S.278.
78 MAYR, Liederhandschrift A.
87 WITTSTRUCK, Namengebrauch (siehe Register, S.546).
97 LIENERT, Kindheit, S.117.
01 SCHWOB/SCHWOB, Palästinareisen, S.494, 506.
07 SPICKER, Lieder, S.16, 94.

Kl. 128

Ü.:
79 SCHÖNMETZLER, Lieder S.293f.
89 HOFMEISTER, Lieder, S.357ff.
07 SPECHTLER, Gedichte, S.285f.
Lit.:
74 RÖLL, Bezeugung, S.253.
85 JOSCHKO, Monographie, S.118.
87 WITTSTRUCK, Namengebrauch (siehe Register, S.546).
00 WACHINGER, Zweifelhaftes, S.404–407.
07 SPICKER, Lieder, S.20, 143, 151.

Kl. 129

Ü.:
79 SCHÖNMETZLER, Lieder S.294f.
89 HOFMEISTER, Lieder, S.360f.
07 SPECHTLER, Gedichte, S.287f.
Lit.:
64 EIS, Liedern, S.345f.
66 SPECHTLER, Mönch, S.86f.
74 RÖLL, Probleme, S.224.
82 RÖLL, *mensch*, S.233.
85 JOSCHKO, Monographie, S.143.
87 CLASSEN, Rezeption, S.273ff.
87 WITTSTRUCK, Namengebrauch (siehe Register, S.546).
97 STRAUB, Mundi.
07 SPICKER, Lieder, S.97.

Kl. 130

Ü.:
79 SCHÖNMETZLER, Lieder S.295f.
89 HOFMEISTER, Lieder, S.362ff.
07 SPECHTLER, Gedichte, S.288ff.
Lit.:
66 SPECHTLER, Mönch, S.84ff.
69 MOSER, Klangphantasie, S. 168.
74 RÖLL, Probleme, S.224.
74 SPECHTLER, Beiträge, S.277.
78 SPECHTLER, Liedtraditionen, S.188.
82 SCHWEIKLE, Stellung, S.201.
85 JOSCHKO, Monographie, S.143, 146f.
87 CLASSEN, Rezeption, S.273ff.
87 WITTSTRUCK, Namengebrauch (siehe Register, S.546).
97 STRAUB, Mundi.
07 SPICKER, Lieder, S.20, 97.

Kl. 131

Ü.:
79 SCHÖNMETZLER, Lieder S.296f.
89 HOFMEISTER, Lieder, S.365f.
07 SPECHTLER, Gedichte, S.290ff.
07 WACHINGER, Lieder 2007, S.69ff.
Lit.:
26 MAROLD, Kommentar, S.523f.
82 SCHWEIKLE, Stellung, S.201.
84 MÜCK/GANSER, Kl. 131.
87 WITTSTRUCK, Namengebrauch (siehe Register, S.546).
90 HOFMEISTER, Mikrotexte, S.257f.
00 WACHINGER, Zweifelhaftes, S.408–414.
07 SPICKER, Lieder, S.20, 177f.

Kl. 132

Ü.:
79 SCHÖNMETZLER, Lieder S.297f.
89 HOFMEISTER, Lieder, S.367f.
07 SPECHTLER, Gedichte, S.292f.

Lit.:

85 JOSCHKO, Monographie, S.173.

87 WITTSTRUCK, Namengebrauch (siehe Register, S.546).

00 WACHINGER, Zweifelhaftes, S.414–417.

Kl. 133

Ü.:

79 SCHÖNMETZLER, Lieder S.298.

07 SPECHTLER, Gedichte, S.293.

Lit.:

82 SCHWEIKLE, Stellung, S.201.

87 WITTSTRUCK, Namengebrauch (siehe Register, S.546).

07 SPICKER, Lieder, S.20.

Kl. 134

Ü.:

79 SCHÖNMETZLER, Lieder S.298.

89 HOFMEISTER, Lieder, S.369.

07 SPECHTLER, Gedichte, S.294.

Lit.:

82 SCHWEIKLE, Stellung, S.201.

85 JOSCHKO, Monographie, S.96.

87 WITTSTRUCK, Namengebrauch (siehe Register, S.546).

97 SCHWEITZER, Hussitenlieder, S. 42f.

07 SPICKER, Lieder, S.20.

Literaturverzeichnis

(Der **Fettdruck** verweist auf die Ordnungsbegriffe in den Forschungsbibliographien.)

Editionen/Faksimiles

BOBERTAG, Felix (Hrsg.): **Narrenbuch**. Berlin u. Stuttgart [1884]. (= Deutsche National-Litteratur. Historisch kritische Ausgabe. 11.)

KLEIN, Karl Kurt (Hrsg.): Die **Lieder** Oswalds von Wolkenstein. Unter Mitwirkung v. Walter WEISS u. Notburga WOLF. Musikanhang v. Walter SALMEN. 3., neubearb. u. erweit. Aufl. v. Hans MOSER, Norbert Richard WOLF u. Notburga WOLF. Tübingen 1987. (= ATB. 55.)

MOSER, Hans / Ulrich MÜLLER (Hrsg.): Oswald von Wolkenstein. Abbildungen zur Überlieferung I: Die Innsbrucker Wolkenstein-Handschrift B. Göppingen 1972. (= Litterae. 12.)

MOSER, Hans / Ulrich MÜLLER / Franz Viktor SPECHTLER (Hrsg.): Oswald von Wolkenstein. Abbildungen zur Überlieferung II: Die Innsbrucker Wolkenstein-Handschrift c. Mit einem Anhang zum „Wolfenbütteler Porträt" und zur Todesnachricht Oswalds von Wolkenstein v. Hans Dieter MÜCK. Göppingen 1973. (= Litterae. 16.)

MÜCK, Hans-Dieter (Hrsg.): Oswald von Wolkenstein. Abbildungen zur Überlieferung IV: Die Streuüberlieferung. Mit einem Anhang zum ‚Konstanzer Porträt' Oswalds von Wolkenstein. Göppingen 1977. (= Litterae. 36.)

Übersetzungen/Nachdichtungen

CURSCHMANN, Michael / Ingeborg GLIER (Hrsg.): Deutsche **Dichtung** des Mittelalters. Bd. III: Spätmittelalter. Sprachliche Erläuterungen v. Karl Heinz KELLER. München u. Wien 1981. (=Deutsche Dichtung des Mittelalters.)

HEIMRATH, Johannes / Michael KORTH: Oswald von Wolkenstein. **Lieder** aus dem Mittelalter. Texte und Noten ausgewählt, übertragen und erprobt. Erläutert v. Ulrich MÜLLER u. Lambertus OKKEN. Mit Illustrationen. Frankfurt a. M. 1979. (= Fischer Taschenbuch. 2955.) [Unveränderte Lizenzausgabe von: Oswald von Wolkenstein: *Frölich geschray so well wir machen.* München 1975.]

HOFMEISTER, Wernfried: Oswald von Wolkenstein. Sämtliche **Lieder** und Gedichte. Ins Neuhochdeutsche übersetzt. Göppingen 1989. (= Göppinger Arbeiten zur Germanistik. 511.)

KIEPE, Eva / Hansjürgen KIEPE (Hrsg.): **Gedichte** 1300–1500. (Epochen der deutschen Lyrik. Bd. 2.) München 1972. (= dtv Wissenschaftliche Reihe. 4016.)

KÜHN, Dieter: Ich Wolkenstein. Eine **Biographie**. 2. Aufl. Frankfurt 1981.

MÜLLER, Ulrich: Oswald von Wolkenstein: *Ain* ***graserin*** *durch kûlen tau.* In: Gedichte und Interpretationen. Mittelalter. Hrsg. v. Helmut Tervooren. Stuttgart 1993. (= Reclam Universal-Bibliothek. 8864.) S. 338–352.

Ders.: Deutsche **Gedichte** des Mittelalters. Mittelhochdeutsch / Neuhochdeutsch. Ausgewählt, übersetzt u. erläutert in Zusammenarbeit mit Gerlinde WEISS. 2. überarbeitete u. aktualisierte Aufl. Stuttgart 2009. (= Reclams Universalbibliothek. 8849.)

PELNAR, Ivana (Hrsg.): Die mehrstimmigen Lieder Oswalds von Wolkenstein. 2 Bde. Tutzing 1981/1982. (= Münchner Veröffentlichungen zur Musikgeschichte. 2,32.)

RUISS, Gerhard Oswald von Wolkenstein: *Und wenn ich nun noch länger schwieg'.* Lieder. Nachdichtungen 1. Mit den Originaltexten im Anhang. Wien u. Bozen 2007. (= Transfer. LXXV.)

Ders.: *Herz, dein Verlangen.* Lieder. Nachdichtungen II. Mit den Originaltexten im Anhang. Wien u. Bozen 2008. (= Transfer. LXXXVII.)

Ders.: *So sie mir pfiff zum Katzenlohn.* Lieder. Nachdichtungen III. Mit den Originaltexten im Anhang. Wien u. Bozen 2010. (= Transfer. LXXXVII.)

SCHÖNMETZLER, Klaus J.: Oswald von Wolkenstein. Die **Lieder** mittelhochdeutsch-deutsch. In Texten und Melodien neu übertragen und kommentiert. München 1979.

SCHWOB, Anton: Oswald von Wolkenstein. ***Insbrugk***. In: Wort im Gebirge 16 (1980), S. 10. [Übertragung der Strophen VI, XI, XIII, XIV von Kl. 26 ins Neuhochdeutsche.]

SPECHTLER, Franz Viktor: Oswald von Wolkenstein. Sämtliche **Gedichte**. Aus dem Mittelhochdeutschen ins Neuhochdeutsche übertragen. Klagenfurt u. Celovec 2007. (= Europa Erlesen.)

WACHINGER,.Burghart: Oswald von Wolkenstein. **Lieder**. Mittelhochdeutsch und Neuhochdeutsch. Auswahl. Hrsg., übersetzt und erläutert. Stuttgart **1977**. (= Reclams Universalbibliothek. 2839/40.) [Vormals: Ebenhausen 1964.]

Ders.: Oswald von Wolkenstein: **Lieder**. Frühneuhochdeutsch/Neuhochdeutsch. Ausgewählte Texte hrsg., übers. und kommentiert. Melodien und Tonsätze hrsg. und kommentiert v. Horst BRUNNER. Stuttgart **2007**. (= Reclams Universalbibliothek 18490.)

WEHRLI, Max: Deutsche **Lyrik** des Mittelalters. Auswahl und Übersetzung. Mit 36 Abbildungen aus der Manessischen Liederhandschrift. Zürich 1955.

WITT, Hubert: Oswald von Wolkenstein. Leib- und Lebenslieder. Aus dem Altdeutschen ausgewählt und übertragen. Neu durchges. Leipzig 1982. (= Sammlung Dietrich. 397.)

Wissenschaftliche Nachschlagewerke

BEGRIFFSDATENBANK, Mittelhochdeutsche / Middle-High German Conceptual Database. [Leitung: Margarethe SPRINGETH] http://mhdbdb.sbg.ac.at:8000, Stand: 1. Oktober 2010.

BENECKE, Georg Friedrich [Bearb.]: Mittelhochdeutsches WÖRTERBUCH. Mit der Benutzung des Nachlasses v. G.F. Benecke ausgearb. v. Wilhelm MÜLLER u. (ab Bd. II) v. Friedrich ZARNCKE. 4 in 3 Bden. Leipzig 1854/66. (Online unter: http://urts55.uni-trier.de:8080/Projekte/WBB2009/BMZ/wbgui_py?lemid= BA00001, Stand: 1. Oktober 2010)

DALBY, David: Lexicon of the Mediæval German Hunt. A Lexicon of Middle High German terms (1050–1500), associated with the Chase, Hunting with Bows, Falconry, Trapping and Fowling. Berlin 1965.

FINK, Hans: Tiroler Wortschatz an Eisack, Rienz und Etsch. Nachlese zu Josef Schatz, Wörterbuch der Tiroler Mundarten. Zum Druck vorbereitet v. Karl FINSTERWALDER. Innsbruck u. München 1972. (= Schlern-Schriften 250.)

GRIMM, Jacob u. Wilhelm GRIMM [Begr.]: Deutsches Wörterbuch. 16 Bde. Leipzig 1854–1960.

GRIMM, Jacob u. Wilhelm GRIMM [Begr.] Deutsches Wörterbuch. Neubearbeitung. Hrsg. v. d. Akad. d. Wiss.d. DDR in Zusammenarbeit. mit d.Akad.d. Wiss. zu Göttingen. Bd. 1–9. Leipzig 1983–2006. (Online unter: http://urts55.uni-trier.de:8080/Projekte/WBB2009/DWB/wbgui_py?lemid=GA00001, Stand: 1. Oktober 2010.)

HINTNER, Val.: Beiträge zur tirolischen Dialektforschung. Der Defregger Dialekt. Wien 1878.

JONES, George Fenwick / Hans-Dieter MÜCK, Ulrich MÜLLER (Hrsg.): Verskonkordanz zu den Liedern Oswalds von Wolkenstein. 2 Bde. Göppingen 1973. (= Göppinger Arbeiten zur Germanistik. 40/41.)

KÜHEBACHER, Egon: Stellenregister [zu den Liedern Oswalds von Wolkenstein im ‚Sammelband Neustift'']. In: ‚Sammelband Neustift', S. 443–455.

LEXER, Matthias [Bearb.]: Mittelhochdeutsches Handwörterbuch. 3 Bde. Stuttgart 1979. (Reprografischer Nachdruck der Ausgabe Leipzig 1872.). (Online unter: http://urts55.uni-trier.de:8080/Projekte/WBB2009/Lexer/wbgui_py?lemid= LA00001, Stand: 1. Oktober 2010.)

NIETHAMMER, Petra-Marion: Urkundenfindbuch zu Oswald von Wolkenstein. Verzeichnis der veröffentlichten Dokumente (1400–1445). Göppingen 1984. (= Göppinger Arbeiten zur Germanistik. 412.)

SCHATZ, Josef: **Sprache** und Wortschatz der Gedichte Oswalds von Wolkenstein. Wien u. Leipzig 1930. (= Denkschriften der Akademie der Wissenschaften Wien, phil.-hist. Kl. Bd. 69, Abh.2.)

Ders.: Wörterbuch der Tiroler Mundarten. Für den Druck vorbereitet v. Karl FINSTERWALDER. 2 Bde. Innsbruck 1955. (= Schlern-Schriften. 119/120.)

SCHMELLER, J. Andreas [Bearb.]: Bayerisches Wörterbuch. 4 in 2 Bden. 2. (vermehrte) Ausgabe. Hrsg. durch die Historische Commission bei der Königlichen Academie der Wissenschaften. Bearb. v. G. Karl FROMMANN. München 1872–77.

SCHWOB, Anton (Hrsg.) unter Mitarbeit v. Karin Kranich-Hofbauer, Ute Monika Schwob, Brigitte Spreitzer: Die Lebenszeugnisse Oswalds von Wolkenstein. Edition und Kommentar. Band I–III. Wien, Köln, Weimar 1999–2004. [Bd. IV u. V in Vorbereitung]

Forschungsliteratur

(mit übersetzungs- bzw. verstehensrelevanten Hinweisen zu Oswald von Wolkenstein)

ALEKSEEV, Michail P.: Die ‚russische **Sprache**‘ Oswalds von Wolkenstein. In: M.P.Alekseev. Zur Geschichte russisch-europäischer Literaturtraditionen. Aufsätze aus vier Jahrzehnten. Berlin 1974. (= Neue Beiträge zur Literaturwissenschaft. 35.) S. 7–20 u. 339–343.

BANTA, Frank G.: Dimensions and Reflections: An **Analysis** of Oswald von Wolkenstein's Frölich, zärtlich. In: Journal of English and Germanic Philology 66 (1967), S. 59–75.

BÄRNTHALER, Günther: Übersetzen im deutschen Spätmittelalter: der Mönch von Salzburg, Heinrich Laufenberg und Oswald von Wolkenstein als Übersetzer lateinischer Hymnen und Sequenzen. Göppingen 1983. (= Göppinger Arbeiten zur Germanistik. 371.)

BERGER, Christian / Tomas TOMASEK: Kl 68 im Kontext der **Margarethe-Lieder** Oswalds von Wolkenstein. In: JOWG 9 (1996/97), S. 157–178.

BERTAU, Karl: Oswalds von Wolkenstein *Es ist ain altgesprochen rat* als gesungenes **Lied**. In: Germanistik in Forschung und Lehre. Vorträge und Diskussionen des Germanistentages in Essen 1964. Hrsg. v. R. Henß u. H. Moser. Berlin 1965, S. 151–154.

BEYSCHLAG, Siegfried: Kritische **Anmerkungen** zu Schallplatteneinspielungen von Fugen und Duetten Oswalds von Wolkenstein. In: ‚Sammelband Seis‘, S. 226–236.

Ders.: Zu den mehrstimmigen Liedern Oswalds von Wolkenstein. **Fuga** und Duett. In: Literatur und Geistesgeschichte. Festgabe für Heinz Otto Burger. Hrsg. v. Reinhold Grimm u. Conrad Wiedemann. Berlin 1968, S. 50–69.

Ders.: Oswalds von Wolkenstein **Jagdlied** *Wolauff gesell! Wer jagen well* Kl. 52. In: ‚Sammelband Neustift‘, S. 37–50.

BOESCH, Bruno: Oswald von Wolkenstein als **Zeitgenosse**. In: ‚Sammelband Neustift', S. 21–36.

BÖHM, Rainer: **Entdeckung** einer französischen Melodievorlage zum Lied *O wunniklicher, wolgezierter mai* (Kl. 100) von Oswald von Wolkenstein. In: JOWG 13 (2001/2002), S. 269–278.

BRESGEN, Cesar: Untersuchungen zum **Rhythmus** bei Oswald von Wolkenstein. In: ‚Sammelband Neustift', S. 51–59.

CLASSEN, Albrecht: ‚The Italian Connection'. Zu einem **Brief** an einen gewissen Wolkenstein und einer provenzalischen Quelle für Oswalds polyglosses Lied Kl.69. In: Jahrbuch der Oswald von Wolkenstein Gesellschaft 4 (1986/87), S. 155–162.

Ders.: Oswalds von Wolkenstein Beziehungen zu **Italien** – eine These im Kreuzfeuer der Kritik. In: Jahrbuch der Reineke-Gesellschaft 4 (1993), S. 67–81.

Ders.: **Onomatopoesie** in der Lyrik von Jehan Vaillant, Oswald von Wolkenstein und Niccolò Soldanieri. In: ZfdPh 108 (1989), S. 357–377.

Ders.: Zur **Rezeption** norditalienischer Kultur des Trecento im Werk Oswalds von Wolkenstein (1376/77 – 1445). Göppingen 1987. (= Göppinger Arbeiten zur Germanistik. 471.)

DELBONO, Francesco.: Oswald von Wolkenstein: Zur italienischen **Rezeption** und zu Biographie und Werk. (Übers. v. L. Lun.) In: ‚Sammelband Seis', S. 393–410.

Ders.: Oswald von Wolkenstein, Lied Kl 18: **‚Werbelied'** per Margareta e moraleggiante addio al celibato. In: Filologia Germanica 28/29 (1985/86) [recte: 1988], S. 101–117.

Ders. (Hrsg.): Kommentar zu: Oswald von Wolkenstein: Handschrift A. Vollständige Faksimile-Ausgabe im Originalformat des Codex Vindobonensis 2777 der Österreichischen Nationalbibliothek. Graz 1977. (= Codices Selecti. Phototypice impressi. 59.)

DISKUSSION zu den beiden Vorträgen über **Oswald** von Wolkenstein, *Es ist ain altgesprochen Rat.* In: Germanistik in Forschung und Lehre. Vorträge und Diskussionen des Germanistentages in Essen 1964. Hrsg. v. R. Henß u. H. Moser. Berlin 1965, S. 155f.

DOON, P.J. / L. OKKEN, / H. L. COX: Wurde Oswald von Wolkenstein **gefoltert**? In: Neophilologus 58 (1974), S. 391–394.

EDWARDS, Cyril: Mothers' Boys and Mothers' Girls in the **Pastourelle**: Oswald von Wolkenstein, *Frölich so will ich aber singen* (Kl. 79). In: Forum for Modern Language Studies 35 (1999), S. 70–80.

EIS, Gerhard: Zu zwei unechten **Liedern** Oswalds von Wolkenstein. In: Neophilologus 48 (1964), S. 28–31.

FELDGES, Mathias: **Lyrik** und Politik am Konstanzer Konzil. Eine neue Interpretation von Oswald von Wolkensteins Hussitenlied. In: ‚Sammelband Seis', S. 81–104.

Ders.: *In Katlon und Ispanien, do man gern ist kestanien.* Wo liegt das künigreich **Spanien** des Oswald von Wolkenstein? In: ZfdPh 95 (1976), S. 374–399.

FÜRBETH, Frank: „wol vierzig jar leicht minner zwai" im Zeichen der verkehrten **Welt**: Oswalds „Es fügt sich" (Kl 18) im Kontext mittelalterlicher Sündenlehre. In: JOWG 9 (1996/1997), S. 197–220.

GLOWATZKI-MULLIS, Marie-Louise / Susi ULRICH-BOCHSLER / Georg GLOWATZKI / Ämilian KLOIBER / Linus ULRICH: **Untersuchungen** zur Identifizierung der Skelettreste aus Neustift: Ist es Oswald von Wolkenstein? In: Jahrbuch der Oswald von Wolkenstein Gesellschaft 2 (1982/83), S. 155–191.

GÖLLNER, Theodor: Landinis „Questa fanciulla" bei **Oswald** von Wolkenstein. In: In: Die Musikforschung 17 (1964), S. 393–398. [Neu abgedruckt in ‚Sammelband Oswald von Wolkenstein', S. 48–56.]

GOHEEN, Jutta: **Naturbild** und ‚locus amoenus' im Liede Oswalds von Wolkenstein. In: Akten des 5. Internationalen Germanisten-Kongresses Cambridge 1975. H.2. Hrsg. v. Leonard Forster u. Hans-Gert Roloff. Bern u. Frankfurt a.M. 1976. (= Jahrbuch für Internationale Germanistik. Reihe A. 2.) S. 376–382.

Dies.: **Oswald** von Wolkenstein zwischen ‚Mittelalter' und ‚Renaissance', eine Interpretation des geistlichen Liedes *In Frankereich.* In: Carleton Germanic Papers 3 (1975), S. 1–19.

Dies.: **„Realismus"** im Tagelied Oswalds von Wolkenstein? Dimensionen des Zeitbildes. In: Entzauberung der Welt. Deutsche Literatur 1200–1500. Hrsg. v. James F. Poag u. Thomas C. Fox. Tübingen 1989, S. 89–106.

GRUBER, Karl: **Notizen** zur Familie von Wolkenstein. In: Der Schlern 50 (1976), S. 725f.

GSTREIN, *Heinz: durch abenteuer tal und perg.* Auf den Spuren Oswalds von Wolkenstein von Sinai bis Tripolis. In: Rheinischer Merkur 1 (1974).

GSTREIN, Rainer: Zur Verwendung von **Tonarten** und Rhythmen in den einstimmigen Liedern Oswalds von Wolkenstein. In: Literatur und Sprache in Tirol: von den Anfängen bis zum 16. Jahrhundert. Akten des 3. Symposiums der Sterzinger Osterspiele (10. bis 12. April 1995). Hrsg. v. Michael Gebhardt u. Max Siller. Innsbruck 1996. (= Schlern-Schriftern. 301.) S. 163–179.

GUFLER, Christoph: Zur **Geschichte** des Ansitzes Fahlburg in Prissian. In: Der Schlern 55 (1981), S. 141–145.

HARTMANN, Karl-Günther: Tschechische Parallelen zu einer **Melodie** Oswalds von Wolkenstein (Kl 123). In: JOWG 7 (1992/1993), S. 199–218.

HARTMANN, Sieglinde: **Altersdichtung** und Selbstdarstellung bei Oswald von Wolkenstein. Die Lieder Kl.1 bis Kl.7 im spätmittelalterlichen Kontext. Göppingen 1980. (= Göppinger Arbeiten zur Germanistik. 288.)

Dies.: Oswald von Wolkenstein und seine **Ehrung** durch Königin Isabeau von Frankreich (1370–1435). In: ZfdPh 120 (2001), S. 60–77.

Dies.: Zur **Einheit** des Marienliedes Kl. 34. Eine Stilstudie mit Übersetzung und Kommentar. In: Jahrbuch der Oswald von Wolkenstein Gesellschaft 3 (1984/85), S. 25–43.

Dies.: Oswald von Wolkenstein heute: **Traditionen** und Innovationen in seiner Lyrik. In: JOWG 15 (2005), S. 349–372.

HAUSNER, Renate: Thesen zur Funktion frühester weltlicher **Polyphonie** im deutschsprachigen Raum (Oswald von Wolkenstein, Mönch von Salzburg). In: Jahrbuch der Oswald von Wolkenstein Gesellschaft 3 (1984/85), S. 45–78.

HELMKAMP, Kerstin: Die **„Gefangenschaftslieder"** Oswalds von Wolkenstein. In: JOWG 9 (1996/1997), S. 99–109.

Dies.: Jenseits der **Pastourelle**. Mittelalterliche Lyrik. Probleme der Poetik. Hrsg. v. Thomas Cramer u. Ingrid Kasten. Berlin 1999. (= Philologische Studien und Quellen. 154.) S. 106–121. [Ad Kl. 67 u. Kl. 83: S. 113–121]

HILGERS, Heribert A.: Versuch über deutsche **Cisiojani**. ([Mit] Diskussion von Hubert Gindele.) In: Poesie und Gebrauchsliteratur im deutschen Mittelalter. Würzburger Colloquium 1978. Hrsg. v. Volker Honemann (u. a.). Tübingen 1979, S. 127–161; 162f.

HIRSCHBERG, Dagmar: Zur Funktion der biographischen **Konkretisierung** in Oswalds von Wolkenstein Tagelied-Experiment *Ain tunckle farb von occident* Kl. 33. In: PBB 107 (1985), S. 376–388.

HIRSCHBERG, Dagmar / Hedda RAGOTZKY: Zum Verhältnis von **Minnethematik** und biographischer Realität bei Oswald von Wolkenstein: *Ain anefangk* (Kl. 1) und *Es fügt sich* (Kl. 18). In: Jahrbuch der Oswald von Wolkenstein Gesellschaft 3 (1984/85), S. 79–114.

HOFMEISTER, Wernfried: Sprichwortartige Mikrotexte als literarische **Medien**, dargestellt an der hochdeutschen politischen Lyrik des Mittelalters. Bochum 1995. (= Studien zur Phraseologie und Parömiologie. 5.)

Ders.: Sprichwortartige **Mikrotexte**. Analysen am Beispiel Oswalds von Wolkenstein. Göppingen 1990. (= Göppinger Arbeiten zur Germanistik. 537.)

Ders.: „Zwar mir sait ainst ain weise mugg". Der sprichwortartige **Zitatenschatz** Oswalds von Wolkenstein als wissenschaftliche Herausforderung. In: JOWG 9 (1996/1997), S. 59–70.

Ders.: Der Sprichwortgebrauch bei Hugo von Montfort: Eine Spurensuche zwischen editorischer Herausforderung und literaturwissenschaftlichem Gewinn. In: *Aller weishait anevang Ist ze brüfen an dem aussgang.* Akten des Symposiums zum 650. Geburtstag Hugos von Montfort. Hrsg. v. Klaus Amann u. Elisabeth De Felip-Jaud. Innsbruck 2010. (= Innsbrucker Beiträge zur Kulturwissenschaft: Germanistische Reihe. 76.) S. 155–166.

Ders.: Die Praxis des Interpungierens in Editionen mittelalterlicher deutschsprachiger Texte. Veranschaulicht an Werkausgaben zu Hugo von Montfort. In: Historische Textgrammatik und Historische Syntax des Deutschen. Hrsg. v. Arne Ziegler u. Christian Braun. Berlin u. New York 2010, S. 589–604.

HOLZNAGEL, Franz-Josef und Hartmut MÜLLER: Ein Fall von **Interregionalität**: Oswald von Wolkenstein „Wach auf, mein hort" (Kl 101) in Südtirol und in Norddeutschland. In: Helmut Tevooren u. Jens Haustein (Hrsg.): Regionale Literaturgeschichtsschreibung. In: ZfdPh 122 Sonderheft (2003), S. 102–133.

INSAM, Matthias: **Wortstudien** zu Oswald von Wolkenstein. In: Formen mittelalterlicher Literatur. Siegfried Beyschlag zu seinem 65. Geburtstag von Kollegen, Freunden und Schülern. Hrsg. v. Otmar Werner u. Bernd Naumann. Göppingen 1970. (= Göppinger Arbeiten zur Germanistik. 25.) S. 197–205.

JAGT, Hendrik C. van der: Zum **Wortschatz** von Oswald von Wolkenstein 104: Von trauren möcht ich werden taub. In: Modern Languages Notes 88 (1973), S. 535–561.

JAMMERS, Ewald (Hrsg.): Ausgewählte Melodien des Minnesangs. Einführung, Erläuterung und Übertragung. Tübingen 1963. (= ATB Ergänzungsreihe. 1.)

JONES, George Fenwick: Oswald von Wolkenstein's *Mein Sünd und Schuld* and the **‚Beichtlied'** tradition. In: Modern Languages Notes 85 (1970), S. 635–651.

Ders.: **Dichtung** und Wahrheit in den Liedern Oswalds von Wolkenstein. In: ‚Sammelband Oswald von Wolkenstein', S. 283–309. [Davor erschienen als: Fact and Fancy in Oswald von Wolkenstein's Songs". In: Studies in Honor of Tatiana Fotich. Washington D.C. 1972, S. 131-148.]

Ders.: Konnte Oswald von Wolkenstein **lesen** und schreiben? In: ‚Sammelband Seis', S. 39–79.

Ders.: *Ain tunckle farb* – Zwar kein ‚Tagelied' aber doch ein **Morgen–Lied**. Zu Oswald von Wolkenstein, Kl. 33. In: ZfdPh 90 (1971) Sonderheft, S. 142–153.

Ders.: Oswald von Wolkenstein – **Vogelsteller** und Jäger. Zu Kl. 83 und 52. In: Et multum et multa. Festschrift für Kurt Lindner. Hrsg. v. S. Schwenk (u. a.). Berlin u. New York 1971, S. 133–145.

Ders.: Die **Zeichen** des Alters in einem anonymen Lied des Liederbuchs der Klara Hätzlerin und in Oswald von Wolkenstein *Ich sich und hör.* In: Lyrik des ausgehenden 14. und 15. Jahrhunderts. Hrsg. v. Franz V. Spechtler. Amsterdam 1984. (= Chloe. Beihefte zum Daphnis. 1.) S. 67–71.

JOSCHKO, Dirk: Oswald von Wolkenstein. Eine **Monographie** zu Person, Werk und Forschungsgeschichte. Göppingen 1985. (= Göppinger Arbeiten zur Germanistik. 396.)

KERSKEN, Wolfgang: *Genner beschnaid.* Die **Kalendergedichte** und der Neumondkalender des Oswald von Wolkenstein. Überlieferung – Text – Deutung. Göppingen 1975. (= Göppinger Arbeiten zur Germanistik. 161.)

KNAPP, Fritz Peter: Das weibliche **Schönheitsideal** in den Liedern Oswalds von Wolkenstein. In: ZfdA 131 (2002), S. 181–194.

KÖNNEKER, Barbara: Zur **Zeitdarstellung** und Zeitdeutung in den Liedern Oswalds von Wolkenstein. In: Daphnis. Zeitschrift für Mittlere deutsche Literatur. 9 (1980), S. 373–392.

KOKOTT, Hartmut: **Oswald** von Wolkenstein. In: Einführung in die deutsche Literatur des 12. bis 16. Jahrhunderts. Bd. 2: Patriziat und Landesherrschaft. 13.–15. Jahrhundert. Hrsg. v. Winfried Frey, Walter Raitz, Dieter Seitz (u. a.). Opladen: 1982. (= Grundkurs Literaturgeschichte. 2.) S. 80–113.

KOSSAK, Wolfram / Stefanie STOCKHORST: **Sexuelles** und wie es zu Wort kommt. Die Frage nach dem Obszönen in den Liedern Oswalds von Wolkenstein. In: Daphnis 28 (1999), S. 1–33.

KRAFT, Isabel: Die **Lücke**: Überlegungen zu einem Konzert. In: JOWG 15 (2005), S. 297–309.

KÜHN, Dieter: Tannhäusers **Kreuzlied**. Eine Anmerkung. In: ‚Sammelband Seis', S. 301–307.

KUEN, H.: Rätoromanisches bei Oswald von Wolkenstein. In: Ladinia 3 (1979), S. 101–124.

LAMBERG, Gudrun von: Die **Rechtsdichtung** Oswalds von Wolkenstein. In: ZfdPh 93 (1974), S. 75–87.

LEITZMANN, Albert: Ein **Cento** aus Freidank bei Oswald von Wolkenstein. In: Aufsätze zur Sprach- und Literaturgeschichte. Festschrift für Wilhelm Braune. Dortmund 1920, S. 255–259.

LIENERT, Elisabeth: Bilder von **Kindheit** bei Oswald von Wolkenstein. In: JOWG 9 (1996/1997), S. 111–120.

LOENERTZ, Elke: „Ich spür ain lufft" (Kl 16). **Thesen** zum Verhältnis von Text und Musik bei Oswald von Wolkenstein. In: JOWG 9 (1996/1997), S. 221–237.

LOEWENSTEIN, Herbert: Wort und Ton bei Oswald von Wolkenstein. Königsberg 1932. (= Königsberger Deutsche Forschungen. 11.)

LOMNITZER, Helmut: **Geliebte** und Ehefrau im deutschen Lied des Mittelalters. In: Liebe – Ehe – Ehebruch in der Literatur des Mittelalters. Hrsg. v. X. v. Ertzdorff, M. Wynn. Gießen 1984, S. 111–124.

Ders.: Wort-Ton-**Probleme**. In: ‚Sammelband Neustift', S. 68–84.

Ders.: Lieder Oswalds von Wolkenstein in neueren musikalischen Aufführungsversuchen. In: ‚Sammelband Oswald von Wolkenstein', S. 453–477.

LÜDTKE, Jens: Oswald von Wolkenstein und die romanischen **Sprachen**. In: Logos Semantikos. Studia linguistica in honorem Eugenio Coseriu. 1921–1981. Hrsg. v. Horst Geckeler [u. a.]. Vol. 1. Berlin u. New York 1981, S. 303–312.

LUTZ, Eckhart Conrad: **Wahrnehmen** der Welt und Ordnen der Dichtung. Strukturen im Oeuvre Oswalds von Wolkenstein. In: Literaturwissenschaftliches Jahrbuch, N.F. 32 (1991), S. 39–79.

MAROLD, Werner: **Kommentar** zu den Liedern Oswalds von Wolkenstein. Im Anschluß an die Ausgabe von Jos. Schatz. Diss. masch. Göttingen 1926. (Voraussichtlich ab Mitte 2011 online einsehbar unter http://www-classic.uni-graz.at/ubwww/sosa/nachlass/sammlungen/wolkenstein-archiv und http://www.wolkenstein-gesellschaft.com.)

Ders.: Kommentar zu den Liedern Oswalds von Wolkenstein. Bearb. u. hrsg. v. Alan ROBERTSHAW. Innsbruck 1995. (= Innsbrucker Beiträge zur Kulturwissenschaft: Germanistische Reihe. 52.)

MAURER, Friedrich: Der Topos von den ‚Minnesklaven'. Zur Geschichte einer thematischen Gemeinschaft zwischen bildender Kunst und Dichtung im Mittelalter. In: DVjs 27 1953, S. 182–206.

MAYR, Norbert: Die **Belagerung** von Greifenstein fand nicht statt – Das Greifensteinlied Oswalds von Wolkenstein in neuer Sicht. In: ‚Sammelband Seis', S. 411–419.

Ders.: Oswalds von Wolkenstein **Liederhandschrift A** in neuer Sicht. In: ‚Sammelband Seis', S. 351–371.

Ders.: Die **Reiselieder** und Reisen Oswalds von Wolkenstein. Innsbruck 1961. (= Schlern-Schriften. 215.)

Ders.: Das **Vogelfängerlied** Oswalds von Wolkenstein. In: Der Schlern 56 (1982), S. 35–40.

McDONALD, William C.: Concerning Oswald's *Wie vil ich sing und tichte* (Kl. 23) as religious **autobiography**. In: Jahrbuch der Oswald von Wolkenstein Gesellschaft 2 (1982/83), S. 267–286.

MEINERS, Irmgard: Zu Oswalds von Wolkenstein **Fuga** *Mit günstlichem herzen* (Kl. 71). In: ZfdA 105 (1976), S. 126–131.

MERTENS, Volker: Der **Sänger** geht baden…: Oswald in seinen „Margarethen-Liedern" – poetologisch, performativ, kulturwissenschaftlich in „fröhlicher Pluralität" In: Text und Kultur: Mittelalterliche Literatur 1150 bis 1450. Hrsg. v. Ursula Peters. Stuttgart (u. a.) 2001. (= Germanistische Symposien. Berichtsbände. 23.) S. 329–344.

MOSER, Hans: **Anmerkung** zu Kl. 27, 61ff. In: ‚Sammelband Seis', S. 421–424.

Ders.: *Durch Barbarei, Arabia.* Zur **Klangphantasie** Oswalds von Wolkenstein. In: Germanistische Studien. Hrsg. v. Johannes Erben und Eugen Thurnher. Innsbruck 1969. (= Innsbrucker Beiträge zur Kulturwissenschaft. Germanistische Reihe. 15.) S. 75–92. [Neu abgedruckt in: ‚Sammelband Oswald von Wolkenstein', S. 166–193.]

Ders.: Wie sorgt ein spätmittelalterlicher Dichter für die Erhaltung seines Werkes? **Nachlese** zur Oswald-Überlieferung. In: ‚Sammelband Neustift', S. 85–120.

Ders.: Zur Vorzeichnung des Oswald-Porträts in der Handschrift B. In: ‚Sammelband Seis', S. 408f.

MÜCK, Hans-Dieter: Oswald von Wolkenstein – ein **Frühpetrarkist**? Überlegungen zur literarischen Einordnung. In: ‚Sammelband Neustift', S. 121–166.

Ders.: Oswalds von Wolkenstein **Liedpropaganda** gegen die hoffärtigen Bauern. In: Der Schlern 60 (1986), S. 330–343.

Ders.: Untersuchungen zur Überlieferung und Rezeption spätmittelalterlicher Lieder und Spruchgedichte im 15. und 16. Jahrhundert. Die ‚Streuüberlieferung' von Liedern und Reimpaarreden Oswalds von Wolkenstein. 2 Bde. Göppingen 1980. (= Göppinger Arbeiten zur Germanistik. 263.)

MÜCK, Hans-Dieter / Hans GANSER: DEN TECHST VBR' DAS GELEYEMORS WOLKENSTAIN. Oswalds von Wolkenstein Liedtext **Kl. 131** im Cgm 4871 und Gilles Binchois' Chanson Je loe amours. Mit einem Anhang: Konkordanztabelle zu Oswalds Kontrafakturvorlage. In: Lyrik des ausgehenden 14. und 15. Jahrhunderts. Hrsg. v. Franz V. Spechtler. Amsterdam 1984. (= Chloe. Beihefte zu Daphnis. 1.) S. 115–148.

MÜLLER, Ulrich: **Accumulatio** Cantata, das ist: Eine gesungene Liste von Eigennamen. Beispiele aus dem deutschsprachigen Mittelalter und dem 20. Jahrhundert. In: Bausteine zur Sprachgeschichte der deutschen Komik. Hrsg. v. Alexander Schwarz. Hildesheim u. a. 2000. (= Germanistische Linguistik. 153.) S. 29–48.

Ders.: **Beobachtungen** und Überlegungen über den Zusammenhang von Stand, Werk, Publikum und Überlieferung mittelhochdeutscher Dichter: Oswald von Wolkenstein und Michel Beheim – ein Vergleich. In: ‚Sammelband Neustift', S. 167–181.

Ders.: Oswald von Wolkenstein. Die **‚Heimatlieder'** über die Tiroler Streitereien (Kl. 81, Kl. 104, Kl. 116). In: ZfdPh 87 (1968), Sonderheft, S. 222–234.

Ders.: Politische **Lyrik** des deutschen Mittelalters. Texte II. Von Heinrich von Mügeln bis Michel Beheim. Von Karl IV. bis Friedrich III. Göppingen 1974. (= Göppinger Arbeiten zur Germanistik. 84.)

Ders.: Oswald von Wolkenstein und **Neithart** Fuchs. Das Tanzlied „Ir alten weib", ein Schlager des späten Mittelalters. In: Prospero 1 (Triest 1994), S. 90–121.

Ders.: Die **Ostkontakte** eines der bedeutendsten deutschsprachigen Liedermacher des Mittelalters: Oswald von Wolkenstein. In: Die euroslawischen Kulturbeziehungen. Was hat uns ‚der Osten' geboten, was hat er zu bieten? Eine aide-mémoire für „westeuropäische" Bildungspolitik. In: Die Slawischen Sprachen 60 (1999), 217–238.

Ders.: Die **Tagelieder** des Oswald von Wolkenstein oder Variationen über ein vorgegebenes Thema. Mit neuer Transkription der Tagelieder des Mönchs von Salzburg v. Franz Viktor Spechtler. In: ‚Sammelband Seis', S. 205–225.

Ders.: Exemplarische **Überlieferung** und Edition. Mehrfassungen in authentischen Lyrik-Handschriften – zum Beispiel Oswald von Wolkenstein und Michel Beheim. In: editio 6 (1992), S. 112–122.

Ders.: **Untersuchungen** zur politischen Lyrik des deutschen Mittelalters. Göppingen 1974. (= Göppinger Arbeiten zur Germanistik. 55/56.)

Ders.: ‚Dichtung' und **‚Wahrheit'** in den Liedern Oswalds von Wolkenstein: Die autobiographischen Lieder von den Reisen. Göppingen 1968. (= Göppinger Arbeiten zur Germanistik. 1.)

Ders.: ‚Dichtung' und **‚Wirklichkeit'** bei Oswald von Wolkenstein. Aufgezeigt im Vergleich mit Altersliedern von Walther von der Vogelweide und Hans Sachs. In: Literaturwiss. Jahrbuch. Neue Folge 19 (1978), S. 133–156.

MÜLLER-BLATTAU, Joseph: *Wach auff, mein hort!* Studie zur deutschen Liedkunst des 15. Jahrhunderts. In: Studien zur Musikgeschichte. Festschrift für Guido Adler. Wien 1930, S. 92–99.

NELSON, Charles G.: **Oswald** von Wolkenstein – Augustine's Child? In: Lesarten: New Methodologies and Old Texts/Méthodologies nouvelles et textes anciens. Hrsg. v. Alexander Schwarz. Bern (u. a.) 1990. (= Tausch. Textanalyse in Universität und Schule. 2.) S. 89–102.

NOLTE, Theodor: „O frau, wie bitter ist dein sals / Ach frau, das ist mein zucker nar". **Bilder** und Projektionen der Frau bei Oswald von Wolkenstein. In: JOWG 9 (1996/1997), S. 121–138.

OCKEL, Eberhard: Die künstlerische **Gestaltung** des Umgangs mit Herrscherpersönlichkeiten in der Lyrik Oswalds von Wolkenstein. Göppingen 1977. (= Göppinger Arbeiten zur Germanistik. 232.)

OGIER, James: Oswald's Aragonese **Homologue** (Kl. 19). In: Verba et litterae: Explorations in Germanic Languages and German Literature: Essays in Honor of Albert L. Lloyd. Ed. Alfred R. Wedel and Hans-Jörg Busch. Newark 2002, S. 257–267.

OKKEN, Lambertus: Oswald von Wolkenstein: **Lied Nr. 44.** Wortschatz-Untersuchung. In: ‚Sammelband Neustift', S. 182–218.

OKKEN, Lambertus / H.L COX: Untersuchungen zu dem Wortschatz der Lieder Oswalds von Wolkenstein 54, 55, 59 und 60. I: **Lied 54**. In: Neophilologus 56 (1972), S. 298–310.

Dies.: Untersuchungen zu dem Wortschatz der Lieder Oswalds von Wolkenstein 54, 55, 59 und 60. II: **Lied 55**. In: Neophilologus 56 (1972), S. 435–450.

Dies.: Untersuchungen zu dem Wortschatz der Lieder Oswalds von Wolkenstein 54, 55, 59 und 60. III: **Lied 59**. In: Neophilologus 57 (1973), S. 42–61.

Dies.: Untersuchungen zu dem Wortschatz der Lieder Oswalds von Wolkenstein 54, 55, 59 und 60. IV: **Lied 60**. In: Neophilologus 57 (1973), S. 156–172.

Dies.: Untersuchungen zu dem Wortschatz der Lieder Oswalds von Wolkenstein 81 und 116. I: **Lied 81**. In: Modern Language Notes 88 (1973), S. 956–979.

Dies.: Untersuchungen zu dem Wortschatz der Lieder Oswalds von Wolkenstein 81 und 116. II: **Lied 116**. Mit einem Anhang v. Franz Viktor Spechtler. In: Modern Language Notes 89 (1974), S. 367–391.

OKKEN, Lambertus / Hans-Dieter MÜCK: Die satirischen Lieder Oswalds von Wolkenstein wider die **Bauern**. Untersuchungen zum Wortschatz und zur literarischen Einordnung. Göppingen 1981. (= Göppinger Arbeiten zur Germanistik. 316.)

OTTEN, Dirk: Oswald von Wolkensteins **Lied** *Herz, prich*. In: Neophilologus 55 (1971), S. 400–417.

PELNAR, Ivana: Neu entdeckte Ars-Nova-Sätze bei Oswald von Wolkenstein. In: Die Musikforschung 32 (1979), S. 26–33.

Dies.: Neue **Erkenntnisse** zu Oswalds von Wolkenstein mehrstimmiger Liedkunst. In: ‚Sammelband Seis', S. 267–284.

PETZSCH, Christoph: Die **Bergwaldpastourelle** Oswalds von Wolkenstein. (Text- und Melodietypenveränderung. II.) In: ZfdPh 87 (1968) Sonderheft, S. 195–222.

Ders.: Zum **Freidank-Cento** Oswalds von Wolkenstein. In: Archiv für Musikwissenschaft 26 (1969), S. 125–139.

Ders.: **Grocheo** um 1300. Zum Hoquetus und zu anderen Fragen der Liedforschung. In: Jahrbuch der Oswald von Wolkenstein Gesellschaft 4 (1986/87), S. 241–248.

Ders.: Neues zum **Hoquetus** *Herz prich* Oswalds von Wolkenstein. In: ZfdA 116 (1987), S. 100–103.

Ders.: Oswalds von Wolkenstein **Lieder** *Wach auff mein hort* und *Ain tunckle farb*. In: Jahrbuch der Oswald von Wolkenstein Gesellschaft 2 (1982/83), S. 243–265.

Ders.: Oswalds von Wolkenstein **Nr. 105** *Es komen neue mer gerant*. Text-Form-Korrespondenz als Kriterium bei Fragen der Datierung und Überlieferung. In: ZfdPh 91 (1972), S. 227–351.

Ders.: **Reimpaare** Freidanks bei Oswald von Wolkenstein. In: Werk-Typ-Situation. Studien zu poetologischen Bedingungen in der älteren deutschen Literatur. Festschrift für Hugo Kuhn. Hrsg. v. Ingeborg Glier (u. a.). Stuttgart 1969, S. 281–304.

Ders: Westeuropäisches bei Oswald von Wolkenstein. In: Die Musikforschung 22 (1969), S. 315f.

PLANGG, Guntram: Romanisches in der Dichtung Oswalds von Wolkenstein. In: Weltoffene Romanistik. Festschrift für Alwin Kuhn. Innsbruck 1963. (= Innsbrucker Beiträge zur Kulturwissenschaft. 9/10.) S. 51–66.

PÖLL, Josef: Ein **Neujahrswunsch** des Wolkensteiners. In: Der Schlern 3 (1922), S. 18–19.

Ders.: Ein **Schäferlied** des Wolkensteiners. In: Der Schlern 2 (1921), S. 438–439.

PÖRNBACHER, Hans: **Margareta** von Schwangau. Die Gemahlin Oswalds von Wolkenstein (ca. 1390–1448). In: Der Schlern 48 (1974), S. 283–297.

RIJAVEC, Andrej: Oswalds von Wolkenstein *Do fraig amours* als **Kantate** des slowenischen Komponisten Jacob Jez aus dem Jahr 1968. In: Mittelalter-Rezeption II. Gesammelte Vorträge des 2. Salzburger Symposions „Die Rezeption des Mittelalters in Literatur, Bildender Kunst und Musik des 19. und 20. Jahrhunderts“. Hrsg. v. Jürgen Kühnel (u. a.). Göppingen 1982. (= Göppinger Arbeiten zur Germanistik. 358.) S. 247–260.

ROBERTSHAW, Alan: **Chivalry**, Love, and Self-Advertisement in Oswald von Wolkenstein's *Es fügt sich*. In: Modern Language Review 82 (1987), S. 887–896.

Ders.: Zur **Datierung** der Lieder Oswalds von Wolkenstein. In: Röllwagenbüchlein: Festschrift für Walter Röll zum 65. Geburtstag. Hrsg. v. Jürgen Jaehrling (u. a.). Tübingen 2002, S. 107–135.

Ders.: Der spätmittelalterliche Autor als **Herausgeber** seiner Werke: Oswald von Wolkenstein und Hugo von Montfort. In: Autor und Autorschaft im Mittelalter: Kolloquium Meißen 1995. Hrsg. v. Elizabeth Andersen (u. a.). Tübingen 1998, S. 335–345.

Ders.: Oswald von Wolkenstein und ‚Sabina Jäger‘: **Liebe** oder Liebesroman? In: ‚Sammelband Seis‘, S. 455–481.

Ders.: Oswald von Wolkenstein, Schloß **Neuhaus** und das ‚Hans Maler‘-Lied (Kl 102). In: Tiroler Heimat. Jahrbuch für Geschichte und Volkskunde 58 (1994), S. 31–41.

Ders.: **Reimpublizistik** und Lieddichtung am Konstanzer Konzil. In: Lied im deutschen Mittelalter. Hrsg. v. Cyrill Edwards (u. a.).Tübingen 1996, S. 245–256.

Ders.: Oswald von Wolkenstein: The myth and the man. Göppingen 1977. (= Göppinger Arbeiten zur Germanistik. 178.)

RÖLL, Walter: Zur **Bezeugung** und Verbreitung der Lieder Oswalds von Wolkenstein. In: ‚Sammelband Neustift‘, S. 232–236.

Ders.: Der vierzigjährige **Dichter**. Anläßlich des Liedes *Es fügt sich* Oswalds von Wolkenstein. In: ZfdPh 94 (1975), S. 377–394.

Ders.: **Kommentar** zu den Liedern Oswalds von Wolkenstein. Teil I: Einleitung und Kommentar zu den Liedern Klein 1–20. Masch.Habil. Hamburg 1968.

Ders.: **Kontrafaktur**. Zu Anlass und Text des Hausherrin-Magd-Liedes Oswalds von Wolkenstein. In: ‚Sammelband Neustift‘, S. 228–231.

Ders.: Oswald von Wolkenstein: *Du armer* ***mensch***. Interpretation. In: Jahrbuch der Oswald von Wolkenstein Gesellschaft 2 (1982/83), S. 219–241.

Ders.: Oswald von Wolkenstein und andere **‚Minnesklaven'**. In: ‚Sammelband Seis', S. 147–177.

Ders.: **Probleme** der neuen Oswald-von-Wolkenstein-Ausgabe. In: ‚Sammelband Neustift', S. 219–227.

Ders. (Hrsg.): Oswald von Wolkenstein. Darmstadt 1981. (= Erträge der Forschung. 160.)

ROHRBACH, Gerdt: **Studien** zur Erforschung des mittelhochdeutschen Tageliedes. Ein sozialgeschichtlicher Beitrag. Göppingen 1986. (= Göppinger Arbeiten zur Germanistik. 462.)

RUCKER, Karin: Datenbankbasierte Analyse der Übersetzungen und Interpretationen aller Werke Oswalds von Wolkenstein: Ein statistisch-rezeptiver Beitrag zur Forschungsgeschichte. Phil. Dipl. Graz 2010.

RUPP, Heinz: **Oswald** von Wolkenstein *Es ist ain altgesprochner rat*. In: Germanistik in Forschung und Lehre. Vorträge und Diskussionen des **Germanistentages** in Essen 1964. Hrsg. v. R. Henß u. H. Moser. Berlin 1965, S. 149f.

Ders.: **Oswald** von Wolkenstein: *Es ist ain altgesprochner* rat. In: Philologia deutsch. **Festschrift** W. Henzen. Hrsg. v. W. Kohlschmidt u. P. Zinsli. Bern 1965, S. 81–88.

SALMEN, Walter: Oswald von Wolkenstein als **Komponist**? In: Literaturwiss. Jahrbuch. Neue Folge 19 (1978), S. 179–187.

Ders.: Die **Musik** im Weltbilde Oswalds von Wolkenstein. In: ‚Sammelband Neustift', S. 237–244.

‚SAMMELBAND NEUSTIFT': Oswald von Wolkenstein. Beiträge der philologisch-musikwissenschaftlichen Tagung in Neustift bei Brixen 1973. Hrsg. v. Egon KÜHEBACHER. Innsbruck 1974. (= Innsbrucker Beiträge zur Kulturwissenschaft. Germanistische Reihe. 1.)

‚SAMMELBAND OSWALD VON WOLKENSTEIN': Oswald von Wolkenstein. Hrsg. v. Ulrich MÜLLER. Darmstadt 1980. (= Wege der Forschung. 526.)

‚SAMMELBAND SEIS': Gesammelte Vorträge der 600-Jahrfeier Oswalds von Wolkenstein. Seis am Schlern 1977. *Dem Edeln unserm sunderlieben getrewn Hern Oswaltten von Wolckchenstain*. Hrsg. v. Hans-Dieter MÜCK u. Ulrich MÜLLER. Göppingen 1978. (= Göppinger Arbeiten zur Germanistik. 206.)

SCHADENDORF, Mirjam: **Individuallied** und Kontrafaktur. Zum Verhältnis von Text und Melodie in den Liedern Kl 33 bis 36. In: JOWG 9 (1996/1997), S. 239–257.

SCHALLABÖCK, Thomas / Ulrich MÜLLER: Gesungene **Reiseberichte** aus dem 15. Jahrhundert: Die Reiselieder des Oswald von Wolkenstein. Mit einem Anhang: Die letzte Reise Oswalds, oder: Das zweimalige Begräbnis des Wolkensteiners. In: Erkundung und Beschreibung der Welt: Zur Poetik der Reise- und Länderberichte. Vorträge eines interdisziplinären Symposiums vom 19. bis 24. Juni 2000 an der Justus-Liebig-Universität Gießen. Hrsg. v. Xenja v. Erzdorff u. Gerhart Giesemann unter Mitarbeit v. Rudolf Schulz. Amsterdam (u. a.) 2003. (= Chloe. 34.) S. 163–183.

SCHIENDORFER, Max: „Ain schidlichs streuen". **Heilsgeschichte** und Jenseitsspekulation in Oswalds verkanntem Tagelied Kl 40. In: JOWG 9 (1996/1997), S. 179–196.

SCHMIDT-WIEGAND, Ruth: **„Kaiserrecht"** bei Heinrich Wittenwiler und Oswald von Wolkenstein. In: JOWG 9 (1996/1997), S. 45–58.

SCHNYDER, André: Auf die **Couch** mit Oswald? Vorschlag für eine neue Lesart von Kl 3. In: GRM NF 46 (1996), S. 1–15.

Ders.: **Liedeinheit** durch Gattungskombination und -transformation. Zu Oswalds Lied *Wach menschlich tier* (Kl 2). In: Text im Kontext. Anleitung zur Lektüre deutscher Texte der frühen Neuzeit. Hrsg. v. Schwarz, Alexander u. Laure Abplanalp. Bern (u. a.) 1998, S. 231–244.

Ders.: Das erste **Passionslied** Oswalds von Wolkenstein – Eine Interpretation von Kl 111 (mit einem Seitenblick auf G 23 des Mönchs von Salzburg). In: Speculum medii aevi 2 (1996), S. 43–59.

Ders.: Das geistliche **Tagelied** des späten Mittelalters und der frühen Neuzeit. Textsammlung, Kommentar und Umrisse einer Gattungsgeschichte. Tübingen 2004. (= Bibliotheca Germanica. 45.)

SCHUMACHER, Meinolf: Ein **Kranz** für den Tanz und ein Strich durch die Rechnung. Zu Oswald von Wolkenstein ‚Ich spür ain tier' (Kl 6). In: PBB 123 (2001), S. 253–273.

SCHWANHOLZ, Wilfried: Volksliedhafte Züge im Werk Oswalds von Wolkenstein. Die **Trinklieder**. Frankfurt a.M., Bern, New York 1985. (= Germanistische Arbeiten zu Sprache und Kulturgeschichte. 6.)

SCHWARZ, Hans: Mhd. ***smutz*** als Lockruf und Interjektion. In: ZfdA 96 (1967), S. 154–163.

SCHWEIKLE, Günther: Zur literarhistorischen **Stellung** Oswalds von Wolkenstein. In: Jahrbuch der Oswald von Wolkenstein Gesellschaft 2 (1982/83), S. 193–217.

SCHWEITZER, Franz Josef: Die **Hussitenlieder** Oswalds von Wolkenstein vor dem Hintergrund der Böhmischen Reformbewegung und Revolution. In: JOWG 9 (1996/1997), S. 31–43.

SCHWOB, Anton: *hûssorge tuot sô wê.* Beobachtungen zu einer Variante der **Armutsklage** in der mittelhochdeutschen Lyrik. In: Jahrbuch der Oswald von Wolkenstein Gesellschaft 1 (1980/81), S. 77–97.

Ders.: Die **Edition** der Lebenszeugnisse Oswalds von Wolkenstein und neue Funde zum realen Erlebnishintergrund seiner Lieder. In: Ex ipsis rerum documentis. Festschrift Harald Zimmermann. Hrsg. v. Klaus Herbers (u. a.). Sigmaringen 1991, S. 159–172.

Ders.: Beobachtungen zur **Handschrift A** Oswalds von Wolkenstein. In: Entstehung und Typen mittelalterlicher Lyrikhandschriften: Akten des Grazer Symposiums, 13. bis 17. Oktober 1999. Hrsg. v. Anton Schwob (u. a.). Bern (u. a.) 2001. (= Jahrbuch für internationale Germanistik, Reihe A. 52.) S. 243–254.

Ders.: Die **Heirat** Oswalds von Wolkenstein mit Margarethe von Schwangau: Ein Beispiel schwäbisch-tirolischer Verbindungen im Mittelalter. In: Sprache und Dichtung in Vorderösterreich: Elsass, Schweiz, Schwaben, Vorarlberg, Tirol. Ein Symposium für Archim Masser zum 65. Geburtstag am 12. Mai 1998. Hrsg v. Guntram A. Plangg u. Eugen Thurnher. Innsbruck 2000. (= Schlern-Schriften. 310.) S. 111–119.

Ders.: Das **Konstanzlied** ‚O wunnikliches paradies' (Kl. 98) als Kontrapunkt zum Zerfall aristokratischer Herrschafts- und Lebensformen. In: Jahrbuch der Oswald von Wolkenstein Gesellschaft 1 (1980/81), S. 223–238.

Ders.: **Landherr** und Landesherr im spätmittelalterlichen Tirol. Oswalds von Wolkenstein Ständepolititk. In: ‚Sammelband Seis', S. 3–38.

Ders.: **Lyrik** im Dienst der Politik? Oswald von Wolkenstein: Lebenszeugnisse und Selbstdarstellung. In: Literaturwiss. Jahrbuch. Neue Folge 19 (1978), S. 158–177.

Ders.: Historische **Realität** und literarische Umsetzung. Beobachtungen zur Stilisierung der Gefangenschaft in den Liedern Oswalds von Wolkenstein. Innsbruck 1979. (= Innsbrucker Beiträge zur Kulturwissenschaft. Germanistische Reihe. 9.)

Ders.: *Zwar disem fursten sol ich nymmer fluchen.* Zur **Stellung** Oswalds von Wolkenstein im Streit zwischen König Sigismund und Herzog Friedrich IV. von Österreich. In: ‚Sammelband Neustift', S. 245–271.

Ders.: Oswald von Wolkenstein. Sein Leben nach den historischen Quellen. Überarbeitete und stark erweiterte Fassung des Beitrages von 1974. In: ‚Sammelband Oswald von Wolkenstein', S. 342–382.

Ders.: Oswald von Wolkenstein. Eine Biographie. Bozen 1977. Nachdruck der 3.Aufl. 1982. (= Schriftenreihe des Südtiroler Kulturinstitutes. 4.)

Ders.: Oswald von Wolkenstein – Selbstnennungen, Titel, Ämter und Würden. In: Der Schlern 51 (1977), S. 331–349.

Ders.: Eine neue Wertung der Liederhandschriften Oswalds von Wolkenstein. Zur Faksimileausgabe der Handschrift A. In: Der Schlern 51 (1977), S. 607–614.

Ders.: Probleme des mittelalterlichen Fürstendienstes und literarische Fiktion. Oswald von Wolkenstein als Diener und Rat König Sigmunds. In: Südostdeutsches Archiv 22/23 (1979/80), S. 5–25.

SCHWOB, Ute Monika: **Emotionen** im Hause Wolkenstein: Kunstvolle Aufbereitung in Liedern – Reduktion in Urkunden und Akten. In: Literatur und Sprache in Tirol: von den Anfängen bis zum 16. Jahrhundert. Akten des 3. Symposiums der Sterzinger Osterspiele (10. bis 12. April 1995). Hrsg. v. Michael Gebhardt u. Max Siller. Innsbruck 1996. (= Schlern-Schriften. 301.) S. 151–162.

Dies.: Spuren der **Femegerichtsbarkeit** im spätmittelalterlichen Tirol. Innsbruck 2009. (Schlern-Schriften. 345.)

Dies.: „Gott mus fur vns vechten“: **Kommentare** zu Hans Rosenplüt und Oswald von Wolkenstein zum Dilemma der „Kreuzzüge“ gegen die Hussiten. In: Deutsch-Böhmische Literaturbeziehungen – Germano-Bohemica: Festschrift für Václav Bok zum 65. Geburtstag. Hrsg. v. Hans-Joachim Behr. Hamburg 2004. (= Schriftenreihe Studien zur Germanistik. 7.) S. 271–286.

Dies.: *Ain Frauen* ***Pild.*** Versuch einer Restaurierung des Persönlichkeitsbildes von „Anna der Hausmanin, gesessen zu Brixen. Hannsen Hausmanns Tochter“. In: *Der frauwen buoch.* Versuche zu einer feministischen Mediävistik. Hrsg. v. Ingrid Bennewitz. Göppingen 1989. (= Göppinger Arbeiten zur Germanistik. 517.) S. 291–326.

Dies.: Das **Schreckbild** vom jähen Tod und Vorsorge für den Todfall. Die Familie Wolkenstein als Beispiel für spätmittelalterliche Verhaltensweisen. In: JOWG 9 (1996/1997), S. 81–98.

SCHWOB, Anton / Ute Monika SCHWOB: „Ich hör die voglin gros und klain / in meinem wald umb Hauenstein“: **Beobachtungen** zu den emotionalen Bindungen des Grundherrn Oswald von Wolkenstein an seinen Besitz. In: Röllwagenbüchlein: Festschrift für Walter Röll zum 65. Geburtstag. Hrsg. v. Jürgen Jaehrling (u. a.). Tübingen 2002, S. 137–151.

Dies.: Von den „alten” **Freiheiten** zu dem „österreichischen Recht”: Oswald von Wolkenstein als parteiischer Zeitzeuge im Lied Kl 26 *Durch Aubenteuer tal und perg.* Ethische und ästhetische Komponenten des sprachlichen Kunstwerks: Festschrift für Rolf Bräuer zum 65. Geburtstag. Hrsg. v. Jürgen Erich Schmidt. Göppingen 1999. (= Göppinger Arbeiten zur Germanistik. 672.) S. 197–208.

Dies.: Zur schriftlichen Dokumentation von **Palästinareisen** in der ersten Hälfte des 15. Jahrhunderts: Oswald von Wolkenstein und Johannes von Frankfurt. In: Sprache – Kultur – Identität: Festschrift für Katharina Wild zum 60. Geburtstag. Hrsg. v. Peter Canisius (u. a.). Pécs 2001. (= Studien zur Germanistik. 7.) S. 488–507.

Dies.: Von der **Ungnade** zur Gnade. Zur Inszenierung der mittelalterlichen deditio in Oswalds von Wolkenstein Lied „Durch aubenteuer tal und perg“ (Kl. 26). In: Sprache – Kultur – Geschichte. Sprachhistorische Studien zum Deutschen. Hans Moser zum 60. Geburtstag. Hrsg. v. Maria Pümpel-Mader u. Beatrix Schönherr. Innsbruck 1999. (= Innsbrucker Beiträge zur Kuturwissenschaft: Germanistische Reihe. 59.) S. 101–114.

SILLER, Max: **Oswald** von Wolkenstein: Das „Törggelelied“ und das „Greifensteinlied“. In: forum schule heute. Pädagogische Zeitschrift für Grund-, Mittel- und Oberschullehrer in Südtirol 2 (1988), S. 48–52.

Ders.: **Rez.** Albrecht **Classen**: Zur Rezeption norditalienischer Kultur des Trecento des Trecento im Werk Oswalds von Wolkenstein (1987). In: ZfdPh 111 (1992), S. 134–139.

SPECHTLER, Franz Viktor: **Beiträge** zum deutschen geistlichen Lied des Mittelalters II: Oswald von Wolkenstein. In: ‚Sammelband Neustift‘, S. 272–284.

Ders.: Beiträge zum deutschen geistlichen Lied des Mittelalters III: **Liedtraditionen** in den Marienliedern Oswalds von Wolkenstein. In: ‚Sammelband Seis', S. 179–203.

Ders.: Der **Mönch** von Salzburg und Oswald von Wolkenstein in den Handschriften. Mit einem bisher unbekannten Lied Oswalds von Wolkenstein. In: DVjs 40 (1966), S. 80–89.

Ders.: Zu Oswald von Wolkenstein **116,11–15**. In: Modern Language Notes (1974), S. 387–391.

SPECKENBACH, Klaus: Zu Wolframs ‚Von der zinnen' (MF V) und Oswalds ‚Los, frau und hör' (**Kl. 49**). In: Volker Honemann u. Tomas Tomasek (Hrsg.): Germanistische Mediävistik. 1. Auflage Münster 1999, 2., durchgesehene Auflage Münster 2000. (= Münsteraner Einführungen: Germanistik. 4.) S. 227–253.

SPICKER, Johannes: Singen und Sammeln. **Autorschaft** bei Oswald von Wolkenstein und Hugo von Montfort. In: ZfdA 126 (1997), S. 174–192.

Ders. Oswald von Wolkenstein und die romanische **chanson** de la malmariée. In: ZfdPh 116 (1997), S. 413–416.

Ders.: Oswalds **‚Ehelieder'**. Überlegungen zu einem forschungsgeschichtlichen Paradigma. In: JOWG 9 (1996/1997), S. 139–156.

Ders.: Geographische **Kataloge** bei Boppe. Eine Anregung. In: Neue Forschungen zur mittelhochdeutsche Sangspruchdichtung. Hrsg. v. Horst Brunner u. Helmut Tervooren. Berlin 2000. (= ZfdPh 119, Sonderheft.) S. 208–221.

Ders.: Oswald von Wolkenstein. Die **Lieder**. Berlin 2007. (= Klassiker-Lektüren. 10.)

Ders.: Literarische **Stilisierung** und artistische Kompetenz bei Oswald von Wolkenstein. Stuttgart u. Leipzig 1993.

STÄBLEIN, Bruno: Oswald von Wolkenstein und seine **Vorbilder**. In: ‚Sammelband Neustift', S. 285–307.

Ders.: Das Verhältnis von textlich-musikalischer Gestalt zum Inhalt bei Oswald von Wolkenstein. In: Formen mittelalterlicher Literatur. Festschrift für Siegfried Beyschlag. Hrsg. v. O. Werner u. B. Naumann. Göppingen 1970. (= Göppinger Arbeiten zur Germanistik. 25.) S. 179–195.

Ders.: Oswald von Wolkenstein, der Schöpfer des Individualliedes. In: DVjs 46 (1972), S. 113–160.

STRAUB, Henriette: ***Mundi** renovatio* and *Mittit ad virginem* translated by the ‚Monk of Salzburg' and Oswald von Wolkenstein. In: JOWG 9 (1996/97), S. 509–522.

SUERBAUM, Almut: **Selbstinszenierung** und literarische Tradition: Oswalds Lied Kl 31 „Der oben swebt". In: „Mit clebeworten underweben": Festschrift für Peter Kern zum 65. Geburtstag, hrsg. v. Thomas Bein. Frankfurt 2007. (= Kultur, Wissenschaft, Literatur. 16.) S. 65–76.

THURNHER, Eugen: Die politischen **Anschauungen** des Hugo von Montfort und Oswald von Wolkenstein. In: ‚Sammelband Seis', S. 247–265.

TIMM, Erika: Ein Beitrag zur Frage: Wo und in welchem Umfang hat Oswald von Wolkenstein das **Komponieren** gelernt? In: ‚Sammelband Neustift', S. 308–331.

Dies.: Die **Überlieferung** der Lieder Oswalds von Wolkenstein. Lübeck u. Hamburg 1972. (= Germanische Studien. 242.)

TRAUB, Andreas: Guillaume de Machaut und **Oswald** von Wolkenstein. In: Literatur und Sprache in Tirol: von den Anfängen bis zum 16. Jahrhundert. Akten des 3. Symposiums der Sterzinger Osterspiele (10. bis 12. April 1995), hrsg. v. Michael Gebhardt u. Max Siller. Innsbruck 1996. (= Schlern-Schriften 301), S. 173–180.

TREICHLER, Hans Peter: **Studien** zu den Tageliedern Oswalds von Wolkenstein. Diss. Zürich 1968.

WACHINGER, Burghart: **Liebeslieder** vom späten bis zum frühen 16. Jahrhundert. In: Mittelalter und frühe Neuzeit. Übergänge, Umbrüche und Neuansätze. Tübingen 1999. (= Fortuna vitrea. 16.) S. 1–29

Ders: *Blick durch die braw.* **Maria** als Geliebte bei Oswald von Wolkenstein. In: Fragen der Interpretation. Festschrift Gerhard Hahn. Hrsg. v. Hedda Ragotzky (u. a.). Stuttgart 2001, S. 103–117.

Ders.: **Oswald** von Wolkenstein. In: Die deutsche Literatur des Mittelalters. Verfasserlexikon. 2., völlig neu bearb. Aufl. Bd. 7. Berlin u. New York 1987, Sp. 134–169.

Ders.: *Herz prich rich sich.* Zur lyrischen **Sprache** Oswalds von Wolkenstein. In: Jahrbuch der Oswald von Wolkenstein Gesellschaft 3 (1984/85), S. 3–23.

Ders.: **Sprachmischung** bei Oswald von Wolkenstein. In: ZfdA 106 (1977), S. 277–296.

Ders.: Die **Welt**, die Minne und das Ich. Drei spätmittelalterliche Lieder. In: Entzauberung der Welt. Deutsche Literatur 1200–1500. Hrsg. v. James F. Poag u. Thomas C. Fox. Tübingen 1989, S. 107–118.

Ders.: *Ma dame Mercye* und *swarz meidlin.* **Zweifelhaftes** am Rande des Œuvres Oswalds von Wolkenstein. In: Vom Mittelalter zur Neuzeit. Festschrift für Horst Brunner. Hrsg. v. Dorothea Klein (u. a.). Wiesbaden 2000, S. 403–422.

WAILES, Stephen L.: Oswald von Wolkenstein and the **Alterslied**. In: The Germanic Review 50 (1975), S. 5–18.

WAND-WITTKOWSKI, Christine: **Topisches** oder biographisches Ich? Das Lied *Ain anefangk* Oswalds von Wolkenstein. In: Wirkendes Wort 52 (2002), S. 178–191.

WELLMANN, Hans: *Ain burger und ain hofman.* Ein **‚Ständestreit'** bei Oswald von Wolkenstein? In: ‚Sammelband Neustift', S. 332–343.

WENNINGER, Markus J.: Die **Finanzkraft** des Adels und die Finanzierung außergewöhnlicher Ausgaben mit besonderer Berücksichtigung Tirols um 1400. Mit Anmerkungen zu Oswalds Biographie. In: Jahrbuch der Oswald von Wolkenstein Gesellschaft 2 (1982/83), S. 133–154.

WIERSCHIN, Martin W.: **Oswald** von Wolkenstein *Es fügt sich*. In: Monatshefte 74 (1982), S. 433–450.

WITTSTRUCK, Wilfried: Der dichterische **Namengebrauch** in der deutschen Lyrik des Spätmittelalters.. München 1987. (= Münstersche Mittelalter-Schriften. 61.)

WOLF, Gerhard: **Spiel** und Norm. Zur Thematisierung der Sexualität in Liebeslyrik und Ehelehre des späten Mittelalters. In: Ordnung und Lust. Bilder von Liebe, Ehe und Sexualität in Spätmittelalter und Früher Neuzeit. Hrsg. v. Hans-Jürgen Bachorski. Trier 1991. (= Literatur – Imagination – Realität. Anglistische, germanistische, romanistische Studien. 1.) S. 477–509.

WOLF, Norbert Richard: Oswald von Wolkenstein und der ‚**Mönch** von Salzburg'. In: ‚Sammelband Neustift', S. 389–407.

Ders.: **Oswald** von Wolkenstein: Die Ichs in seinen Liedern und Handschriften. In: „Vir ingenio mirandus": Studies Presented to John L. Flood, ed. by Wiliam J. Jones et al. Göppingen 2003. (= Göppinger Arbeiten zur Germanistik. 710.) S. 195–207.

WOLF, Notburga: Beobachtungen zur Wortbildung Oswalds von Wolkenstein. In: Germanistische Studien. Innsbruck 1969. (= Innsbrucker Beiträge zur Kulturwissenschaft. 15.) S. 93–105.

Dies.: Syntaktisches bei Oswald von Wolkenstein. Masch. Diss. Innsbruck 1961.

WOLKENSTEIN-TROSTBURG, Heinrich Graf von: Das **Greifenstein-Lied** des Oswald von Wolkenstein. In: Der Schlern 34 (1960), S. 176–181 u.183.